Knaur

Über die Autorin:

Susan Page studierte Theologie und begann ihre berufliche Laufbahn als Universitätsgeistliche. Seit 1980 leitet sie Seminare und Studienkurse für Alleinstehende. Sie ist glücklich verheiratet.

Susan Page

Ich finde mich toll – warum bin ich noch Single?

10 Strategien, die Ihr Single-Dasein dauerhaft beenden

Aus dem Amerikanischen
von Constanze Elsner

Knaur

Die amerikanische Originalausgabe erschien unter dem Titel »If I'm So Wonderful, Why Am I Still Single« bei Viking Press, New York.

Besuchen Sie uns im Internet:
www.droemer-weltbild.de

Vollständige Taschenbuchausgabe 2001
Droemersche Verlagsanstalt Th. Knaur Nachf., München
Dieser Titel erschien bereits unter der Bandnummer 07919.

Umschlaggestaltung: Werbeagentur Zero, München
Umschlagabbildung: Photonica, Hamburg/Elke Hesser
Druck und Bindung: Nørhaven A/S
Printed in Denmark
ISBN 3-426-77515-8

5 4 3 2 1

Mit Liebe und Zuneigung
für meine Eltern
Edwin und Helen Hammock

VORWORT

Dieses Buch entstand, weil ich selbst Erfahrungen als Single gesammelt habe. Acht Jahre war ich recht glücklich verheiratet gewesen und lebte dann – nach einer nervenzermürbenden, wenn auch befreienden Scheidung – sechs Jahre als Single. Danach sehnte ich mich nach einem Mann, der mich so lieben sollte, wie ich ihn und der mich »verdient« haben sollte. Vielleicht hatte ich diesen Wunsch, mein Leben mit jemandem zu teilen, auch deshalb, weil meine Eltern noch nach 50 Jahren sehr glücklich miteinander leben. Ich wußte, daß solche Beziehungen möglich sind, und deshalb wollte ich ebenfalls versuchen, eine glückliche Partnerschaft zu führen.

Aber zunächst hatte ich nicht viel Glück damit. Meine Mutter erzählte mir zwar immer wieder, daß ich gewiß einen »normalen« Mann finden würde, wenn ich wieder nach Hause käme, doch diese Möglichkeit schloß ich aus. So lernte ich verheiratete und schwule Männer kennen, Männer, die nicht einmal über eine feste Beziehung reden wollten, und Männer, die lange darüber redeten und mir sagten, daß sie dagegen seien. Einmal zeichnete ich eine Fernsehdiskussion, die ich liebend gern live gesehen hätte, auf Video auf, nur um eine solche Verabredung einhalten zu können. Als der Abend zu Ende ging, wußte ich, daß ich einen Fehler gemacht hatte: Ich hätte die Verabredung aufzeichnen, zu Hause bleiben und fernsehen sollen!

Und ich habe viel gelesen in dieser Zeit. Stundenlang stand ich in den Buchläden vor den Regalen mit den »Beziehungs-« und »Psychologie«-Büchern, um nach einem Buch zu suchen, das mir helfen sollte, den Partner und die Beziehung zu finden, die ich wollte. Ich fand eine Menge Bücher, in denen mir erklärt wurde, wie man alleine lebt und wie man sich auch als Frau stark und unabhängig fühlen kann. Mir wurde auch erklärt, wie man das Beste aus einer Beziehung macht, von der man weiß, daß sie nicht ewig hält. Sogar über die Zubereitung verführerischer Speisen, die man bei Kerzenlicht aufträgt – und dann allein ißt –, wurde ich informiert!

Mein Verlangen, mich zu verlieben, unterschied sich nicht von dem der meisten lebenslustigen, attraktiven, weiblichen Singles, die ich kannte. Manchmal fühlten wir uns einsam; wir alle wechselten zwischen Zeiten des Optimismus und des tiefsten Pessimismus. Und wir alle hatten Schwierigkeiten, Verabredungen so zu treffen, daß wir uns nicht in unsere Oberschultage zurückversetzt fühlten.

Doch je länger ich ein Single war, desto mehr spürte ich, daß es zwischen mir und anderen Singles einen Unterschied gab. Zum einen schien ich entschlossener zu sein und systematischer an die Suche heranzugehen, und zum anderen war ich ganz sicher, daß ich Erfolg haben würde.

Tatsächlich trug ich in meiner Handtasche ständig eine Liste all der Qualitäten mit mir herum, die ich bei meinem Idealmann zu finden erwartete. Und ich sagte jedem, wonach ich suchte. Ich probierte es mit Bekanntschaftsanzeigen und mit Eheanbahnungsinstituten. Ich besuchte spezielle Singles-Veranstaltungen, und ich beteiligte mich an »Hobbys« wie Volkstanz und Theater. Ich wurde in jeder Beziehung aktiv und ermutigte meine Freunde, darüber nachzudenken, ob sie nicht einen Mann kennen würden, der zu mir passen könnte.

All dies tat ich eine gewisse Zeit lang, ohne daß ich in Verzweiflung geriet oder meinte, nicht mehr warten zu können. Ich *wußte*, daß ich den Richtigen finden würde – ich wußte nur nicht, wann. Ich kann nicht genau sagen, woher ich dieses Vertrauen nahm, obwohl ich überzeugt bin, daß es zu meinem Erfolg beitrug. Das jedenfalls ist das Gefühl, das ich in Worte zu fassen und mit diesem Buch zu vermitteln suche. Ich wußte einfach, daß ich nicht zu den Menschen gehöre, die allein durchs Leben gehen; das konnte ich mir beim besten Willen nicht vorstellen. Außerdem wußte ich, daß ich nicht in der Lage sein würde, mich mit jemandem zu »begnügen«, der meinem Idealbild nicht entsprach. Ich glaubte, daß ich mich nur weiterhin umschauen und aushalten müßte, bis ich hatte, was ich wollte. Ganz gewiß gab es auch entmutigende und deprimierende Momente, aber dennoch bezweifelte ich niemals ernsthaft, daß ich mein Ziel erreichen würde.

Eines Abends rief meine liebe Freundin Roseann an, um zu sagen, daß Mayer, ein Cousin ihres Mannes, der erst kürzlich in unsere Gegend gezogen war, ihre ganze Familie zum Essen eingeladen hätte. Roseann war sehr beeindruckt von seiner Gastfreundschaft und von seinen Kochkünsten. Außerdem, so erzählte sie, habe er erklärt, wie er sich seine Frau vorstelle, und daß er gerne schmuse – etwas, von dem Roseann wußte, daß ich es ebenfalls mochte. Sie lud mich ein, an diesem Abend mitzukommen, doch ich hatte bereits eine Verabredung.

»Sag ab!« riet Roseann mir. »Ich weiß nicht, wann ich ihn wieder sehe, und ich möchte *wirklich*, daß du ihn kennenlernst. Wo liegen denn nun deine Prioritäten?«

Ich wußte, daß sie recht hatte. Es gelang mir dann auch, meine Verabredung so zu verschieben, daß ich wenigstens eine Stunde mit Roseann und ihrer Familie verbringen konnte.

Als ich mich Roseanns Haus näherte, konnte ich durchs Fenster sehen, daß der Mann fast kahl war – das gehörte *nicht* zu den Dingen, die ich mir bei meinem Idealmann gewünscht hatte. Das Gespräch mit ihm verlief jedoch recht angenehm, bis ich ihn fragte, wie er denn seinen Lebensunterhalt verdiene.

»Ich bin Keramiker«, erklärte er fröhlich.

Das kühlte mein Interesse dann wirklich ab. Mein Idealmann sollte Universitätsprofessor, Geistlicher oder Politiker sein – vielleicht der Botschafter in Frankreich – etwas in der Art.

Dennoch dachte ich, daß er noch einen zweiten Versuch wert sei.

»Wo sind Sie zur Schule gegangen?«

»Aufs Los Angeles City College.« (Was? Nicht Harvard, nicht Yale, nicht Stanford?) »Aber ich bin schon nach einem Jahr abgegangen.«

Da reichte es mir. Ich verabschiedete mich sehr freundlich und eilte zu meiner Verabredung.

Später hat Mayer mir über jene erste kurze Begegnung gesagt, daß ich sehr starke Signale ausgesendet hätte – nicht durch irgend etwas, was ich *gesagt* hätte, sondern durch mein generelles Auftreten –, so daß ihm klargewesen sei, daß ich ihn entweder verschrekken oder bekommen würde, was ich mir wünschte – den richtigen Mann. Obwohl ich mir dessen damals überhaupt nicht bewußt war, realisierte ich, daß ich ihm diese Botschaft bewußt übermittelt hatte. Wenn ein Mann sich von mir einschüchtern ließ, wollte ich, daß das gleich passierte, so daß keiner von uns seine Zeit vergeudete.

Mayer ließ sich *nicht* einschüchtern. Ich nehme an, daß allein das mir schon so sehr imponierte, daß ich einer zweiten Verabredung zustimmte.

Um eine kurze Geschichte ganz kurz zu erzählen: Bei unserem vierten Treffen sprachen wir beide die Vermutung aus, daß wir womöglich heiraten würden. Wir haben es nicht *beschlossen*; wir erkannten einfach beide – voller Freude –, daß wir gefunden hatten, was wir gesucht hatten.

Ich hatte ein für allemal gelernt, daß das Schicksal selten so daherkommt, wie man es sich ersehnt. Wenn man sich die Einzelheiten seines Lebenstraums ausmalt – ein harmloses und erfreuliches Vergnügen –, kann man sicher sein, daß es bestimmt nicht so kommen wird. Wenn man seinen Träumen nachjagt, bekommt man die Substanz seines Traums, aber wahrscheinlich nicht in irgendeiner spezifischen Form, die man sich ausgemalt hat.

Mayer und ich haben sechs Monate später geheiratet. Wir leben immer noch glücklich zusammen, und unsere Zukunftsaussichten sind exzellent.

Während ich mit meiner persönlichen »Kampagne« beschäftigt war, wurde mir klar, daß die Art, wie ich an die Suche nach Liebe heranging, irgendwie charakteristisch war, und ich begann, Workshops für andere Singles zu veranstalten, die sich für »toll« hielten und sich nicht erklären konnten, weshalb sie immer noch Singles waren. Mein beruflicher Hintergrund ließ das als natürlichen Schritt erscheinen. Als protestantische Universitätspastorin, Gründerin eines Beratungsprogramms für sexuelle Fragen, Leiterin einer Therapiegruppe gegen Gewalt in der Ehe und als Unternehmensberaterin hatte ich bereits eine große Erfahrung beim Lehren und als Beraterin. Und obwohl ich keine zugelassene Therapeutin bin, hatte ich zusätzlich jahrelange Übungen und Erfahrungen in humanistischer (integrativer) Psychologie und mit bioenergetischen Therapien.

Die humanistische Psychologie bringt im Gegensatz zur klassischen Psychoanalyse alle psychologischen Faktoren des Denkens,

Fühlens und Handelns miteinander in Zusammenhang. Der Akzent liegt auf typisch menschlichen Eigenschaften, wie der Fähigkeit zu wählen, der Kreativität, der Wertsetzung und Selbstverwirklichung. Nach dieser Theorie kann sich beispielsweise eine Frau, die in einer Familie aufwächst, in der Wutausbrüche bestraft werden und in der man sich unter allen Umständen höflich begegnet, ihres unterdrückten Ärgers gar nicht bewußt sein. Oder ein Mann, dem man beigebracht hat, daß er niemals weinen darf und immer den Eindruck erwecken muß, »alles unter Kontrolle zu haben«, wird sich seiner weichen, verletzlichen Gefühle gar nicht bewußt sein. Unter dem Einsatz der verschiedensten Techniken unterstützt die von Fritz Perls entwickelte Therapie den einzelnen, verlorengegangene Aspekte des eigenen Selbst wiederzufinden und dadurch wieder ein Ganzes zu bilden und ein besser »funktionierendes« menschliches Wesen zu werden.

Meine Workshops weichen zwar von den strengen Techniken der humanistischen Psychologie ab, stützen sich jedoch auf das Prinzip, daß Singles nicht sehen, daß sie sich oft selbst im Wege stehen, wenn es darum geht, Liebe zu finden. Wir füllen gemeinsam Fragebogen aus und diskutieren die Antworten. Wir spielen Spiele, die informativ und überraschend sind – und auch noch Spaß machen. Wir stellen und beantworten schwierige Fragen. Wir diskutieren Thesen und erzählen einander unsere persönlichen Geschichten.

Während all dieser Aktivitäten kommen wir zu manchmal verblüffenden Einsichten über uns selbst, und oft entwickeln sich auch Freundschaften. Wir lachen viel; hin und wieder gibt es jedoch Tränen. Gelegentlich liefern wir einander Wortgefechte. Manchmal sind die Beiträge unglaublich gewagt.

Ich begann damit, diese Workshops nur für Frauen durchzuführen, doch bald wurde mir klar, daß beide – Männer wie Frauen – es am nötigsten haben, *miteinander* zu reden. Die gemischten Workshops, die ich seither abhalte, sind stimulierend, immer lehrreich und gelegentlich sogar recht anrührend.

Vieles von dem, was wir in diesen Workshops gelernt haben, habe ich in den folgenden Kapiteln verwertet. Außerdem habe ich die Erfahrungen von mehr als 200 Frauen und Männern eingebracht, die ich interviewte, während ich das Buch schrieb, sowie auch meine eigene Odyssee vom Single-Dasein zur Ehe.

Viele sachkundige Leute haben mir versichert, daß nur Frauen dieses Buch lesen werden. Ich bin jedoch überzeugt, daß sie unrecht haben. Ich weiß, daß Männer an Beziehungsthemen interessiert sind, weil sie sich jahrelang lebhaft an meinen Workshops beteiligt haben. Genauso viele Männer wie Frauen haben mir gesagt: »Ich kann es gar nicht erwarten, Ihr Buch zu lesen!« Lassen Sie mich deshalb zumindest sagen, daß ich Männer einlade und ermutige, dieses Buch zu lesen, und daß ich glaube, daß Männer mit der Diskussion dieser Thematik befaßt sein müssen, wenn die Probleme jemals gelöst werden sollen. Obwohl es mir nicht gänzlich gelungen ist, in diesem Buch eine Sprache zu finden, die beide Geschlechter anspricht, sind die meisten Gedanken und Strategien, die ich anbiete, *nicht* geschlechtsspezifisch, sondern sowohl auf Männer wie auf Frauen anwendbar.

Entsprechend bin ich der Meinung, daß sowohl Hetero- wie auch Homosexuelle das Material nützlich finden werden, obwohl ich nicht sonderlich erfolgreich dabei gewesen bin, auch die Sprache homosexueller Beziehungen zu treffen, und ich ausschließlich heterosexuelle Fallstudien benutzt habe.

Wenn ich in diesem Buch den Begriff »Single« verwende, beziehe ich mich nicht auf den Familienstand. Was ich meine, ist »ungebunden« oder »allein«. Einige unverheiratete Menschen sind nämlich gebunden, und einige verheiratete sind ungebunden. »Bereit für eine Beziehung« wäre der korrekte Begriff, wenn ich den »Single« anspreche – nicht »unverheiratet«.

Ich benutze häufig den Begriff »unfreiwilliger Single«, um zu betonen, daß ich Singles meine, *die es vorziehen würden, eine feste, intime Beziehung zu unterhalten*. Menschen, die aus freiem Entschluß Singles sind, das heißt »freiwillige Singles«, werden dieses Buch jedoch nicht relevant finden. Dennoch habe ich nicht vor, sie vor den Kopf zu stoßen oder sie wegen ihres Single-Daseins herabzusetzen. Diese Folgerung wäre völlig ungewollt und entspräche gewiß nicht meiner Meinung.

Wenn ich auch die Vorteile des Single-Daseins erkenne und weiß, daß viele Menschen diesen Lebensstil bevorzugen, bin ich doch gleichzeitig in gewissem Maße ein »Advokat der intimen sexuellen Beziehung«.

Eine intime Beziehung kann das Leben unermeßlich bereichern, doch für zu viele Menschen scheint die Liebe mehr Probleme zu bringen, als sie wert ist. In seinem Eifer, gegen Ungerechtigkeiten am Arbeitsplatz anzukämpfen, hat der Feminismus eine gleichermaßen dringliche Aufgabe vernachlässigt: Modelle für »liberalisierte« intime Beziehung zu schaffen. Neben seiner Symbolfigur, der selbständigen Frau, »die es geschafft hat«, muß der Feminismus die Symbolfigur der Frau unterstützen, die es daneben noch schafft, eine erfolgreiche Partnerschaft zu *leben*. Intime Partnerschaften sind gerade jetzt schwierig. Der Feminismus muß die Führerschaft übernehmen, wenn es darum geht, für Männer und Frauen eine gemeinsame Basis zu schaffen, ohne feministische Prinzipien zu opfern.

Einige unfreiwillige Singles gehen häufig aus, und einige andere haben monate-, wenn nicht jahrelang nicht eine einzige Verabredung. Ich habe versucht, all die verschiedenen Stadien des Single-Daseins in Rechnung zu ziehen, zu erörtern, wie man mit der Partnersuche beginnt und aus nicht zum Ziel führenden Partnersuchemustern herauskommt.

Dieses Buch ist in vier Sektionen aufgeteilt. In Teil 1 geht es um die Bedeutung der *eigenen Einstellung*, und ich empfehle einen Basisplan und Richtlinien, wie man es schafft, regelmäßig neue Bekanntschaften zu machen. Teil 2 beschäftigt sich mit den *Strategien*, die man nicht vergessen darf, *wenn man ausgeht*. Teil 3 spricht die Thematik an, mit der man als Single fertig werden muß – egal, ob man ein Rendezvous hat oder nicht. Und Teil 4 hilft Ihnen, die Informationen aus den vorausgegangenen Kapiteln zusammenzufassen, die *für Sie* am sachdienlichsten sind. Am Ende werden Sie ein spezielles Programm haben, das – Schritt für Schritt – auf Ihre eigenen Bedürfnisse, Wünsche und Ziele zugeschnitten ist, und damit die Werkzeuge, die Sie brauchen, um Ihren Plan durchzuführen.

Wenn Sie sich eine liebevolle Partnerschaft wünschen, aber der Verabredungen und der ganzen Single-Szene überdrüssig sind, lesen Sie weiter. Wie die Teilnehmer meiner Workshops werden Sie feststellen, daß Sie alles in einem ganz neuen Licht sehen werden; legen Sie wertlose, alte Vorurteile ab, die Sie für die »Wahrheit« hielten; und dann bekommen Sie auch die Resultate, die Sie wollen.

Während ich dies schreibe, stelle ich mir *Sie* vor, einen Menschen, den ich niemals getroffen habe, zu dem ich aber – ab sofort – eine gewisse Beziehung habe. Ich hoffe, daß wir auf den folgenden Seiten Spaß miteinander haben werden. Ich bin sicher, daß Sie nicht mit allem einverstanden sein werden, was ich sage, hoffe aber, daß Sie es provokativ finden und daß einiges Ihnen ehrlich weiterhilft. Während ich diese zehn Strategien ausarbeitete und selbst zu benutzen begann, spürte ich, daß ich mich selbst und mein Liebesleben positiver sah. Ich hoffe sehr, daß es Ihnen ebenso ergeht.

August 1987

Susan Page, Oakland, Kalifornien

INHALT

1. TEIL

Wichtige, aber oft vernachlässigte Verhaltensweisen, sich auf die Liebe vorzubereiten

EINFÜHRUNG

Die große emotionale Depression

Wie man in einer lieblosen Welt Liebe findet

Mutter Teresa erklärte, die Vereinigten Staaten seien dasiebloseste Land, das sie jemals besucht habe.

Ich will mir nicht anmaßen, vermitteln zu wollen, was sie damit gemeint haben mag, denn ich habe längst festgestellt, wie lieblos unsere Kultur ist. Unsere Konzentration auf Geld und Konsum scheint mir einen weit wichtigeren Einfluß auf unser Leben zu haben als unser Verlangen nach angenehmen menschlichen Beziehungen. Wir sagen, daß wir Liebe suchen und jemanden, zu dem wir gehören, doch wir verschwenden weit mehr Zeit und Energie darauf, Geld zu verdienen, und beschäftigen uns eher mit den Dingen, die man dafür kaufen kann. Liebe ist für uns meist eine »außerplanmäßige« Aktivität – den Stunden vorbehalten, an denen uns nichts Besseres einfällt.

Das wirkliche Problem ist, daß Liebe und Arbeit miteinander unvereinbare Aktivitäten sind. Zu oft steht die Zeit, die wir mit dem einen verbringen, für das andere nicht zur Verfügung. Schlimmer noch – Liebe und Arbeit verlangen ein unterschiedliches Verhalten von uns. Um uns zum Beispiel »auf dem Markt« behaupten zu können, müssen wir zu anderen in Wettbewerb treten, müssen uns geschäftig geben, uns vor den anderen in acht nehmen und uns vor allem bis zur letzten Zeile unserer Arbeit verschreiben. Um in einer intimen Beziehung Erfolg zu haben, muß man jedoch kooperativ sein, flexibel, emotional ansprechbar, ehrlich und sich vor allem dem Wohlergehen des/der Geliebten verpflichtet fühlen.

Die Fähigkeiten, die Liebe und Karriere verlangen, sind so

unterschiedlich, daß es schwierig ist, auf beiden Gebieten »gut« zu sein. Und da unsere Gesellschaft sichtbaren Wohlstand so sehr schätzt, verschwenden die meisten Menschen ihre Energien daran, bei der Arbeit gut zu sein. Die Liebe landet auf dem zweiten Platz.

Unsere ganze Erziehung und das, was man uns vorlebt, ist darauf ausgerichtet, aus uns gute Geschäftsleute zu machen, gute Arbeiter, die nach Karriere streben. Die »Fähigkeiten« jedoch, die eine erfolgreiche intime Beziehung verlangt – wie dem anderen zuhören zu können, Einfühlungsvermögen, »faires« Streiten, Großzügigkeit, das Erahnen und das Ausdrücken von Emotionen –, sind generell weit schwieriger zu erlernen als die Fähigkeiten, die ein Beruf erfordert, und werden bei unserer Erziehung weitgehend vernachlässigt.

Wo bringt man uns bei – oder wo bereitet man uns darauf vor –, einfühlsam zuzuhören, behutsam und überlegt miteinander umzugehen, uns selbst ehrlich zu beurteilen und Emotionen in der angemessenen Weise auszudrücken? In der Sonntagsschule? Oder in acht- oder zehnstündigen Elternkursen?

In den siebziger Jahren haben einige Therapeuten – unter anderem die Leiter von Sensitivitätsgruppen – und Philosophen ein loses Bündnis geschlossen, das als *Human Potential Movement* bekannt wurde. Für eine kurze Zeit sah es so aus, als könnte diese »Bewegung« eine ausgleichende Kraft werden. Sie war gedacht, den Menschen dabei zu helfen, sich mit jenen Gefühlen und Wünschen auseinanderzusetzen, die unter ihrem Drang, Erfolg zu haben, verborgen sind. Sie ermutigte sie, die Möglichkeiten ihres Lebens in Anspruch zu nehmen, um ihr Gefühls- und Seelenleben zu bereichern und ihr ganzes menschliches Potential einzubringen, statt sich nur auf das Arbeitsleben zu konzentrieren.

Doch die Human-Potential-Bewegung war kurzlebig. Vielleicht wurde sie von vielen als zu bedrohlich empfunden. Welche Folgen würde es wohl für unsere Wirtschaft haben, wenn Arbeitnehmer sich einander bei Wochenendseminaren öffnen würden, um dann zu ihrer Arbeit zurückzukehren und ähnliche Qualitäten in ihrem täglichen Leben zu verlangen? Die Human-Potential-Bewegung schätzte »Lebendigsein« höher ein als Erfolg, Vergnügen höher als Profit, qualitativ hochwertige menschliche Beziehungen höher als Status oder Einfluß. Sie entsprach einfach nicht dem American Way of Life.

Bemühungen, den Zwiespalt zwischen menschlich-orientierten und auf Produktion ausgerichteten Werten auszugleichen, sind in den letzten Jahren verschiedentlich unternommen worden. Ein paar aufgeklärte Firmen bieten Kinderbetreuung, flexible Arbeitszeit, Mutterschaftsurlaub und Haushaltstage an. Frauen in Machtpositionen – gelegentlich sogar Männer – neigen neuerdings dazu, »Karriere-Opfer« zu bringen, um ihr Privatleben qualitativ besser zu gestalten. Doch diese Veränderungen bleiben eher die Ausnahme denn die Regel und führen dazu, den Widerstreit der Werte unterzubewerten, statt ihn in größerem Umfang zum Verschwinden zu bringen.

Arbeit und Liebe – das heißt auf Produktion und menschlich ausgerichtete Werte – schließen sich *nicht* gegenseitig aus. In der Tat sind beide entscheidend. Unser Problem ist, daß wir sie nicht in der Balance halten können. Die Taktiken und Verfahren, die die meisten Arbeitsprozesse beherrschen, sind ein klarer Beweis dieses Werteungleichgewichts.

Hier ist eine weitere Tatsache, die des Nachdenkens wert ist:

In den Sechzigern zerbrachen sich Soziologen im Hinblick auf die siebziger und achtziger Jahre den Kopf darüber, was wir mit der Freizeit anstellen würden, die uns die zeitsparenden Technologien bescheren würden. Was die zeitsparenden Technologien angeht, hatten sie recht. Was die Freizeit angeht, hätten sie aber nicht mehr im Unrecht sein können. Im *Wall Street Journal* stand kürzlich, daß die Amerikaner nach einer Meinungsumfrage 1984 33,4 % weniger Freizeit hatten als 1974 – und das gilt für die meisten Industriestaaten.

Was war passiert? Wo ist die gesparte Zeit geblieben? Womit haben wir sie ersetzt?

Mit Streß.

Nicht die Freizeit, sondern der Streß, so stellte sich heraus, wurde das große Managementproblem der achtziger Jahre. Buchstäblich jede Unternehmensberatungsfirma unterrichtet in Techniken, wie man mit Streß fertig wird. Aber wann haben Sie zuletzt von einem Kurs gehört, der heißt: »Wie werden Sie mit Ihrer Freizeit fertig?«

Streß und Intimität sind buchstäblich unvereinbar. Wenn Sie von Ihren Ängsten in Anspruch genommen werden und durch Ihr Überengagement ganz außer Atem sind, dann können Sie nicht in der Lage sein, sich voll für das Wohlergehen eines anderen menschlichen Wesens einzusetzen. Und Sie haben nicht die unstrukturierte Freizeit zur Verfügung, in der intime Beziehungen gedeihen können.

Warum ziehen die meisten Amerikaner es vor, mit Streß fertig zu werden, statt ihn zu reduzieren? Warum haben wir am Ende mehr Streß als Freizeit?

Es liegt daran, daß wir fürchten, daß der Preis, den wir zahlen, wenn wir den Streß reduzieren, zu hoch ist. Wir fürchten, den Erfolg opfern zu müssen, hinter unsere Kollegen zurückzufallen. Und dieser Preis ist den meisten von uns zu hoch. Wieder bewerten wir Geld und das, was wir uns dafür kaufen können, höher als einen ruhigen, zufriedenen, liebevollen Lebensstil. Wir haben lieber Streß als Freizeit.

Wir haben uns eine wettbewerbs- und arbeitsorientierte Gesellschaft geschaffen. Das ist eine Situation, in der Liebe und herzliche emotionale Bindungen zwischen Menschen es schwer haben zu gedeihen. Ich nenne dies »die große emotionale Depression«.

In den dreißiger Jahren gab es in den USA und vielen anderen Ländern eine Wirtschaftsdepression. Das Geld war knapp, und die Leute suchten verzweifelt nach Jobs, die es nicht gab.

Wir sind jetzt mitten in einer zweiten Depression – einer Depression der Gefühle. Wir erleben eine Knappheit der emotionalen Reife, eine Abneigung gegen Intimität, und die Menschen suchen vergebens nach geeigneten Lebensgefährten, die es – wie sie glauben – nicht gibt.

Aber dies ist kein soziologisches Buch. Es beschreibt eher, wie Sie als einzelner eine befriedigende intime Beziehung finden können. Ich möchte hier nur auf eines hinweisen: Bei Ihrer Suche nach Liebe müssen Sie sich darüber klar sein, daß die Gesellschaft Ihnen *nicht* hilft. Den Singles, die heute nach Liebe suchen, geht es wie den Arbeitern in den dreißiger Jahren: Die Kräfte um sie herum arbeiten subtil, aber sicher gegen die Liebe in ihrem Leben. In seinem Buch *New Rules* faßte der Forscher Daniel Yankelovich das zusammen, als er behauptete, daß »die meisten Menschen finanziellen Gewinn einem kreativeren, zufriedeneren Leben vorziehen«.

Also machen Sie sich für Ihr »Versagen« nicht selbst verantwortlich; die Werte, die Ihr Leben bestimmen, sind übermächtig, und Sie haben sich dem bisher unbewußt angepaßt. Seien Sie sich aber bewußt, daß Sie, wenn Sie »Lebendigsein« und Vergnügen genauso zu schätzen wissen wie Erfolg und materielle Güter, als Rebell angesehen werden. Es ist *nicht* Ihre Einbildung, daß die gesellschaftlichen Bedingungen es im allgemeinen erschweren, Liebe zu finden. Wir sind mitten in einer emotionalen Depression.

Doch wenn sie das erkennen und es in Ihre Suche einbeziehen, muß es Ihre Pläne nicht vereiteln. Gewarnt sein heißt gewappnet sein.

Männer gegen Frauen

Und dann gibt es noch weitere Umstände, die ebenfalls zur großen emotionalen Depression beitragen. Wir sind genau in der Mitte einer Revolution zwischen den Geschlechtern, und wir müssen mit all der Verwirrung fertig werden, die zu solchen Zeiten herrscht.

Ich benutze gerne eine gigantische Wippe als Metapher, wenn ich ganz allgemein erklären will, was da passiert. In den Fünfzigern waren die Männer obenauf, und die Frauen saßen unten. Die Männer behielten ihre Position bei, indem sie für die Frauen sorgten und gesellschaftliche Regeln aufstellten, die allen zu nutzen schienen.

Doch dann, als die heutige Frauenbewegung begann, beschlossen die Frauen, daß sie dieses Spiel nicht länger mochten – sie standen auf und gingen weg. Als die Wippe sich bewegte, flohen die Männer. Sie waren geschockt und verwirrt. Sie *mochten* das alte Spiel. Einige lachten, verspotteten die »Emanzen« und sagten: »Ihr werdet's schon sehen.« Einige aber wurden richtig ärgerlich. Andere hauten ab und versteckten sich für eine Weile oder versuchten sich vorzumachen, daß sich nichts geändert hätte. Wieder andere feuerten die Frauen an, fanden dann jedoch heraus, daß es, wenn sie versuchten, mit einer auszugehen, einfach nicht mehr dasselbe war.

Die Frauen waren ebenfalls nicht sicher, was sie mit den Männern machen sollten. Einige entwickelten sich zu »Separatisten« und gingen durch eine Phase des »Männerhasses«. Andere versuchten, Männer im allgemeinen zu hassen, aber einzelne zu lieben. Generell suchten Frauen die Männer dazu zu bewegen, sich anzupassen, ihre patriarchische Art aufzugeben und sich an der Formung einer Gesellschaft des Egalitarismus zu beteiligen. Dieser Prozeß ist noch im Gange, langsam, aber stetig.

In ihrer Verwirrung sahen sich die meisten Männer auf sich allein gestellt; sie redeten nicht mit anderen Männern über ihre neuen Erfahrungen. Eine ganze Menge Männer glaubt immer noch, daß nur sie persönlich diese Verwirrung spürt, und hält sie deshalb für einzigartig.

Die Frauen dagegen bildeten sofort Gruppen und entdeckten, daß sie aus der gegenseitigen Unterstützung Kraft ziehen können. Zunächst konzentrierten sie sich darauf, in den Klub der etablierten Männer einzubrechen. Sie lernten die Klubsprache, den Bekleidungs-Code und die Regeln des Vorwärtskommens. Später wurde ihnen klar, daß der Klub der etablierten Männer als solcher ernsthafte Probleme hatte, und sie begannen mit der sogar noch größeren Aufgabe, den Klub umzubilden.

Während all dies passierte, sahen wir alle – Männer wie Frauen –, daß die alte Idee der Kernfamilie limitiert war, und begannen, mit neuen Modellen des Zusammenlebens zu experimentieren. In der radikalen Dekade der sechziger Jahre experimentierten wir mit der »offenen Ehe«, dem Zusammenleben mit Wohngemeinschaften, Partnertausch und der Nicht-Monogamie. In den Siebzigern wurde uns bewußt, daß diese neuen Modelle an sich uns nicht das erfülltere Leben bescherten, das wir suchten, und wir begannen, uns von unserer »Abhängigkeit«, Männer und Frauen zu sein, zu lösen. »Ich bin nicht auf dieser Welt, um deine Wünsche zu erfüllen«, erklärte Fritz Perls' »Gestalt-Prediger«, und wir hatten die »Ich«-Dekade. Das war ein kritischer Schritt für unser Kollektivbewußtsein, denn niemals vorher hatten wir uns in solchem Umfang gefragt: »Was will ich?«

In den achtziger Jahren entdeckten wir schließlich, daß wir in unseren Beziehungen mehr als »Raum« wollen. Was wir vor allem wollen, ist einander – allerdings zu vollkommen neuen Bedingungen. Wir bemühen uns krampfhaft, Partnerschaften zu gestalten, die uns Sicherheit und Intimität bieten, ohne uns die Freiheit zu rauben, von den traditionellen Rollen wegkommen zu wollen und die Autarkie zu erhalten, für die wir in den sechziger und siebziger Jahren so hart gekämpft haben. Wir wollen Partnerschaften, die uns Nähe und ein Gefühl der Zusammengehörigkeit bieten, ohne uns als Individuen einzuschränken.

Wir sind immer noch mitten drin in diesem Chaos. Wie Pioniere fahren wir fort, unsere Männer-, Frauen- und Menschenbewegungen aufzubauen, und suchen neue Modelle für den Umgang miteinander. Als Verfechter des Egalitarismus suchen wir Modelle, die uns gegenseitig vorteilhaft zur Geltung bringen und zutiefst zufriedenstellende Beziehungen bescheren.

Die Bewegungen der vergangenen Dekaden haben unsere Erwartungen bezüglich dessen erhöht, was zwischen zwei Menschen möglich ist. Wir wollen tiefe Intimität, Gleichheit, aufgeklärte Kommunikation und befriedigenden Sex. Gleichzeitig erscheint es wegen jener Faktoren, die zur großen emotionalen Depression beitragen, schwieriger denn je, sie zu erreichen. Diejenigen unter uns, die immer noch ohne die Liebe sind, die wir suchen, leben in einer Art emotionaler dritter Welt, in der die Bilder ekstatischer, liberalisierter Beziehungen uns vor Augen schweben, aber nicht greifbar sind.

Ich weiß nicht, wie Männer und Frauen diesen toten Punkt überwinden wollen. Aber ich vertraue darauf, daß es uns möglich ist. Erst kürzlich ist die Wippe aus dem Gleichgewicht geraten. In wenigen Dekaden schon werden wir auf diese turbulente Zeit zurückschauen und sehen, daß es das frühe Stadium der Lösung war, die wir dann gefunden haben. Ich glaube, wir sind jetzt in einer kurzen Periode der Geschichte, während der Männer und Frauen in unterschiedlichen Phasen ihrer soziologischen und psychologischen Entwicklung sind. Gerade heute ist es schwierig. Und wie in der Wirtschaftsdepression der dreißiger Jahre sehen wir nicht, wie es jemals weitergehen soll. Aber es ist uns damals gelungen, und es wird uns auch jetzt gelingen. Irgendwie werden wir ein emotionales »New Deal« gestalten, wie dereinst Roosevelt mit seiner Wirtschafts- und Sozialpolitik, und Männer und Frauen werden die gemeinsame Basis finden, nach der sie jetzt suchen.

Doch das bringt uns zu einer kritischen Frage: Was tun diejenigen von uns in der Zwischenzeit, die *jetzt* Liebe wollen und nicht bis zur nächsten Phase der Revolution warten können?

Das ist das Thema dieses Buches.

Beschreibungen unserer Epoche gibt es im Überfluß. Viel ist bereits über die Schwierigkeiten geschrieben worden, denen Frauen sich gegenübersehen, über die Verwirrung, die die Männer spüren, und über die speziellen Probleme, die wie Pilze aus dem Boden schießen, wie beispielsweise Frauenhaß und Suchtprobleme.

In diesem Buch möchte ich gewisse soziologische und psychologische Faktoren als *gegeben* voraussetzen, statt sie nochmals zu beschreiben, und statt dessen diskutieren, was Sie als einzelner tun können, um sie zu überwinden. Nach meinen Beobachtungen benutzen Singles die »harten Tatsachen« als Entschuldigung dafür, Singles zu bleiben, statt sie als Hindernisse zu betrachten, die sie aus dem Weg räumen können.

Bevor wir also anfangen, sollten wir uns über einige Fakten unserer gegenwärtigen Situation einig sein. Buchstäblich alle Singles, die ich darauf ansprach, stimmten – nur aufgrund ihrer eigenen Erfahrung – darin überein, daß es diese Gegebenheiten gibt. (Außerdem stimmen alle darin überein, daß es willkommene Ausnahmen von diesen groben Verallgemeinerungen gibt.) Ich will keinen Versuch machen, wissenschaftlich zu argumentieren oder schockierende neue Informationen zu vermitteln. Die Grundsätze, von denen ich spreche, bedürfen keines Beweises. In diesem Buch werden wir *nicht* diskutieren, *warum* die Verhältnisse sind, wie sie sind, und wir wollen auch nicht darüber lamentieren. Wir wollen lieber darüber reden, wie man um diese unglückseligen Schwierigkeiten herumkommt, wenn man sein Leben mit einem Intimpartner teilen will, statt es allein zu leben.

Liebe zu finden ist heute eine Herausforderung, weil:

- im allgemeinen Arbeitsplatzkenntnisse gelehrt und geschätzt werden – intime Kenntnisse jedoch nicht. Deshalb fällt es uns schwer, Zeit für die Liebe zu finden, und wenn doch, dann sind wir auf die Ansprüche, die eine intime Beziehung verlangt, schlecht vorbereitet. Wir sind bei der Arbeit gut, aber nicht bei der Liebe.
- Männer und Frauen in verschiedenen Phasen ihrer politischen und sozialen Entwicklung sind. Frauen haben es schneller gelernt, Teil der »Männerwelt« zu sein, als Männer, Teil der »Frauenwelt« zu werden. Frauen haben berufliche Fähigkeiten schneller erworben, als Männer zwischenmenschliche, gefühlsmäßige und karitative Fähigkeiten erworben haben. Männer und Frauen sind zunehmend frustriert, wissen nicht, was das andere Geschlecht haben und was das andere Geschlecht geben will.

- in den meisten Ländern die Frauen, die ledig sind und nach einer Partnerschaft Ausschau halten, den Männern gegenüber leicht in der Überzahl sind.
- die Angst, eine Verpflichtung einzugehen, unter Männern und Frauen überhand nimmt, aber – so scheint es – besonders unter den Männern. Viele ansonsten »wundervolle« männliche Singles weigern sich ganz entschieden – oder sind irgendwie nicht in der Lage –, eine langfristige intime Beziehung einzugehen.
- es nicht mehr so einfach ist, in Frage kommende Menschen des anderen Geschlechts kennenzulernen wie in der Oberschule. Tatsächlich ist es überhaupt nicht einfach.
- das Ansteigen der durch Geschlechtsverkehr übertragenen Krankheiten Vorsicht und Peinlichkeit in die frühen Phasen romantischer Begegnungen hat einziehen lassen.

In den dreißiger Jahren haben Leute darüber Bücher geschrieben, wie man trotz widriger Bedingungen überlebt. In diesem Buch geht es darum, trotz der widrigen Bedingungen der großen emotionalen Depression Liebe zu finden. Unsere Zeit ist sehr unwirtlich für Liebende. Die Frage ist, ob Sie es erlauben, sich davon ins Bockshorn jagen zu lassen? Oder ob Sie es zum Anlaß nehmen, systematisch und offen an Ihre Suche nach Liebe heranzugehen?

Eine letzte Frage, um Ihnen den Anfang zu erleichtern

Also, warum sind Sie noch ein Single? Nur Pech?

Sowohl Leute, die Liebe gefunden haben, als auch solche, denen das nicht geglückt ist, *glauben*, daß Glück eine große Rolle spielt.

> Gott, wir hatten solches Glück, einander gefunden zu haben! Was wäre gewesen, wenn einer von uns nicht zu dieser Party gegangen wäre? Es ist schrecklich, sich vorzustellen, daß wir uns vielleicht nie getroffen hätten!

Oder:

> Wieso haben *Sie* so viel Glück gehabt? Warum kann ich nicht jemanden wie ihn (sie) finden? Warum nicht ich?

Glück mag ein Faktor sein. Doch es ist die Absicht dieses Buches zu erklären, daß Sie, je mehr Sie daran arbeiten, desto glücklicher werden. Dem Glück muß man auf die Sprünge helfen. Und das Glück wird es sehr schwer haben, zu Ihnen zu kommen, wenn Sie ihm ständig im Wege stehen.

Vom Glück einmal abgesehen, warum sind Sie noch ein Single?

Ich möchte Sie zu einem Test einladen. Im gesamten Buch schlage ich immer wieder Tests vor, die Sie vielleicht ausprobieren sollten. Da es Zweck eines Tests ist, Daten zu sammeln, kann er niemals fehlschlagen. Wenn Sie einen machen, werden Sie *etwas* über sich selbst herausfinden, und aus diesem Grund schlage ich die Tests auch vor. Gewöhnlich habe ich kein bestimmtes Ergebnis im Sinn, hoffe jedoch, daß der Prozeß als solcher lehrreich ist. Wann immer ich mich in meinem eigenen Leben in einer Sackgasse befinde, erdenke ich einen Test, um mich von dem toten Punkt wegzubewegen und mir neue Perspektiven zu eröffnen. Oft bin ich sehr überrascht und hätte niemals vorausahnen können, was ich am Ende herausfand. Ich hoffe, daß Sie mit einigen der Tests, die ich vorschlage, ähnliche Erfahrungen machen.

Sie sollten sich für die Tests vielleicht ein kleines Notizbuch oder eine Kladde besorgen, da einige – wenn auch nicht alle – etwas Schreibarbeit verlangen. Auf diese Art haben Sie alle jederzeit zur Hand und können die, die Sie bedeutungsvoll fanden, jederzeit nachschlagen. Außerdem sollten Sie jeden Test datieren. Der lehrreichste Nutzen eines Tests ist es, ihn nach einigen Monaten oder Jahren zu wiederholen. Es kann interessant sein festzustellen, was sich ändert und was nicht.

Bei unserem ersten Test lade ich Sie ein, sich selbst die Frage zu beantworten: »Warum bin ich immer noch ein Single?«, bevor sie meine Theorien über die möglichen Gründe lesen. Auf diese Art haben Sie einen eigenen Maßstab, wenn Sie sich mit meinen Begründungen beschäftigen. Ist »mein Grund« ein Grund, den Sie bereits als Faktor bei sich selbst erkannt haben? Ist es ein Grund, der *nicht* auf Sie angewendet werden *kann*, dessen Sie sich aber nicht bewußt waren? Es könnte interessant für Sie sein zu sehen, ob die Gründe, die ich in den folgenden Kapiteln aufzähle, bei Ihnen – auf die eine oder andere Art – bereits aufgetaucht sind. Wir werden die Liste, die Sie jetzt machen, am Ende des Buches noch einmal für einen weiteren Test brauchen.

TEST 1

Listen Sie in Ihrem Test-Notizbuch *alles* auf, was für den gegenwärtigen Status Ihrer Beziehungen von Bedeutung ist. Denken Sie sorgfältig nach, und listen Sie jeden einzelnen Grund auf: historisch, psychologisch, die Umstände betreffend, das Verhalten betreffend: Warum sind Sie ein Single?

Nachdem Sie Ihre Liste erstellt haben, vergleichen Sie sie mit den folgenden »Gründen, warum ich immer noch ein Single bin«, die von den Mitgliedern meiner Workshops oft gegeben wurden:

- Ich möchte allein sein.
- Ich bin dem richtigen Menschen noch nicht begegnet.
- Ich leide noch immer unter meiner letzten Beziehung.
- Ich arbeite noch an mir; ich fühle mich noch nicht bereit.
- Ich habe zu viel zu tun.
- Ich habe genug mit meinen Freunden zu tun, die sich ausweinen, nachdem sie in einer Beziehung gescheitert sind. Ich will meine Zeit nicht ebenso vergeuden.
- Ich genieße meine Intimsphäre; ich schätze meine Unabhängigkeit.
- Meine Ansprüche sind zu hoch; ich bin zu wählerisch, zu kritisch.
- Es fehlt mir an Energie, weil meine Arbeit mir zu wichtig ist.
- Es mangelt mir an der Fähigkeit, neue Leute kennenzulernen.
- Jedesmal, wenn mir jemand näherkommt, kneife ich.
- Ich will mich nicht mit den Problemen auseinandersetzen.

- Ich angele mir immer die Falschen, die keine Bindung eingehen wollen.
- Es ist zu schwer, mit mir zu leben, ich bin zu stur.
- Ich will die Liebe nicht *zu sehr* wollen, denn was passiert, wenn ich sie niemals finde? Ich muß doch auch diese Möglichkeit in Betracht ziehen.
- Ich habe Angst, mich auf eine Beziehung einzulassen, von der ich später feststelle, daß ich sie nicht mag. Dann würde ich mich gefangen fühlen.
- Ich habe nicht das Gefühl, daß ich als potentieller Partner gut sein könnte. Ich würde niemanden respektieren, der mich auswählt.
- Ich will es zu sehr. Mein Verlangen nach einer Partnerschaft ist zu stark.
- Ich hasse es, auszugehen und mich umzuschauen.
- Es ist, als hätte ich eine Mauer um mein Herz.
- Ich bin wütend auf das andere Geschlecht, und jeder Mann/jede Frau, den/die ich treffe, macht mich noch ärgerlicher.
- Ich habe Angst, ein zweites Mal Schiffbruch zu erleiden. Eine gescheiterte Ehe ist genug.
- Ich will nicht, daß irgend jemand zu abhängig von mir wird.
- Ich will nicht zu abhängig von jemand anderem werden.
- Ich will zuerst Karriere machen.
- Wenn ich eine Verpflichtung eingehe, gebe ich mich selbst auf.
- Ich habe Angst, auf eine Rolle beschränkt zu werden.
- Ich habe Jahre damit verbracht, mich selbst zu überzeugen, daß es ganz in Ordnung ist, ein Single zu sein.

Was auch immer Ihre Gründe sind, ein Single zu sein, wenn Sie eine Beziehung wirklich wollen, *ist kein Grund gut genug!*

Hier folgen 10 Strategien, die viele unfreiwillige Singles übersehen, *ohne sich darüber klar zu sein*, zehn gute, aber auf den ersten Blick unsichtbare Wege, auf denen es Singles gelingen *kann*, die große emotionale Depression in den Griff zu bekommen. Dieses Buch will diese Strategien erklären und zeigen, wie man sie umsetzt. Als eine Frau, die während der großen emotionalen Depression die Liebe fand, indem sie genau die Mittel einsetzte, die ich hier vorschlage, fordere ich Sie auf, die Kontrolle über Ihren Traum zu übernehmen und ihn zu verwirklichen. Leute, die in wahrhaft glücklichen Partnerschaften leben, beweisen, daß Liebe etwas ist, das jede Mühe wert ist!

1. KAPITEL

Die 1. Strategie: Ergründen Sie Ihre verborgene Ambivalenz

Wunschdenken hat Ihnen keine Liebe gebracht.

Auch Gleichgültigkeit, Depressionen, Verweigerung, Ärger, Panik, das Analysieren des Problems, das andere Geschlecht dafür verantwortlich zu machen oder die trostlosen demographischen Zahlen nicht.

Wenn Sie also immer noch nach Liebe suchen, ist die Frage, *was* wird Ihnen Liebe bringen?

Ausdauer.

Der Weg, jedes Ziel zu erreichen, ist, zuerst zu wissen, was das Ziel ist, und dann unerschütterlich darauf hinzuarbeiten, geduldig, aber hartnäckig alle Hindernisse zu überwinden, die auftauchen – mit Ausdauer, Zähigkeit und Entschlossenheit.

Doch trotz aller Verzweiflung über die Situation heutiger Partnerschaften gehört Ausdauer zu den seltensten Eigenschaften, die man unter Singles findet. Wir kennen alle die Fabel vom Hasen und dem Igel, haben uns aber die Moral des Igels nicht zu eigen gemacht. Statt dessen rasen wir herum wie der Hase, versuchen es mit Partnerschaften, die nicht funktionieren, quälen uns mit Theorien, glauben unsere eigenen Entschuldigungen, folgen einer falschen Fährte, dann einer ebenso unergiebigen und schlafen dann ermattet mitten im Rennen ein wie der Hase.

Warum?

Warum verlangen wir nach Liebe, bringen es aber nicht fertig, entschlossen auf unser Ziel zuzusteuern? Warum lassen wir uns kaltstellen?

Ambivalenz ist einer der Hauptgründe. Wir sind nicht sicher, in welchem Rennen wir sein oder ob wir überhaupt an den Start gehen wollen.

Ist Liebe das wert?

Geht es mir allein vielleicht besser?

Gibt es da draußen wirklich jemanden, den ich auch nur tolerieren könnte?

Werde ich meine Unabhängigkeit verlieren?

Werde ich verletzt werden?

Werde ich zu viele Kompromisse eingehen müssen?

Wird meine Karriere darunter leiden?

In diesem Buch geht es um Beharrlichkeit und Ausdauer. Aber wir können nicht darüber sprechen, im Rennen zu *bleiben*, wenn wir nicht darüber gesprochen haben, ob wir überhaupt ins Rennen gehen *wollen*. Das ist der schlimmste Stolperstein für Singles: nicht zu *bekommen*, was wir von der Liebe wollen, jedoch genau zu *wissen*, was wir wollen. Wir halten uns selbst vom Vorwärtsgehen ab, weil wir nicht wissen, in welche Richtung wir uns bewegen wollen.

Die wichtigste Voraussetzung, eine zufriedenstellende intime Beziehung zu finden, ist es, eine zu wollen, von ganzem Herzen, ehrlich, ernsthaft, zielbewußt und ohne Vorbehalt.

Wenn Sie ernsthaft einen Intimpartner wollen, haben Sie bereits die schwierigste Hürde genommen. Wenn Sie sich jedoch nicht ganz sicher sind, müssen Sie sich genauer mit dem Thema der Ambivalenz beschäftigen und wissen, wie Sie es bewältigen wollen.

Unfreiwillige Singles kann man in zwei Gruppen aufteilen: in Singles, die sich eine Partnerschaft wünschen, den/die Richtige(n) aber noch nicht gefunden haben, und in Singles, die – bewußt oder unbewußt – ambivalent sind. Es ist schwer, diese beiden Typen auseinanderzuhalten, weil ihre Sprache identisch ist. Beide sagen: »Ich möchte *wirklich* eine wunderbare Beziehung.« Doch der erste Typus meint das *wirklich*. Und der zweite Typus – wie sich freilich erst später herausstellt – nicht. Was der zweite Typus tatsächlich meint, wäre eher etwas wie: »Ich möchte eine Beziehung, aber genauso oder noch wichtiger ist mir:

- kein Risiko eingehen zu müssen,
- in meiner Karriere weiterzukommen,
- weiterhin meinen großartigen Lebensstil zu leben,
- Schmerz zu vermeiden,
- meine Geheimnisse zu wahren,

- zu beweisen, daß ich recht habe, wenn ich sage, daß das Problem beim anderen Geschlecht liegt.«

Der ambivalente Mensch ist einer, der sich eine Beziehung wünscht, aber etwas anderes genauso hoch einschätzt. Er wird einerseits Treue verlangen, andererseits aber unbewußt alles sabotieren, was ihm im Wege steht – wie die Liebe.

Einige Singles sind sich ihrer Ambivalenz durchaus bewußt. Von ihnen stammen folgende Äußerungen:

- Ich möchte eine Beziehung eingehen, aber ich will nicht alles das aufgeben, was ich an meinem Single-Dasein mag.
- Ich will lieben, habe jedoch Angst, die Kontrolle zu verlieren.
- Ich fühle mich zwischen meiner Karriere und meinem Liebesleben hin- und hergerissen.
- Mein(e) Geliebte(r) ist wundervoll, aber vielleicht gibt es ja jemanden, der noch besser zu mir paßt.
- Ich will verheiratet sein, habe jedoch Angst vor einer weiteren Scheidung.
- Ich fürchte, daß das, was ich zu gewinnen habe, nicht soviel wert ist wie das, das ich werde aufgeben müssen.

Ambivalenz entwickelt eine eigenständige Kraft, Sie einen Single bleiben zu lassen, wenn Sie sich ihrer nicht bewußt sind. Viele Singles glauben aufrichtig daran, daß sie sich eine Beziehung wünschen, und sind sich der Forderungen, die ihr Leben bestimmen und totale Unterwerfung verlangen, gar nicht bewußt: »Du sollst kein Risiko eingehen. Du sollst Deine Geheimnisse wahren.« Diese Überlebensregeln bestimmen – teilweise, weil sie unbewußt bleiben – unser Leben weit stärker als unser bewußtes Verlangen nach Liebe und Zusammengehörigkeit.

Ich erhielt einen Telefonanruf von einer Frau namens Michelle. Sie wußte, daß ich Leute interviewte, und wollte die Gelegenheit wahrnehmen, mir ihre Geschichte zu erzählen. Sie hatte ein halbes Jahr vorher an einem meiner Workshops teilgenommen. Michelle erzählte mir:

»Als wir über das Thema Ambivalenz sprachen, ließ es mich völlig kalt. Ich konnte mir einfach keinen Grund vorstellen, aus dem ich keinen Mann in meinem Leben wollen könnte. Ich meinte, ich sei bereit! Doch nach Ihrem Workshop wurde mir klar, daß ich trotz all meiner neuen Entschlossenheit immer noch nichts unternahm. Jedesmal, wenn ich vorhatte, zu einer Single-Veranstaltung zu gehen oder auf eine Anzeige zu antworten, fand ich einen Grund, es nicht zu tun. Da endlich wurde mir klar, daß ich es *hasse*, einem Mann zum erstenmal gegenüberzustehen – unter welchen Umständen auch immer. Ich begriff, daß es mir weit wichtiger war, solche Situationen – vor denen ich Angst habe – zu vermeiden, als jemanden zu finden. Als ich verstand, was da in mir vorging, war ich wirklich schockiert. Und unternahm etwas dagegen. Es kostet mich zwar auch heute noch kolossale Mühe, doch ich zwinge mich, Männer zu treffen. Ich habe immer noch Angst davor, aber es wird allmählich leichter, und ich habe ein *so gutes Gefühl*, daß ich mich dazu durchringe. Zwingen tue ich mich übrigens dadurch, daß ich alle meine Unternehmungen mit einer Freundin plane. Das macht es mir viel schwerer zu kneifen.«

Eine andere Frau äußerte sich während eines Workshops. Sie war 39 Jahre alt und hatte ihre eigene, erfolgreiche PR-Firma. Sie berichtete:

»Ich *weiß*, was meine mit der Liebe in Konkurrenz stehende Priorität ist! Meine Karriere, mein Lebensstil. Ich habe keine Ahnung, wie ich da noch einen Mann unterbringen soll! Und ich bin nicht sicher, ob ich das überhaupt will. Ich schätze, deshalb bin ich hier. Ich glaube, wenn ich den *richtigen Mann* fände, würde ich ihm gegenüber eine Verpflichtung eingehen wollen, allerdings erscheint mir die Möglichkeit, den Richtigen zu finden, so unwahrscheinlich. Na ja, andererseits tue ich auch nichts dafür, ihn zu treffen. Ambivalent? Wer, ich?«

Ob nun bewußt oder unbewußt: Ambivalenz ist einer der häufigsten und triftigsten Gründe, weshalb Singles, die sich eine Beziehung wünschen, immer noch keine gefunden haben. Es widerstrebt ihnen, das Single-Dasein aufzugeben, und gleichzeitig fürchten sie, etwas Wundervolles zu verpassen, wenn sie auf eine

Partnerschaft verzichten. Oftmals gehen sie aktiv auf die Suche nach einem Partner, während sie heimlich hoffen, keinen zu finden. Oder sie reden viel darüber, wie sehr sie sich nach Liebe sehnen, tun aber nichts dafür.

Wenn Sie sich nicht von ganzem Herzen Liebe wünschen, wenn es nicht zu Ihren Hauptprioritäten gehört, Liebe zu finden, dann mag es sein, daß Sie reden und sich benehmen, als ob Sie Liebe wollten, aber nicht an die endgültige Durchführung gehen.

Bevor wir weiter über Ambivalenz im allgemeinen reden, möchte ich Ihnen die Möglichkeit geben, über Ihre eigene Ambivalenz nachzudenken. Wie sicher sind Sie sich, was Sie in Ihrem Leben *am meisten* wollen? Welchen Stellenwert nimmt die Liebe bei Ihnen ein? Mit welchen anderen Prioritäten muß sie konkurrieren?

TEST 2

Stellen Sie sich selbst diese Frage: Was ist für Sie im Augenblick dringlicher, als eine gute Partnerschaft zu finden? Listen Sie in Ihrem Notizbuch alles das auf, was *gerade jetzt* in Ihrem Leben einen höheren Stellenwert hat.

Und dann stellen Sie sich – mit Bezug auf jeden Punkt auf dieser Liste – folgende Frage: Wie lange wird dieser Punkt für mich diese Priorität haben?

Einige dieser Punkte mögen Ihnen selbst sehr vernünftig erscheinen und einige andere recht irrational. Denken Sie angestrengt nach und listen Sie alles auf, was eine Konkurrenzpriorität sein könnte.

Hier ist eine Aufzählung der möglichen Antworten – in meinen Workshops gegeben –, die Ihnen den Start erleichtern sollen:

Höhere Prioritäten, als einen Partner zu finden, hat für mich jetzt folgendes, und ich rechne damit, daß es für folgende Zeitspanne eine höhere Priorität hat:

- Einen Job zu finden – 3 bis 6 Monate
- Meine Schulden zu bezahlen – 1 Jahr
- Mein Haus zu bauen – 18 Monate
- Mein China-Stipendium zu bekommen – 2 Jahre
- Meine Dissertation zu beenden – 6 Monate
- Keine Verabredungen treffen und mich unter Singles bewegen zu müssen – ewig
- Mein Leben so zu lassen, wie es ist: Karriere, Kinder, Haus, Freunde – 5 Jahre???
- Den Schmerz über meine Scheidung zu überwinden – kurze Zeit, *hoffe ich*
- Mir meine Möglichkeiten offenzuhalten – ewig
- Zeit mit meinen Kindern zu verbringen – 6 Jahre
- Keine Zeit mit mittelmäßigen Beziehungen verbringen zu müssen – ewig
- Meine Unabhängigkeit zu erhalten, die Freiheit zu reisen, usw. – noch ein paar Jahre?

Die Zeit der Ambivalenz

Wenn Sie bei dem letzten Test festgestellt haben, daß Sie verschiedene, miteinander konkurrierende Prioritäten haben oder eine ausgeprägte, dann sind Sie nicht allein, denn unsere Zeit ist eine Zeit der Ambivalenz.

Intimität wird sowohl als reizvoll als auch als beängstigend empfunden. Von Männern wird erwartet, daß sie erfolgreich *und* familienorientiert sind, von Frauen, daß sie das Patriarchat ablehnen, aber Männer lieben.

In den sechziger und siebziger Jahren taten sich Singles zusammen, um sich jenen Teilen der Gesellschaft entgegenzustellen, die Singles als fehlgeleitete menschliche Wesen betrachteten. Diese »Singles-Bewegung« hat es glücklicherweise weitgehend geschafft, eine generelle Akzeptanz des Single-Lebensstils zu erreichen. Aber sie brachte ebenfalls eine attraktive Alternative zum

Verheiratetsein und ließ eine ganze Generation zurück, die zwischen zwei reizvollen Wegen wählen muß. Jetzt suchen sowohl Männer als auch Frauen einerseits nach Liebe und sabotieren diese Suche andererseits. Sie kommen zu meinen Seminaren, um zu erfahren, wie man Liebe findet, doch sie verbringen den größten Teil des Tages damit, uns alle zu überzeugen, daß Liebe uns in unserer Freiheit einschränkt. Oder sie verlieben sich in verheiratete Leute. Oder sie beschäftigen sich mit so vielen Dingen, daß sie keine Zeit mehr haben, sich miteinander zu verabreden, beschweren sich aber dann, daß es so schwer sei, Leute kennenzulernen. Sie tanzen sozusagen am Rande des Swimmingpools, sind nicht bereit, ins Wasser zu springen, und auch nicht bereit, sich anzuziehen, wegzugehen und den Pool zu vergessen.

Die Falle des »Wir können ja zusammenziehen«

Vielleicht symbolisiert nichts diese Zeit der Ambivalenz besser als die Institution des Zusammenlebens. Ich beziehe mich hier nicht auf Paare, die eine klare Verpflichtung eingegangen sind, es aber vorgezogen haben, nicht zu heiraten. Ich beziehe mich vielmehr auf Paare, die ein paar Mal miteinander ausgegangen sind und dann beschlossen haben zusammenzuziehen, weil sie ihre »Beziehung« weder aufgeben noch eine gegenseitige Verpflichtung eingehen wollten. Nebeneinander stehen sie nun am Rand des Swimmingpools und verlängern die gegenseitige Ambivalenz, statt einander zu helfen, sie zu überwinden.

Janice und David waren, als ich sie bei einem meiner Workshops kennenlernte, ein typischer Fall. David ist Wirtschaftsanwalt und Janice PR- und Marketingleiterin in derselben Firma. Sie hatten fünf Jahre lang dort gearbeitet, sich aber erst kennengelernt und miteinander auszugehen begonnen, kurz nachdem Janice geschieden worden war. David ist ein richtiger Romantiker, der Janice geradezu »nachsetzte«. Sie reagierte zunächst vorsichtig, stellte jedoch bald fest, daß sie sich verliebt hatte. Aber jedesmal, wenn ich Janice sah, berichtete sie von einem neuen Streit. Es hatte den Anschein, daß David sich in dieser Beziehung wohler fühlte als sie. Außerdem hatte sie Schwierigkeiten mit Davids beiden kleinen Söhnen und mochte die Art nicht, in der er mit ihnen umging. Sie stritten auch über andere Dinge. Zum Beispiel übte Janices Kritik an Davids Art, sich zu kleiden, und David wurde schließlich ihrer Nörgeleien überdrüssig und ging in die Luft.

Es vergingen oft Monate, bis ich ihn oder sie sah, aber jedesmal hörte ich eine ähnliche Geschichte. Sie liebten einander, aber sie »hatten Probleme«.

Eines Tages rief Janice mich ganz aufgeregt an: Sie und David wollten zusammen ein Haus kaufen. »Oh!« erwiderte ich. »Wollen Sie heiraten?«

»Um Himmels willen, nein!« rief sie. »Dazu bin ich noch nicht bereit. Zusammenzuleben ist der ideale Kompromiß. Ich kann mich immer noch unabhängig fühlen, habe jedoch auch Intimität und Gesellschaft. Auf diese Art wissen wir, daß wir nicht zusammen sind, weil wir etwas unterschrieben haben, sondern weil wir jeden Tag die Entscheidung neu treffen, zusammenzusein.«

»Und Sie wissen auch, daß Sie an jedem Tag wieder auseinandergehen können«, hätte ich gern eingeworfen. Das schien mir der wirkliche Vorteil ihres Planes zu sein, doch es blieb unausgesprochen. Außerdem hätte ich sie gern gefragt: »Haben Sie eine Trennung auf Probe in Erwägung gezogen?«, doch das schien in diesem Moment die falsche Frage zu sein. Und eine sinnlose dazu.

David und Janice waren *beide* ambivalent, was ihre Beziehung anging, und sie waren nicht bereit, ihrer Ambivalenz ins Gesicht zu sehen und das Problem zu lösen. Statt dessen institutionalisierten sie es. Tatsächlich waren sie sich darüber einig, sich so lange nicht festzulegen, solange sie beide es ertragen konnten.

Das Nachwort zu dieser Geschichte ist, daß David und Janice zwei Jahre lang zusammenlebten, ein kleines Vermögen für Partnerschaftsberatung ausgaben und sich dann trennten, wobei sie gegenseitig ihrem Unmut Ausdruck gaben, einander verletzten und zwei kleine Jungen verstört zurückließen.

Das Zusammenleben ist eine grundlegend undurchsichtige und problematische Partnerschaft, die eher die schlechteste als die beste zweier Welten repräsentiert. Man ist im Grunde immer noch Single, verliert aber die Freiheit, neue Beziehungen zu erforschen, man hat keine eigene Wohnung mehr, in die man Leute mitbringen kann, kann keine eigenen Entscheidungen mehr treffen und seinen Tagesablauf nicht allein bestimmen. Man ist also kein wirklicher Single mehr.

Aber man ist auch nicht in der Lage, eine ehrliche Intimität auszuprobieren, weil die Wolke der Unsicherheit, die über einer solchen Beziehung hängt, das verhindert. Man lernt niemals die Entwicklung kennen, die in einer Partnerschaft beginnt, in der völliges Vertrauen herrscht. Möglicherweise fühlt man sich gehemmt, wenn es darum geht, einen großen Wutausbruch loszuwerden, weil jedesmal, wenn man streitet, die ganze Beziehung auf dem Spiel steht. Statt zusätzliche Erfahrungen auf dem subtilen Gebiet tiefer Intimität zu ermöglichen, verlagert das Zusammenleben den Fokus gewöhnlich auf prosaische Dinge wie, wer einkaufen geht. Weder dem Single-Dasein noch einem intimen Band ist damit gedient, daß man eine Ambivalenz institutionalisiert, gegen die niemand den Mut hat, etwas zu unternehmen. Alles, was man bekommt, sind mehr Informationen über die eigenen täglichen Gewohnheiten – und das ist ganz einfach, wenn von Anfang an ehrliche, ungeschmälerte Liebe da ist.

Als es in den Sechzigern populär wurde, wirkte Zusammenleben wie eine revolutionäre Lösung für das Problem der Frühehen. Der Gedanke war, eine »Ehe auf Probe« einzugehen, bevor man sich fürs Leben bindet. Aber zu oft hat sich erwiesen, daß es den Paaren lediglich half, Entscheidungen hinauszuzögern, die ihnen auf Dauer weit mehr genutzt hätten, als monate- (oder jahre-)lang mit einem Fuß in einer Beziehung zu leben und mit dem anderen vor der Tür zu bleiben.

Die »Ich-versuch's-mal«-Falle

Ambivalenz hielt Janice und David *in* einer schwierigen Beziehung. Doch die meisten Singles läßt Ambivalenz allein bleiben. Sie institutionalisieren ihre Ambivalenz, indem sie »versuchen«, Liebe zu finden.

Ich habe einmal einer Therapeutin erklärt, daß ich versuchte abzunehmen.

»Versuchen ist nicht genug«, sagte sie mir. »Hier.« Sie warf einen Bleistift vor mir auf den Boden. »Versuchen Sie, ihn aufzuheben.«

Ich beugte mich vor und hob ihn auf.

»Nein«, sagte sie. »Ich habe nicht gesagt, Sie sollen ihn aufheben. Ich sagte, *versuchen* Sie, ihn aufzuheben.« Daraufhin griff und griff ich nach dem Bleistift. Ich berührte ihn; ich rollte ihn weiter. »Ich versuche es«, sagte ich. Doch der Bleistift blieb liegen.

Ich hatte verstanden, was sie meinte: Sich selbst zu verpflichten zu versuchen, ein Ziel zu erreichen, unterscheidet sich sehr von der Verpflichtung, ein Ziel zu erreichen.

Doch ambivalente Singles *versuchen* fast ausschließlich. Sie mögen *glauben*, daß sie sich dem Ziel verschrieben haben, eine(n) Geliebte(n) zu finden. Dem Prozeß, dem sie sich unterziehen müssen, um dieses Ziel zu erreichen, fühlen sie sich jedoch keineswegs verpflichtet.

Annie, eine 45jährige Berufsfotografin, erzählte mir, sie versuche nun seit 20 Jahren, eine langfristige Beziehung aufzubauen. »Ich möchte wirklich gern verheiratet sein«, waren ihre genauen Worte. Als ich sie kennenlernte, ging sie mit einem Fotografenkollegen aus, den sie sehr zu mögen schien. »Weshalb zögern Sie dann noch?« fragte ich sie.

Sie dachte eine Weile nach. »Ich nehme an, er ist mir ein wenig zu schnell. Wenn es nach ihm ginge, würden wir vier oder fünf Nächte in der Woche zusammen verbringen. Dadurch fühle ich mich bedrängt. Und er ist fast zu nett. Er toleriert meine Bedürfnisse wirklich. Aber ich weiß nicht so recht, ich habe das Gefühl, ich sollte mich von ihm zurückziehen. Irgend etwas scheint nicht zu stimmen.«

Wenn man wirklich heiraten will, dürfte die Tatsache, daß der Geliebte viel Zeit mit einem verbringen will, eigentlich eine willkommene Entwicklung sein und kein Problem. Annie jedoch glaubte, daß sie sich wirklich eine dauerhafte Liebe wünschte. Sie schenkte ihrem starken inneren Verlangen, allein zu bleiben, keine Beachtung. Weil sie dem keine Beachtung schenkte und sich deshalb der Stärke dieses Gefühls nicht bewußt war, kontrollierte es ihr Leben. 20 Jahre lang hatte sie »versucht«, Liebe zu finden, und 20 Jahre lang war sie allein gewesen. Sie war verwirrt, weil ihr ihr Verlangen, Liebe zu finden, so real erschienen war.

Viel später hatte ich durch einen Zufall das Vergnügen, den betreffenden Mann kennenzulernen. Peter war da schon mit einer Sozialarbeiterin verheiratet und schien ehrlich glücklich zu sein. Ich erfuhr, daß die beiden sich bereits nach nur vier Monaten zur Heirat entschlossen hatten. Peter war bezüglich seiner Wünsche nicht ambivalent, und er hatte weiter gesucht, bis er jemanden gefunden hatte, der sich seiner eigenen Wünsche ebenso sicher war.

Betsy lehrt Mathematik an einem College. Sie erzählte mir:

> »Ich versuche es wirklich! Ich hasse Kontaktanzeigen, doch ich beantworte eine pro Monat. Auf diese Art habe ich niemanden kennengelernt. Ich hasse auch Single-Veranstaltungen, aber ich zwinge mich einmal im Monat eine zu besuchen. Über die Jahre habe ich Dutzende von Methoden ausprobiert. Ich habe mich einem Single-Klub angeschlossen, bin aber nach zwei Monaten lausiger Resultate ausgeschieden.«

Betsy wollte eine Beziehung. Doch durch mein Gespräch mit ihr wurde klar, daß sie auch das Bedürfnis hatte, zu beweisen, daß alle Männer »emotionale Krüppel« sind, daß die Single-Szene gräßlich ist und daß ihr Single-Status nicht »ihr Fehler« sei. Und wieder, weil sie diesen Bedürfnissen keine Beachtung schenkte, waren es gerade diese Bedürfnisse, die am Ende immer die Oberhand gewannen.

Betsys Konkurrenzpriorität war schwer zu durchschauen: Sie wollte recht haben mit ihrer Vermutung, wie gräßlich die Single-Szene ist. Sie war unbewußt die Verpflichtung eingegangen, zu versuchen, eine Beziehung zu finden – doch niemals wirklich eine zu finden. Auf diese Art konnte sie mit all ihren Behauptungen über Männerknappheit, die Kluft zwischen Männern und Frauen und die mißliche Lage der Single-Frauen recht behalten.

Nachdem Betsy sich darüber klar geworden war, wie sie sich selbst sabotierte, begann sie ihr eigenes Verhalten und ihre Thematik genauer zu beobachten. Allmählich wurde ihr bewußt, daß ihr Negativismus toxisch war – selbst für sie, und sie war endlich in der Lage, ihn aufzugeben. Sie hörte auf zu *versuchen*, eine Beziehung zu finden, und begann, ernsthaft daran zu arbeiten, eine aufzubauen. Sie schloß sich einem Mann an und erzählte mir später, daß sie diesem Mann wahrscheinlich keinen zweiten Blick gegönnt hätte, wäre sie sich ihrer Ambivalenz nicht bewußt geworden und hätte sie nicht gemerkt, wie sie ihre Pläne vereitelte.

Ambivalenz: pro und kontra

Ambivalenz ist nicht grundsätzlich schlecht. Tatsächlich hat Unentschlossenheit einige deutliche Vorteile, und die Menschen sind aus sehr verschiedenartigen Gründen unentschlossen.

Zum einen muß man sich niemals der Seelenqual unterziehen, irgend etwas zu entscheiden. Einige Entscheidungen sind ziemlich einschneidend, und sie zu meiden ist gewiß der sicherste Weg. Das war der Grund, aus dem Janice und David ihre Ambivalenz dadurch verlängerten, daß sie zusammenzogen. Sie wollten keine endgültige Entscheidung darüber treffen, ob sie heiraten oder sich trennen sollten.

Zum anderen muß man niemals etwas aufgeben, sondern kann statt dessen von allem, was man will, etwas behalten. Wenn Sie also beispielsweise mit dem Rauchen aufhören *wollen*, es gleichzeitig aber *nicht* wollen, dann sind Sie, wie ein Psychologe sagt, ein »zweitklassiges Mitglied« des Nichtraucherklubs. Sie können sich mit den Nichtrauchern identifizieren (es hilft, wenn man sich schuldig fühlt), aber Sie können immer noch rauchen! Auf Beziehungen trifft das ebenfalls zu: Wenn Sie immer nur »auf der Suche« sind, sind Sie ein zweitklassiges Mitglied des Intimitätsklubs. Sie wollen Intimität, aber es gelingt Ihnen, Single zu bleiben.

Ambivalenz ist ein leichter Weg, einigen unbequemen Entscheidungen auszuweichen. Doch ambivalent zu bleiben erfordert einen hohen Preis: Es wird Ihnen niemals gelingen, etwas voll und ganz zu erleben. Ob Sie nun allein sind oder einen Partner haben, ein Teil von Ihnen wird immer aus dem Fenster schauen auf das, was Ihnen als die grünere Weide erscheint.

Wenn Sie allein und ambivalent sind, werden Sie es wahrscheinlich auch bleiben. Da es leicht ist, Ihr Leben genauso zu lassen, wie es ist, werden Sie es so lassen und sich hinter logischen Gründen, Ihren Entschuldigungen und all den Menschen verschanzen, die Sie dafür verantwortlich machen.

Wenn Sie keinen Zweifel haben, daß Sie einen Intimpartner wollen, gibt es eine Menge Dinge, die Sie tun können, um einen zu finden. Wenn Sie sie nicht tun, besteht die Chance, daß Sie überhaupt nicht sicher sind, daß Sie einen wollen.

Was man gegen Ambivalenz tun kann

Es ist nicht möglich, Ambivalenz durch Willenskraft zu besiegen.

Das einzige, was Sie tun können, ist, ihr mehr Beachtung zu schenken. *Solange Ambivalenz unbewußt bleibt, behält sie die Kontrolle.* Sie wird zu einer kleinen Stimme in Ihnen, die sagt: »Vorsicht! Geh nicht zu weit. Du wirst zuviel aufgeben müssen. Zieh nicht mit jemandem zusammen: das geht alles zu schnell. Andererseits darfst du nicht ewig zögern, wenn du nicht draufzahlen willst.«

Doch wenn Sie Ihre Ambivalenz erkennen und sie an die Oberfläche bringen können, dann können Sie beginnen, auszuwählen. Und dann wird Ihnen alles ganz von selbst klar werden.

Also hetzen Sie sich selbst nicht zu sehr; versuchen Sie nicht, sich zu zwingen, nicht mehr ambivalent zu sein. Beginnen Sie lieber, die Quellen Ihrer Ambivalenz zu erkennen und sich ihrer zunehmend bewußt zu werden.

Achten Sie auf Zeichen der Konfusion: Ängste, Zweifel, endlose Debatten, die in Ihrem Kopf stattfinden, zwanghafte Gespräche, die Sie mit Ihren Freunden führen. Erkennen Sie, daß Sie, wenn Sie niemals entscheiden, was Sie wollen, es auch niemals bekommen könnten.

Ambivalenz ist normal und vernünftig, seien Sie also vorsichtig, sich nicht selbst auszuzanken. Ihre Ambivalenz macht Sie nicht »schwach« oder »irrig«, also verurteilen Sie sie nicht. Erkennen Sie sie nur. Seien Sie realistisch, was Ihre Ziele angeht. Sie werden nicht in der Lage sein, alle Stimmen in Ihnen zum Schweigen zu bringen, die um Ihre Aufmerksamkeit wetteifern. Der tatsächliche Punkt ist nicht, ohne Ambivalenz zu sein – das ist ein fast unmögliches Ziel. Wonach Sie statt dessen streben sollten, ist die Fähigkeit, trotz Ihrer Ambivalenz bestimmend zu handeln.

Wenn Sie Liebe in Ihrem Leben haben wollen, Ihr Verlangen danach jedoch nicht rückhaltlos, ehrlich, ernsthaft, zielbewußt und ohne Vorbehalte ist, bedeutet das, daß Sie Liebe wollen, aber auch ambivalent sind und Konkurrenzprioritäten haben. Eine Option wäre es, daß Sie sich *verhalten* können, als ob Sie ein starkes, *nicht*-ambivalentes Verlangen nach Liebe hätten. Ihr *Verhalten* ist das, was Ihnen Resultate bringen wird, Sie werden Ihre Ambivalenz überwinden können – auch wenn Sie sie nicht ganz auslöschen können, werden Sie doch zumindest in der Lage sein zu handeln.

Die Entscheidung, ob Sie Ihr Leben allein oder zusammen mit einem Partner gestalten wollen, ist sicherlich folgenschwer. Doch angesichts der Ambivalenz wäre es auch möglich, daß Sie überhaupt keine treffen. Wie Ihr Leben verläuft, ist kein Zufall; Sie haben eine ganz erhebliche Kontrolle darüber. Wenn Sie nicht entscheiden, was Sie wollen, überlassen Sie ziemlich wichtige Dinge dem Schicksal.

Alle wichtigen Entscheidungen werden auf der Basis unzulänglicher Daten getroffen, weil Sie sich des Resultats Ihrer Entscheidung nicht sicher sein können, bis Sie sie getroffen haben. Wenn Sie warten, bis Sie absolut sicher sind, werden Sie ewig warten, und aus einer »Nichtentscheidung« wird eine Entscheidung aus Nachlässigkeit werden.

Wollen Sie einen Intimpartner in Ihrem Leben?

Das Geheimnis, eine Entscheidung zu treffen, wenn man ambivalent ist, ist, jede Information, die man hat, sorgfältig zu erwägen, eine sachlich begründete Entscheidung zu fällen und sich dann für die Entscheidung zu engagieren, die man getroffen hat. Man entscheidet nicht zwischen richtig und falsch oder gut und schlecht, sondern zwischen verschiedenen Optionen, die alle gut und richtig sein mögen. Also treffen Sie eine Entscheidung selbst dann, wenn Sie immer noch ambivalent sind, und vertrauen Sie darauf, daß es eine gute und richtige war. Sie können nicht auf allen Wegen durch den Wald wandern, sobald Sie sich aber für einen entschieden haben, müssen Sie sich voll auf ihn konzentrieren und dürfen nicht mehr an die Pfade denken, die Sie nicht beschreiten.

Denken Sie daran, daß Ambivalenz weder gut noch schlecht, sondern einfach nur da ist. Verurteilen Sie sich nicht, wenn Sie erkennen, daß Sie ambivalent sind. Sie können Ihre Ambivalenz nicht dadurch ändern, daß Sie sich deshalb schlecht fühlen, und »wegbefehlen« können Sie Ihre Ambivalenz auch nicht. Beides würde das Gegenteil bewirken.

Lernen Sie lieber, mit Ihrer Ambivalenz zu leben. Denken Sie über alle Werte nach, die in Ihnen konkurrieren, und seien Sie sich ihrer bewußt. Akzeptieren Sie Ihre Ambivalenz wie einen alten Freund, als einen Teil Ihrer selbst, der Ihnen vertraut ist und Ihnen lange Zeit gute Dienste geleistet hat. Wenn Sie trotz Ihrer Ambivalenz einen Schritt nach vorn tun und die eine oder andere Wahl treffen wollen, werden Sie es tun.

Die nachfolgenden Tests werden Ihnen dabei helfen, damit zu beginnen, dem wirklich Beachtung zu schenken, was Sie *am meisten* wollen.

TEST 3

a) Listen Sie auf einer Seite alles auf, was Sie gewinnen könnten – all die positiven Aspekte, in denen sich Ihr Leben ändern könnte –, wenn Sie heute eine wichtige, verpflichtende Beziehung eingingen.

b) Listen Sie nun auf einer anderen Seite alles das auf, was Sie verlieren würden – negative Aspekte, in denen sich Ihr Leben ändern könnte –, wenn Sie jetzt eine solche Beziehung eingingen.

Welche Liste ist länger? Welche Punkte sind Ihnen wichtiger? Ein starkes positives oder negatives Gefühl könnte gewichtiger sein als eine ganze Reihe weniger starker.

Schreiben Sie jetzt in Ihrem Notizbuch auf, was Sie aus diesem Test gelernt haben.

Eine der Frauen, die sich bei einem meiner Workshops dem Test 4 unterzog, warf in frustierter Verzweiflung die Arme hoch und erklärte: »Ich bin so ambivalent, daß ich nicht einmal weiß, wo ich auf der Ambivalenzskala stehe!«

Die Tests 2, 3, 4 und 5 sind gedacht, Ihnen zunehmend das Stadium Ihrer Ambivalenz bewußtzumachen. Lassen Sie mich noch einmal wiederholen, daß Sie – was immer Sie auch entdekken – einfach mehr beachten müssen. Möglicherweise werden Sie diese Tests in einigen Wochen wiederholen wollen, um festzustellen, ob sich irgend etwas verändert hat. Denken Sie an Ihre

TEST 4

Kreuzen Sie auf der untenstehenden Tabelle an, wo Sie sich sehen. Falls keine der Behauptungen Ihre Meinung hundertprozentig widerspiegelt, schreiben Sie sie selbst auf, und fügen Sie sie an der passenden Stelle ein.

Viele Leute nehmen zwei Positionen ein: die eine für das, was sie jetzt wollen, die andere für das, was sie vielleicht später erwarten.

1) Ich würde niemals heiraten oder mich einer einzelnen Person verpflichtet fühlen wollen – unter keinen Umständen.

2) Ich glaube, ich möchte Single bleiben und mit vielen Leuten ausgehen, bin aber nicht ganz sicher.

3) Ich bin ambivalent. Ein Teil von mir möchte mit jemandem zusammensein, aber ich habe viele Zweifel und Ängste.

4) Ich bin ziemlich sicher, daß ich eine Beziehung möchte, habe jedoch folgende Zweifel . . . .
. . . .

5) Ich weiß, daß ich eine verpflichtende, langfristige Beziehung haben möchte. Ich habe nicht den Hauch eines Zweifels.

Ambivalenz. Wenn Sie sich ihrer bewußt sind, kann das einen sehr großen Unterschied machen. Denn wenn Sie ambivalent sind und dieser Tatsache keine Bedeutung beimessen, wird das, was ich Ihnen mit diesem Buch sagen will, wenig Einfluß auf Sie haben – Ihre Ambivalenz würde dem im Wege stehen.

TEST 5

Wenn Sie ehrlich unentschlossen sind und nicht wissen, was Sie wollen – ob es nun um eine bestimmte Partnerschaft geht oder um Partnerschaften im allgemeinen –, machen Sie diesen Test. Er wird Ihnen mehr Daten liefern und Ihnen sagen, wo Sie stehen.

Gönnen Sie sich eine ungestörte halbe Stunde. Setzen Sie sich bequem hin. Schließen Sie die Augen. Atmen Sie eine Minute lang ruhig durch, um sich zu entspannen. Danach versuchen Sie sich zehn Minuten lang vorzustellen, daß Sie heiraten wollen (eine spezielle Person oder ganz allgemein). Vertiefen Sie sich wirklich in diesen Gedanken, und schieben Sie alle Zweifel beiseite. Strengen Sie sich an, alles realistisch vor sich zu sehen.

Dann stellen Sie sich zehn Minuten lang das Gegenteil vor und strengen sich an, sich diese Alternative auszumalen. Tun Sie so, als sei die Entscheidung bereits gefallen.

Das Wichtigste bei diesem Test ist es, zu beobachten, was Sie empfinden, *nicht*, was Sie denken. Ihre Gedanken sind es, die Sie ambivalent bleiben lassen. Alle Alternativen rationell abzuwägen und das Pro und Kontra zu erwägen, kann eine endlose und höchst verwirrende Anstrengung sein.

Wenn Sie jedoch dem Beachtung schenken, was Sie empfinden, finden Sie möglicherweise heraus, daß bereits eine Entscheidung gefallen ist und daß Sie diese Tatsache durch all Ihre Logik verschleiern!

Gedanken tauchen in Ihrem Kopf auf. Gefühle machen sich in Ihrem Körper bemerkbar. Schenken Sie also während dieses Tests den verschiedenen Teilen Ihres Körpers besondere Beachtung. Wo spüren Sie Empfindungen? Das festzustellen mag schwierig sein, also lenken Sie Ihre Aufmerksamkeit auf folgendes: Spüren Sie irgendeine Empfindung in den Augen? Haben Sie die Kiefer aufeinandergepreßt? Sind Ihre Schultern angespannt? Schmerzt Ihr Magen? Haben Sie das Gefühl, weinen zu müssen? Spüren Sie Erleichterung? Fühlt sich Ihr Herz warm und frei, oder ist Ihnen beklommen zumute?

Während Sie sich vorstellen, daß Sie bereits eine Entscheidung getroffen haben, fühlen Sie sich da verkrampft und unruhig oder erleichtert oder erregt oder ängstlich?

Die Information, die Sie brauchen, ist: Wie fühle ich mich angesichts meiner hypothetischen Entscheidung? Dieses Ergebnis werden Sie nicht bekommen, wenn Sie sich mit dem rationalen Für und Wider Ihres Dilemmas beschäftigen. Sie müssen Ihre Gedanken zum Schweigen bringen und sich auf das konzentrieren, was Ihnen Ihr Körper sagt.

Ein Wort an die Nicht-Ambivalenten

Wir haben die Ambivalenz ausführlich behandelt. Aber wir sollten auch einen Blick darauf werfen, wie es aussieht, wenn man frei von Ambivalenz ist, denn das hat mit Sicherheit – wie sich herausstellen wird – seine eigene Problematik.

Lassen Sie uns kurz zu den beiden Gruppen zurückkehren, die wir zu Beginn dieses Kapitels identifiziert haben: 1) unfreiwillige Singles, die wissen, was sie wollen, aber den/die Richtige(n) noch nicht gefunden haben, und 2) unfreiwillige Singles, die ambivalent sind und nicht wissen, was sie wollen.

Die erste Gruppe besteht aus jenen seltenen Singles unter uns, die *nicht* ambivalent sind. Sie sind sich dessen sicher, was sie wollen, und entschlossen, es zu bekommen. Und sie werden's bekommen.

Nicht alle diese Menschen wollen heiraten. In dieser Gruppe befinden sich Leute, die eine ganze Reihe möglicher Beziehungen wollen. Doch sie alle wissen genau, was sie wollen, und sie wissen mit Sicherheit, *daß* sie es wollen.

Woher wissen Sie, daß Sie zu dieser Gruppe gehören? Zum einen werden Sie, wenn Sie dies lesen, Bestätigung empfinden. Sie

cathy by Cathy Guisewite

werden das Gefühl haben »Siehst du? Es *kann* wahr werden. Es ist möglich, daß mein einziges reales Problem ist, daß ich noch nicht den/die Richtige(n) getroffen habe!«

Wenn Sie nicht ambivalent sind, Ihre Ausdauer sich aber noch nicht ausgezahlt hat, ist Ihre Herausforderung, daß Sie sich Ihr Wissen angesichts einer Flut von Büchern, Artikeln und Gönnern erhalten müssen, deren Ziel es ist, Sie zu überzeugen, daß es an etwas anderem liegt.

Die meisten Bücher und Artikel, die sich an Singles wenden, sagen Ihnen entweder, daß irgend etwas mit Ihnen nicht stimmt, wenn Sie sich eine Beziehung wünschen, und daß Sie statt dessen in den Wonnen des Single-Daseins schwelgen sollten, oder, daß es irgendeinen pathologischen Grund geben muß, daß Sie immer noch ein Single sind. Sie haben eine törichte Wahl getroffen, oder Sie lieben zu sehr, oder Sie sind noch nicht mit sich selbst ins reine gekommen, oder Sie wiederholen das kontraproduktive Verhalten Ihrer Eltern – oder es liegt an Ihrer verborgenen Ambivalenz. Sie müssen genügend Vertrauen in Ihre Überzeugungen haben, um sich durch diese Szenarien nicht ins Abseits drängen zu lassen – die gewiß für einige Leute stichhaltig sind, aber nicht zwangsläufig für Sie.

Sie gehören einer Minderheit an, und Sie werden bei diesem Thema nicht viele Gleichgesinnte finden. Doch wenn Sie tief innerlich überzeugt sind, daß Sie die/den Richtige(n) finden und daß Sie wissen werden, wann Sie sie oder ihn gefunden haben, dann halten Sie einfach daran fest. Zu wissen, was man will, ist das schwierigste, und das haben Sie bereits hinter sich. Aber das zu bekommen, was Sie wollen, erfordert Handeln, Zielstrebigkeit und Zeit.

Mehr zum Thema Ausdauer

Nun sind wir soweit, mehr darüber sagen zu können, wie Sie Ihr Ziel verfolgen können, Liebe zu finden, ohne ins Abseits zu geraten – wie Sie sich diesem Prozeß verschreiben und unbeirrt fortfahren können, bis Sie Ihr Ziel erreicht haben.

Wir haben darüber gesprochen, wie wichtig es ist, daß Sie wissen, was Sie wollen. Und in den folgenden Kapiteln wollen wir die Hürden betrachten, die sich unfreiwilligen Singles in den Weg stellen. Jetzt aber möchte ich noch einmal innehalten, um die beiden Aspekte von Geduld und Ausdauer zu untersuchen, denn sie sind beide wichtig.

Geduld ohne Ausdauer ist Apathie, Faulheit und Indifferenz.

Ausdauer ohne Geduld kann leicht zu Verzweiflung, Panik, Angst oder Depressionen führen.

Doch die Kombination von Ausdauer und Geduld führt zu *Resultaten*, wobei der Weg zu diesen Resultaten vergnüglich ist und zur Selbstachtung beiträgt, egal, wie lang er ist: Es ist eine phantastische Reise, und das Reiseziel ist Ihnen sicher.

Sie dürfen nicht aufhören, an dem zu arbeiten, was Sie wollen. Doch Sie dürfen gleichzeitig auch nicht hektisch agieren. Ihr Motto muß sein: »Entschlossenheit ohne Verzweiflung«.

»Entschlossenheit« bedeutet, daß Sie systematisch und bedachtsam Dinge tun müssen, die Ihrer Sache dienlich sind und die Sie Ihrem Ziel näherbringen. Es bedeutet auch, daß Sie aufhören müssen, Dinge zu tun, die Sie davon abhalten, Ihr Ziel zu erreichen. Dieses Buch enthält viele spezielle Strategien für entschlossene, unfreiwillige Singles, die nach Liebe suchen, es sagt ihnen, was sie tun und lassen sollen.

»Ohne Verzweiflung« bedeutet, daß Sie mit Selbstvertrauen handeln müssen. Sie glauben, daß es Ihnen helfen wird, die richtigen Dinge zu tun, vorausgesetzt, man läßt Ihnen *genug Zeit*. Ihnen wird klar, daß Glück selten in der Form oder zu der Zeit kommt, zu der Sie es erwarten. Sie können es nicht *bewerkstelligen*, daß die Liebe zu Ihnen kommt. Sie können aber sicherstellen, daß Sie der Liebe nicht im Wege stehen, wenn sie zu Ihnen kommen will. Sie müssen akzeptieren, daß das, was Sie für sich selbst tun können, alles ist, was Sie tun können. Übernehmen Sie eine aktive Rolle bei den Dingen, die Sie kontrollieren können, und lassen Sie diejenigen links liegen, die Sie nicht kontrollieren können. Wie das *Buch der Runen* – die alten Orakel der Wikinger – sagt: »Bring dein Haus in Ordnung, geh deiner Beschäftigung nach, handele deutlich und warte auf den Willen des Himmels!«

Ausdauer und Geduld.

Entschlossenheit ohne Verzweiflung.

Lassen Sie uns nun darangehen zu erwägen, wie man ausdauernd ist, wie man stetig auf das Ziel hinarbeitet, eine Intimpartnerschaft einzugehen, wie man das Vertrauen gewinnt zu glauben, daß das Schicksal mit einem ist.

Die Suche nach einem Menschen, mit dem Sie Ihr Leben teilen können, muß nicht schwierig oder entmutigend sein. *Die Art, wie Sie bei Ihrer Suche vorgehen, kann alles entscheidend beeinflussen.* Wie wir sehen werden, kann die Suche nach Liebe Ihr Leben bereichern, zu Ihrer Selbstachtung beitragen *und* Ihre kühnsten Träume wahrmachen, wenn Sie richtig an sie herangehen.

2. KAPITEL

Die 2. Strategie: Ignorieren Sie die nackten Statistiken

Das erste Hindernis, das Singles auf der Suche nach Liebe überwinden müssen, ist das anscheinend horrende Zahlenproblem. Eine Frau, mit der ich sprach, stellte es so dar:

> »Ich bin nicht sicher, ob ich mich überhaupt der Mühe unterziehen sollte, Ihr Buch zu lesen. Nichts, was Sie vorschlagen könnten, kann die *Tatsachen* ändern: *Es gibt keine Männer mehr*. Ich habe zu lange gewartet, und jetzt – so heißt es in *Newsweek* – ist die Wahrscheinlichkeit, daß ich heiraten werde, geringer als die, daß ich von einem Terroristen getötet werde!«

Die Studie der Volkszählungsdaten, die im Sommer 1986 eine Panik auslöste, war nur eine in einer langen Reihe von Berichten des Jüngsten Gerichts, die regelmäßig den Reißbrettern der Statistiker und den Computern der Reporter entspringen. Sie malen das Bild einer gigantischen Reise nach Jerusalem, bei der sich Hunderte von Frauen in einem Raum befinden, in dem nur vier Stühle stehen. Sie wollen Sie glauben machen, daß die Wahrscheinlichkeit, einen Mann zum Heiraten zu finden, etwa so groß ist, wie einen Hauptgewinn in der Lotterie zu landen.

Singles tauchen aus diesem Dickicht der Statistiken auf, als hätten sie einen Schlag in die Magengrube bekommen. Sie beginnen mit: »Sehen Sie? Das ist der Grund, weshalb ich nicht verheiratet bin. Es ist nicht mein Fehler!« Dann fahren sie fort mit: »Das ist nicht fair!« und: »Was soll ich tun?«, bis sie schließlich enden: »Ich habe keine Chance!«

Erinnern Sie sich noch an die Ölkrise? Wir nahmen schon

damals an, daß sie künstlich herbeigeführt wurde, und wir hatten recht. Genauso ist es mit der Männerknappheit: Sie hat geholfen, eine Menge Bücher und Zeitschriften zu verkaufen. Wenn man jedoch ernsthaft daran interessiert ist, eine intime Beziehung zu finden, kann man sich entspannen.

Hier ist der Grund, warum.

Die Bennett-Bloom-Craig-Studie, die 1986 einen solchen Aufruhr verursachte, schoß sich auf nur zwei Tatsachen ein: daß von 1947 bis 1964 in jedem Jahr mehr Babys geboren wurden als im jeweiligen Vorjahr und daß Frauen gewöhnlich ältere Männer heiraten. Daraus schlossen die Autoren der Studie, daß Frauen, die 1950 geboren wurden, sich unter dem kleineren Angebot der Männer umschauen, die 1947 geboren wurden. Und durch jedes Jahr, das eine Frau die Heirat aufschiebt, sind mehr der älteren Männer, nach denen sie vermutlich sucht, verheiratet oder haben sich in verknöcherte Junggesellen verwandelt. Gemäß dieser Logik wird das Angebot verfügbarer Männer immer kleiner, je älter die Frau wird.

Andere Studien sind an weiteren aus dem Zusammenhang gerissenen »Fakten« aufgehängt. Zwischen 1970 und 1980, wollen sie Ihnen weismachen, hat sich die Zahl der niemals verheirateten Frauen zwischen 25 und 29 Jahren verdoppelt, von einer von zehn auf eine von fünf. Zunächst einmal sind die Frauen den Männern in der allgemeinen Bevölkerung zahlenmäßig überlegen, und dann überleben Frauen die Männer auch noch um acht Jahre. Geschiedene Männer heiraten nach der Trennung schneller wieder als Frauen. Es gibt mehr homosexuelle Männer als Frauen, und in den Gefängnissen sitzen mehr Männer als Frauen.

Wenn wir alle diese Zahlen graphisch darstellen würden, würden wir vermutlich feststellen, daß die Zahl der Männer, die für eine Heirat verfügbar sind, minus 1/2 Million beträgt! Wo kommen dann aber all die Männer her, die sich zu Hunderten in Singlebars versammeln und Heiratsinstitute in Anspruch nehmen?

Hier finden Sie das, was die Zahlenkrämer Ihnen *nicht* erzählen, und ich versichere Ihnen, daß es das Bild entscheidend ändert:

1. Die Knappheit, die die Bennett-Bloom-Craig-Studie feststellte, ist eine Knappheit *älterer* Männer. Die Frauen der Babyboomjahre, die gleichaltrige oder jüngere Männer heiraten, sind in dem düsteren Bild, das die Studie malt, nicht eingeschlossen. (Und da wir gerade das Thema Alter berührt haben, da gibt es eine

ganze Menge, was für jüngere Männer spricht. Sie sind weit interessierter an »gleichberechtigten« Ehen, verantwortungsvoller Vaterschaft und Arbeitsteilung im Haushalt als jene angeblich so begehrenswerten älteren Männer. Sie fühlen sich durch erfolgreiche Karrierefrauen weniger bedroht und sind eher für ehrliche Intimität zu haben. Und da Männer früher sterben als Frauen, sind die Chancen, auch in Ihren goldenen Jahren noch einen Partner zu haben, größer, wenn Sie einen jüngeren Mann heiraten.)

Das Schreckgespenst des vermummten Terroristen, der mitten in der Nacht mit einem Maschinengewehr bewaffnet aus Ihrem Schrank springt, verschwindet doch schon, oder?

2. Wenn Sie vor 1947 oder nach 1964 geboren sind, sind Sie ebenfalls nicht in das böse Bild eingeschlossen, selbst wenn Sie einen älteren Mann heiraten wollen. Nach 1964 sank die Geburtenzahl alljährlich. Für Sie ist das Aufgebot älterer Männer größer als das gleichaltriger Frauen.

3. Die Kategorien, mit denen die meisten Demographen arbeiten, sind reichlich inadäquat. Bennett, Bloom und Craig rechneten nur nach »Singles« und »Verheirateten« und versäumten zu erklären, daß »Singles« (a) Frauen einschließt, die glücklich mit ihren männlichen Geliebten zusammenleben, (b) Lesbierinnen, (c) Frauen, die einen festen Partner haben, aber allein leben, und (d) Frauen, die sich freiwillig entschlossen haben, allein zu bleiben. »Singles auf der Suche« wäre die Zahl gewesen, die bei dieser Untersuchung hätte interessant sein können. Aber weil die Statistiker nun einmal nicht vor die Tür gehen und die Leute interviewen, die sie zählen, ist sie nicht ermittelt worden. Aus diesem Grund beschreiben sie dann Gruppen, die für uns wirkliche Menschen irrelevant sind. Was uns interessiert, sind Leute, die für eine Partnerschaft in Frage kommen. Einige Singles sind nicht verfügbar, und einige verfügbare Menschen sind keine Singles, deshalb ergibt sich ein irreführendes Bild, wenn alle Singles und nur Singles gezählt werden.

Die Medien, die ihre Krisenberichte auf diese Studien stützen, würden uns offenbar gern glauben machen, daß *alle* die Singles, die dic Volkszählung erfaßt hat, unfreiwillig allein und unglücklich sind. Zu solchen Geschichten drucken sie Bilder von Frauen, die Groschenromane im Schoß liegen und Teddybären auf dem Bett sitzen haben und wehmütig ins Leere gucken. Tatsächlich aber haben die Frauen, die niemals heiraten werden, frisch gebügelte

Designeranzüge auf ihren Designerbetten liegen, und sie brüten über Computerausdrucken, medizinischen Zeitschriften oder juristischen Kommentaren.

Wenn Sie also eine ledige Frau sind, die sich einen festen Partner wünscht, so sollten Sie sich bereits jetzt allein auf der Basis des statistischen Zahlenmaterials besser fühlen. Wenn Sie bereit sind, jüngere Männer mit einzubeziehen, und Sie sich von all Ihren vorgeblichen Konkurrentinnen unterscheiden, die *freiwillig* unverheiratet sind, weil sie entweder lesbisch sind, mit einem Mann zusammenleben oder sich entschlossen haben, Single zu bleiben, dann sind Ihre »Aussichten« entschieden besser, als es noch vor einigen Absätzen schien.

Und das ist noch nicht einmal die beste Nachricht!

4. Der wichtigste Punkt ist, daß Statistiken über »eine Bevölkerung« irrelevant sind, wenn es sich um Ihr Leben handelt. Selbst die Statistiker müßten zugeben, daß *ihre* »Durchschnittswerte« und »Trends« nichts über *Ihre* individuellen »Heiratsaussichten« aussagen. Zahlen allein – ohne Gespräche und Meinungsumfragen – sagen nichts aus über Ihre inneren Bedürfnisse, Ihre Motivationen, Ihre Ängste, Ihre Fähigkeiten zu flirten oder hundert andere Faktoren, die mehr mit Ihren eigenen Chancen, Liebe zu finden, zu tun haben als Ziffern, die jemand auf Magazinseiten druckt.

An dem Tag, an dem ich zum ersten Mal von jenem Report hörte, der Frauen über 40 zum ewigen Single-Dasein verdammte, hielt ich eine programmatische Rede bei einer Konferenz für Singles. Wie hätte irgend jemand mich da überzeugen sollen, daß das Angebot an im Frage kommenden Männern versiegt sei! Ein Magazin für Singles, das in der Umgebung von San Francisco erscheint, druckt Monat für Monat mehr als 800 Kontaktanzeigen, die Hälfte davon haben Männer aufgegeben – Männer, deren Interesse, den Kontakt zu einer Frau herzustellen, so groß ist, daß sie sich der Mühe unterziehen, eine Anzeige aufzugeben. Da wir schon von Aussichten sprechen, so sind die Aussichten, daß unter diesen 400 Männern nicht zumindest ein Dutzend »guter« Männer – was auch immer das für Sie bedeuten mag – sind, winzig.

Die nackten Graphiken, die die Zeitungen drucken, um zu zeigen, wie bedrohlich die »Männerknappheit« ist, sehen für mich immer recht ermutigend aus. Nehmen wir einmal an, die nackten Zahlen für Ihre Stadt sähen folgendermaßen aus:

Die Zahl der Single-Männer und Single-Frauen in X:

FRAUEN	100 000
MÄNNER	70 000

Sehen Sie nur, wie groß die Strecke der Frauensäule ist, die sich mit der Männersäule deckt. Eine Single-Frau in Ihrer Stadt kann also unter 70 000 Männern auswählen!

Wenn Sie nach Liebe suchen, sind Zahlen nicht Ihr Problem. Sie sollten sich so benehmen, als existierten diese törichten Artikel gar nicht. *Ihre Chancen, eine zufriedenstellende Beziehung einzugehen, hängen von Ihnen ab, Sie müssen etwas unternehmen.* Da draußen gibt es Männer. Und alles, was Sie tun müssen, ist, einen zu finden. Ob Sie diesen Mann finden oder nicht, hat nichts mit Statistiken zu tun, aber alles damit, wie ernsthaft Sie sich eine gute Beziehung wünschen und was Sie tun wollen, um sie zu bekommen. Wenn Sie hochmotiviert und aktiv an die Suche gehen, werden Sie Ihre Chancen gegenüber Ihren Schwestern drastisch erhöhen, die nichts tun, um ihre Angelegenheit voranzutreiben.

Also lassen Sie sich von den Statistiken nicht entmutigen. Frauen aller Altersklassen tun sich immerzu mit fabelhaften Männern zusammen. Es gibt keinen Grund, warum Sie nicht eine davon sein sollten, wenn Sie willens sind, etwas zu unternehmen – ausdauernd und geduldig.

3. KAPITEL

Die 3. Strategie: Vergessen Sie das Ammenmärchen, daß es keine guten Wege gibt, Leute kennenzulernen

Walters Anruf kam überraschend. Seine Stimme klang ausgesprochen höflich. Er wollte wissen, ob er wohl einige Teile meines Workshops auslassen und erst bei dem Teil kommen dürfe, bei dem es darum geht, wie man Leute kennenlernt. Ich sagte ja, obwohl mir die Bitte irgendwie komisch vorkam.

Am verabredeten Tag tauchte Walter gerade rechtzeitig auf, um die Unterlagen in Empfang zu nehmen – eine lange Liste von Methoden dafür, wie man Leute kennenlernt –, alles von Kontaktanzeigen bis zum Herumhängen bei Porschehändlern! Walter konnte es gar nicht erwarten, die Liste in die Hand zu bekommen. In der ganzen nächsten Stunde dominierte er die Diskussion der Gruppe. Er erklärte uns im Detail, warum jede der Methoden auf der langen Liste nutzlos sei, warum sie in der Vergangenheit nicht funktioniert hatte und in der Zukunft nicht funktionieren werde.

Walter entpuppte sich als Karikatur seiner selbst. Doch das, was er so extrem betrieb, hatte ich in geringerem Umfang bereits bei »normalen« Singles erlebt: Sie wollen ihren kostbaren Glauben nicht aufgeben, daß es keine guten Wege gibt, Leute kennenzulernen. Immer begierig, etwas über neue Methoden zu erfahren, atmen sie erleichtert auf, wenn sie beweisen können, daß diese ebenfalls nicht funktionabel seien – für sie.

Also, was geschieht hier? Warum scheinen Singles häufig ein perverses Vergnügen daran zu haben, ihren Möglichkeiten selbst Grenzen zu setzen?

»Es gibt keine guten Wege, Leute kennenzulernen«, ist eine wundervolle Ausrede, ein Single zu bleiben, ohne die Verantwortung dafür zu übernehmen. Dadurch, daß sie sich diese Erklärung zunutze machen, können Singles sich davor schützen, sich zu verlieben und entweder auf Ablehnung zu stoßen oder all den Ängsten und Gefahren ins Gesicht zu schauen, von denen sie glauben, daß die Liebe sie mit sich bringt. Sie sind ein wenig wie diese übergewichtigen Frauen, die sich besessen auf jede Diät stürzen, die sie finden können, jede ein oder zwei Tage ausprobieren und dann jedem stolz erzählen, daß Diäten bei ihnen nun einmal nicht anschlagen und daß sie ewig fett bleiben müßten.

Es könnte aber auch etwas noch Subtileres passieren: Die »Es gibt keine guten Wege, Leute kennenzulernen«-Entschuldigung läßt bei Singles die Hoffnung wach bleiben, daß alles, was zwischen ihnen und der ewigen Seligkeit steht, durch *eine* brillante neue Methode ausgelöscht werden könne. Das ist auch der Grund, weshalb das Thema »Wie man Leute kennenlernt« so populär ist. Es ist eines dieser Themen – wie das der Diäten –, über die niemand jemals genügend Informationen zu haben glaubt. Wir verleiben uns begierig jeden neuen Artikel ein, in dem es um das Kennenlernthema geht, weil wir hoffen, endlich das Geheimnis zu erfahren – etwas, das andere Leute wissen, was uns aber irgendwie entgangen sein muß. Das »Es gibt keine guten Wege, Leute kennenzulernen«-Spiel erhält vielen Singles den gewünschten Status: Sie bleiben Singles, hoffen jedoch weiter. So erhalten sie sich die Sicherheit des Singledaseins und erleben gleichzeitig den Kitzel des Sich-Umschauens.

Bevor Sie sich weiter in dieses Kapitel vertiefen, sollten Sie sich deshalb fragen, ob Sie ehrlich daran interessiert sind, Wege zu finden, Leute kennenzulernen.

Wenn Sie es sind, ist dies Ihr Glückstag, denn ich bin dabei, Ihnen dieses Geheimnis zu enthüllen, auf das Sie so sehnlich gehofft haben, als Sie den Titel dieses Kapitels im Inhaltsverzeichnis gelesen haben. Ich bin dabei, Ihren Wunsch zu erfüllen, daß jemand Ihnen genau zeigt, wohin man gehen muß, was man tun muß, um den Intimpartner zu treffen, nach dem man sich immer gesehnt hat. Hier ist das Geheimnis. Sind Sie soweit?

Es spielt keine Rolle. Es ist völlig egal.

Es ist völlig egal, welche Methode oder welche Methoden Sie benutzen. Es ist nur wichtig, daß Sie *etwas tun*.

Das ist es. Das ist das ganze Geheimnis.

Es ist einfach unwahr, daß es keine Wege gibt, Leute kennenzulernen. Es gibt genügend Leute und genügend Wege, sie kennenzulernen. Sie können jede »Methode« wählen. Aber es reicht nicht, nur darüber zu lesen oder nur zu planen, es zu tun; Sie müssen es *tun*, wenn Sie Erfolg haben wollen.

Mir ist natürlich klar, daß »etwas tun« nicht zwangsläufig bedeutet, daß es leicht ist. Deshalb biete ich Ihnen hier eine narrensichere fünfteilige Formel an – sie schließt eine Liste von Plätzen und Methoden ein, an denen oder durch die man Leute kennenlernt –, die ich einmal so nennen will: »Wie man auf Partnersuche geht und dabei immer noch in der Lage ist, epische Werke zu lesen«. Meine Methode bekam ihren Namen durch Jane, die mir folgendes erzählt hat:

> »Ich liebe jene gemütlichen Abende, an denen man zu Hause vor dem Kamin sitzt, ein Glas Sherry in Griffweite hat und ein gutes Buch liest. Doch jetzt kann ich diese Abende nicht mehr genießen, denn neuerdings höre ich immer diese Stimme, die sagt: ›Du solltest irgendwo dort draußen sein, wo du Leute kennenlernen kannst. Geh ins Kino, geh in eine Bar, geh aus und iß irgendwo ein Dessert.‹ Jedesmal, wenn ich umblättere, sagt die Stimme: ›Okay, *nun* geh endlich!‹«

Die meisten Singles haben eine »Friß und nimm Abführmittel«-Mentalität, was das Ausgehen angeht. Deborah, eine 32jährige Etatanalystin, ist ein Beispiel dafür:

> »Mein Leben nimmt mich voll in Anspruch, und alles läuft großartig, und plötzlich stelle ich fest, daß ich in sechs Monaten nicht ein einziges Mal ausgegangen bin. Dann gerate ich in Panik, gehe in einer Woche zu drei Single-Veranstaltungen und antworte in vier Wochen auf zehn Kontaktanzeigen. Danach bin ich völlig ausgebrannt und möchte den ganzen Plan aufgeben. Dann tue ich für weitere sechs Monate gar nichts.«

Ein besonders wichtiger Punkt der fünfteiligen Formel, die ich Ihnen vorschlagen möchte, ist es, die Balance zu halten zwischen Nichtstun auf der einen Seite und dem Drang, Leute kennenlernen zu wollen, auf der anderen. Keines der Extreme funktioniert; Maßhalten ist der Schlüssel.

Hier ist sie nun, meine erprobte fünfteilige Formel für die Partnersuche:

1. Seien Sie sich darüber klar, daß die Partnersuche nicht zwangsläufig Spaß macht.
2. Stellen Sie einen Gesamtplan auf.
3. Bemühen Sie sich um Quantität.
4. Bedienen Sie sich der Zwei-Stunden-Verabredung.
5. Überprüfen Sie zuerst die »Beziehungsvorlieben« jedes potentiellen Partners.

Teil 1: Seien Sie sich darüber klar, daß Partnersuche nicht zwangsläufig Spaß macht

Allgemein wird man Ihnen raten, nur jene Aktivitäten auszusuchen, die Sie ohnehin bevorzugen, wenn Sie sich »umschauen«. Stellen Sie den Wunsch, jemanden kennenlernen zu wollen, nicht in den Mittelpunkt Ihres Lebens. Wenn Sie gerne radfahren, machen Sie Radtouren. Wenn Sie gerne zum Kegeln oder Bowling gehen, gehen Sie zum Kegeln oder Bowling. Wenn Sie gerne tanzen, dann gehen Sie zum Tanz. Sie werden mehr Spaß am Leben haben, und die Leute, denen Sie begegnen, werden wahrscheinlich Interessen haben, die mit Ihren vereinbar sind.

Diese Methode ist absolut nicht verkehrt, *wenn Sie sich ihrer bedienen*. Doch sie kann Sie einengen. Zu oft erweist sie sich als kurzsichtig und dient in erster Linie dazu, Sie in den ausgefahrenen Gleisen zu halten.

In einer perfekten Welt könnten wir alle unserer täglichen Routine nachgehen und viele Leute treffen, mit denen wir ausgehen können. Doch dies ist keine perfekte Welt. In der Welt, in der wir nun einmal leben, müssen wir uns nach einem Intimpartner umschauen, wenn wir einen wollen. Oft genug ist dieses Sich-Umschauen nicht sehr angenehm, aber das darf noch kein Grund sein, sich *gar nicht erst umzuschauen*.

Unglücklicherweise, aber unzweifelhaft hat die Partnersuche gewisse Ähnlichkeit mit der Jobsuche. Wenn Sie sich nach einem Job umschauen, verbringen Sie viel Zeit damit; Sie gehen organisiert und systematisch an die Sache heran, Sie inserieren selbst, und Sie beantworten die Inserate von Firmen, Sie gehen zu Vorstellungsgesprächen, die gräßlich, einschüchternd oder enttäuschend sein können, Sie können abgelehnt werden, und oft verläßt Sie Ihre Selbstachtung völlig, die – weil Sie arbeitslos sind – ohnehin geschwächt ist. Doch erfolgreiche Jobsucher lassen sich durch nichts von ihrer Suche abhalten. Selbst wenn sie sich miserabel fühlen, ziehen sie sich gut an und machen beim Vorstellungsgespräch ein optimistisches Gesicht. Und sie fahren fort, auf Inserate zu antworten.

Alles das trifft – zumindest manchmal – auf die Suche nach Liebe und Intimität zu. Ich will damit nicht andeuten, daß es unangenehm sein *muß*. Doch viel zu viele Singles geben das ganze Unternehmen einfach deshalb auf, weil es sie – wie sie sagen – »schlaucht«. Es *schlaucht* wirklich häufig. Beziehen Sie das ein und lassen Sie sich davon nicht unterkriegen! Wenn Sie darauf aus sind, jede Episode Ihrer Suche nach dem richtigen Partner zu genießen, werden Sie einen hohen Preis zahlen: Dieser Anspruch wird Ihre Möglichkeiten, Leute kennenzulernen, erheblich vermindern.

Viele Singles lassen sich von Einsamkeit und Depression sowie der daraus resultierenden Schwächung der Selbstachtung unterkriegen und ziehen sich selbst aus dem Verkehr. Kaum einer von ihnen würde jedoch wohl ein Einstellungsgespräch absagen, nur weil er sich hundsmiserabel fühlt. Es ist eine Ironie des Schicksals, daß man dann, wenn man es *am nötigsten* hätte, sich selbst positiv zu sehen – wenn man keine Arbeit oder kein Liebesleben hat –, von diesen positiven Gefühlen im Stich gelassen wird. Aber überlegen Sie dies: Wenn Sie sich trotzdem zwingen können zu handeln, könnten Sie ein recht positives Erlebnis haben, nach dem Sie sich vielleicht viel wohler fühlen würden.

Wenn es Ihnen gelingt, die Suche aktiv durchzuziehen, ohne daß Sie irgend etwas tun müssen, das sich anhört, als schlauche es, super! Tun Sie's! Versuchen Sie, Ihre »Suche« als Abenteuer zu sehen, als eine Gelegenheit, neue Freundschaften zu schließen und neue Interessen zu entdecken.

Doch seien Sie nicht unrealistisch. Es ist weit wichtiger, sich besonnen und systematisch nach Ihrer Traumbeziehung umzuschauen, als jeden einzelnen Moment Ihrer kontinuierlichen Suche zu genießen. *Erwarten* Sie keinen Schmerz, aber geben Sie auch nicht gleich auf, nur weil Sie einige mittelmäßige Erfahrungen machen.

Teil 2: Stellen Sie einen Gesamtplan auf

Zuerst: Setzen Sie sich hin und machen Sie eine Liste von etwa einem Dutzend Aktivitäten, bei denen man Leute kennenlernt. Am Ende dieses Kapitels finden Sie eine Liste mit Vorschlägen, die Ihnen helfen sollen, einen Anfang zu machen, aber lassen Sie sich von dieser Auswahl nicht einschränken. Seien Sie phantasievoll. Fragen Sie Ihre Freunde, was die machen. Kreieren Sie gemeinsam neuartige, ungewöhnliche Annäherungen an das andere Geschlecht.

Versuchen Sie, Aktivitäten auszuwählen, an denen Sie ehrlich Spaß haben könnten. Wenn Sie jedoch nicht genügend finden können, dann listen Sie solche auf, die Sie zumindest würden ausprobieren wollen – und legen Sie den Gedanken, daß die Partnersuche angenehm sein sollte, ein für allemal ad acta. Verwerfen Sie eine Idee nicht einfach deshalb, weil jemand anderes damit schlechte Erfahrungen gemacht hat. Versuchen Sie es selbst, bevor Sie sich dagegen entscheiden.

Als nächstes: Nun, da Sie eine Liste von etwa einem Dutzend Aktivitäten haben, sortieren Sie einige Ihrer bevorzugten aus, und *tragen Sie die in Ihren Kalender ein.*

Suchen Sie sich ein machbares, angenehmes Tempo aus. Sie könnten eine Aktivität pro Woche einplanen, eine pro Monat oder auch eine alle zwei oder drei Monate. Das hat einen Vorteil: Wenn Sie vorgeplante Termine in Ihrem Kalender haben, können Sie entspannen. Denn das Vorplanen, ein alter Trick der Zeitsparexperten, enthebt Sie der Sorge, daß Sie nicht genug unternehmen, um Leute kennenzulernen. Nun können Sie sich, wenn Ihnen Ihre »innere Stimme« Vorhaltungen macht, daß Sie »hinausgehen« sollen, guten Gewissens sagen, daß Sie das tun werden, wenn es in Ihrem Kalender steht.

Natürlich ist ein solcher Plan nur eine »Arbeitsunterlage«, nichts, nach dem man sich starr richten muß. Wenn jedoch ein Termin in Ihrem Kalender steht, sollten Sie auch versuchen, ihn einzuhalten.

Stellen Sie fest, ob Sie willens sind zu experimentieren, Ihre Grenzen ein wenig auszudehnen. Nehmen wir zum Beispiel an, daß Sie noch niemals in einem Buchladen herumgestöbert und sich sowohl nach interessanten Menschen als auch nach interessanten Büchern umgeschaut haben. Nehmen wir weiterhin an, daß Ihnen »so etwas« sogar absurd erscheint, daß Sie es allzu berechnend finden. *Versuchen Sie es trotzdem.* Sehen Sie selbst, wie es wirklich ist, bevor Sie es verwerfen. Wenn Sie willens sind, neue Wege einzuschlagen, können Sie gar nicht ahnen, was Sie vielleicht entdecken werden.

Teil 3: Bemühen Sie sich um Quantität

Wenn Sie auf Partnersuche gehen, sollten Sie das Gefühl haben, aus einem Überangebot wählen zu können, und nicht das, daß Knappheit herrscht. Erhöhen Sie bedachtsam die Zahl der Menschen in Ihrem Leben.

Wenn Sie nach der perfekten Tapete suchen, würden Sie ja auch nicht ein Muster mit nach Hause nehmen, es sich für 6 Monate an die Wand hängen, es dann zurückbringen und für 6 Monate ein anderes ausprobieren. Doch so gehen leider viele Menschen an die Suche nach einem Partner heran. Irgendwann treffen sie eine einzige Verabredung. Wenn sie diese Person auch nur ein wenig mögen, beginnen sie, sie nach ihren höchsten Ansprüchen zu bewerten, und bemühen sich, die Beziehung machbar zu machen. Sie benehmen sich, als sei dies die letzte Person, bei der sie jemals die Chance haben, sie kennenzulernen. Es ist sogar möglich, daß sie 6 Monate lang mit dieser Person ausgehen, obwohl sie ganz genau wissen, daß sie ihrem Ideal in keiner Weise entspricht.

Einer Sekretärin, die sich nach Arbeit umsieht, wird man empfehlen, 20 Vorstellungsgespräche zu absolvieren, bevor sie sich entscheidet – oder sich zu entschließen, 20 weitere Vorstellungsgespräche zu führen. Sie weiß, was sie von einem Job erwartet, und sie wird sich umsehen, bis sie gefunden hat, was sie sucht. Sie wäre schlecht beraten, wenn sie die erste Stellung nähme, die sich ihr bietet. Für sie gibt es eine unendliche Zahl von Sekretariatsjobs, aus denen sie auswählen kann.

Wenn Sie in einer städtischen Umgebung wohnen und nach

Lektüre dieses Kapitels bereit sind, die irrige Vorstellung abzulegen, daß es keine guten Wege gibt, Leute kennenzulernen, dann können auch Sie aus einer unendlichen Vielfalt von Menschen auswählen. Trödeln Sie nicht mit irgend jemandem herum, dessen Gesellschaft Sie nicht wirklich genießen.

Einer meiner Freunde erzählte mir folgende Geschichte über eine Frau, die er kennt. Er besteht darauf, daß sie wahr ist.

> »Alice ist Lehrerin an einer Oberschule. Als sie 40 wurde, stellte sie fest, daß sie sich mehr als alles andere wünschte, den Rest ihres Lebens mit jemandem zu teilen. Sie wollte einen Ehemann. Ihr war klar, daß sie während des Schuljahres weder die Zeit noch die Energie aufbringen würde, ihr Ziel zu erreichen, deshalb beschloß sie, ihm ihre Sommerferien zu widmen. Sie gab jede Woche in den verschiedensten Publikationen Kontaktanzeigen auf, besuchte eifrig alle Veranstaltungen, die sie interessierten. Zwei Sommer lang blieb sie diesem Programm treu, denn sie war sich bewußt, daß sie ihm den Vorrang vor den Reisen einräumen mußte, die sie gewöhnlich unternahm. Sie erzählte mir: ›Ich habe mir 68 Männer angesehen. Den 68. habe ich geheiratet, und wir sind sehr glücklich miteinander. Für uns beide ist ein Traum wahr geworden.‹«

Alice verstand das Prinzip, aus Quantität auszuwählen! Die meisten von uns sind nicht so dynamisch, wie sie es war; uns würde es genügen, im Laufe eines Sommers 10 Leute kennenzulernen. Dennoch wirkt das Prinzip immer.

Ein Mann, den ich bat, mir zu erklären, warum er gegen das Aufgeben von Kontaktanzeigen sei, erzählte dagegen:

> »Ich habe es einmal versucht und bekam 15 Briefe. Ich beschloß, fünf der Frauen zu treffen, und sie waren alle richtige Langweiler. Es war schrecklich. Ich möchte mich dem einfach nicht noch einmal aussetzen.«

Angenommen, dieser Mann hätte diese Frauen nur auf einen schnellen Kaffee getroffen? Wenn er nicht willens ist, möglicherweise noch fünf unangenehme Stunden in seine Suche nach einer Intimpartnerin zu investieren, wird er wahrscheinlich niemals eine finden. Ich beabsichtigte nicht, für Kontaktanzeigen als Methode einzutreten, möchte aber anmerken, daß man mit einer gewissen Zahl von unangenehmen und langweiligen Stunden rechnen muß, wenn man nach Liebe sucht, weil man viele Leute kennenlernen muß.

Lassen Sie uns die Sache logisch betrachten.

Wenn Sie einen Partner suchen, der monogam ist, keine Kinder will (und keine Kinder hat), politisch mit Ihnen übereinstimmt, über einen vernünftigen Grad von Selbstbewußtsein verfügt und der das Reisen so sehr haßt wie Sie, ist das Potential der Leute, die Sie interessieren könnten, ziemlich klein. Und mit jedem Kriterium, das Sie neu einbringen, wird das Potential noch kleiner.

Generell suchen wir Partner, von denen wir annehmen, daß sie uns emotional und intellektuell ähnlich sind. Wenn Sie zu denen gehören, die auf ihrem Gebiet alles erreicht oder die einen hohen Grad von Bildung auf irgendeinem intellektuellen, emotionalen oder geistigen Gebiet erreicht haben, dann werden Sie vermutlich einen Partner suchen, der ähnlich viel geleistet hat oder der ähnlich gebildet ist.

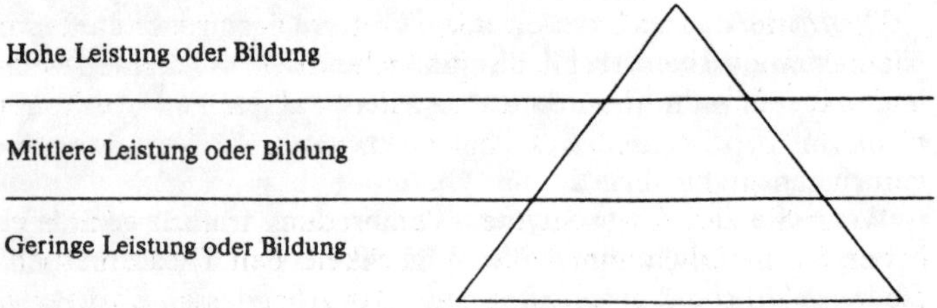

Wenn Sie Ihr Leben lang so hart gearbeitet haben, daß Sie in das oberste kleine Dreieck gehören, und einen Partner suchen, der ebenfalls dort angesiedelt werden kann, kann sich Ihre Suche weit schwieriger gestalten als die anderer Leute. Lassen Sie sich davon nicht entmutigen, sondern seien Sie sich bewußt, daß Sie viele Leute überprüfen müssen, um Ihren Idealpartner zu finden. Wenn es die Person, die Sie suchen, nur einmal unter hundert gibt, dann überprüfen Sie eben hundert.

Es entspricht einfach der simpelsten Logik, daß Ihre Chancen in einer Ära, in der man viele Hindernisse überwinden muß, um eine gute Partnerschaft aufbauen zu können, größer werden, einen

Menschen zu finden, der zu Ihnen paßt, je mehr Leute Sie kennenlernen. Mit anderen Worten: Wenn wir als wahr voraussetzen, daß man eine Menge Frösche küssen muß, bevor man seinen Prinzen oder seine Prinzessin trifft, dann ist es sinnvoll, den Prozeß des Fröscheküssens fortzusetzen.

Teil 4: Die Zwei-Stunden-Verabredung

Das ganze System, aus einer Fülle auszusuchen, beruht auf der Institution der Zwei-Stunden-Verabredung.

Wenn Sie sich zum ersten Mal mit einem potentiellen Partner treffen, dann sollten Sie niemals einwilligen, sich für mehr als zwei Stunden zu verabreden. Selbst eine Stunde wäre okay. Sie müssen Ihr Zeitlimit nicht ankündigen, arrangieren Sie es einfach so. Treffen Sie diese Person beispielsweise zum Frühstück, bevor Sie zur Arbeit gehen oder auf einen Drink nach der Arbeit – und erklären Sie, daß Sie schon Pläne fürs Abendessen haben. Sie können sich sogar zum Abendessen verabreden, wenn Sie danach noch ins Theater wollen oder eine Geschäftsbesprechung haben.

Die Vorteile eines Zwei-Stunden-Treffens liegen auf der Hand: Niemals wieder werden Sie das gräßliche Erlebnis haben, bereits in den ersten zehn Minuten festzustellen, daß jemand überhaupt nicht Ihr Typ ist, und trotzdem einen ganzen Abend mit ihm verbringen zu müssen.

Wenn Sie Ihre Zwei-Stunden-Verabredung freilich genießen, haben Sie natürlich immer die Möglichkeit, den Theaterbesuch, die geschäftliche Besprechung oder das Abendessen abzusagen oder schnell eine neue Verabredung zu treffen. Zwei Stunden sind vielleicht zu kurz, um festzustellen, ob Sie wirklich einen Seelenverwandten gefunden haben, aber sie reichen oft aus, um zu wissen, daß es nicht so ist. Und wenn Sie nur zwei Stunden investiert haben, ist es relativ leicht, zu einer zweiten Verabredung nein zu sagen.

Ein weniger augenfälliger Vorteil der Zwei-Stunden-Verabredung ist der, daß die Kürze dieses ersten Rendezvous, falls Sie gegenseitig Gefallen aneinander finden, die Spannung erhöht und diese äußerst angenehmen Stadien des Sich-Verliebens verlängert.

Wenn Sie nicht sicher sind, wie Sie Ihre(n) neuen Bekannte(n) empfinden, sollten Sie eine weitere Zwei-Stunden-Verabredung

CATHY by Cathy Guisewite

vereinbaren. Der erste Eindruck kann täuschen. Sie werden doch vermutlich jemandem, der Sie interessiert, eine zweite Chance geben wollen – vorausgesetzt, die andere Person möchte eine. Seien Sie nicht *zu* effizient oder zu fürsorglich.

Teil 5: Überprüfen Sie zuerst die »Beziehungsvorlieben« jedes potentiellen Partners

Ich bin immer wieder über die Zahl der Beziehungen überrascht, in denen bei den einzelnen Partnern Unstimmigkeit darüber herrscht, wie eine Beziehung eigentlich aussehen sollte. »Warum«, so frage ich mich, »haben sie das nicht im ersten Monat geklärt oder sich getrennt, als sie merkten, wie unterschiedlich sie da empfinden?«

Natürlich weiß ich, warum. Liebe macht blind. In der Erregung des Neu-Verliebtseins werden solche Unverträglichkeiten übersehen. Und jeder der Partner ist überzeugt, daß der andere sich gewiß noch ändern wird. Außerdem operieren die meisten Singles aus der Furcht heraus, daß es »da niemanden mehr gibt«, und sagen sich: »Du solltest besser diese(n) festhalten; dies ist der/die letzte Partner(in) des Universums, der/die zu dir paßt.«

Wenn Sie wissen, welche Ziele Sie sich für Ihr eigenes Leben gesetzt haben, erscheint es mir töricht, diese Informationen zu vergessen, wenn Sie ausgehen.

Marne war eine 37jährige Unternehmensberaterin, die es verstand, die Beziehungsvorlieben in einer Beziehung *früh* zu überprüfen. Hier ist ihre Geschichte:

> »Zwischen meinen Ehen war ich sechs Jahre lang ein Single. Während der ersten vier hatte ich verschiedene ›ernsthafte‹ Beziehungen, die alle nach ein paar Monaten oder Jahren endeten oder in eine weniger intensive Phase schlitterten.
>
> Nachdem vier Jahre vergangen waren, war ich sicher, daß ich wieder heiraten wollte. Ich sehnte mich danach, mein Leben mit jemandem zu teilen, der sein Leben mit mir zusammen aufbauen *wollte*.
>
> Also beschloß ich einfach, keine Beziehung auf kurze Sicht mehr einzugehen.

Eines Tages erzählte mir eine Freundin, daß sie jemanden getroffen habe, den ich kennenlernen sollte. Sie bat ihn, eine Nachmittagsvorstellung des *Messias* zu besuchen, bei der ich sang, und lud uns danach beide zum Abendessen ein.

Mein Herz setzte fast aus, als ich diesem Mann zum ersten Mal gegenübertrat – er war großartig. Und dann sagte er auch noch, daß er sich sofort in mich verliebt hätte, als er mich beim Singen beobachtete. Bei diesem Abendessen waren sechs Leute anwesend, deshalb mußten wir einander zulächeln und einander zuzwinkern, wenn andere das Wort hatten. Schließlich bot er an, mich nach Hause zu bringen, und wir verbrachten noch einige vergnügliche Stunden vor dem Kamin. Doch wir waren uns beide einig, daß wir nichts überstürzen wollten, worüber ich mich sehr freute, weil ich die Phase der ›Vorfreude‹ ganz besonders genieße.

Während der nächsten beiden Wochen sahen wir uns sehr häufig, verbrachten auch einige Nächte miteinander, und alles war wunderschön. Wir kochten chinesisch, machten ein paar Weihnachtseinkäufe und verbrachten einen herrlichen Tag im Park. Dann fuhr ich nach Iowa, um meine Familie über Weihnachten zu besuchen. Dort klingelte es an der Tür, und ein Bote übergab mir ein Dutzend langstieliger Rosen – und eine Karte: ›Ich denke an Dich‹. Ich schmolz dahin. Und jetzt war nicht nur ich allein begeistert – meine ganze Familie war es.

Gleich auf dem Flughafen feierten wir unser Wiedersehen.

Eine Woche später sagte ich ihm, daß ich es gar nicht erwarten könne, seine beiden Kinder kennenzulernen – sie waren vier und sechs Jahre alt und lebten im Nachbarcounty.

Er zögerte sichtlich.

Ich war verknallt, und so suchte ich seine Gründe zu erforschen. Er drückte sich sehr vage aus, doch zwischen den Zeilen meinte ich lesen zu können, daß er sich immer noch zu seiner geschiedenen Frau hingezogen fühlte und nicht genau wußte, wie ich ins Bild paßte. Er sagte mir, daß er nicht genau wisse, ob er jemals wieder heiraten werde.

Das war alles, was ich hören wollte. Am nächsten Tag rief ich ihn an und sagte ihm, daß ich eine Abkühlphase brauchte

– eine unbegrenzte. Er bat und bettelte, daß ich doch wenigstens weiterhin mit ihm ›ausgehen‹ möge. Ich achtete streng darauf, ihm nicht die Schuld zuzuschieben; ich wußte nur, was ich für mich selbst tun mußte. Nie wieder wollte ich Gefühle – und Monate – in eine Beziehung investieren, die meinen Anforderungen nicht gerecht würde.

Glauben Sie mir, die folgenden Monate waren qualvoll. Ich habe ihn schrecklich vermißt. Ich zählte mir immer wieder seine Vorzüge auf und schwelgte in der Tragödie, daß alles ›fast ein Erfolg‹ gewesen war. Aber ich bezweifelte nicht einen Moment, daß ich das Richtige getan hatte – für mich.

Als ich – Monate später – den Mann traf, den ich schließlich heiratete, war ich unbelastet, und mein Herz war frei. Mich überläuft noch heute ein Schauer, wenn ich dran denke, daß ich noch jetzt in dieser hoffnungslosen Partnerschaft stecken könnte, hätte ich nicht den Mut aufgebracht, mich daraus zu lösen. Denn dann hätte ich den wundervollen Mann, mit dem ich nun verheiratet bin, niemals kennengelernt.«

Kontaktanzeigen sollten eigentlich bereits deutlich sagen, welche Art von Beziehung die Inserenten suchen. »Suche Intimität, gegenseitige Verantwortung und Monogamie« – »Bin ambivalent« – »Schaue mich nach jemandem um, mit dem ich das Leben genießen kann, dann werden wir sehen, was passiert« – »Bin ganz und gar gegen eine gegenseitige Verpflichtung« – »Wünsche mir Intimität, habe aber auch Angst davor«. Das wären für mich die wichtigsten Informationen, und hätte man die gleich zu Anfang, könnte jeder sich viel Zeit sparen. Doch bis so aufgeklärte Absichtserklärungen benutzt werden, kann man diese Überprüfung selbst durchführen. Ich empfehle es Ihnen.

Herauszufinden, welche Pläne und Absichten ein neuer Bekannter bezüglich einer Beziehung hat, mag als sehr unangenehme Aufgabe erscheinen, besonders am Anfang einer Bekanntschaft, wenn diese Informationen für Sie besonders wichtig wären. Doch Sie können sie bekommen, ohne allzu auffällig vorzugehen. Bringen Sie das Thema ganz allgemein auf den Tisch, nicht auf Sie beide bezogen. Die Trends auf der Single-Szene sind ein populäres, unverfängliches Thema, zu dem fast jeder eine Meinung hat. Sie müssen Ihren Partner nicht rundheraus fragen, sprechen Sie statt dessen über Ihre allgemeine Einstellung und Ihre eigenen Wünsche. Aus den Reaktionen darauf können Sie schon eine Menge erkennen.

Wenn Sie es ernst damit meinen, keine Zeit mit Leuten zu vergeuden zu wollen, deren Bedürfnisse sich stark von Ihren eigenen unterscheiden, könnte es jedoch ganz richtig sein, »auffällig« zu fragen. Sie müssen das Thema nicht beim ersten Treffen ansprechen – nicht einmal beim zweiten. Doch – ganz besonders, wenn diese Person Ihr Herz schneller schlagen läßt – warten Sie nicht ewig. Falls Sie Leute kennen, die Ihre(n) neue(n) Bekannte(n) kennen, fragen Sie sie. Krankhafte Angst davor, eine Verpflichtung einzugehen, ist sehr verbreitet; rennen Sie nicht gerade in einen solchen »Angsthasen« hinein, wenn Sie es vermeiden können. Sie sollten herausfinden, wie die Beziehungen Ihrer Neuerwerbung in der Vergangenheit verlaufen sind. Egal, wie sehr Sie jemanden mögen, wenn Sie eine feste Beziehung wünschen und Ihre neue Flamme ganz und gar gegen eine Verpflichtung ist, sind Sie besser dran, wenn diese Beziehung überhaupt nicht erst beginnt. Tatsächlich ist es so: je mehr Sie einander mögen, desto mehr Kummer wird Ihnen beiden diese Gegensätzlichkeit bereiten.

Ich sprach auch mit Katherine, einer 36jährigen Künstlerin aus der Nähe von San Francisco, die geschäftlich sehr erfolgreich war. Katherine hatte noch nie von meiner fünfteiligen Formel gehört, wandte sie aber trotzdem an. Sie war hochmotiviert an die Partnersuche herangegangen; sie wußte, was sie wollte; sie widmete ihrer Suche Zeit und Energie; und als sie jemanden gefunden hatte, erkundete sie auf der Stelle seine »Beziehungsvorlieben«. Ihre Geschichte ist herrlich und informativ.

> »Ich hatte zwei Beziehungen hinter mir, eine hatte drei, die andere vier Jahre gedauert. Doch sie waren nicht zufriedenstellend. Ich hatte mir die falschen Männer ausgesucht – Männer, die keine Verantwortung tragen wollten. Auf anderen Gebieten waren sie in Ordnung, doch ihre Angst vor einer bindenden Verpflichtung war ein entscheidender Fehler. Weil ich etwas wirklich ›Festes‹ wollte, war ich entschlossen, beim nächsten Mal nicht wieder die falsche Wahl zu treffen. Es war wirklich schmerzlich gewesen, mich von diesen beiden Männern zu trennen.

Nachdem ich also nach meiner Trennung von Rick drei Monate lang gelitten hatte, beschloß ich: ›Ich werde diesmal eine Liste machen, auf der alles steht, was ich will und brauche.‹ Einen Abend lang setzte ich mich hin und schrieb drei Seiten – auf Anhieb. Am nächsten Tag fügte ich noch ein paar Punkte dazu, und dann legte ich die Liste weg. Aber ich war wirklich wild darauf, einen Partner zu finden, deshalb investierte ich viel Energie in die Suche. Ich glaube, daß ich das jeden Tag im Sinn hatte, wenn ich ausging. Ich ging in Buchläden. Ich ging oft zum Kaufmann. Ich besuchte Cafés. Und ich traf viele Leute. Doch wenn ich nach einer Verabredung das Gefühl hatte, daß nicht alles stimmte – das konnte sogar schon nach einem Gespräch von fünf Minuten sein –, verfolgte ich die Sache nicht.

Als ich schließlich den Mann traf, mit dem ich heute verheiratet bin, war ich an einem Abend zu zwei Partys eingeladen. Die eine war die Einweihung von Ricks – unsere Beziehung hatte ich ungefähr 10 Monate vorher beendet – neuer Wohnung. Es war trotzdem immer noch schmerzlich für mich. Aber ich war entschlossen hinzugehen und gut auszusehen, damit die Leute mich nicht für die Verliererin hielten. Alle meine Freunde würden dort sein. Also ging ich hin, und während der ersten Stunden ging auch alles gut – ich fühlte mich wirklich gut, weil ich den Mut aufgebracht hatte, dort aufzutauchen. Doch dann passierte etwas, was mich aufregte, und ich konnte es nicht mehr aushalten. Ich ging einfach. Ich stieg in den Wagen, heulte und schrie: ›Warum heule ich noch wegen dieses Kerls? Ich werde zu dieser anderen Party gehen!‹ Ich wischte mir die Tränen ab und fuhr durch die ganze Stadt zu dieser anderen Party. Um 23.30 Uhr kam ich dort an. Ich ging hinein und schaute mich im Eßzimmer um – es war niemand da, der interessant gewesen wäre. Also wechselte ich in die Halle, und dort entdeckte ich zwei wirklich attraktive Kerle. Da ich die Ausstrahlung des einen besonders mochte, sprach ich mit dem anderen. Ich spürte, daß der Mann, zu dem ich mich hingezogen fühlte, vielleicht das haben könnte, wonach ich suchte. Er sprühte geradezu! Mir war klar, daß er mich ebenfalls aufs Korn genommen hatte. Dann ging ich in das Badezimmer, das direkt von der Halle abging, und konnte sie durch die Tür miteinander reden hören. David, das war der, an dem ich interessiert war, begann den anderen Burschen auszufragen. ›Wer ist sie? Was tut sie?‹ Das gefiel mir! Deshalb begann ich, als ich herauskam, sofort mit ihm zu reden. Ich mochte ihn wirklich; es war aufregend! Ich wußte, daß ich jemandem begegnet war, der in Frage kam.

Nach etwa einer Stunde wurde mir klar – Moment mal –, daß ich das besser nachprüfen sollte. Ich hatte das Gefühl, daß ich supervorsichtig sein müßte, weil man mich schon vor Rick gewarnt hatte. Die Leute hatten gesagt: ›Laß dich nicht mit ihm ein. Er meint es nicht ernst‹, doch ich hatte nicht darauf gehört. Jetzt ging ich hinüber zu der Frau, die die Party gab. ›Ich mag David‹, sagte ich ihr und fragte: ›Ist er in Ordnung?‹ Sie erklärte mir: ›Er ist großartig. Er unterhält gute Freundschaften mit Frauen und Männern. Er ist ein wirklich netter Kerl, und er sucht nach einer guten, soliden Partnerschaft.‹ Nach diesem Gespräch kehrte ich zu David zurück, und wir unterhielten uns eine weitere Stunde und tauschten unsere Telefonnummern aus.

Am nächsten Tag rief er an, aber ich hätte ihn am darauffolgenden angerufen, hätte er es nicht getan. Drei Tage später trafen wir uns.

Eine ganze Zeit lang war ich noch sehr vorsichtig. Doch zwei Jahre und zwei Monate später heirateten wir. Wir haben eine *wirkliche* Beziehung. Sie beruht nicht auf romantischen Phantasien und Projektionen. Sie ist so, wie eine Beziehung sein sollte. Wir respektieren einander. Wir sind gern zusammen. Wir sind völlig ehrlich zueinander. Wir sind beide sehr glücklich.«

Das also ist meine Formel. Betrachten Sie Ihre Entschuldigungen, keine Leute kennenlernen zu wollen, eine nach der anderen, und legen Sie sie ad acta. Unternehmen Sie etwas, um Leute zu treffen, und planen Sie im voraus, was dieses Etwas sein wird. Genießen Sie es, wenn Sie können, aber zwingen Sie sich nicht, es zu genießen. »Überprüfen« Sie viele Leute, operieren Sie aus einem Gefühl des Überangebots heraus. Machen Sie Gebrauch von der Zwei-Stunden-Verabredung. Schauen Sie sich nach jemandem um, der von einer Beziehung dasselbe erwartet wie Sie. Und zeigen Sie Ausdauer, geduldig, aber beharrlich.

Auf alle Fälle sollten Sie weiterhin Ihre epischen Werke lesen, allein wandern gehen, Bridge spielen oder sich Ihrer Arbeit widmen. Lassen Sie niemals Ihr Leben von Ihrem Verlangen nach Liebe derart beherrschen, daß Sie irgend etwas aufgeben, was Ihnen wichtig ist. Setzen Sie Ihre Freundschaften fort, kümmern Sie sich um Ihr berufliches Weiterkommen, Ihre Hobbys oder Ihre künstlerischen Aktivitäten, denn falls Sie anfangen sollten, Ihren »Plan«, Liebe zu finden, zu bereuen, könnten Sie vielleicht unbewußt beginnen, ihn zu sabotieren. In die Partnersuche müssen Sie gar nicht so schrecklich viel Zeit investieren, wenn Sie meiner »Formel« folgen. Es sollte möglich sein, sie Ihrem Leben anzupassen, ohne daß es auffällt, daß Sie wissen, daß Sie sich auf die Erfüllung Ihres Traums zubewegen.

Während meiner Workshops geschah es häufig, daß jemand, nachdem wir die fünfteilige Formel diskutiert hatten, sagte: »Aber es paßt mir nicht, daß ich da durch muß. Es erscheint mir alles so berechnend und manipulierend. Ich fühle mich so habgierig, wenn ich mich so benehme.«

Und wieder beziehe ich mich auf den Vergleich mit der Jobsuche. Da *sind* Sie berechnend und manipulierend. Und auch da fühlen Sie sich manchmal nicht wohl in Ihrer Haut. Aber da gehen Sie durch, um die Resultate zu bekommen, die Sie wünschen. Es mag ja sein, daß Sie sich habgierig *fühlen*, aber Sie wissen auch, daß Sie nur den Boden für etwas Wundervolles vorbereiten.

Es ist möglich, daß Sie eine so bewußte Kampagne gar nicht erst beginnen, Ihr Leben einfach so weiterführen und sehen wollen, was passiert. Viele Leute ziehen das vor. Wenn das jedoch Ihre Wahl ist, sollten Sie nicht darüber rätseln, wie es kommt, daß Sie noch ein Single sind, obwohl Sie doch so toll sind. Sie lassen die Möglichkeiten einfach vorbeigehen. Bei der Arbeitssuche bekommt nicht notwendigerweise die Person mit der größten Erfahrung oder dem größten Talent den Job. Die Person, die den Job bekommt, ist häufig die, die weiß, wie man sich nach einem Job umschaut! Das gleiche gilt für die Suche nach einer gefühlsbetonten Partnerschaft: Diejenigen, die Erfolg haben, sind die, die wissen, was man tun muß, und die *es tun*.

Jedes Prinzip hat seine Ausnahme. Ich kenne eine Frau, die im Bademantel und in Lockenwicklern vor dem Fernseher saß, als ihr neuer Nachbar bei ihr anklopfte, um sich einen Hammer zu borgen. Damit begann eine langjährige Beziehung. Doch wenn

Sie sich auf eine solche Zufallsbegegnung verlassen wollen, könnten Sie verdammt lange warten müssen.

Es ist normal, daß Sie bei dem Gedanken aufgebracht reagieren, daß Sie so hart arbeiten sollen, um eine gefühlsbetonte Beziehung zu finden. Aber lassen Sie sich durch diesen Ärger nicht davon abbringen, so zu handeln, wie Sie es in Ihrem eigenen Interesse tun müssen!

Wo und wie man sich umschauen sollte – einige Vorschläge

Die beiden erfolgreichsten Wege, Leute kennenzulernen, sind der Arbeitsplatz sowie arbeitsbezogene Aktivitäten oder einander von Freunden vorgestellt zu werden. Beide haben ein und dasselbe Geheimnis: Es gilt, das soziale Netz zu nutzen.

Beim Ausbau dieses sozialen Netzes ist es genauso wichtig, gleichgeschlechtliche Freunde einzubeziehen wie das andere Geschlecht, weil gleichgeschlechtliche Freunde Freunde haben, die dem *anderen* Geschlecht angehören. Dazu kommt noch, daß Freundschaft und Zusammengehörigkeitsgefühl sowohl das Vergnügen an der Jagd als solcher als auch das am Leben an sich steigern.

Ich ermutige immer wieder dazu, Partys zu veranstalten, bei denen jeder Eingeladene einen Freund mitbringen soll, der »zu haben« ist. Kleine gesellschaftliche Zusammenkünfte zu Hause, bei denen jeder entweder ein Freund oder der Freund eines Freundes ist, sind gewöhnlich sehr vergnüglich und entspannend. Außerdem ist es da auch möglich, eine wirkliche Unterhaltung zu führen, was besser ist als die Schreierei in einer Gaststätte oder Disco, wo jeder die Musik zu übertönen versucht.

Ich kenne einen Mann, der bereit ist, demjenigen, der ihm seine »Zukünftige« vorstellt, eine Belohnung von 1000 Dollar zu zahlen. Ich muß zugeben, daß ich selbst ein paar Mal Abendessen für ihn arrangiert habe.

Eine Belohnung anzubieten mag übertrieben sein, doch seine Freunde zu drängen, einem Leute vorzustellen, ist dennoch ausgesprochen wichtig. Und es reicht durchaus nicht, es einmal zu erwähnen. Ich habe festgestellt, daß meine Freunde, nachdem ich sie gebeten hatte, sich hinzusetzen und bewußt über ihre Freunde und Bekannten nachzudenken, Ideen hatten, die ihnen normalerweise nicht gekommen wären. Von Freunden vorgestellt zu werden *ist der beste Weg*, neue Kontakte zu knüpfen. Vernachlässigen Sie diese Methode nicht! Halten Sie sich an Ihre Freunde. Man kann nie wissen, wann ein(e) passende(r) Mann/Frau in deren Leben tritt!

Konferenzen und Zusammenkünfte auf Ihrem Arbeitsgebiet können eine ausgezeichnete Chance sein, potentielle Partner kennenzulernen. Wenn es da für Sie keine Möglichkeiten gibt, könnten Sie vielleicht in der Gewerkschaft oder bei einer Spendensammelaktion mitarbeiten oder eine Arbeitsgruppe für Angestellte – auch eine Volleyballmannschaft oder eine politische Gruppe – ins Leben rufen.

Die Hauptsache ist, daß Sie Dinge *tun*, mit denen Sie ohnehin zu tun haben (Arbeit, Freunde), als irgendwelche Dinge, die Ihren normalen Aktivitäten völlig entgegengesetzt sind. Nutzen Sie also Ihre Lebensgewohnheiten, so gut Sie können.

Konferenzen, Tagungen, Klausuren, Workshops – besonders solche Ereignisse, die auswärts stattfinden, so daß alle Teilnehmer im selben Hotel oder Konferenzzentrum wohnen – stehen ganz oben auf der Liste der Gelegenheiten, bei denen man mögliche Partner kennenlernen kann.

Wenn Tagungen nicht zu Ihrem Berufsleben gehören sollten (oder wenn die Tagungen Ihrer Berufsgruppe sie langweilen oder nur Streß bedeuten), schließen Sie sich einer anderen interessanten Gruppe an, die Konferenzen oder Tagungen abhält. Zusammenkünfte, die weiter weg stattfinden, haben eine entspannte Atmosphäre und bieten viel Zeit, sich abseits der offiziellen Tagesordnung zu amüsieren oder zwanglose Verabredungen zu treffen.

Ich sprach mit einer Frau, die verschiedene Urlaubsvarianten ausprobiert und festgestellt hatte, daß sie eine Konferenz, eine Klausur oder einen Kurort dem wahllosen, unstrukturierten Reisen vorzieht. Ich bat sie, mir zu erzählen, was sie zu diesem Entschluß bewog:

> »Im ersten Jahr nach meiner Scheidung begann es. Meine Freundin Christine hatte ihren Job gekündigt und wollte den neuen erst später antreten, und wir planten, zwei Wochen

zum Camping nach Hawaii zu fliegen. Doch ein paar Tage vor unserem Abflug bekam sie ein Jobangebot, das sie nicht ausschlagen mochte, und war gezwungen, mir abzusagen.

Ich war schrecklich enttäuscht und hatte überhaupt keine Lust, allein nach Hawaii zu fliegen. Dann aber bedrängte mich ein Freund, an einem Schriftstellerseminar teilzunehmen. Dazu mußte ich mich nur ins Auto setzen und zwei Stunden fahren. Da ich nichts anderes zu tun hatte, fuhr ich tatsächlich hin.

Nach einer der zauberhaftesten Wochen meines Lebens wurde mir klar, daß ich all das erlebt hatte, was ich mir eigentlich von Hawaii erträumt hatte. Die Umgebung war ausgesprochen schön und ruhig. Zu der riesigen Ranch gehörte ein See mit herrlich warmem Wasser, und es gab kilometerlange Wanderwege. Das Essen war großartig, gesund und liebevoll zubereitet. Und das Beste war, daß viele nette, interessante Leute da waren, die genauso kontaktfreudig waren wie ich. Jede Mahlzeit wurde zum festlichen Ereignis – aber ich hatte auch viel Zeit für mich. Meine Chancen, ›jemanden‹ kennenzulernen, waren hier größer, als wäre ich allein irgendwo hingefahren.«

Informieren Sie sich über die Konferenz- und Erholungszentren in Ihrer Gegend – oder in irgendeinem exotischen Gebiet, das Sie schon lange besuchen wollten. Wahrscheinlich wird Sie die Vielfalt des Programmangebots überraschen.

Natürlich ist es wichtig, bei Tagungen oder ähnlichen Zusammenkünften vor Leuten auf der Hut zu sein, die nur eine Romanze fürs Wochenende oder für eine Woche wollen. Einige von ihnen haben vielleicht sogar eine Frau/einen Mann oder eine Familie zu Hause. Falls nicht auch Sie zu denen gehören, die sich nur die Hörner abstoßen wollen, müssen Sie lernen, nein zu sagen und sich nach jemand anderem umzuschauen, der Ihren Vorstellungen mehr entspricht.

Galerieeröffnungen sind eine häufig übersehene Methode, Leute kennenzulernen. Die Vernissagen, die Kunstgalerien für einen neuen Künstler oder eine neue Ausstellung veranstalten, werden in den Zeitungen angekündigt. Wenn es Ihnen gelingt, auf die Einladungsliste Ihrer bevorzugten Galerien zu gelangen (manchmal werden Sie etwas kaufen müssen, um das zu erreichen), werden Sie regelmäßig eingeladen.

Vernissagen haben einige Vorteile: (a) Sie beanspruchen nicht viel Zeit, weil sie meist zwischen Arbeitsschluß und Abendessen stattfinden, so daß Sie auch dann daran teilnehmen können, wenn Sie sehr beschäftigt sind. Sie können eine Viertelstunde oder zwei Stunden bleiben. (b) Sie können die Kunstwerke betrachten, so daß Sie nicht einfach herumstehen und nervös wirken. Außerdem haben Sie durch die Kunstwerke auch *Gesprächsstoff*, können ganz natürlich eine Unterhaltung beginnen. »Was halten Sie von diesem Stück?« (c) Sie sind *kostenlos*, bieten das ästhetische Vergnügen, sich Kunst anzuschauen, und meist gibt es auch gratis Wein und manchmal sogar Horsd'œuvres. (d) Wenn Sie bereits ein Kunstkenner sind, werden Sie sich wohl fühlen und andere Menschen treffen, die sich auskennen und interessiert sind. Wenn Sie es nicht sind, erwartet Sie eine neue Welt, die Sie entdecken können. Ihre Naivität könnte hier sogar ein Aktivposten sein, weil die meisten Leute es genießen, wenn man sie um Rat fragt – sie beantworten nicht nur Fragen, sondern dozieren auch gern.

Die Liste

Wenn Sie Ihre Liste der Aktivitäten aufstellen, durch die Sie Leute kennenlernen wollen, sollten Sie noch einige andere Möglichkeiten in Erwägung ziehen:

Kontaktanzeigen

Kontaktanzeigen sind inzwischen ganz respektabel, und jede vorstellbare Single-Kategorie benutzt sie.

Versuchen Sie, einige unterschiedliche Anzeigen aufzusetzen, und sehen Sie dann, womit Sie den größten Erfolg haben. Versuchen Sie, sowohl selbst Anzeigen aufzugeben, als auch welche zu beantworten. Und begnügen Sie sich nicht mit einer Zeitung oder Zeitschrift.

Eine Variation, derer sich einige Teilnehmer meines Workshops bedienten, ist die, für drei oder vier Männer oder Frauen ein Abendessen zu veranstalten und die Gäste gemeinsam per

Anzeige zu suchen. Gemeinsam können Sie dann auch die Briefe lesen und die Gäste aussuchen. Bei einem solchen Anlaß geht es zwangloser zu, als wenn man nur dem potentiellen Partner gegenübersitzt, und mehr Spaß macht es außerdem.

Heiratsinstitute

Ich bin überzeugt, daß Heiratsinstitute zu wenig genutzt werden. Sie bieten die einfachste und effektivste Methode, neue Leute kennenzulernen, weil sie Gelegenheit geben, bereits *überprüfte* Mitglieder des anderen Geschlechts zu treffen, die selbst daran interessiert sind, Menschen kennenzulernen. Wenn Sie auf Masse aus sind, sind Heiratsinstitute eine Notwendigkeit. Wenn Sie es sich leisten können, sollten Sie mehrere einschalten. Und geben Sie nicht auf, nur weil die ersten Kandidaten, die Sie treffen, Sie nicht interessieren.

Einige Heiratsinstitute sind allerdings Halsabschneider; sie sind zu teuer. Doch viele haben vernünftige Preise. Treten Sie für eine befristete Zeit ein, und erneuern Sie dann die Mitgliedschaft. (Nach meiner Definition ist ein Pessimist einer, der eine lebenslange Mitgliedschaft bei einem Heiratsinstitut abschließt.)

Bella, eine 44jährige Programmiererin, erzählte mir folgendes:

> »Vergessen Sie nicht, Ihren Lesern zu sagen, daß sie sich die Dienste von Heiratsinstituten zunutze machen sollen. Ich habe sie aus einem ganzen Haufen Gründe lange Zeit gemieden, doch heute weiß ich, daß das ein Fehler war. Ich habe zwei eingeschaltet, was mir erlaubte, genau zu sagen, was ich will, denn ich hatte keine einzige Begegnung, die man unangenehm nennen könnte. Ich bin zwar immer noch ein Single, doch ich habe mehr Hoffnung als jemals zuvor, und ich habe das Gefühl, daß ich die besten Männer durch diese Institute kennengelernt habe. Wenn man Heiratsinstitute meidet, läßt man eine hervorragende Gelegenheit aus, Männer zu treffen.«

Ich sprach mit sieben Frauen und drei Männern, die ihre Ehepartner durch Heiratsinstitute kennengelernt hatten und sich über diese Methode sehr enthusiastisch äußerten. Die meisten von ihnen hatten zunächst fünf oder mehr Leute getroffen, mit denen sie nur einmal ausgegangen waren. Eine der Frauen hatte 17

Männer durch die verschiedensten Heiratsinstitute kennengelernt, bevor sie durch eine der Agenturen ihre wahre Liebe traf.

Singlegruppen
Einige Singlegruppen entsprechen voll dem negativen Klischee, doch andere sind in Ordnung. Probieren Sie die Gruppen einmal aus, um festzustellen, ob sie Ihrem Niveau entsprechen. Als ich ein Single war, habe ich Singlegruppen gemieden, doch später, als ich begann, dort Vorträge zu halten, stellte ich fest, daß das ein Fehler gewesen war. Glauben Sie mir, in diesen Gruppen finden sich *alle* Schichten und Altersklassen. Viele Organisationen bieten an jedem Tag der Woche Veranstaltungen; bei anderen gibt es alle möglichen Spezialgruppen. Ich kenne verschiedene glückliche Paare, die sich bei Single-Veranstaltungen kennengelernt haben.

Partys
Vergessen Sie nicht, Ihren Freunden und Bekannten zu sagen, daß Sie gern auf Partys gehen. Versuchen Sie auch selbst, welche zu geben. Scrabble oder Scharaden zu spielen sind gute Ausreden dafür, wenn Sie Ausreden brauchen. Sie sorgen immer für Gelächter und Spaß.

Weiterbildungskurse

Vortragsreihen der Universität

Freiwillige karitative Arbeit

Fitneßklubs

Supermärkte
Schauen Sie sich um, und lächeln Sie viel. Haben Sie keine Angst, den alten Standardsatz »Wissen Sie, welcher Wein gut ist?« zu benutzen. Katherine, die ich bereits erwähnte, ging häufig in Supermärkte, in Buchläden und Cafés und lernte dort eine Menge Leute kennen. Als ich mehr über ihre »Technik« erfahren wollte, erzählte sie mir folgendes:

> »Ich habe das Gefühl, daß jeder sich umschaut. Man muß den Leuten nur die Gelegenheit geben, zu reagieren. Es ist völlig gleichgültig, was man sagt. Der einzig kritische Punkt ist der, daß es einem gleichgültig sein muß, ob man anderen

töricht erscheint. Möglicherweise sprechen Sie jemanden an, der sich *nicht* umschaut und der nicht reagiert. Das kommt vor, und dann fühlt man sich wirklich dämlich, doch das gehört alles zum Spiel. Da müssen Sie durch, auch wenn Sie verlegen sind. Das kann ausgesprochen unangenehm sein – wie dieses demütigende Gefühl, wenn Sie glauben, daß alle sich an Ihrer Blamage weiden. Doch wenn man ein Lächeln als Reaktion erntet, fühlt man sich großartig. Ich habe auf diese Art viele Leute kennengelernt, und ich glaube, daß Sie eine Menge Möglichkeiten sausen lassen, wenn Sie diese Methode nicht ausprobieren.«

Cafés, Espressos
Statt zu Hause zu lesen oder Briefe zu schreiben, sollten Sie Ihr Buch oder Briefpapier in ein Café mitnehmen und dort ein paar Stunden verbringen. Aber vergraben Sie sich nicht in Ihrer Arbeit; schauen Sie sich um, und zeigen Sie, daß Sie einer Unterhaltung nicht abgeneigt sind. Fragen Sie andere nett aussehende Leute – egal, ob Mann oder Frau –, die allein an einem Tisch sitzen, ob Sie sich zu ihnen setzen dürfen. Ich habe auf diese Art eine Reihe Männer und Frauen kennengelernt und festgestellt, daß neun von zehn Leuten sich ehrlich gefreut haben, daß ich gefragt hatte. Wenn Sie lieber allein bleiben wollen, können Sie es einfach sagen, und keiner trägt einen Schaden davon.

Waschsalons
Wenn Sie regelmäßig einen Waschsalon besuchen, suchen Sie sich einen mit einer freundlichen Atmosphäre, in dem die Leute miteinander scherzen. Und waschen Sie Ihre Wäsche am Samstag vormittag – nicht montags um Mitternacht, wenn's dort leer ist. Und verschanzen Sie sich nicht hinter einem Buch. Der Waschsalon in Ihrer Nachbarschaft dürfte voller Singles sein, die ebenfalls in der Nähe wohnen. Es ist ziemlich leicht, eine Unterhaltung mit jemandem zu beginnen, der vielversprechend aussieht, da Sie ja beide für die nächsten Stunden dort festgenagelt sind. Nutzen Sie diese Zeit!

Buchläden und Bibliotheken
Buchläden gehören ebenfalls zu den zuwenig genutzten Methoden, Leute kennenzulernen. Suchen Sie sich einen großen mit

einem guten Sortiment, und gehen Sie häufig hin. Stöbern Sie die Bücher des Sachgebiets durch, das Sie interessiert – wie beispielsweise Segeln, Kochen, Kindererziehung. Finden Sie auch die Buchläden heraus, die Lesungen oder Signierstunden veranstalten. Denn das sind soziologisch interagierende Veranstaltungen, die außerdem häufig recht interessant sind.

Swimmingpools in Wohnanlagen
Falls Sie nicht in einer solchen Anlage wohnen, sollten Sie sich mit jemandem anfreunden, der's tut.

Jogging, Radfahren
Finden Sie heraus, wo die meisten joggen oder wo Radfahrer »trainieren«.

Wanderungen, die von Klubs veranstaltet werden

Discos, Tanzschulen

Tanzkurse – Folklore, Steptanz

Auktionen
Auktionen machen *Spaß*; es ist leicht, freundlich zu den Anwesenden zu sein. Versuchen Sie, auf die Einladungsliste eines Auktionshauses in Ihrer Nähe zu kommen.

Messen, Flohmärkte, Tauschbörsen
Versuchen Sie, mit den Ausstellern ins Gespräch zu kommen.

Erinnern Sie sich noch an Walter? Er überflog diese Liste und fand bei jedem Punkt einen Grund, weshalb die Methode nicht funktionieren könne. An einem anderen meiner Workshops nahm eine Frau namens Sylvia teil, die sich darüber beschwerte, daß sie alle diese Methoden über mehrere Jahre erfolglos *ausprobiert* hätte.

Mein Rat an Sylvia war, trotzdem weiterzumachen.

Wissen Sie, wie es kommt, daß Sie Ihre verlegten Schlüssel immer in der letzten Schublade finden, in der Sie suchen? Nun, wenn Sie einen neuen Mann/eine neue Frau suchen, ist es ganz ähnlich – es funktioniert meist mit der letzten Methode, die Sie ausprobieren. Also machen Sie einfach weiter, und dann werden Sie auch über diese letzte, wirklich effektive Methode stolpern! Denken Sie daran – es ist egal, welche Aktivität oder Methode Sie wählen. Alles, was zählt, ist, daß Sie sich eine aussuchen und sie *benutzen*!

Techniken, die es Ihnen erleichtern, einen Anfang zu machen

Wenn Sie vorhaben, zu irgendeiner Art von Veranstaltung zu gehen, ist es besser, allein zu gehen, oder wenn Sie doch in Begleitung eines Freundes/einer Freundin sind, sich am Eingang zu trennen. Eine Einzelperson wird eher angesprochen als zwei, die zusammen sind. Außerdem werden auch Sie eher auf andere zugehen, wenn Sie allein sind.

In einem Restaurant, in der Schlange vor der Kinokasse, in einem Café oder bei einer Party einen Fremden anzusprechen ist für niemanden leicht. Doch stellen Sie sich selbst eine Frage: »Bin ich bereit, mein Leben meinen Ängsten zu opfern und mich davon abhalten zu lassen, zu tun, was ich tun will?«

Es gibt zwei Tatsachen, die Sie sich ins Gedächtnis rufen sollten, wenn Sie versuchen, den Mut aufzubringen, eine Unterhaltung mit einem Fremden zu beginnen:

1. Sie tun dieser Person einen *Gefallen*, wenn Sie ein Gespräch anfangen. Diese Person ist wahrscheinlich noch schüchterner als Sie selbst. Sie helfen anderen Leuten und schmeicheln ihnen, wenn Sie die Initiative ergreifen.
2. Es ist völlig egal, was Sie sagen. Sie müssen nicht brillieren, nicht klug oder geistreich sein. Es ist schwer, abgedroschene Phrasen zu vermeiden, also benutzen Sie sie. Oder erinnern Sie sich an ein paar Klischeefragen, wie »Woher kennen Sie XY (die Gastgeber bei dieser Party)?« Es geht ja nur darum, ein Gespräch in Gang zu bringen. Also, solange Sie nicht aggressiv oder aufdringlich sind, spielt es keine Rolle, wie Sie anfangen.

Danach müssen Sie nur hoffen, daß die Person, die Sie angesprochen haben, ihren Teil zur Unterhaltung beiträgt. Die meisten Leute tun das. Wenn Sie aber das Pech hatten, ein Gespräch mit jemandem zu beginnen, der es versanden läßt, dann verabschieden Sie sich einfach in dem Wissen, daß Sie jedenfalls etwas getan haben.

Egal, wohin Sie auch gehen, wenn Sie etwas mithaben, tragen oder vielleicht auch etwas fahren, was offensichtlich für Gesprächsstoff sorgt, dann erleichtern Sie es anderen, Sie in eine Unterhaltung zu verwickeln. Zu einem Gespräch kann fast alles »einladen« – von glitzerndem Schmuck bis zu einem altertümlichen Auto. Tiere geben den Leuten ebenfalls eine ausgezeichnete Ausrede, auf Sie zuzugehen: ein Hund, eine Katze, ein Papagei, ein Kakadu oder sogar ein Chamäleon. Wenn Sie einem Klub angehören oder in irgendeiner Bewegung aktiv sind, tragen Sie eine Anstecknadel oder das entsprechende T-Shirt. Ich kenne eine Frau, die im Winter immer einen Muff trägt und deshalb viel Beachtung findet. Je einfallsreicher Sie da sind, desto mehr Erfolg werden Sie haben.

Wenn Sie an einer Veranstaltung teilnehmen, um neue Bekanntschaften zu schließen, sollten Sie auch die Körpersprache nicht außer acht lassen. Schauen Sie sich um. Suchen Sie Augenkontakt. Erwecken Sie den Eindruck, ruhig, gelassen und zugänglich zu sein. (Sie werden überrascht sein, wie leicht es ist, das vorzutäuschen, wenn Sie sich darauf konzentrieren.) Lächeln Sie viel. Die Leute, die sich aus der Masse herausheben, sind diejenigen, die emotional offen erscheinen. Sie machen einen »unschuldigen« Eindruck, scheinen nicht ängstlich zu sein, nichts zu verbergen oder zu fürchten zu haben. Wenn Sie raffiniert oder naiv oder in der Lage sind, diesen Eindruck zu vermitteln, werden Sie von anderen häufiger angesprochen werden.

Ich beriet auch Kathy, eine Frau, die sich beklagte, weil sie nicht in der Lage war, den ersten Kontakt bei einer Party herzustellen. Das überraschte mich, weil sie so nett zu lächeln verstand und schlagfertig war. Ich beobachtete Kathy in einer Singlegruppe und stellte fest, daß sie die Leute anlächelte, doch dabei immer auf der Hut zu sein schien und schnell wieder wegschaute.

Ich gab Kathy den »Auftrag«, ins nächste Café zu gehen, wo meist mehrere Leute an einem Tisch sitzen, sich eine Zeitschrift zu nehmen und sich einen Platz in der Nähe der Tür zu suchen. Sie sollte vorgeben, die Gäste offiziell zu begrüßen und ihnen das Gefühl zu vermitteln, daß sie wirklich willkommen waren. Sie sollte jedoch keineswegs irgendein Gespräch beginnen.

Ich begleitete sie und wählte einen Tisch, von dem aus ich sie unbemerkt beobachten konnte. Hier war Kathy ganz anders. Jedesmal, wenn Leute hereinkamen, schaute sie auf, suchte bewußt ihren Blick und lächelte sie herzlich an. Manchmal sagte sie auch »Hallo«, hielt den Augenkontakt und das Lächeln aufrecht. Dann widmete sie sich einfach wieder ihrer Zeitschrift.

Die Botschaft, die sie aussandte, war die: »Mir geht's gut heute. Alles ist prima. Ich brauche oder will nichts (von Ihnen), sondern bin einfach nur guter Stimmung.«

Kathy wurde für ihre Mühe belohnt, als ein Mann zum Tresen ging, um zu bestellen, und dann zu Kathy zurückkehrte und sie fragte, ob er sich zu ihr setzen dürfe. Später jedoch erzählte sie mir, daß sie sich auch ohne diese Geste wohl gefühlt habe, weil sie sich tatsächlich so offen und »unschuldig« gefühlt hätte, wie ich es ihr erklärte.

Vielleicht ist der wichtigste Hinweis, den man jemandem geben kann, der nach Liebe sucht, der, daß er es nicht zu ernst nehmen sollte, egal, wohin er auch geht oder was er auch tut. Natürlich ist die Suche nach Liebe eine ernsthafte Angelegenheit, aber Sie müssen locker darangehen. Betrachten Sie alles aus der richtigen Perspektive, und erhalten Sie sich Ihren Sinn für Humor. Und seien Sie bereit, auch einmal über sich selbst zu lachen. Wenn Sie es zu ernst nehmen, sind Sie nicht in der Lage, sich auch einmal zu entspannen.

Lassen Sie Ihre Ängste, Ihre Selbstzweifel und Vorurteile über »diese Aktivitäten« zu Hause, wenn Sie ausgehen. Es ist doch nur für ein paar Stunden. Abgesehen davon haben Sie doch bereits eine Menge anderer Unternehmungen geplant, nicht wahr? Also ist *diese* doch gar nichts Besonderes!

Es könnte ganz nützlich sein, wenn Sie ein paar streßabbauende Übungen machen, bevor Sie auf »Partnersuche« gehen. Versuchen Sie, sich zu entspannen, tief durchzuatmen, oder versuchen Sie es mit einer kurzen Meditation, oder hören Sie Musik, die Sie beruhigt.

Wenn Sie sich von dem Vorurteil verabschieden, daß es keine guten Wege gibt, Leute kennenzulernen, und aktiv an die Suche nach dem Idealpartner gehen, werden Sie sich allein durch das Wissen mutig fühlen, sich systematisch Ihrem Ziel zu nähern. Wenn Sie sich *darauf einstellen*, daß einige Ihrer Zwei-Stunden-Verabredungen nicht gerade wundervoll verlaufen werden, werden Sie in der Lage sein, diese Episoden spielend zu bewältigen und sie schnell vergessen. Und die angenehmen Verabredungen werden freudige Überraschungen sein. Selbst wenn Sie nicht jede Verabredung genießen, ist es doch durchaus möglich, daß Sie diesen »Feldzug« für sich selbst als angenehm empfinden. Er kann Sie daran erinnern, daß Sie eine interessante, anziehende Person sind und daß Sie viel zu geben haben. Betrachten Sie Ihre Suche als eine bereichernde, aufregende Zeit in Ihrem Leben. Und denken Sie dran: Wenn Sie es richtig machen, wird es nicht ewig dauern.

4. KAPITEL

Die 4. Strategie: Weichen Sie nicht von Ihren Ansprüchen ab

Wenn Sie ein Single sind, werden Sie feststellen, daß die Welt voller Experten ist, die begierig sind, Ihnen kostenlos Ratschläge zu erteilen. Und einer der ersten ist:

Ihre Ansprüche sind zu hoch, seien Sie doch realistisch.

Seien Sie nicht so wählerisch.

Diese Menschen, die es allesamt »gut mit Ihnen meinen«, glauben, daß Sie einfach nur Ihre Ansprüche herunterschrauben müssen, um Erfolg zu haben. Aber Erfolg wobei?

Dabei, eine Beziehung einzugehen, die Ihnen nicht das gibt, was Sie sich wünschen? Was für ein Erfolg wäre das schon?

Das ist ein dummer Rat. Ich habe erlebt, wie viele Leute problematische Beziehungen aufrechterhielten, weil sie glaubten, daß es das, was sie sich wirklich wünschten, nicht gäbe. Eine Frau hat mir tatsächlich erklärt: »Ich hielt es für besser, einen Kompromiß einzugehen, weil ich nichts Besseres finden konnte.«

Dieses Denkschema ist heimtückisch. Wenn wir uns an den Gedanken gewöhnen, daß wir unsere Ansprüche herunterschrauben müssen, bestärkt uns dies in dem Glauben, daß es keine wirklich guten Beziehungen gibt. Wir alle begnügen uns mit Partnern, die alles andere als wunderbar sind, und schauen uns dann um und sagen: »Sehen Sie, ich hatte recht – es gibt keine ideale Beziehung.«

Solche Begründungen helfen niemandem. Sie sind pessimistisch und geben keine realistische Weltsicht wider: Letzten Endes resultieren sie nur in einer Herabsetzung der Selbstachtung, weil sich Ihr Gefühl, nachdem Sie Energie in eine Beziehung investiert haben, von »Das ist das Beste, was ich bekommen konnte« in ein »Das ist das Beste, was ich verdiene« ändern kann.

Tatsächlich ist es ohnehin unmöglich, Ansprüche herunterzuschrauben. Ihre Ideale und Vorstellungen sind, was sie sind. Es ist nicht möglich, sie mit Willenskraft zu ändern und eines Tages aufzuwachen und zu sagen: »Nun, ich habe meine Meinung geändert. Jetzt ist es mir egal, ob die Person, mit der ich ausgehe, mitteilsam ist.« Genausogut könnte man einen Leoparden bitten, seine Flecken zu verlieren. Sie können sich selbst sagen, daß Sie Ihre Ansprüche heruntergeschraubt haben, doch sie sind immer da, lauern irgendwo im Hintergrund.

Die Wichtigkeit hoher Ansprüche

Intentionen, Sehnsüchte und Glaube sind machtvolle Faktoren in Ihrem Leben. Wenn Sie glauben, im Jahr 50 000 Dollar verdienen zu können, wenn Sie dies ersehnen und es Ihre Absicht ist, dies zu erreichen, werden Sie wohl kaum 500 000 Dollar im Jahr verdienen. Das, was Sie verlangen, hat eine Menge mit dem zu tun, was Sie wahrscheinlich bekommen werden. Mit anderen Worten: Wenn Sie nicht verlangen, was Sie wollen, werden Sie es wahrscheinlich auch nicht bekommen.

Statt Ihre Ansprüche herunterzuschrauben, *sollten Sie also erst einmal herauszufinden suchen, was Sie wirklich wollen. Das sind dann Ihre Ansprüche.* Setzen Sie sich selbst einige spezifische Ziele – hohe Ziele – bezüglich der Partnerschaft, die Sie sich wünschen. Dann glauben Sie daran (oder handeln Sie so, als ob Sie daran glaubten, was ebenso effektiv sein dürfte), so daß Sie auch bekommen, was Sie ersehnen.

Ein Tauchmeister stellt sich jede Phase des Tauchversuchs Hunderte Male vor, bevor er wirklich taucht. Er stellt ganz bestimmte Ansprüche und verwirft dann jeden negativen Gedanken. »Was passiert, wenn ich falsch eintauche? Was passiert, wenn ich ausrutsche?« sind Gedanken, die *nicht* zu seiner mentalen Vorbereitung gehören.

Ein Zitat, das Somerset Maugham zugeschrieben wird, gibt den besten Rat wieder, den ich kenne:

> Das Leben ist komisch. Wenn man sich weigert, etwas zu akzeptieren, was nicht das Beste ist, bekommt man es sehr häufig.

Werden wir praktisch

Um jetzt genauer zu werden: Wie erreicht man es, sich hohe Ansprüche zu setzen? Dazu muß man zwei völlig getrennte Schritte machen. Der erste ist der, Ihre Ansprüche festzustellen, und der zweite ist der, sie in der wirklichen Welt anzuwenden.

Schritt 1: Auflistung der Ansprüche

Erinnern Sie sich an Katherine aus Kapitel 3? Sie hatte sich einen Abend lang hingesetzt und auf drei Seiten genau aufgeschrieben, was sie von einem Mann erwartete. Ich möchte Ihnen nun vorschlagen, das ebenfalls zu tun. Um festzustellen, welche Ansprüche Sie haben, müssen Sie Ihre Träume freisetzen. Schenken Sie dabei den Schritten b), c) und d) von Test 6 besondere Beachtung.

TEST 6

a) Beschreiben Sie Ihren Idealpartner. Listen Sie alle Qualitäten, Talente und Neigungen auf, die er oder sie haben sollte. Machen Sie ein richtiges Brainstorming mit sich selbst. Nehmen Sie sich Zeit, und schreiben Sie alles auf. Es besteht keine Notwendigkeit, »realistisch« daranzugehen. Zensieren Sie sich nicht selbst.

b) Gehen Sie jetzt noch einmal über Ihre Liste, und schreiben Sie entweder ein »U« für »unbedingt erforderlich« oder ein »W« für »wünschenswert« hinter jeden einzelnen Punkt.

c) Listen Sie nun auf einer separaten Seite alle »U«-Punkte auf, und zwar in der Reihenfolge, die Sie für wichtig halten.

d) Unterstreichen Sie die fünf ersten Punkte der »U«-Liste.

In meinen Workshops tauschen die Teilnehmer die Listen miteinander aus, und das führt unweigerlich dazu, daß ein Teilnehmer alle Punkte, die er bei anderen entdeckt und an die er selbst nicht gedacht hat, auf seine eigene Liste setzt. Hier ist eine Sammlung der Punkte, die regelmäßig genannt werden, obwohl ich Ihnen empfehlen möchte, erst an Ihrer eigenen Liste zu arbeiten, bevor Sie diese lesen.

- Er oder sie muß mögen, was er tut, muß gut darin sein und sich dafür einsetzen.
- Er oder sie muß Selbstachtung haben, muß sich selbst mögen.
- Er oder sie muß eigene Freunde haben, gute Beziehungen zu anderen Menschen unterhalten.
- Er oder sie muß *mich* mit Enthusiasmus betrachten!
- Er oder sie muß zärtlich sein.
- Er oder sie muß rücksichtsvoll sein.
- Er oder sie muß sich um einen echten Meinungsaustausch bemühen.
- Er oder sie muß ein guter Zuhörer sein.
- Er oder sie muß Sinn für Humor haben.
- Er oder sie muß an gesundem Essen und körperlicher Fitneß interessiert sein.
- Er oder sie muß in geordneten finanziellen Verhältnissen leben.
- Er oder sie muß kleine Kinder (oder *darf keine* kleinen Kinder) haben.
- Er darf keine Vasektomie (oder *muß* eine Vasektomie) haben.
- Er oder sie muß attraktiv (groß, klein, schlank, vollschlank, blond, dunkel, kahlköpfig, volles Haar, stark usw.) sein.
- Er oder sie muß sportlich, ein guter Tänzer, guter Skiläufer, an Kunst/Popmusik/klassischer Musik/am Kochen/am Radfahren usw. interessiert sein.
- Er oder sie muß Sex lieben und ein guter Liebhaber sein.
- Er oder sie muß flexibel und kompromißbereit sein.
- Er oder sie muß hier in der Gegend wohnen und auch hier bleiben wollen.
- Er oder sie darf NICHT – in keiner Form – süchtig sein.
- Er oder sie muß an der Gleichberechtigung in unserer Partnerschaft interessiert und willens sein, ihr Zeit zu opfern.

Nachdem Sie zwischen »wünschenswert« und »unbedingt erforderlich« unterschieden und die ersten fünf (oder vier oder sechs) unbedingt erforderlichen Punkte ausgewählt haben, kennen Sie Ihre Ansprüche. Obwohl Sie vielleicht nicht alle Qualitäten Ihrer »Wünschenswert«-Liste finden werden, sollten Sie doch niemals den Versuch machen, bezüglich der ersten Punkte auf Ihrer »Unbedingt-erforderlich«-Liste Kompromisse zu schließen. Wenn Sie jemanden kennenlernen, der auch nur in einem Punkt von den Erfordernissen Ihrer »U«-Liste abweicht, sind Sie gut beraten, wenn Sie ihn oder sie laufenlassen – oder ihm/ihr klarmachen, daß Sie nur an einer lockeren Affäre interessiert sind, *obwohl Sie sich sehr zu ihm/ihr hingezogen fühlen.* Falls Sie Ihren Idealpartner lange Zeit nicht finden, bedeutet das nur eins: Sie müssen sich weiter bemühen!

Die Liste Ihrer Ansprüche wird niemals endgültig sein und flexibel bleiben. Durchaus möglich, daß Sie den einen oder anderen Punkt hinzufügen oder streichen oder die Reihenfolge ändern wollen – sogar auf Ihrer »U«-Liste.

Diese Liste soll Ihnen nur helfen, Ihre Gedanken zu ordnen und Sie kritischer an Ihre Suche herangehen lassen. Wenn Sie Klarheit über das wollen, was Sie von einem Intimpartner erwarten, dann werden Sie wissen, wann Sie ihn oder sie *nicht* gefunden haben. Und wenn Sie mit jemandem ausgehen, wird diese Verabredung nicht nutzlos gewesen sein; Sie können das als einen Weg betrachten, Ihre Liste zu bestätigen. Mit jeder Erfahrung werden Sie sich über einige der Qualitäten klarer werden, die Sie zu finden hoffen, oder über einige Qualitäten, die Sie gewiß nicht würden ertragen können.

Die Liste der Ansprüche: einige Besonderheiten

Es gibt einen Punkt, den ich kaum einmal auf einer Liste gefunden habe, den ich aber buchstäblich für jeden für unbedingt erforderlich halte. Es ist folgender: »Er oder sie wünscht sich die gleiche Art von Beziehung wie ich.«

Wenn Sie jemanden kennenlernen, der gut aussieht, klug, geistreich, großzügig, mitteilsam, liebevoll und selbstbewußt ist, aber allein leben, allein reisen und nicht monogam werden will, während Sie sich eine monogame Ehe wünschen, dann steht Ihnen eine qualvolle Beziehung bevor, egal, wie gut Sie sich auch auf anderen Gebieten verstehen. Manche Leute vergeuden ihre besten Jahre, indem sie sich mit einer Beziehung herumquälen, die wegen der Unvereinbarkeit in diesem einen Punkt von Anfang an zum Scheitern verurteilt war. Wenn Sie vorhaben, Ihre neuen Bekannten wegen ihrer »Beziehungsvorlieben« zu überprüfen, dann sollte die Art von Beziehung, die Sie sich wünschen, auf Ihrer »U«-Liste erscheinen.

Andererseits sollten einige Punkte von der »U«-Liste verschwinden, wenn man es einrichten kann. Beispielsweise könnte es sich als Fehler erweisen, Ihre Suche durch »Ansprüche« wie Alter, Rasse, sozialen Status oder Bildungsgrad zu begrenzen. Rücksichtnahme, Großzügigkeit, Selbstsicherheit, Warmherzigkeit, Sex und die Fähigkeit, zuhören und Gefühle ausdrücken zu können, sind für Beziehungen über einen größeren Zeitraum ganz gewiß wichtiger als gesellschaftlicher Status. Tatsächlich könnte es sein, daß die besonders Erfolgreichen über diese Eigenschaften weniger verfügen als die durchschnittlich Erfolgreichen. Wenn natürlich eine gewisse Alters-, Gesellschafts-, Bildungs-, eine ethnische oder religiöse Gruppe für Sie »unbedingt erforderlich« ist und Sie das wissen, dann gehört dieser Punkt auf jeden Fall auf Ihre »U«-Liste.

Wenn Sie jedoch das Gefühl haben, daß Sie diesen Punkten aufgeschlossen gegenüberstehen können, dann dürften Sie überrascht sein, was Sie dadurch vielleicht gewinnen werden. Solange zwei Menschen miteinander zu vereinbarende Werte und gegenseitigen Respekt haben, gibt es keinen natürlichen Grund, warum eine Ehe mit »demographischen« Unterschieden nicht wunderbar funktionieren sollte.

Thanila ist eine glänzend aussehende Frau Anfang 40, die als Direktorin des YWCA in einer Stadt des Mittelwestens hoch respektiert wird. Nach einer Frühehe war sie zwölf Jahre lang ein Single und dann wieder zwei Jahre verheiratet, als ich die Freude hatte, sie zu interviewen.

Es stellte sich heraus, daß sie die ganze Zeit, während sie sich nach einem Partner umsah, eine Liste ihrer Ansprüche im Kopf hatte:

»Eine meiner Prioritäten war, daß der Mann hochgebildet sein sollte. Ich stellte mir immer vor, daß ich einen Dr. phil. heiraten würde. Wie sich dann herausstellte, hatte der Mann, den ich schließlich heiratete, niemals eine Universität besucht! Er war zur ›Universität der Welt‹ gegangen. Er ist viel gereist, belesen und betrachtet das Leben als Abenteuer. Er hat heute ein Unternehmen für Landschaftsarchitektur. Er hält mich für die Größte, und er ist zweifellos der netteste Mann, den ich jemals traf. Was sonst hätte ich mir wünschen können? Ich würde niemandem raten, Dinge wie Erziehung auf die Liste der Ansprüche zu setzen. Meine Suche jedenfalls war dadurch limitiert. Ich besuchte die Veranstaltungen der Ehemaligen von Princeton und des Mensa-Klubs, und dort hätte ich Tommy niemals getroffen.«

Ich traf auch eine andere Frau, die sich an einen 14 Jahre jüngeren Mann gebunden hat. Ich interviewte die beiden und konnte sehen, daß sie beide voneinander begeistert waren. Jessica ist Psychotherapeutin, 44 Jahre alt, und Hank – er ist 30 – beendet gerade sein Medizinstudium. Jessica erzählte:

»Ich bin immer *viel ausgegangen*, manchmal mit zwei oder drei Männern gleichzeitig. Ich verliebe mich leicht. Ich glaube, ich wollte immer jemanden finden, jemanden, mit dem ich für immer zusammensein konnte, doch ich glaubte nicht, daß das jemals passieren könnte. Ich hatte niemals eine Liste meiner Ansprüche gemacht. Ich nahm an so vielen Gruppen, Konferenzen, Veranstaltungen und Vorträgen teil, bei denen Männer aller Art auftauchten, und sie alle interessierten mich. Wenn ich mich zu einem hingezogen fühlte, fühlte ich mich nun mal hingezogen.

Mit Hank war es von Anfang an ganz anders. Wir paßten überraschend gut zueinander. Wir haben uns niemals ein Versprechen gegeben. Es wurde nur allmählich klar, daß wir zusammenbleiben und ›alle anderen aufgeben‹ würden, wie man so sagt. Die Leute sprechen uns manchmal auf den Altersunterschied an, aber ich habe ihn nie als Problem empfunden. Auf den Gebieten, die mir wichtig sind, sind wir Ebenbürtige. Und manchmal finden wir den Altersunterschied sogar als Bereicherung. Beispielsweise haben wir die Sechziger so unterschiedlich erlebt. Doch unsere Beziehung funktioniert, und ich mache mir keine Sorgen wegen des Altersunterschieds.«

Schritt 2: Wie man seine Ansprüche in der realen Welt durchsetzt

Was machen Sie mit Ihren Listen der wünschenswerten und unbedingt erforderlichen Qualitäten, wenn ein realer, heißblütiger, potentieller Partner auftaucht?

Packen Sie sie in eine Schublade.

Die Liste Ihrer Ansprüche ist nur abstrakt von Nutzen: Sie hilft Ihren Blick auf das zu lenken, was Sie verdienen, statt auf das, wovon Sie glauben, es bekommen zu können. Und manchmal kann sie Ihnen auch Mut machen, zu jemandem nein zu sagen, wenn Ihr »Bauch« Ihnen ohnehin dazu rät. Doch da endet auch ihre Nützlichkeit. Liebe braucht keine Kontrolliste.

Wenn Sie sich ernsthaft für jemanden interessieren, wird Ihre Intuition Ihre »Ansprüche« festlegen.

Intuition ist »das unmittelbare, nicht diskursive, nicht auf Reflexion beruhende Erkennen, Erfassen eines Sachverhaltes«. *Die meisten von uns wissen, was unsere Intuition uns rät, und wir geraten nur deshalb in problematische Beziehungen, weil wir nicht den Mut haben, uns da herauszulösen.* Wir reden uns selbst ein, daß das, was wir tief in unserem Inneren fühlen, nicht wahr sein kann, und sagen dann Monate oder Jahre später: »Ich habe es doch gewußt.«

Wenn wir jedoch unserer Intuition Beachtung schenken, haben wir Zugang zu einem Wissensreservoir, das tief in uns schlummert. Diese innere Weisheit wird Sie immer in die richtige Richtung lenken. Die meisten von uns irren, indem sie ihren Launen oder dem Widerstreit ihrer inneren Stimmen folgen, statt sich einmal so lange zurückzulehnen, daß sie die Botschaften ihrer Intuition hören können.

Ben erzählte mir eine Geschichte, mit der sich wohl die meisten von uns identifizieren können und müssen. Er war glücklich verliebt in Elizabeth, jedoch wegen einer ihrer Eigenschaften beunruhigt: Sie war manchmal selbstgerecht und sprach mit schriller Stimme und schien ihn – besonders, wenn sie Streit hatten – regelrecht niedermachen zu wollen. Dieses eigenartige Gefühl verschwand nicht, doch er sagte sich selbst »Man kann nicht alles haben« und konzentrierte sich auf das, was er an Elizabeth mochte. Sie waren vier Jahre verheiratet, bevor ihnen beiden klar wurde, daß Elizabeth Ben in einigen wichtigen Punkten nicht respektierte. Sie gingen zur Eheberatung und versuchten an dem Problem zu arbeiten. Doch je mehr sie darüber redeten, desto augenfälliger und qualvoller wurde es. Bens starke negative Intuition hatte ihm die Wahrheit »gesagt«. Er fühlte sich nicht wohl, aber er ignorierte seine Gefühle, indem er sie sich selbst ausredete. Er schraubte seine Ansprüche herunter. Am Ende jedoch trennten sich Elizabeth und Ben.

Es wird immer irgend etwas an Ihrer neuen Liebe geben, was Sie gern ändern würden, wenn Sie zaubern könnten. Falls diese »Etwas« zu den Dingen zählen, die Sie als »Präferenzen« dieses Menschen einschätzen – die Ihnen zumindest als tolerierbar erscheinen –, dann schrauben Sie Ihre Ansprüche nicht herunter und schließen auch keine faulen Kompromisse. Machen Sie mit Vertrauen weiter. Dann können es ganz wichtige Präferenzen sein. »Ich wünschte, er hätte keine zwei Söhne im Teenageralter.« »Ich wünschte, sie hätte etwas Geld.« Solche »Fehler« sollten Sie lediglich als »Störfaktoren« sehen.

Falls Sie aber der anderen Person zögernd gegenüberstehen, weil deren »Fehler« mit einem Punkt auf Ihrer »U«-Liste kollidieren oder es sich um Wesenszüge handelt, die Sie *nicht respektieren* können, dann haben Sie allen Grund, vorsichtig zu operieren.

Der Unterschied zwischen »störenden« und »grundlegenden« Fehlern ist wichtig. Er hat nichts mit der Wichtigkeit des fraglichen Punktes zu tun. Einige »Störfaktoren« können kolossal sein, und ein »grundlegender« Punkt kann unwesentlich *erscheinen*.

Die wichtige Frage ist deshalb: Ist das Problem eines, das Sie tolerieren können? Oder beeinträchtigt es Ihre Fähigkeit, den Partner zu lieben und zu respektieren?

Linda war ihr Leben lang ein Single gewesen, wußte aber immer, daß sie es vorziehen würde zu heiraten, falls sie den richtigen Mann fände. Sie war 46, Professorin für Geschichte und hatte schon seit langem ein eigenes Haus. Und dann lud plötzlich eine Freundin sie ein, um »jemanden« kennenzulernen, und das änderte ihr ganzes Leben. Sie erzählte mir:

»Innerhalb einer Woche hatten wir uns ineinander verliebt, und keiner von uns konnte sein Glück fassen. Aber er hatte vier Kinder im Teenageralter, und sie alle lebten bei ihm! Seine 13jährigen Zwillingstöchter benahmen sich gut und traten mir offen gegenüber, doch seine 15jährige Tochter und der 17jährige Sohn waren ganz schön schwierig und wollten nichts mit mir zu tun haben. Mir war klar, daß sich mein Leben radikal ändern würde und daß mir einige Kämpfe bevorstünden. Ich erwog jedoch nicht einen Augenblick lang, Ed aufzugeben. Einige Dinge sind einfach alles wert, was man ihretwegen durchmachen muß, und Ed war es gewiß wert. Uns verbindet ein so starkes Band – das sehen auch die Kinder, und das hilft uns. Zudem haben wir uns die Unterstützung eines phantastischen Familientherapeuten gesichert. Und ich habe eine ganze Menge gelernt! Es war schwer, aber ich kann völlig ohne Vorbehalt sagen: Es hat sich gelohnt.«

Paare, die einander lieben und respektieren, werden mit jeder Herausforderung fertig. Fehlt jedoch einem der Partner ein »U«-Faktor – egal, wie unwichtig er auch momentan *erscheinen* mag –, kann dieses Problem die ganze Partnerschaft unterhöhlen.

Ich sprach mit einer Jüdin, die eine ausgesprochen gute Beziehung aufgab, weil ihr Partner kein Jude war. Sie erzählte mir:

»Ich hatte nie vor, mit Mark zu gehen. Wir waren Kollegen, und unsere Freundschaft wuchs ganz allmählich. Ich habe mir immer wieder gesagt, daß das in Ordnung sei, weil ich es nur für eine ›Interimsbeziehung‹ hielt. Doch schließlich konnte ich es nicht mehr leugnen: Wir hatten uns ineinander verliebt. Trotzdem wagte ich mir immer noch nicht ehrlich einzugestehen, in was ich da hineinschlitterte. Dann, als Mark versuchte, mich zu einer Heirat zu überreden, war ich völlig hin- und hergerissen. Einen Juden zu heiraten war immer eine *Selbstverständlichkeit* für mich gewesen. Und weil ich koscher esse und alle jüdischen Feiertage begehe, war dies einfach eine zu große Belastung für mich. Uns beiden wurde – gleichzeitig – klar, daß es nicht funktionieren würde. Wir trennten uns nicht sofort, sondern ließen es langsam, aber sicher auslaufen. Ich habe die Erfahrung, was für mich *wirklich* zählt, bitter bezahlen müssen.«

Manchmal ist es schwer, einen »wesentlichen Fehler« zu erkennen. Manchmal ist es nur ein unangenehmes »Gefühl«, das uns sagt, daß da etwas nicht stimmt. Unsere Intuition, nicht unsere Logik, gibt uns das Warnsignal.

Der folgende Test soll Ihnen bei der Entscheidung helfen, ob eine bestimmte Person Ihren Ansprüchen entspricht. Denken Sie daran, Ihre Intuition mitreden zu lassen, und entscheiden Sie, ob Sie die Eigenschaften tolerieren können, die Sie gern ändern würden. Empfinden Sie sie nur als »störend«, oder halten Sie sie für »wesentliche Fehler«?

TEST 7

Denken Sie an Ihren Partner und an die Beziehung, die Sie mit ihm oder ihr haben. Listen Sie alles auf – ob wesentlich oder unwesentlich –, was Sie an ihm oder ihr ändern würden, wenn Sie zaubern könnten. Das sollten Sie sehr bedachtsam tun und sich dabei selbst beobachten. Bleiben Sie für eine Weile allein, und beachten Sie das, was in Ihnen vorgeht. Führen Sie jeden Zweifel an, jedes Zögern, alles, was Sie auch nur im geringsten stört.

Schauen Sie sich jeden Punkt Ihrer Liste nun noch einmal genau an. Schreiben Sie ein »S« daneben, wenn Sie eine Eigenschaft nur störend finden, und ein »WF«, wenn es sich um einen wesentlichen Fehler handelt, den Sie nicht tolerieren können.

Überprüfen Sie jeden Zweifel, jedes Zögern. Scheuen Sie sich nicht, Ihre Ängste zu erkennen. Sind die problematischen Punkte nur störend, wie stark auch immer? Oder belasten sie Ihre Fähigkeit, die Person zu lieben und zu respektieren? Seien Sie ehrlich zu sich selbst. Haben Sie in irgendeiner Art das Gefühl, daß Sie sich mit weniger begnügen, als Sie eigentlich wollen?

Erlauben Sie sich selbst, sich von dieser Beziehung zu entfernen, und sehen Sie, wie Sie sich bei diesem Gedanken fühlen. Nichts und niemand kann Sie zwingen, eine Beziehung fortzusetzen, die Ihnen nicht alles das gibt, was Sie sich erhofft haben.

Wenn Ihre neue Liebe diesen Test besteht, dann haben Sie sich wirklich an Ihre hohen Ansprüche gehalten, und Sie werden wahrscheinlich einen außergewöhnlichen Partner finden (oder haben ihn schon), mit dem Sie lange glücklich sein werden.

Sie verdienen den Besten. Suchen Sie ihn!

Dieser Test ist außerordentlich geeignet, Ihre Intuition zu erforschen. Möglicherweise müssen Sie sich sehr konzentrieren, um die Stimmen in Ihrem Kopf zum Verstummen zu bringen, so daß Ihre Intuition zu Wort kommen kann.

Aber denken Sie daran, beginnen Sie damit, daß Sie sich selbst die Möglichkeit geben, die Liste Ihrer Ansprüche aufzuschreiben. Viele, viele Singles haben mir berichtet, daß sie diesen Test sehr nützlich fanden. Suchen Sie sich einen sonnigen Nachmittag oder einen gemütlichen Abend dafür aus. Machen Sie es sich in einem Sessel bequem, und lassen Sie Ihrer Phantasie freien Lauf. Die Tatsache, daß Sie aufschreiben, was Sie wollen, macht Ihnen Ihre Wünsche bewußter. Die Liste Ihrer Ansprüche und Ihre Intuition – wenn Sie sich die Zeit nehmen, ihr zu lauschen – wird Sie dazu bringen »nur das Beste zu akzeptieren«. Gestatten Sie sich, an dem festzuhalten, von dem Sie wissen, daß es Ihnen wichtig ist. Seien Sie bereit, jeden/jede laufenzulassen, der/die Ihren höchsten Ansprüchen nicht gerecht wird.

Pseudohohe Ansprüche

Es gibt ein Syndrom, das die Leute häufig mit »hohen Ansprüchen« verwechseln.

John, ein 50jähriger Geschäftsmann, spielte das Spiel der »pseudohohen« Ansprüche. Er war attraktiv und ausgesprochen herzlich und freundlich. Als ich ihn fragte, erzählte er mir, daß er in den letzten zehn Jahren acht ernsthafte Beziehungen gehabt hätte. Ich erkundigte mich dann, woran diese Beziehungen gescheitert seien, und hörte einige recht lange Geschichten. Hier ist eine Zusammenfassung der Gründe für seine Trennungen:

Nummer 1 rauchte zu viel. Nummer 2 wohnte zu weit von ihm entfernt. Nummer 3 war einfach nicht hübsch genug. Nummer 4 war eine nur mittelmäßige Gesprächspartnerin. Nummer 5 hatte die ärgerliche Angewohnheit, ständig in ihrem Haar herumzufummeln. Nummer 6 war nicht leidenschaftlich. Nummer 7 war zu alt. Nummer 8 hatte dicke Beine.

Insgeheim hielt ich Johns Begründungen für lächerlich, doch er vertrat sie völlig ernsthaft und nahm sie auch ernst. Während wir uns unterhielten, wurde mir sein Problem klar, dessen er sich aber nicht bewußt war.

John war einfach zutiefst ambivalent, was die Liebe angeht. Wann immer eine Frau zu nahe an ihn herankam, fand er etwas, was er kritisieren konnte. Kritik wurde ihm zur Gewohnheit, er benutzte sie als Verteidigungswaffe. Wann immer ihm die Beziehung zu eng wurde, griff er automatisch zu dieser Waffe. Wie einen Schild hielt John die Kritik zwischen sich und jede Person, die seinem privaten Single-Territorium zu nahe kam. Sein Problem war nicht, daß seine Ansprüche zu hoch waren, sondern daß er Angst vor Nähe hatte.

John jedoch beschrieb sich selbst als »eine Person, die zu hohe Ansprüche stellt«. Er klammerte sich an die Hoffnung, daß er eines Tages eine unglaubliche Frau finden werde, die keine Fehler hat, oder daß er sich entschließen werde, seine Ansprüche herunterzuschrauben und bereit sein werde, eine Frau auszuwählen, die irgendwelche Fehler hat.

John sah sein gesamtes Liebesleben als Beispiel dafür, daß seine Ansprüche zu hoch seien. Er war überzeugt, einfach nicht die richtige Frau getroffen zu haben. Weil er es so sah, war ihm entgangen, was ihn *wirklich* davon abgehalten hatte, eine Verpflichtung einzugehen – besonders seine Angst vor Nähe. Unbewußt wollte er diese Angst nicht wahrhaben, deshalb berief er sich auf sein Bedürfnis nach »Leidenschaft« oder seine Abneigung gegen dicke Beine.

Ich gab John zu bedenken, daß sein Problem vielleicht Ambivalenz oder Angst vor Nähe sein könnte, und er versprach mir, das zu überdenken und dem in Zukunft Beachtung zu schenken.

Die Leute, die Kritik als Krücke »benutzen«, um sich aus einer Beziehung zu lösen, bringen hohe Ansprüche in ein schlechtes Licht, weil es so *scheint*, als seien ihre Ansprüche »zu hoch«. Doch diese Art von Kritik hat nichts mit jener ehrlichen Überprüfung zu tun, die hohe Ansprüche ausmacht, und deshalb sollte man beides nicht miteinander verwechseln. Übermäßig kritisch zu sein ist ein Problem. Sich seine hohen Ansprüche zu erhalten ist eine Hilfe, ein besseres Leben zu leben.

Einige Leute, die glauben, daß sie immer noch allein sind, weil ihre Ansprüche zu hoch sind, sehen sich in Wirklichkeit gar nicht nach einem Intimpartner um. Sie suchen sich selbst. Doch sie suchen am falschen Platz: bei einer anderen Person. Kein potentieller Partner wird jemals gut genug sein, dieser Suche standzuhalten.

Wie man sich in einer Welt der niedrigen Ansprüche seine hohen Ansprüche erhält

Der Gedanke, daß unsere Ansprüche zu hoch sind, ist unter Singles weitverbreitet, und ich bin der Meinung, daß diese Vorstellung in der Zeit der großen emotionalen Depression ganz natürlich ist.

Ich bin überzeugt, daß die meisten von uns ein zufriedeneres Leben führen könnten, als wir es tun.

Ich weiß nicht genau, warum wir ein Großteil unserer Energie darauf verwenden, positive Gefühle zu unterdrücken und uns freudvolle Erfahrungen vorzuenthalten. Aber ich habe festgestellt, daß wir das tun. Wir benehmen uns, als könne uns zu viel Spaß kaputtmachen. Wir klammern uns an den Glauben, daß wir wahre Lust nicht mit irgendeiner Regelmäßigkeit erwarten können.

Den Schmerz – die andere Seite der Medaille – akzeptieren wir als ganz normal. »Das Leben ist hart. Und dann stirbt man.« Das

Leben ist eine Serie von Problemen und Belastungen. Das ist wahr. Aber was hindert uns eigentlich daran, das gleiche Ausmaß an Lust und Spaß zu erwarten? Was hindert uns eigentlich daran, höchste Freuden und ein Gefühl des Lebendigseins zu erwarten – genauso wie Streß und Belastungen?

Unsere Erwartungen beeinflussen das, was wir erreichen. Doch es scheint so, als ob es die wahrhaft intime, zärtliche und freudvolle Beziehung im Spektrum der Beziehungsarten nicht gäbe, über das die meisten Leute nachdenken.

Es gilt weitgehend als selbstverständlich, daß Beziehungen »harte Arbeit« erfordern, daß man Erregung und Leidenschaft unmöglich über eine Periode von Jahren erhalten kann, daß die alltäglichen Streitigkeiten den Spaß an einer jungen Liebe unweigerlich zerstören werden und daß »Traum«-Beziehungen eine unrealistische Erfindung Hollywoods sind.

Kürzlich behauptete eine Psychologin in einem Zeitschriftenartikel, daß Singles unrealistische Ansprüche stellten und daß sie einen Partner finden könnten, wenn sie mehr Menschen gegenüber eine positivere Einstellung hätten. Um das zu illustrieren, zitierte sie eine fiktive Frau, die erklärte:

> »Ich muß ihn respektieren können. Und ich brauche einen Mann, der viel Zeit mit mir verbringt und Vater werden will und der auf meine Bedürfnisse eingeht und der attraktiv ist und gut angezogen und interessant und erfolgreich...«

Ich war verblüfft, das zu lesen, denn mir erschien es als eine ganz vernünftige Wunschliste. Wenn es nirgends einen Mann gibt, der diesen simplen Kriterien gerecht wird, dann ist die Männerwelt in einer weit schlechteren Verfassung, als ich meinte. Doch offensichtlich hätte unsere Psychologin gern, daß diese Frau eine »positivere Einstellung« gegenüber einem Mann einnimmt, der keine Zeit mit ihr verbringt oder keine Kinder haben will oder der nicht auf ihre Bedürfnisse eingeht oder der häßlich ist oder langweilig oder ein Versager. Warum sollte sie sich die Qualitäten nicht wünschen, die sie aufgelistet hatte? Und warum sollte sie nicht weitersuchen, bis sie sie in einem Mann gefunden hat?

Dieser Artikel war nur ein Beispiel für die Mentalität der »niedrigen Ansprüche«, die unsere Zeit bestimmt.

Margie traf ich bei einem meiner Workshops, und weil sie einen großen Diamant-Verlobungsring trug, bat ich, sie interviewen zu dürfen. Nach dem Seminar trafen wir uns auf einen Drink, und sie erzählte:

> »Jack ist ein solcher Schatz. Ich liebe ihn. Doch wenn ich ehrlich bin, habe ich einige Vorbehalte gegen ihn – nein, gegen uns beide als Paar. Er ist ein leidenschaftlicher Rennfahrer, und das kann ich nun überhaupt nicht ausstehen... Und ich mache mir Sorgen wegen der Art, in der wir miteinander streiten. Um die Wahrheit zu sagen: Er ist nicht gut, wenn es darum geht, über Gefühle zu reden. Andererseits ist er so rücksichtsvoll und ein wirklich guter, netter Mann. Er ist komisch, und ich mag seine Freunde. Und ich bin gern mit ihm zusammen. Ich nehme an, niemand ist perfekt. Wir kommen immer über unsere Streitereien hinweg und verstehen uns wieder gut.«

Ich erinnere mich, daß ich nach diesem Gespräch darüber nachdachte, daß der Gedanke an Heirat Margie nicht gerade zu begeistern schien. Nach dem, was ich über ihre Beziehung gehört hatte, verstand ich auch, warum. Margie verdiente mehr, meinte ich. Ich war nicht sicher, warum sie auf diese Ehe hinsteuerte. Unbewußt hatte sie sich an den Gedanken gewöhnt, daß »niemand perfekt ist« und daß man sich deshalb mit dem begnügen muß, was man kriegen kann.

Gerald, 32 Jahre alt und Wirtschaftsprüfer, erzählte seine Geschichte während einer Gruppendiskussion bei einem meiner Workshops:

> »Ich habe eine wundervolle Frau kennengelernt. Wir sind gute Freunde. Ich sehe sie nicht sehr oft, weil sie sich sehr für ihre Arbeit engagiert. Davon abgesehen wäre es wahrscheinlich gar nicht gut für uns, wenn wir zu oft zusammen wären. Sexuell ist alles in Ordnung. Nicht himmelstürmend, aber nett. Aber man kann nun mal nicht alles haben, und ich habe zu viel Respekt vor ihr. Und ich weiß, daß dieses Gefühl auf Gegenseitigkeit beruht. Ich wäre nicht überrascht, wenn wir irgendwann heiraten würden. Das ist die netteste Beziehung, die ich seit langer Zeit hatte.«

Bei meinen Interviews und in den Workshops ist mir diese Form der Resignation oft begegnet – das Gefühl, daß man nehmen muß, was man bekommt; daß man sich mit weniger begnügen muß, als es dem eigenen *Ideal* entspricht.

Diese pessimistische Einstellung gegenüber Beziehungen ist ein Symptom der großen emotionalen Depression. Die Liebe spielt in der Rangfolge unserer Prioritäten eine untergeordnete Rolle. Wir richten unser Leben so ein, daß wir Intimitäten meiden, sehnen uns aber trotzdem nach Romantik und Sex. Und dann benutzen wir die kümmerlichen Beziehungen, die daraus resultieren, um zu beweisen, daß unsere Erwartungen an die Liebe unrealistisch sind, und schrauben unsere Ansprüche herunter.

Sie aber haben es nicht nötig, in diese Klemme zu geraten. Bereiten Sie sich einfach darauf vor, daß es Momente der Resignation, des Schwarzsehens und des Pessimismus geben wird. Um sich Ihre hohen Ansprüche zu erhalten, brauchen Sie den starken inneren Glauben, daß Sie das verdienen, was Sie wollen, und daß das, was Sie wollen, möglich ist, und daß Sie die Absicht haben, daran festzuhalten.

Ich will nicht behaupten, daß Intimität nicht – wie alles im Leben – Kompromisse verlangt. Da wird es immer einige geben müssen. Oft ist es die Frage, wie diese Kompromisse aussehen werden, wenn es gilt, bezüglich einer Beziehung Entscheidungen zu treffen. Doch Sie sollten darauf vorbereitet sein, Kompromisse zu schließen, *bei denen Sie mehr gewinnen, als Sie aufgeben müssen.*

Also geben Sie nicht auf, selbst wenn Sie von Leuten umgeben sind, die Ihnen genau das empfehlen.

Sie müssen ganz sicher sein, daß Sie Ihren Partner voll und ganz respektieren können. Sie müssen auch ganz sicher sein, daß Sie die Dinge, die Sie an Ihrem Partner *nicht* mögen, zumindest tolerieren können. Stellen Sie sich selbst die Frage, was Sie in Ihrem tiefsten Inneren *fühlen*, wenn Sie mit diesem Menschen zusammen sind, und dann *stehen Sie zu diesen Gefühlen.* Sind sie positiv und angenehm? Oder spüren Sie eine Beklemmung? Achten Sie darauf. Fällen Sie diese wichtigste Entscheidung Ihres Lebens nicht überstürzt und unüberlegt. Das Geheimnis, sich seine hohen Ansprüche zu erhalten, liegt darin, potentielle Partner laufenzulassen, die den Ansprüchen nicht entsprechen!

Viele Singles haben mir erklärt, daß es unmöglich sei, an seinen hohen Ansprüchen festzuhalten und realistisch zu bleiben. Doch – wie ich bereits gesagt habe – ist *beides unbedingt erforderlich*. Die meisten Beziehungsprobleme der letzten Jahre wurden dadurch ausgelöst, daß vielfach die Ansprüche heruntergeschraubt wurden!

Bei diesen ersten vier Strategien geht es in erster Linie um Ihre Einstellung zur Suche nach Liebe.

- Sind Sie ambivalent? Dann müssen Sie *so handeln*, als sei Ihnen Liebe wichtiger als alles andere in der Welt, wenn Sie Erfolg haben wollen.
- Deprimieren Sie die nackten Statistiken? Ignorieren Sie sie. Sie sagen nichts über den einzelnen – wie Sie – aus. Sie können eine Menge tun, um Ihre eigenen Chancen zu erhöhen.
- Sind Sie niedergeschlagen, weil Sie glauben, daß es keine guten Wege gibt, Leute kennenzulernen? Dann suchen Sie sich einige Methoden aus, bei denen Sie ein gutes Gefühl haben, und wenden Sie sie an. Sich selbst aktiv ein soziales Netz aufzubauen ist die effektivste Methode, und sie erfordert die wenigste Zeit und die wenigste Mühe. Gehen Sie bedachtsam daran, neue Leute zu treffen.
- Sind Sie resignativ und pessimistisch, und haben Sie das Gefühl, Ihre Ansprüche herunterschrauben zu müssen, um überhaupt Liebe zu finden? Möglich, daß Sie mißverstehen, was hohe Ansprüche eigentlich sind. Stehen Sie zu Ihren Sehnsüchten, und vertrauen Sie auf Ihre Intuition. Wenn Sie bereit sind, an dem festzuhalten, was Sie wirklich wollen, werden Sie es höchstwahrscheinlich auch bekommen!

Jetzt wollen wir uns mit den »Realitäten« des Kennenlernens beschäftigen oder – um es auf den Punkt zu bringen – mit der »Prüfung« eines potentiellen Intimpartners. Welche Strategien werden Sie Ihrem Ziel, wahre Liebe zu finden und die Fallstricke auf dem Weg dorthin zu meiden, näher bringen, wenn Sie sich ins Ausgehen und Leutekennenlernen stürzen?

2. TEIL

Richtlinien fürs Fröscheküssen

5. KAPITEL

Die 5. Strategie: Bleiben Sie nicht im Sumpf stecken

Neinsagen will gelernt sein

Das größte Problem, das man auf der Suche nach dem Traumpartner/der Traumpartnerin hat, ist das morastige Terrain, in dem sich die Frösche befinden, die man küssen muß, bevor sich einer in die Traumprinzessin/den Traumprinzen verwandelt. Während man dem »Wunder« nachjagt, kann es leicht passieren, daß man in eine Treibsandgrube fällt und dort eine Menge Zeit mit einer Menge Frösche vertrödelt.

Mary Beth besuchte ich in ihrer geschmackvoll eingerichteten Wohnung in New York. Sie war ganz wild darauf, mir alles über ihre gegenwärtige Beziehung zu erzählen, und »erklärte« sich selbst wohl auch so einiges, während sie redete. Mary Beth ist außergewöhnlich attraktiv, 32 Jahre alt und besitzt eine kleine Boutique.

> »Um es gelinde auszudrücken: Ich bin verrückt nach Michael. Er ist sehr einfühlsam. Er merkt es immer, wenn ich mir über irgendwas Sorgen mache, und dann fragt er mich einfach. Mir fällt es nämlich schwer, über manche Dinge zu reden – ich bin da ziemlich verschlossen –, deshalb bin ich auch froh, wenn er fragt. Daran merke ich, daß er mich mag. Und er ist zärtlich. Ich bin immer ganz aufgeregt, wenn wir uns sehen. Ich liebe es einfach, mit ihm zusammenzusein. Allerdings ist da etwas, was mich stört: Er zögert, unsere Beziehung zu intensivieren. Ich würde ihn sofort heiraten. Doch so weit ist er noch lange nicht. Ich muß ihm jedoch zugute halten, daß er absolut ehrlich mit mir ist. Als

ich ihn kennenlernte, war er noch mit einer anderen zusammen. Doch ich ließ mich davon nicht abschrecken, und sie verschwand schließlich von der Bildfläche. Ich möchte, daß Michael sich zu mir bekennt. Andererseits kann ich aber auch seine Situation verstehen. Er befindet sich beruflich im Umbruch. Die Firma, für die er zwölf Jahre lang gearbeitet hat, soll verkauft werden, und das belastet ihn. Er hat sich fest vorgenommen, einen Job zu finden, der ihm genausoviel Spaß macht wie der jetzige, und das ist nicht leicht. Dazu kommt noch, daß sein achtjähriger Sohn bei ihm lebt, und dem ist er zärtlich zugetan. Er hat seine Gründe dafür, zu mir Distanz zu halten. Er weiß aber auch, wie sehr ich mir wünsche zu heiraten – oder wenigstens mit ihm zusammenzuleben.«

Ich fragte sie: »Wie lange seid ihr schon zusammen?«

Sie antwortete: »Sieben Jahre.«

Mary Beth hatte eine Wahl getroffen. Sie war bereit, Michael genau das zu geben, was er wollte. So räumte er ihr das Privileg ein, »bei ihm bleiben zu dürfen«, wobei sie freilich ihre tiefe Sehnsucht nach einer echten Intimpartnerschaft opferte. Sie war überzeugt, daß sie nur »verständnisvoll« war, und wollte alle seine Ausflüchte wegen seines Jobs und seines Sohnes glauben – Tatsachen, die freilich nichts mit seiner Weigerung zu tun haben, sich zu binden. Denn es gibt Männer, die froh wären, eine liebevolle Partnerin zu haben, die ihre Berufs- und Erziehungssorgen teilt.

Die Zeiten der geduldig leidenden, »treuen« (mißhandelten) Frauen und Geliebten, die sich ständig dafür entschuldigen, daß es sie gibt, sind *angeblich* längst vorbei. Und doch schien es Mary Beth nicht in den Sinn gekommen zu sein, daß sie ihr Leben auch selbst bestimmen könnte. Michael mochte ja ein toller Typ sein, aber für Mary Beth war er keinesfalls der Idealpartner. Sie gab freiwillig zu, daß sie sich seiner nie sicher war. Sie konnte erst recht nicht sicher sein, daß er sich nicht plötzlich für eine andere interessieren könnte. Und sie wußte, daß er ihr keine Sicherheit bieten wollte. Doch weil sie ihn mochte und sich ihm verbunden fühlte, redete sie sich ein, daß er das Beste sei, was sie haben konnte.

Von Phoebe, 41, einer Marketingexpertin, erfuhr ich eine ganz andere Geschichte:

»Ich ließ mich vor etwa zwei Jahren scheiden. Ich schätze, daß man sagen kann, daß ich prima darüber hinweggekommen bin; die Scheidung hatte sich schon seit längerem abgezeichnet. Ich hatte keinerlei Probleme, Männer kennenzulernen. Meine Freunde scheinen sich meines ›Falles‹ angenommen zu haben und machen mich mit immer neuen Männern bekannt, und durch meinen Beruf lerne ich ebenfalls viele Männer kennen. Einer dieser Männer interessierte sich wirklich für mich. Reich war er auch. Drei, fast vier Monate lang gingen wir regelmäßig miteinander aus, doch ich kam mit bestimmten Problemen einfach nicht zurecht. Die Trennung war wirklich hart für ihn, aber sie war unbedingt erforderlich. Denn ich will einfach nie mehr eine Beziehung eingehen, die von vornherein keine Zukunft hat.

Danach traf ich einen Mann, den ich wirklich mochte – *sehr*. Er war der Cousin meiner besten Freundin und hatte eine ›passable Vergangenheit‹ – er war zwölf Jahre verheiratet gewesen. Allzu bald stellte sich jedoch heraus, daß er große Sexprobleme hatte. Ich mochte es gar nicht glauben, weil wir uns so wundervoll verstanden. Oh, es war schwer, ihn gehen zu lassen (Phoebe weinte). Aber ich wollte mich einfach nicht auf eine Beziehung einlassen, die mit einem so großen Problem belastet ist. Ich bin nur bereit, mein Leben mit jemandem zu teilen, wenn es wirklich für immer ist. Der Cousin meiner Freundin liebte mich – wie er sagte – zwar ebenfalls, doch er nahm lieber in Kauf, mich zu verlieren, als etwas gegen sein Problem zu unternehmen. Das bewies mir, daß wir einfach zu unterschiedlich denken. Ich konnte sein Verhalten nicht verstehen, und ich mochte es auch nicht. Ich möchte mit jemandem zusammensein, der das Leben so sieht, wie ich es sehe, und der will, was ich will. Er wollte, daß wir uns weiterhin sehen, doch ich sagte nein. Ich will mich auch in Zukunft darauf konzentrieren, den ›Richtigen‹ zu finden, nicht den ›Fast-Richtigen‹.«

Wahrscheinlich ist der gewaltigste Fehler – der große, große Superfehler, der alle anderen Fehler überragt, die Singles machen – der, nicht zu wissen, wann und wie man zu einer Partnerschaft nein sagt.

Phoebe wußte das. Doch da ist sie eher eine Ausnahme.

Mary Beth dagegen war wohl nur deshalb noch ein Single, weil sie nicht in der Lage war, zu einem Mann nein zu sagen, der ihren Bedürfnissen nicht gerecht wurde. *Sie* blieb im Sumpf stecken.

Das Geheimnis, Liebe zu finden, liegt einzig und allein darin, sich darüber klarzuwerden, was man will, *und dann jeden sausenzulassen, der diesen Ansprüchen nicht gerecht wird.* Damit dieser Plan aufgeht, muß man viele Menschen kennenlernen, so daß man die Möglichkeit hat, auszuwählen und zu jeder Person nein zu sagen, die nicht der/die »Richtige« ist. Man bleibt garantiert allein, wenn man sich darum drückt, genügend Leute kennenzulernen. Sagt man aber andererseits zu leichtfertig und zu schnell ja, kann es passieren, daß man in der ersten *vernünftig erscheinenden* Bindung hängenbleibt.

Deshalb müssen wir uns jetzt genauer mit dem Thema des Neinsagens befassen.

Die Konsequenz, wenn man es versäumt, nein zu sagen: BANs

Wenn Sie es nicht fertigbringen, im richtigen Moment nein zu sagen, dann landen Sie in einer Beziehung – oder in einer ganzen Reihe von Beziehungen –, die ganz nett ist, aber nicht großartig, oder vielleicht auch in gewisser Weise großartig, doch in anderer nur mittelmäßig. Ich habe einen Namen für diese Beziehungen: Ich nenne sie BAN-Beziehungen – *Besser Als Nichts.*

Die meisten Singles haben am eigenen Leib erfahren, wie es ist, wenn man sich in die/den Falsche(n) verliebt. Das ist eines der Hauptdiskussionsthemen bei meinen Workshops. Die meisten führen diese Neigung, sich zu den »unpassenden Leuten« hingezogen zu fühlen, auf irgendeinen tief in ihnen verborgenen Fehler zurück, der noch aus ihrer Kindheit herrührt. Gelegentlich mag das ja tatsächlich so sein. Doch in den meisten Fällen ist dieses Sich-»falsch-Verlieben« ein ganz natürliches, normales und alltägliches Ereignis. Die Welt ist voller anziehender, sexy, qualifizierter, attraktiver und toller Männer und Frauen. Die meisten von ihnen sind – aus dem einen oder anderen Grund – nicht die passenden Lebensgefährten *für Sie*, aber das bedeutet noch lange

lange nicht, daß Sie sich nicht zu einigen hingezogen fühlen können. Sich in jemanden zu verlieben, der nicht der richtige Lebenspartner ist, ist die leichteste Sache der Welt!

Das Problem ist: Sich gar nicht erst in sie zu verlieben! Fühlen Sie sich bloß nicht gleich jemandem verpflichtet, nur weil die Chemie zwischen Ihnen stimmt. Sie können immer noch nein sagen.

Ein BAN ist eine »nette« Beziehung mit der falschen Person. Es ist eine Beziehung, die sich zieht und zieht, selbst dann, wenn sie nur teilweise befriedigend ist, und von der beide Partner wissen, daß sie nur geringe »Überlebenschancen« hat. BANs sind all jene Partner, die Sie nicht so lieben, wie Sie geliebt werden wollen. Das kann jemand sein, der unter Bindungsangst leidet, mit dem Sie aber trotzdem zusammenbleiben; das kann der/die langjährige Geliebte sein, der/die schlicht zur Gewohnheit geworden ist; das kann der/die Partner(in) sein, der/die jede Intimität meidet, Ihnen aber das Gefühl gibt, mit ihm/ihr zusammenzusein, sei besser als überhaupt keinen Sex zu haben.

Falls Sie in einer Übergangsphase sind und eine solche Beziehung, in der man »auf der Stelle tritt«, alles ist, was Sie wollen, *dann* ist eine BAN besser als nichts. Wenn Sie aber eine(n) Intimpartner(in) fürs Leben suchen, *dann* sind BANs gefährlich; sie können sich als massive Barriere erweisen, als Hürde, die Sie erst überwinden müssen, bevor Sie die wahre Liebe finden können.

Zunächst einmal kosten BANs Zeit und Energie, die Sie eigentlich nutzen könnten und sollten, um neue Leute kennenzulernen. Nacht für Nacht sitzen Sie neben einem Menschen, an den Sie sich gewöhnt haben, und sehen fern. Wenn eine BAN Sie vielleicht auch nicht ganz aus dem Verkehr zieht, so zögert er/sie doch zumindest Ihre Suche hinaus. Denn Sie müssen manche Abende einfach mit Ihrem/Ihrer BAN verbringen – egal, wie unbefriedigend das für Sie auch sein mag.

Mit einem BAN-Partner Probleme zu lösen ist schwieriger als üblich, weil in dem Augenblick, in dem die Bindung an den anderen nur begrenzt ist, auch die Bereitwilligkeit, Zugeständnisse zu machen, begrenzt ist. Und das trägt nicht dazu bei, die Beziehung zu verbessern. Statt zu denken: »Barbara hat vermutlich recht. Ich könnte ihr wirklich öfter sagen, daß ich sie liebe. Ich weiß ja, wie sehr sie sich das wünscht«, wird der BAN-Partner eher denken: »Es paßt mir nicht, daß Barbara mich nicht nimmt, wie ich bin. Sie verlangt einfach zu viel.« BANs verheizen zu viele gute, positive Energien durch sich ständig wiederholende Streitigkeiten. Sie bringen eher neuen Streß in Ihr Leben, statt den vorhandenen abzubauen.

Das schlimmste Problem, das BANs aufwerfen, ist jedoch, daß sie – langsam, aber stetig – die Selbstachtung zerstören und das Wohlbefinden beeinträchtigen. Das führt zwangsläufig dazu, daß man an sich selbst zu zweifeln beginnt.

BANs und das Selbstwertgefühl

Selbstachtung kommt von innen. Sie muß aber durch positive Reaktionen des Umfelds bestärkt werden – ohne sie kann sie verlorengehen. Wenn Sie eine Beziehung zu jemandem unterhalten, der Sie nicht so nimmt und liebt, wie Sie sind, sondern Sie kritisiert und zu ändern versucht, der Streit anfängt und nicht daran denkt, mit Ihnen an einem Strang zu ziehen, dann fangen Sie unweigerlich an, sich so zu sehen, wie dieser »Jemand« Sie sieht, und nicht mehr so, wie Sie wirklich sind. Da Sie keine Gelegenheit haben, sich selbst in einer andersgearteten Intimpartnerschaft zu erleben, werden Sie ebenso unweigerlich beginnen, die Ansichten dieses »Jemand« über sich selbst für bare Münze zu nehmen.

Als wir während eines Workshops BANs diskutierten, konnte Dorothy es gar nicht erwarten, ihre Geschichte zu erzählen:

> »Nach drei Jahren mit Ike brauchte ich einen Therapeuten, weil ich mich selbst nicht mehr leiden mochte. Wenn ich heute daran zurückdenke, ist mir natürlich alles ganz klar. Aber damals hatte ich keine Ahnung. Es ist so – ich bin sehr gesellig, eine richtige Betriebsnudel. Nun, das mochte Ike überhaupt nicht an mir. Er erzählte mir immer wieder, wie peinlich es ihm sei, daß ich mich so aufführe. Er tat es so ausgiebig, daß ich es für wahr hielt. Ich fühlte mich so gehemmt und unsicher, daß ich versuchte, mich selbst zurückzunehmen. Doch das war künstlich. Daraufhin begann ich, mich selbst zu hassen. Ich wollte die Aufmerksamkeit nicht *zu sehr* auf mich ziehen, dazu jedenfalls hatte er mir geraten. Aber ich haßte es auch, das Mauerblümchen zu

spielen. Er hatte mich um meinen wesentlichsten Aktivposten gebracht.

Heute weiß ich, daß ich einfach nur ich selbst gewesen bin. Die Tatsache, daß *er* mich nicht mochte, hätte mein Selbstwertgefühl nicht untergraben dürfen, aber sie tat es. Ich fing an, die Eigenschaften, die ›mich‹ über Jahre ausgemacht hatten, anstößig zu finden.

Ich weiß, warum ich bei ihm blieb: Wir sind beide Maler, und die Kunst war unsere Gemeinsamkeit. Solange wir allein waren, kamen wir wirklich gut miteinander zurecht. Da haben wir uns prächtig verstanden. Aber unsere Auseinandersetzungen! Wissen Sie, irgendwann begann ich sie für ganz normal zu halten. Sie haben mich allerdings sehr geschlaucht...

Mein Therapeut half mir einzusehen, daß ich da raus mußte. Wir hätten es ohnehin nicht ewig miteinander ausgehalten. Wir haben ja nicht einmal zusammengelebt. Erst als ich die Beziehung gelöst hatte, merkte ich, welche Belastung sie gewesen war. Ich war halbtot! Das *mußte* ich gewesen sein, sonst hätte ich das wohl gar nicht ausgehalten. Nachdem ich Ike verlassen hatte, ging es mir gut! Ich hatte gar nicht mehr gewußt, daß ich mich selbst so positiv sehen kann!«

Obwohl es nicht in allen BANs so extrem zugeht wie in Dorothys, zeichnen sie sich doch alle durch ähnliche Triebkräfte aus – *und die Leute entscheiden sich freiwillig, ihre Beziehungen aufrechtzuerhalten* – weil es so *scheint*, als seien sie besser als nichts. Aber das sind sie *nicht*. Selbst wenn sie einige positive Aspekte haben, die die negativen ausgleichen, werden Sie es schwer haben, sich Ihr Selbstwertgefühl zu erhalten, wenn Sie viel Zeit mit einem Menschen verbringen, der Ihre positiven Eigenschaften nicht zu schätzen weiß oder sogar versucht, sie als negative hinzustellen. Wenn Sie niemals die Chance haben, sich selbst in einer Beziehung zu erleben, in der Ihr wahres Ich gewürdigt wird, werden Sie auch die Fähigkeit verlieren, sich selbst zu mögen.

Allein die Tatsache, daß Sie bereit sind, Teil einer BAN-Beziehung zu sein, zeugt von einem Mangel an Selbstvertrauen. Denn wenn Sie innerlich überzeugt wären, daß Sie mehr verdienen, würden Sie sich nicht so leicht auf eine BAN eingelassen haben. Dazu kommt, daß in dem Augenblick, in dem Sie eine BAN eingehen, nur noch Ihre zweitbesten Eigenschaften zum Tragen kommen. Tag für Tag werden sich Beweise dafür anhäufen, daß Sie die falsche Wahl getroffen haben, daß es Ihnen an Durchsetzungskraft fehlt, daß Sie Ihr Leben nicht selbst bestimmen und daß Ihr Geschmack bei der Partnerwahl nicht gerade überwältigend ist. Diese »Schwächen« würden sich in Luft auflösen, wenn Sie sich aus dieser »halbguten« Partnerschaft lösen würden. BANs führen eher zu Selbstzweifeln, statt die eigenen Stärken hervorzubringen. Um sich wohl und selbstbewußt zu fühlen, werden Sie jede Beziehung beenden müssen, die Sie eher in Ihren Schwächen als in Ihren Stärken »bestärkt«.

Warum bleiben wir in BANs hängen?

In einer BAN-Beziehung vergeudet man wertvolle Zeit und gerät leicht in eine Sackgasse. Dennoch haben buchstäblich alle von uns die Erfahrung gemacht, daß wir länger an einer solchen Partnerschaft festhielten, als für uns gut war.

Warum?

Wir tun's, weil wir Sicherheit suchen. Und an dieser *Illusion* halten wir meist fest, obwohl wir bereits ganz klar erkannt haben, daß uns diese Beziehung schadet. In einer bekannten Situation – selbst wenn sie uns nicht erfüllt – zu bleiben, erscheint uns sicherer, als uns auf unbekanntes Terrain vorzuwagen, egal, wie befreiend das auch sein könnte.

Wir halten BANs aufrecht, weil wir eher an einer kurzfristigen Intimität interessiert sind als an unseren langfristigen Lebenszielen.

Wir bleiben in BANs, weil wir unsere Gefühle mißinterpretieren. Wenn wir ein Verlangen nach noch mehr Intimität, noch mehr Bindung oder noch mehr Sex verspüren, halten wir das für Liebe. Das aber ist keine Liebe. Es ist Schmerz, ein Schmerz, den irgendein Defekt in der Beziehung auslöst. Doch unser Verlangen bindet uns an den anderen und vermittelt uns das Gefühl zu lieben.

Wir bleiben in BANs, weil wir es einfach zu schwierig finden, uns aus ihnen zu lösen. Wir lieben den/die andere(n) (das ist jedoch kein stichhaltiger Grund, uns an eine Partnerschaft zu klammern, die problembelastet ist). Wir denken an die angenehmen Aspekte der Beziehung, beispielsweise an die gemeinsame Vergangenheit, und wissen, daß es weh tun wird, das aufzugeben. Eine BAN zu beenden kann zerschlagene Träume, Leere und Sehnsucht bedeuten. Wir sehen uns Neuland gegenüber, und das erschreckt uns. Deshalb erscheinen uns die Probleme einer BAN immer noch erträglicher als die Qualen der Einsamkeit.

Ich beriet einmal eine Frau, die in einer Beziehung mit einem Mann steckte, der ganz offensichtlich »unerreichbar« war. Er hatte ihr wieder und wieder gesagt, daß er weder an einer Bindung noch an Monogamie interessiert sei, und er ging auch ständig mit anderen Frauen aus. Ich bat sie, darüber nachzudenken, warum sie an dieser BAN festhielt. Sie zeigte mir daraufhin einen Tagebucheintrag, den sicherlich die meisten von uns nachvollziehen können.

> »Ich habe die Anlage, mich in Affären mit unerreichbaren Männern zu stürzen, weil
>
> 1. meine Freunde mir Beachtung schenken, da ich ein ›Problem‹ habe; ich habe Angst, daß sie mir keine Beachtung schenken würden, wenn ich nur Positives zu berichten hätte;
> 2. die ewige Grübelei, das Briefeschreiben und das darüber Zornigsein mir das Gefühl geben, lebendig zu sein;
> 3. es beweist, daß ich recht habe: Für mich wird niemals jemand da sein;
> 4. es mich davon abhält, das zu tun, wovor ich Angst habe: etwas zu unternehmen; mich von dem Mann abzuwenden und mich um mich selbst zu kümmern; ich müßte dann daran arbeiten, konstruktiv und glücklich zu sein.«

Doch zumeist bleiben wir deshalb in BANs – Liebesbeziehungen mit dem/der Falschen –, weil wir nicht nein gesagt haben, als es noch leicht war, und danach denken wir, es wäre zu spät.

Ich kenne keine Geschichte, die diesen Punkt besser illustriert als *Der Würgeengel*, ein Film, den Luis Buñuel 1962 drehte. Darin geht es um eine Reihe reicher Leute, die zu einer verschwenderischen Party eingeladen sind. Als sich das Fest dem Ende nähert, verwehrt ein seltsamer Zwang den Gästen, das Zimmer zu verlassen. Niemandem ist klar, warum er nicht gehen kann, aber es gelingt auch keinem, aus dem Haus herauszukommen. Einige Leute »versuchen« es, doch ohne Erfolg. Der Bann hält tagelang an. In dieser Situation verändern sich die Gäste, das Zusammen-Eingeschlossensein bringt Probleme mit sich. Sie haben Schwierigkeiten, genug zum Essen und Trinken zu finden, um am Leben zu bleiben.

Wochen vergehen. Das Martyrium erschöpft die Gäste, die sich überhaupt nicht bewußt sind, daß sie für ihr Dilemma allein verantwortlich sind.

Schließlich kommt eine Frau auf die Idee, genau die Situation zu rekonstruieren, in der der Zwang zum ersten Mal spürbar wurde. Wenn wir uns in diesem Moment entschlossen hätten zu gehen, statt noch auf ein Lied zu bleiben, überlegt sie, dann wären wir vielleicht nicht gezwungen gewesen, zu bleiben.

Es funktioniert!

Nur weil sie das Weggehen hinausgezögert hatten, waren die Gäste gezwungen gewesen, zu bleiben.

Erleichtert, weil sie das unglückselige Haus endlich verlassen können, beschließen sie, ihre Befreiung durch einen Dankgottesdienst zu feiern. Doch am Schluß der Messe wiederholt sich das seltsame Phänomen – es scheint, als könnten sie die Kirche nicht verlassen ...

Wie oft so etwas in unserem Alltag vorkommt! Und ganz besonders in unseren amourösen Beziehungen.

Wie ich bereits sagte, haben die meisten von uns längst die Erfahrung gemacht, wie es ist, wenn man zu lange in einer Beziehung bleibt. Wir haben den Moment vorübergehen lassen, in dem es richtig und leicht gewesen wäre, nein zu sagen, und dann bleiben wir hängen. Besessen von den Problemen, fast verpflichtet zu bleiben, vergessen wir völlig, daß wir auch gehen, einfach Schluß machen könnten. Also bleiben wir und sind in unserer BAN gefangen. Rational erklären wir uns, wie gut diese Beziehung für uns ist, und daß wir ohnehin nicht alles haben können.

Das dauert dann gewöhnlich Jahre.

Wann man nein sagen sollte

Wann also sollte man nein sagen?

Die beste Zeit zum Neinsagen ist der allererste Moment, in dem Ihnen klar wird, daß die Person, mit der Sie zusammen sind, Ihren Bedürfnissen nicht gerecht wird – selbst dann, wenn Sie einige Aspekte der Beziehung ganz wundervoll finden. Dieser Moment könnte schon während Ihrer ersten Zwei-Stunden-Verabredung kommen. Er könnte nach fünf Verabredungen kommen. Oder er könnte schon vor Monaten oder Jahren gekommen sein und damit in weiter Vergangenheit liegen. In diesem Fall ist es das Beste, jetzt sofort nein zu sagen.

Der vielleicht traurigste Epitaph einer Beziehung lautet: »Ich habe gewartet.«

Ratten fällt es leichter als Menschen, ihr Leben zu ändern. Wenn Sie eine Ratte in ein Labyrinth setzen und ihr einige Male den Käse an das Ende von Tunnel 3 legen, wird sie immer wieder dorthin gehen, um sich Käse zu holen. Wenn Sie den Käse dann zweimal wieder wegnehmen, wird die Ratte nicht dorthin zurückkehren, sondern woanders nach dem Käse suchen.

Bei Menschen ist das anders. Einige werden immer und immer wieder in den Tunnel 3 gehen und sich immer und immer wieder enttäuschen lassen. Tunnel 3 – kein Käse. Tunnel 3 – kein Käse. »Aber vielleicht ist ja beim nächsten Mal wieder Käse da«, sagen sie. »Ich mag Tunnel 3, er ist mir so vertraut.« Und schließlich sagen sie: »Vielleicht kann ich es ja lernen, ganz ohne Käse zu leben.«

Wenn Sie es vorziehen würden, eine wirklich dauerhafte Beziehung einzugehen, dann ist es ungeheuer wichtig, daß Sie sich dafür frei halten. Und das bedeutet, daß Sie zu denen nein sagen müssen, die Ihnen nicht das bieten, was Sie wollen.

Einige Fälle sind klarer als andere. Zum Beispiel können Sie augenblicklich zu jemandem nein sagen, der verheiratet ist – egal, wie verliebt Sie sind. Anders sieht es aus, wenn Ihr(e) verheiratete(r) Freund(in) bereits dabei ist, diese Ehe zu lösen, oder wenn Sie willens sind, für die nächsten Monate – oder sogar Jahre – die/der »andere« zu sein, oder aber, wenn Ihr(e) verheiratete(r) Freund(in) für Sie ebenfalls nur ein flüchtiges Abenteuer ist und Sie sich ihm/ihr nicht vollends ausliefern wollen.

Wenn Sie einen wirklich festen Partner wollen, dürfen Sie nicht in einer Beziehung mit dem Mann/der Frau eines anderen hängenbleiben. Folgen Sie Ihrem Verstand, nicht Ihrem Herzen. Dieser Mensch mag in jeder Beziehung phantastisch sein, doch wenn er/sie »gebunden« ist, ist er/sie nicht Ihr(e) Idealpartner(in). Warten Sie also nicht auf ihn/sie.

Genauso klar: Sagen Sie nein, wenn Sie sich in jemanden verlieben, der homosexuell ist, wenn Sie heterosexuell sind, oder nein zu jemandem, der heterosexuell ist, wenn Sie homosexuell sind.

Ein homosexueller Mann, den ich interviewte, sagte: »Ich habe es so satt zu versuchen, der ›Freund‹ von heterosexuellen Frauen zu sein. Sie *alle* denken, daß sie mich schon irgendwann umdrehen können.«

Eine weitere leicht erkennbare »Nein«-Situation ist gegeben, wenn jemand in irgendeiner Form süchtig oder abhängig ist. Möglicherweise merken Sie das nicht sofort, aber sobald Sie auch nur vermuten, daß Ihr(e) Freund(in) alkoholkrank oder drogensüchtig sein könnte, sollten Sie sich ein Buch über Sucht und Suchtbekämpfung kaufen oder die Anonymen Alkoholiker oder die Drogenberatung anrufen. Falls Ihr(e) Freund(in) nicht bereit ist, Hilfe in Anspruch zu nehmen, bleiben Sie nicht in der Hoffnung bei ihm/ihr, daß er/sie seine/ihre Meinung noch ändert. Das Leben ist zu kurz, als daß man es sich leisten könnte, Zeit im Sumpf der Sucht und Suchtbekämpfung zu verplempern. Wenn Sie eine Beziehung zu einem/einer Süchtigen aufrechterhalten, sind Sie kein(e) Geliebte(r), sondern eine Geisel.

Doch es gibt viele Situationen, in denen nicht so leicht zu erkennen ist, wann man zu einer Beziehung nein sagen sollte.

Es gibt einerseits durchaus Zeiten, zu denen eine BAN-Beziehung genau das ist, was Sie wollen – dann nämlich, wenn sie tatsächlich besser ist als nichts. Wenn beiden Partnern klar ist, daß sie in einer BAN leben und daß es das ist, was sie *beide voneinander wollen*, dann können sie eine angenehme Freundschaft unterhalten. Wenn beide Partner ähnliche Anforderungen aneinander stellen und beiden klar ist, daß es »das nicht ist«, dann werden sie auch nicht versuchen, einander zu ändern und keine endlosen Streitereien über die Zukunft der Beziehung beginnen. Die Hauptvoraussetzungen einer BAN, die *funktioniert*, sind: (a) daß beide sich darüber einig sind, daß sie in dem anderen noch nicht den/die Richtige(n) gefunden haben, und (b) daß sie sich gegenseitig nicht völlig mit Beschlag belegen – oder daß jeder in der Lage ist, sich wieder mit anderen zu beschäftigen, wenn er/sie bereit dazu ist. Einer der Teilnehmer meiner Workshops war so begeistert von seiner eigenen BAN und schlug vor, den Namen dieser Beziehungsform zu ändern. Er wollte seine WAA – Weniger Als das Allerbeste – nennen.

Wann und ob Sie nein sagen, müssen Sie letztlich selbst entscheiden. Zuerst müssen Sie erkennen, daß ein Nein durchaus möglich ist (das allein ist ein großer Schritt, den die meisten Singles nicht machen). Dann müssen Sie entscheiden, ob dieses Nein langfristig in Ihrem Interesse liegt. Es ist völlig normal, wenn Sie danach eine ganze Zeit der Verwirrung erleben, weil Sie nicht wissen, ob Sie gehen oder bleiben sollen. Hören Sie einfach auf Ihre Intuition. Wichtig ist, was Sie *fühlen, nicht*, was Sie *denken*. So gewinnen Sie Klarheit, und wenn es soweit ist, ist es an der Zeit zu handeln.

Wenn Sie in einer Beziehung stecken – egal, ob seit kurzem oder schon seit längerem – und es für klug halten, sie zu beenden, aber nicht ganz sicher sind, dann kann der folgende Test Ihnen vielleicht helfen. Erinnern Sie sich daran, daß es auch möglich ist, die Beziehung nicht einseitig zu beenden, sondern gemeinsam zu beschließen, sie »langsam ausklingen zu lassen« und befreundet zu bleiben. Das ist allerdings nur möglich, wenn beide Seiten das für *die beste* Möglichkeit halten.

TEST 8

Wenn Sie versuchen, eine Beziehung – ob von kurzer oder langer Dauer – zu beurteilen, wird die eine oder andere der folgenden Fragen Ihnen vielleicht helfen:

1. Wie schneidet Ihr(e) Partner(in) ab, wenn Sie ihn/sie an den Ansprüchen Ihrer »U«-Liste messen? (Vergleichen Sie mit Test 6!)
2. Schreiben Sie eine Liste Ihrer langfristigen Lebensziele nieder. Wenn Sie *alles* verwirklichen könnten, wie

würde Ihr Leben dann in fünf Jahren aussehen? In zehn Jahren? In 20? Wird das Zusammensein mit Ihrem/Ihrer Partner(in) Ihnen helfen, Ihre Ziele zu erreichen? Oder wird es Sie eher davon abhalten? (Falls Sie sich über Ihre langfristigen Ziele nicht ganz klar sind, sollten Sie über Ihre augenblicklichen Ziele und Ihr gegenwärtiges Leben nachdenken. Hilft Ihr(e) Partner(in) Ihnen, das Leben zu führen, das Sie wollen, oder hindert er/sie Sie daran?)

3. Listen Sie alle Eigenschaften auf, die Sie an Ihrem/Ihrer Partner(in) mögen. Danach listen Sie alle Punkte auf, in denen Sie mit ihm/ihr unzufrieden sind. Schreiben Sie jetzt auf beiden Listen eine 5 neben alle Punkte, die Ihnen besonders gefallen oder mißfallen, eine 3 neben die Punkte, die Ihre durchschnittliche Billigung oder Mißbilligung finden, und eine 1 neben die Punkte, die Sie nur wenig mögen oder nur leicht ablehnen. Nun schreiben Sie die beiden Listen noch einmal, wobei Sie mit den 5er-Punkten beginnen und mit den 1er-Punkten aufhören.
   Welche Liste ist länger?
   Welche Gesamtsumme ist höher?
   Wie hoch ist die Wahrscheinlichkeit, daß sich Ihr(e) Partner(in) in den Punkten ändert, die Ihnen mißfallen?
4. Erleben Sie in Ihrer Beziehung mehr Freude oder mehr Schmerz, Frustration und Streß?
5. Beenden Sie den folgenden Satz auf einem Blatt Papier mit so vielen Begründungen wie nötig:
   Ich halte an dieser Beziehung fest, weil . . . . . .
   . . . .
6. Schreiben Sie jeden Grund auf, aus dem Ihr(e) Partner(in) der/die »Falsche« für Sie sein könnte.
7. Wenn Sie 45 Minuten Zeit haben, sollten Sie Ihr Test-Notizbuch herausnehmen und sich im Tagebuchschreiben üben. Stellen Sie sich vor, Sie seien Hunderte von Kilometern gereist, um ein Orakel zu befragen, von dem Sie sich »ewige Weisheit« versprechen. Sie besuchen den Tempel und fragen, welche Entscheidung Sie bezüglich Ihrer gegenwärtigen Beziehung

treffen sollen. Danach müssen Sie sich in die Rolle des Orakels versetzen und sich die Frage selbst beantworten.

Lesen Sie nun die Reaktionen einiger der Männer und Frauen, die diesen Test während eines meiner Workshops gemacht haben:

PAULA: (sie schrieb diesen Brief zwei Jahre, nachdem sie den Workshop besucht hatte): »Zu meinen langfristigen Zielen gehörte es, zu heiraten und Kinder zu bekommen (außerdem hatte ich ein paar Karriereziele und wollte reisen). Damals war ich mit einem Mann zusammen, der bereits Kinder hatte und auf keinen Fall noch welche wollte. Doch ich war nicht bereit, ihn deshalb zu verlassen. Unsere Beziehung war phantastisch, und die Möglichkeit, sie zu beenden, war mir nicht einmal vage in den Sinn gekommen. Dieser Test war für mich deshalb wie ein Schlag ins Gesicht gewesen. Ich begann daraufhin, das Thema Kinder öfter anzusprechen. *Ganz, ganz langsam* begannen wir es unter dem Teppich hervorzuholen, unter den wir es gekehrt hatten. Nach zwei Jahren konnte ich es schließlich nicht länger hinausschieben, etwas zu unternehmen. Es ist eine lange, traurige Geschichte, aber wir einigten uns dann auf eine Trennung auf Probe. Es war qualvoll, aber ich brachte es tatsächlich fertig, während der ersten drei Wochen unserer Trennung mit zwei anderen Männern auszugehen. Dann rief mein Geliebter an und sagte, daß ihm klargeworden sei, daß er einen schrecklichen Fehler gemacht hätte und nun bereit sei, meinen Kinderwunsch zu akzeptieren. Inzwischen bin ich mit ihm verheiratet und schwanger – ich bin im siebten Himmel.

Dieser Test hat mir wirklich den Anstoß gegeben. Damals habe ich ihn gehaßt. Aber er war für mich der Wendepunkt. Wahrscheinlich hätte ich jahrelang so weitergemacht, ohne mich damit auseinanderzusetzen – so lange, bis es zu spät gewesen wäre.«

JEROME: (während eines Workshops): »Die Länge der Listen verblüfft mich. Mir war überhaupt nicht klar, wie viele Dinge ich mochte und wie viele mich störten, und es gefällt mir ganz und gar nicht, das zugeben zu müssen: Aber ich glaube, daß ich nur wegen des Sex in dieser Beziehung bleibe – und deshalb eine Menge anderes in Kauf nehme. Und das lohnt sich gewiß nicht.«

CLAIRE: »Ich habe eine lange Liste der Dinge, die ich an meinem Partner mag, und eine kurze der Dinge, die ich nicht mag. Doch es scheint, als würden die Dinge, die ich nicht mag, trotzdem schwerer wiegen, weil sie mir wichtiger sind. Ich glaube, ich bleibe deshalb in dieser Beziehung, weil ich der Freundin einen Gefallen tun will, die uns zusammengebracht hat. Nicht gerade ein guter Grund! Außerdem ist mir bewußt geworden, daß ich Angst habe, niemanden anderen mehr zu finden. Ich denke, ich werde meine Beziehung zu Fred neu überdenken müssen.«

DEENA: »Mir hat es einen Riesenspaß gemacht, das Orakel zu befragen! Die Antwort, die es mir gab, war: Warte ab. Mir ist klargeworden, daß ich diesen Mann einfach nicht gut genug kenne. Doch ich werde ihn nun genau beobachten. Unsere Beziehung wächst langsam, und das gefällt mir, aber ich kann nicht einfach *nur* abwarten. Ich werde auch gut aufpassen müssen und darf mich nicht weiter hineinziehen lassen, wenn es nicht das Richtige ist. Diesen Fehler habe ich schon bei meiner letzten Beziehung gemacht.«

Was uns wirklich hindert, nein zu sagen: Es ist zu schwer

Nein zu sagen ist wirklich schwierig. Das kann ich nicht bestreiten. Aber das ist trotzdem noch lange kein Grund, es nicht zu tun, wenn es in unserem ureigenen Interesse liegt.

Ich weiß wirklich, wie schwer es ist, nein zu sagen. Und ich weiß genausogut wie jeder andere, daß es unangenehm, furchteinflößend und manchmal unerträglich qualvoll ist und daß man sich schuldig fühlt. Nein zu sagen kann einem als so ungeheuer schwere Aufgabe erscheinen, daß es einem schier unmöglich *erscheint* – es ist der Situation der Partygäste in Luis Buñuels Film vergleichbar.

Trotzdem ist es manchmal bei weitem die weniger schmerzliche von zwei Möglichkeiten. Sich die Qual des Neinsagens zu ersparen darf nicht Ihre Hauptpriorität sein, wenn Sie ein paarmal mit einem sehr attraktiven Menschen ausgegangen sind, der nicht der Richtige für Sie ist, oder wenn Sie eine BAN unterhalten und wieder Ihr eigenes Leben führen wollen.

Während ich dieses Kapitel schrieb, fiel mir ein Mann wieder ein, zu dem ich vor über 20 Jahren selbst nein sagen mußte, und auch die Schuldgefühle und der Schmerz waren mir plötzlich wieder gegenwärtig. Er war Geistlicher, lebte 200 Kilometer von der Universität entfernt, an der ich damals studierte. Ich lernte ihn kennen, als ich ein Wochenende bei den Eltern meiner Zimmergenossin verbrachte. Er hatte sich so sehr in mich verknallt, daß er jeden Sonntag nach dem Gottesdienst die 200 Kilometer fuhr, um mich zu besuchen. Er sah in mir die perfekte Pfarrersfrau – eine Rolle, die ich gewiß nicht spielen wollte. Ich mochte ihn wirklich gern, hatte aber bei weitem nicht das Interesse an ihm wie er an mir. Also schrieb ich ihm einen langen Brief und teilte ihm auf die nettest mögliche Art mit, daß ich ihn nicht wiedersehen wollte. Er rief mich sofort an, bat mich, es mir noch einmal zu überlegen, und bettelte um eine zweite Chance. Dieser Anruf war eine Qual für mich. Ich mochte ihn wirklich sehr gern, und es wäre so leicht gewesen, ihn weiterhin zu treffen. Doch ich wußte, daß das falsch gewesen wäre. Er war völlig am Boden zerstört. Ich konnte trotz der weiten Entfernung förmlich hören, wie sein Herz brach. Ich fand es schrecklich, daß ich ihm weh tun mußte, und ich quälte mich wochenlang mit Sorgen um ihn herum.

Ein anderes Mal war ich diejenige, deren Herz gebrochen war, obwohl auch da ich es war, die nein sagte.

Ich hatte das Unglück, mich in einen homosexuellen Mann zu verlieben. Wir hatten uns bei einer Konferenz kennengelernt, und ich war ganz hingerissen, als ich ihn zum ersten Mal sah. Ich verfolgte ihn geradezu. Als er mir sagte, daß er homosexuell sei, war ich ganz niedergeschlagen – doch nicht abgeschreckt. Wir wurden gute, enge Freunde, trafen uns häufig zum Abendessen und unternahmen einiges gemeinsam. Ihn zu sehen war etwas Besonderes.

Dann lud er mich eines Abends zu einem langen Mondscheinspaziergang ein. Wir standen auf einem Hügel, von dem aus man die Bucht von San Francisco übersehen konnte, als er mir sagte, daß er sich ein engeres Verhältnis zu mir wünsche und seinen Gefühlen auch körperlich Ausdruck verleihen wolle, aber auch absolut sicher sei, daß er keinen Sex wolle. Ich wagte es kaum zu glauben und zögerte nicht im mindesten, woraufhin er mich in den Arm nahm und mir einen der leidenschaftlichsten und zärtlichsten Küsse meines ganzen Lebens gab. Danach lud er mich zu sich nach Hause ein. Wir schliefen zusammen – jeder auf seiner Seite des Bettes.

Genau einen Monat dauerte unsere nun intensivere Beziehung. Ich war geradezu irrsinnig in ihn verliebt. Doch allmählich wurde mir bewußt, daß es niemals Sex – niemals eine wirklich intime, dauerhafte Bindung – geben würde. Mir wurde immer klarer, daß der Schmerz meines unerwiderten Verlangens die Freude überwog, überhaupt mit ihm zusammensein zu können. Dennoch konnte ich mir nicht einmal vorstellen, ihn nicht mehr sehen zu sollen; unsere Freundschaft war unglaublich eng geworden. Was sollte ich also tun?

Ich machte mir Vorwürfe, knirschte mit den Zähnen, analysierte mich selbst und überbeanspruchte das Verständnis meiner besten Freunde. Doch am Ende rief ich ihn an und sagte ihm, daß ich ihn nicht wiedersehen wolle. Er verstand mich. Mein unbeschreiblicher Schmerz über dieses Nein aber brauchte ein Jahr, um abzuebben.

Also sagen Sie *mir* nicht, es sei schwer, nein zu sagen.

Es ist schwer. Wenn Sie jedoch entscheiden, daß Sie nein sagen müssen, um Ihre Vorstellungen vom Leben durchzusetzen, dann werden Sie auch einen Weg finden. Auf Dauer gesehen ist ein schwieriges Nein einer qualvollen oder mittelmäßigen Beziehung oder einer BAN vorzuziehen, die Ihnen nichts einbringt.

Selbst wenn ein Nein Ihnen – oder jemand anderem – nicht das Herz bricht, kann es doch immer noch unangenehm, peinlich und furchteinflößend sein.

Neinsagen bedeutet, daß Sie sich selbst, Ihrer Intelligenz und Ihrem Glauben an die Zukunft vertrauen müssen. Dieses Selbstvertrauen ist der einzige Weg, die Schwierigkeiten des Neinsagens zu überwinden. Sie müssen tun, was Sie für richtig befunden haben, und total überzeugt sein, daß es *wirklich* das Richtige ist. Sie müssen darauf vertrauen, daß sich alles weiterhin positiv für

Sie entwickelt. Oft können Sie nicht voraussehen, wie diese positive Entwicklung aussehen wird. Sie meinen bestimmt, Sie könnten etwas nicht aufgeben, wenn Sie nicht wissen, was Sie statt dessen bekommen, *also* müssen Sie sich selbst überzeugen, daß etwas Besseres vor Ihnen liegt. Ohne diesen Glauben ist ein Nein nicht nur schwierig, sondern auch sinnlos.

Machen Sie den folgenden Test, um festzustellen, welche Bedenken Sie von einem Nein abhalten. Es ist wichtig, daß Sie das herausfinden, *bevor* Sie sich den praktischen Strategien zuwenden. Denn nur wenn Sie sich Ihrer Ausreden bewußt sind, können Sie damit beginnen, sie ad acta zu legen. Solange Sie sich der Gründe für Ihre Schwierigkeit, nein zu sagen, nicht bewußt sind, werden diese Gründe all Ihre Vorhaben sabotieren. Und dann können Ihnen auch die besten Strategien nicht weiterhelfen.

TEST 9

Versuchen Sie, sich an einen Zeitpunkt zu erinnern, zu dem Sie hätten nein sagen sollen, es aber nicht getan haben. Denken Sie an diesen Anlaß, und wählen Sie dann das auf Sie zutreffende Ende für den folgenden Satz:

Neinsagen fällt mir schwer, weil

- ich Angst habe, den/die andere(n) zu verletzen.
- ich mich schuldig fühle.
- ich einen Weg finden will, der dem/der anderen keinen Schmerz bereitet.
- es leichter ist zu sagen »Ich rufe dich an« und dann nicht anzurufen.
- ich im Grunde ein Feigling bin. Ich versuche, allem aus dem Weg zu gehen, was schwierig ist.
- ich Angst habe, daß der/die andere es mir wieder ausredet.
- ich glaube, daß man ehrlich sein sollte, und es einfach zu schwer ist, zu sagen: »Ich mag deine dicken Beine nicht.«
- ich Angst habe, daß mir die Worte in der Kehle

steckenbleiben. Ich habe es versucht, bringe es aber nicht heraus.

- ich generell gemocht werden will und den Gedanken nicht ertragen kann, daß jemand sich verärgert fühlen könnte.
- ich Angst vor einer einsamen Zukunft habe.
- ich einfach zu sehr an diesem Menschen hänge, mich zu sehr zu ihm/ihr hingezogen fühle. Ich weiß, daß ich nein sagen sollte, *kann's aber nicht.*

(Nehmen Sie sich etwas Zeit, und schreiben Sie alle Gründe auf, die auf Sie zutreffen.)

Praktische Strategien fürs Neinsagen

Nehmen wir an, Sie haben beschlossen, daß ein Nein angebracht ist. Wie bringen Sie es hinter sich?

Beginnen wir mit den Richtlinien für ein Nein im frühen Stadium einer Beziehung, wenn Sie den/die Betreffende(n) erst ein paar Mal gesehen haben und die Bekanntschaft nicht fortsetzen wollen.

1. Sagen Sie möglichst etwas Positives, bevor Sie das Nein anbringen. Machen Sie ein ehrliches Kompliment: »Sie sind ein guter Gesprächspartner.« – »Ich mag Ihren Sinn für Humor.« – »Danke, daß Sie mich auf diesen Film aufmerksam gemacht haben. Es wäre schade gewesen, wenn ich ihn verpaßt hätte.« Jeder erträgt schlechte Nachrichten leichter, wenn er gleichzeitig etwas Positives hört.
2. Legen Sie einfach Ihren Standpunkt dar. Vermeiden Sie es, ein ehrliches, kritisches Feedback herauszufordern, besonders dann, wenn Sie es mit jemandem zu tun haben, den Sie nicht wiedersehen wollen. Ein ehrlicher Dialog über komplizierte zwischenmenschliche Themen erfordert Zeit und Energie und ist einfach nicht mit jedem/jeder möglich. Diese Art von Offenheit sollte man für bestehende Beziehungen reservieren. Mit *einem Freund* können Sie stundenlang darüber reden, daß ihr(e) Bekannte(r) zuviel redet oder diese oder jene schlechte

Angewohnheit hat, wenn Sie aber dem/der Betreffenden sagen, daß Sie ihn/sie nicht wiedersehen wollen, ist es falsch, Ihre ehrliche Meinung unaufgefordert zu äußern.

3. Niemand verlangt von Ihnen, Ihr Nein zu begründen. Unter Umständen mag es Ihnen richtig erscheinen, es zu tun, aber es ist nicht nötig – besonders dann nicht, wenn Sie den/die Betreffende(n) nicht gut genug kennen. Sie sollten höflich, respektvoll und nett sein, aber Sie müssen Ihr Nein nicht ausführlich erklären. Sie schulden dem/der anderen keine Erklärung für Ihre Entscheidung.
4. Ihr Nein sollte klar sein, so daß Ihr Gegenüber wirklich Bescheid weiß, keinesfalls vage, so daß er/sie herumrätseln muß.
5. Der springende Punkt ist es, sich darüber klar zu sein, *daß Sie* – solange Sie nett und höflich sind – *nicht für die Reaktion auf Ihr Nein verantwortlich sind.* Das sollten Sie sich – wenn nötig – wieder und wieder sagen, bis Sie es begriffen haben. Sie wollen ja nicht, daß der/die andere sich nicht wohlfühlt. Sie müssen tun, was Sie für richtig halten. Und Ihr Gegenüber muß reagieren. Falls Ihr Nein schmerzlich für sie/ihn ist, sollten Sie sagen, daß es Ihnen leid tut. Niemals aber sollten Sie versuchen, den Schmerz des/der anderen zu »lindern« oder sich Vorwürfe machen. Sie können nicht beides sein – die Krankheit und der Arzt! Das Äußerste, was man von Ihnen erwarten kann, ist, daß Sie Ihre Entscheidung klar äußern und Verständnis für die Enttäuschung des/der anderen aufbringen.
6. Bei Leuten, die Sie kaum kennen, können ein paar Standard-Nein eine große Hilfe sein. *Prägen Sie sich einige ein.* Wiederholen Sie sie immer wieder, so daß Sie Ihnen auch einfallen, wenn Sie sie brauchen. Ein paar Beispiele:

   »Vielen Dank, daß Sie gefragt haben, aber ich möchte nicht.«

   »Das letzte Wochenende hat mir Spaß gemacht, aber ich bin im Augenblick nicht in der Lage, die Bekanntschaft fortzusetzen.«

   »Ich möchte lieber nicht mehr mit Ihnen ausgehen, aber ich möchte, daß Sie wissen, wie sehr mir (Ihr Sinn für Humor, Ihre Tanzkünste etc.) gefällt/gefallen.«

Sagen Sie *niemals* »Ich rufe Sie an«, wenn Sie es nicht meinen. Inzwischen sollten wir alle erwachsen genug sein, ohne diesen trivialen, feigen, unehrlichen Rückzieher auszukommen. Es ist genauso leicht zu sagen: »Vielleicht sehen wir uns irgendwann mal wieder«, wenn man eine Abschiedsfloskel braucht, denn das ist weit ehrlicher und netter.

Ähnlich sind die Richtlinien fürs Neinsagen zu einer BAN, die Sie eine ganze Zeit unterhalten haben. Es sei denn, Sie selbst wollen Ihre Entscheidung begründen.

1. Überlegen Sie, ob Sie Ihrem/Ihrer Partner(in), mit dem/der Sie Schluß machen wollen, nicht zunächst einen Brief schreiben sollten, weil das wahrscheinlich leichter ist, als es ihm/ihr in einem Gespräch beizubringen. Das ist zwar nicht in jedem Fall passend, könnte es aber erleichtern. Möglicherweise sollte Ihr(e) Geliebte(r) den Brief in Ihrer Gegenwart lesen, wenn nicht, sollten Sie einen Zeitpunkt vorschlagen, zu dem er/sie reagieren kann.
2. Ob Sie nun schreiben oder mit ihm/ihr reden, bedienen Sie sich in jedem Fall der »Ich«-Form und vermeiden Sie alle Sätze, die mit einem – womöglich noch vorwurfsvollen – »Du« beginnen. Das heißt, sagen Sie Dinge wie: »Ich bin frustriert, weil wir keine richtige Bindung eingegangen sind.« »Ich hätte gern öfter Sex.« »Ich bin zu oft traurig.« Sagen Sie *nicht*: »Du willst ja keine Bindung eingehen.« »Du hast nicht genügend Interesse an Sex.« »Du machst mich immer traurig.« Schieben Sie die Verantwortung nicht Ihrem/Ihrer Partner(in) zu, und verurteilen Sie ihn/sie nicht. Sprechen Sie nur über Ihre eigenen Gefühle und über Ihre eigene Entscheidung.
3. Belassen Sie es bei einem einfachen Nein. Lassen Sie sich nicht auf lange Analysen ein, und schweifen Sie nicht in die Vergangenheit ab. Bleiben Sie in der Gegenwart, und reden Sie über Ihre augenblicklichen Gefühle. Sie werden feststellen, daß Sie buchstäblich alles sagen können, was Sie sagen wollen, wenn Sie sich an diese Formel halten: »Ich fühle mich...« Zum Beispiel: »Ich fühle mich ruhelos.« »Ich fühle mich ungeliebt.« »Ich fühle mich frustriert.« »Ich habe das Gefühl, ich sollte gehen.« Auf diese Art kann man Wahrheiten ganz einfach ausdrücken, und Ihr(e) Partner(in) kann sie nicht bestreiten.
4. Erwähnen Sie das, was Sie an Ihrem/Ihrer Partner(in) mögen, bevor oder nachdem Sie die Probleme ansprechen beziehungsweise angesprochen haben.
5. Niemand kann verlangen, daß Ihre Erklärung zur Zufriedenheit Ihres/Ihrer Partner(in) ausfällt. Ihr(e) Partner(in) muß Sie

weder verstehen noch Ihnen zustimmen. Wiederholen Sie einfach Ihre »Ich-fühle-mich...«-Statements.

6. Ihr Nein muß deutlich, darf nicht vage sein.
7. Sie sind für die Reaktion Ihres/Ihrer Partner(in) nicht verantwortlich! (Siehe Punkt 5)

TEST 10

Neinsagen lernt man am besten durch Übung. Denn Übung macht wirklich den Meister. Verbringen Sie beim nächsten Treffen mit einem/einer Freund(in) eine halbe Stunde mit einem Rollenspiel: Üben Sie sich gegenseitig im Neinsagen. Am besten klappt das, wenn Sie sich eine reale Situation ins Gedächtnis rufen, bei der Sie nein gesagt haben – oder nein hätten sagen müssen – oder immer noch nein sagen würden. Wenn Ihnen dazu nichts einfällt, müssen Sie einfach eine solche Situation erfinden. Erdenken Sie zunächst Situationen, bei denen Sie Standardfloskeln benutzen können, und gehen Sie dann zu etwas komplexeren über.

Einer der Vorteile dieses Rollenspiels ist es, daß Sie dabei auch in die Rolle des/der Zurückgewiesenen schlüpfen müssen. Wenn das Nein in diesem Fall Ihnen gilt, können Sie am eigenen Leib erfahren, wie Sie behandelt – oder nicht behandelt – werden mögen.

Außerdem können Sie sich immer wieder ein paar Minuten nehmen und das Neinsagen allein üben. Wiederholen Sie Ihre Lieblingsfloskeln hin und wieder, um sie im Gedächtnis zu behalten. Und proben Sie ein Nein, das Ihnen bevorsteht, vor dem Spiegel.

Wenn Sie sich immer wieder ins Gedächtnis rufen, daß ein Nein immer möglich ist, kann das Ihr ganzes Liebesleben verändern.

Eines der Erfolgsgeheimnisse derer, die nach Liebe suchen, ist es, gar nicht erst in eine BAN hineinzuschlittern, indem man rechtzeitig nein sagt.

Aus einer Partnerschaft auszusteigen, die *teilweise* phantastisch ist, ist schwierig. Die Angst davor, wieder allein zu sein, größeren Veränderungen gegenüberzustehen, kann einen lähmen und einen dazu bewegen, lange an einer Partnerschaft festzuhalten, die problematisch ist. Man findet es manchmal schon scheußlich, zu jemandem nein zu sagen, den man gerade erst kennengelernt hat und wirklich nicht wiedersehen will.

Doch der Preis, den man zahlt, wenn man sich um dieses Nein herumdrückt, ist enorm: Im besten Fall verbringt man ermüdende Abende mit einem langweiligen Menschen, im schlimmsten Monate oder Jahre in einer BAN.

Bedenken Sie, welche Vorteile es hat, wenn Sie den/die falsche(n) – oder den/die nur halbrichtige(n) – Partner(in) ablehnen. Die Übergangszeit mag zwar recht hart sein, aber Sie werden auch feststellen, wie gut es Ihnen tut, auf sich selbst aufgepaßt zu haben. Ihr Selbstwertgefühl wird mit absoluter Sicherheit steigen! Wahrscheinlich fühlen Sie sich zum ersten Mal seit langer Zeit wieder richtig wohl. Wenn Sie nicht allein sein mögen (obwohl Sie möglicherweise feststellen werden, daß Sie besser damit zurechtkommen, als Sie glaubten), sind Sie nun frei, die systematische Suche nach dem/der Richtigen zu beginnen. Und wenn Sie bewußt und ausdauernd an die Suche gehen, werden Sie nicht lange allein sein.

Neinsagen kann befreiend sein. Es bedeutet, daß Sie sich nicht hin- und herschubsen lassen. Sie verdienen mehr als eine BAN-Beziehung! Und Sie können sie haben. Sie müssen sich allerdings darum bemühen.

Einer der Gründe, aus denen sich Partnerschaften heute so schwierig gestalten, ist der, daß so viele Leute sich mit weniger begnügen, als sie eigentlich verdienen – weil sie völlig vergessen, daß Nein eine Option ist, oder es einfach nicht über sich bringen können, es auszusprechen.

Also arbeiten Sie daran, nein zu sagen. Bis Sie jemanden gefunden haben, zu dem Sie ja sagen können, werden Sie ein Experte sein.

6. KAPITEL

Die 6. Strategie: Achten Sie auf Frösche in königlicher Verkleidung

Wie man zwischen echter und Pseudo-Intimität unterscheidet

Ein lebenswichtiges Element des Zaubers, nach dem Sie suchen, heißt Nähe – Nähe in einer engen Beziehung.

Eine tiefe Sehnsucht nach engem zwischenmenschlichen Kontakt ist die natürliche Folge unserer unpersönlichen, städtischen Umgebung – wir leben oft weit von unseren Familien entfernt – und der technisierten Arbeitsplätze, denen die meisten Singles sich gegenübersehen.

Wahrhaft befriedigende Nähe kann nur über einen längeren Zeitraum geschaffen werden. Sie bedarf gemeinsamer Erlebnisse und ehrlicher Gespräche. Intimität entsteht, wenn man in der Lage ist, das äußere, »gesellschaftliche« Verhalten abzulegen und sein »Seelenleben« mit einem anderen Menschen zu teilen. Doch in unserer hektischen, erfolgsorientierten Zeit sind wir oft nicht bereit, die Zeit und die Energie aufzubringen, uns darauf einzulassen, einen anderen wirklich an uns heranzulassen.

Deshalb haben wir die »Pseudo-Intimität« entwickelt – Erfahrungen, die uns das *Gefühl* echter Intimität vermitteln, aber in Wahrheit wenig damit zu tun haben.

Pseudointime Erfahrungen sind ausgesprochen weit verbreitet, besonders unter Singles – und ich habe keineswegs vor, sie in Bausch und Bogen zu verurteilen. Ich werde sogar die positiven Aspekte jeder einzelnen beschreiben. Die Probleme entstehen dadurch, daß wir diese Spielchen mit echter Intimität *verwechseln*. Die Spielchen haben durchaus ihre Existenzberechtigung, doch sie werden das tiefe Verlangen nach echter Nähe niemals stillen können, das unfreiwillige Singles von Zeit zu Zeit überfällt. Pseudo-Intimität kann zur Falle werden. Solange Sie sich ihrer »Spiel-Qualität« nicht bewußt sind, kann sie eine lange und schmerzliche Verzögerung Ihre Suche nach Liebe bedeuten. Aus diesem Grund wollen wir dieses Phänomen hier genau durchleuchten.

Echte Intimität setzt eine enge Beziehung zu einem anderen Menschen voraus. Paare, die sich wirklich nahestehen, die wirklich intim sind, legen ihre Masken ab, sobald sie miteinander allein sind. Sie haben alle Befürchtungen, jede Angst voreinander abgelegt. Zwischen ihnen gibt es weder Mißtrauen noch Zurückhaltung.

Pseudo-Intimität aber drückt sich nur durch intime Gesten und Handlungen aus – hinter der Blauäugigkeit und den zarten Berührungen verbirgt sich keine echte Zufriedenheit. Genauso wie ein zweidimensionaler schwarzweißer Schattenriß eine wirkliche Person vorspiegelt, ist die Pseudo-Intimität nur ein Schatten dessen, was in einer Partnerschaft möglich ist.

In einer engen intimen Beziehung ist man grundsätzlich auf das Objekt seiner Zuneigung fixiert. In einer pseudo-intimen jedoch ist man eher auf die *eigene* Befriedigung aus. Tatsächlich ist eines der hervorstechendsten Charakteristika der Pseudo-Intimität das, daß die *Rolle* des »Intimpartners« von nahezu jedem gespielt werden kann, der greifbar ist! Pseudo-Intime lieben einander nicht – sie benutzen einander als Mittel, Intimität und Leidenschaft zu erleben.

Lassen Sie uns einmal die hauptsächlichen Formen betrachten, in denen Pseudo-Intimität auftritt: das »Nähe-Spielen«, Betörtsein und Sex.

Das Nähe-Spielen

Sie haben miteinander gelacht, haben sich geneckt und den ganzen Abend über den Tisch hinweg miteinander geflirtet. Und danach finden Sie sich vor einem flackernden Kaminfeuer – oder bei Kerzenschein – wieder, lümmeln sich auf weichen Kissen und nippen Wein. Jetzt stellen Sie fest, daß Sie dieselbe Art von Musik mögen, daß Sie beide in Mexiko gewesen sind und daß Sie beide gern Ski laufen. Wenn Sie sich jedoch schon ein wenig besser kennen, werden Sie vermutlich die Tagesereignisse besprechen oder über Politik reden. Irgendwann hören Sie dann mit dem Reden auf, berühren einander und halten sich in den Armen. Wenn Sie beide mit diesem Spiel vertraut sind, schauen Sie einander an und flüstern sich gegenseitig nette und zärtliche Dinge ins Ohr.

Danach ist es leicht, sich einem gewissen Maß an sexueller Aktivität hinzugeben, während man sich weiterhin mit Worten und mit den Augen liebkost. Noch vor ein paar Jahren würde eine solche Szene unweigerlich mit Sex geendet haben, doch heute hören Sie höchstwahrscheinlich kurz davor auf, nachdem Sie sich taktvoll – oder stillschweigend – darauf geeinigt haben, diese Begegnung »safe« zu halten.

Am nächsten Abend oder auch am nächsten Wochenende wiederholen Sie das ganze Ritual – mit einem/einer anderen Partner(in).

TEST 11

Denken Sie über bestimmte Erlebnisse nach, bei denen Sie

- sich vertrauter und romantischer benommen haben, als es dem tatsächlichen Grad der Intimität entsprach. Ist Ihnen damals – oder erst später – bewußt gewesen, daß Sie »geschauspielert« haben, zumindest ein wenig?
- nacheinander mit verschiedenen Leuten ausgingen und – sagen wir bei dem/der dritten Partner(in) – feststellten, daß Sie dieselbe zärtliche Phrase nun schon dem/der Dritten ins Ohr flüsterten.
- kurz nachdem Sie sich von Ihrer »Verabredung« verabschiedet hatten, dachten: »Puh! Jetzt kann ich endlich wieder ich selbst sein.« Dies mag Sie zunächst überraschen. Doch sobald sich die Tür hinter Ihrer »Verabredung« geschlossen hat, entspannen sich Ihre

Gesichtszüge, und Sie stellen plötzlich fest, daß es Sie enorme Mühe gekostet hat, Ihre Rolle gut zu spielen.

Warum spielen wir einander Nähe vor? Was bewegt uns, uns auf dieses kuriose Drama einzulassen, bei dem unser Empfinden und unser Verhalten unvereinbar sind?

Zunächst einmal macht es uns Spaß. Und warum sollten wir dieses Spiel auch nicht spielen, das unserem Ego und unserem Körper gleichermaßen guttut?

Zweitens vermittelt dieses Spiel eine Form von Nähe, die noch am nächsten an echte Intimität herankommt, und das ist vielleicht das Äußerste, was viele jemals erreichen – und das wieder ist besser als nichts.

Drittens sind wir schon darauf eingestellt, dieses Spiel zu spielen, weil es uns so oft in Filmen oder im Fernsehen begegnet ist. Vertrautes *Verhalten* ist der leichteste Weg, in einem Film Nähe darzustellen. Ich erinnere mich noch, daß ich einst mit einem alten Freund auf der Couch herumschmuste und plötzlich dachte: »Das könnte eine Szene aus einem Neil-Simon-Film sein.« Nachdem wir ein Leben lang auf dem Bildschirm gesehen haben, wie »Nähe« beginnt, wäre es ja auch wirklich überraschend, wenn wir das nicht nachäffen würden. Bei den Schauspielern sieht es schließlich so einfach aus!

Mir scheint, daß unser Verhaltensrepertoire seit der sexuellen Revolution der sechziger Jahre irgendwie limitiert ist. Ich vermute, daß die verschiedenen Verhaltensstadien früher, als man noch umeinander »warb«, dem tatsächlichen Grad der Intimität, den man erreicht hatte, weit besser gerecht wurden. Heute jedoch kann sich im Laufe eines einzigen Abends aus einer formellen Begegnung vom freundschaftlichen Verhältnis bis zum Sex alles entwickeln. All die Feinheiten, die sich im Laufe der Zeit aufbauten, sind völlig verschwunden. Wer eine Beziehung vorantreiben will, hat das Gefühl, keine andere Wahl zu haben, als sexuelle Botschaften auszusenden, selbst wenn sie – in gewisser Weise – verfrüht sind.

Wir spielen uns aus Gewohnheit Nähe vor. Weil das schneller geht und leichter ist, als wahre Intimität aufzubauen. Wir haben uns alle verschworen, dieses Spiel zu billigen, um unsere Sehnsucht nach engen, herzlichen Beziehungen zu stillen. Wir sind uns der Vorzüge dieses Spiels bewußt, kennen seine Nachteile jedoch so gut wie gar nicht. Lassen Sie uns beides näher beleuchten.

Für das Nähe-Spielen spricht: Das Spiel kann Spaß machen und ist allemal unterhaltsam. Es erlaubt den Spielern, sich im Flirten sowie in intimen und sexuellen Praktiken zu üben. Das Vermächtnis der sexuellen Revolution waren das »Wie man's macht« und der Gedanke, daß wir alle diese »Fähigkeiten« vervollkommnen müssen. Das Nähe-Spielen ist ein gutes »Training«. Wir können unsere sexuelle Identität ausbauen, indem wir bei verschiedenen Partnern lernen und mit ihnen experimentieren. Inzwischen ist das Nähe-Spielen zu einer Art Ritual geworden, das uns die Anfangsstadien einer Beziehung erleichtert und Schritt für Schritt zu wahrer Intimität führen kann.

Doch in diesem Spiel liegen Gefahren: Das schlimmste Problem ist, daß es die Spieler täuschen und ihnen statt Spaß Schmerz bringen kann. Das Spiel vermittelt den Eindruck echter Intimität, aber am Ende hat man meist ein Gefühl der Leere. Wenn es unter dem Einfluß von Drogen und Alkohol gespielt wird, kann es sogar eine noch intensivere Illusion eines sinnlichen, herzlichen, erotischen und freudvollen Umgangs miteinander hervorrufen.

Eine Frau erzählte:

> »Wenn ich das Spiel bei einer besonders angenehmen Gelegenheit spiele, denke ich: ›Wie gerne würde ich dieses Gefühl bei jemandem erleben, zu dem ich tatsächlich eine intime Beziehung habe!‹ Manchmal macht mir das ›Spiel‹ erst bewußt, wie einsam ich bin und wie sehr ich mich nach wahrer Intimität sehne.«

Natürlich können diese angenehmen Episoden harmlos sein, *es sei denn,* das Rollenspiel führt zu einer ernsthaften Beziehung, die auf nichts anderem als dem Spiel gegründet ist.

Die 2. Gefahr ist, daß sich aus dem Nähe-Spielen frustrierende Kommunikationsprobleme ergeben. Denn unsere Sprache kennt keinen Unterschied zwischen echter Intimität und dem bloßen Spiel.

Allison war schon vor über einem Jahr eine Beziehung mit Frank eingegangen und wünschte sich eine stärkere Bindung. Sie sagte ihm Dinge wie: »Ich möchte dir nahe sein« oder »Bitte, sprich doch mehr mit mir.«

Frank aber war verblüfft. »Wie sollten wir uns noch näher sein?« fragte er zurück. »Wir schlafen ständig miteinander. Wir essen ständig auswärts, und wir kuscheln uns aneinander und sehen zusammen fern. Ich halte mich wirklich für ziemlich romantisch. Was soll ich denn noch tun?«

»Ich mag all das«, erwiderte Allison dann gewöhnlich frustriert. »Aber ich fühle mich dir nicht wirklich nahe.«

Allison wollte nicht noch mehr oberflächliche, äußerliche Nähe. Was sie suchte, war ein Gespräch über Franks Gefühle. Sie wünschte sich soviel Vertrauen von Frank, daß er ihr erzählte, wovor er sich fürchtete und auf welchen Gebieten er sich unsicher fühlte.

Das Nähe-Spiel, das Frank spielte, gehörte zu seiner Rolle. Allison aber sehnte sich danach, daß Frank sich bei ihr fallen lassen und ihr sagen würde, was er wirklich für sie empfand. Sie wollte mehr als die Komplimente hören, von denen sie beide wußten, daß sie nun einmal zur Rolle des Romantikers gehören.

Aber da weder Frank noch Allison den Unterschied zwischen dem Spiel und echter Nähe kannten, hatten sie es ungeheuer schwer, sich einander mitzuteilen. Sie benutzten denselben Begriff »nahe sein, vertraut sein« und meinten doch zwei völlig verschiedene Dinge.

»Ich möchte gern mehr Nähe und Intimität«, pflegte Allison zu sagen – was sie meinte, war echte Nähe.

»Ich bin dir doch nahe«, entgegnete Frank – was er meinte, war das Nähe-Spiel.

Wie sollten sie da rauskommen? Ihnen war ja nicht einmal bewußt, daß sie über zwei völlig verschiedene Dinge redeten!

Wenn das Nähe-Spiel häufig und mit verschiedenen Partner gespielt wird, kommt ein 3. Problem dazu, das ich das »Wolf, Wolf-Syndrom« nennen möchte.

Ich selbst fürchtete früher, daß ich bei diesem Spiel meine ganze »Liebes-Sprache aufbrauchen« könnte und keine Möglichkeit mehr hätte, mich auszudrücken, wenn ich mich schließlich ernsthaft verlieben würde. Ich fühlte mich wie der Junge, der »Wolf, Wolf« brüllt, wenn gar kein Wolf da ist, und fürchtete, keine aufrichtigen Gefühle vermitteln zu können, wenn ich es dann endlich tun müßte. Zärtliche Worte und Gesten, die beim Nähe-

Spiel so eifrig eingesetzt werden, verlieren bei einer wirklich wichtigen Gelegenheit leicht an Wirkung.

Das 4. Problem möchte ich das »Nur-Vorspeisen-Syndrom« nennen: Ein Häppchen Wärme und sexuelle Nähe regen den Appetit an, und wenn dann kein Festessen folgt, verstärkt das nur die Sehnsucht nach echter Nähe. Eine Frau, die darunter litt, benutzte eine andere Metapher.

> »Meine Hoffnungen auf eine richtige Beziehung schlummern in mir wie ein Bär in seiner Höhle. Wenn meine Phantasie Winterschlaf hält, stört sie mich nicht, und ich fühle mich großartig. Doch sobald jemand meine Hoffnungen auch nur leicht aufrüttelt, kommen meine Phantasien aus ihrer Höhle und verbrauchen ein Großteil meiner Energien. Dann konzentriere ich mich auf das, was mir fehlt. Es kostet mich viel Mühe, meine Hoffnungen wieder zum Einschlafen zu bringen. Deshalb werde ich ärgerlich, wenn jemand nur ein wenig Nähe will und sonst nichts. Allein geht's mir besser als in einer halben Beziehung.«

Ein letztes, bedeutsames Problem des Nähe-Spiels ist, daß es nicht von Dauer sein kann. Das spielt keine Rolle, wenn man es bei One-Night-Stands beläßt oder nur während eines Urlaubsflirts gespielt hat. Wenn man jedoch eine Beziehung nur auf dem Spiel aufbauen will, wird man entweder unzufrieden werden und anfangen, sich von seinem/seiner Partner(in) zu entfernen, oder man begnügt sich mit einem für beide Seiten nicht befriedigenden Verhältnis und fragt sich, warum »es« nicht mehr funktioniert.

Ich habe die Teilnehmer meiner Workshops gefragt, ob sie glauben, daß man emotionelle Zufriedenheit und sexuelle Spannung über die Jahre einer Beziehung erhalten kann. Die Mehrheit war der Meinung, daß man das nicht kann!

Tatsächlich aber wird die Beziehung in einer echten Intimpartnerschaft von Jahr zu Jahr tiefer, enger und befriedigender. Der Glaube, daß sexuelle Erregung und emotionelle Befriedigung grundsätzlich einen frühen Tod sterben, ist das direkte Ergebnis unserer Unfähigkeit, zwischen echter Nähe und dem Nähe-Spiel zu unterscheiden. Echte Intimität wächst mit der Zeit. Das Nähe-Spiel aber wird schon bald langweilig.

Bevor wir uns näher damit befassen, was man gegen das Nähe-

Spiel unternehmen kann, sollten wir uns mit zwei anderen Formen der Pseudo-Intimität beschäftigen – mit der Betörtheit oder Schwärmerei und dem Sex.

Betörtheit, Vernarrtheit, Schwärmerei

Betörtheit, Vernarrtheit oder Schwärmerei – auch bekannt als Verliebtheit – wird als törichte, übertriebene, alles andere ausschließende Leidenschaft definiert, als irrationale Liebe oder irrationales Verlangen, als »blinde« Liebe. Jeder von uns, der »verliebt war«, weiß, daß das äußerst aufregend sein kann.

Sowohl Biologen wie auch Psychologen (von Dichtern und Songschreibern ganz zu schweigen) haben das Phänomen des Betörtseins, der Vernarrtheit oder Schwärmerei erforscht und versucht, Intensität und Geheimnis dieses Gefühls zu erklären. Biochemiker haben die Hypothese aufgestellt, daß das Hirn eines »betörten« Menschen Phenylethylamin – eine amphetaminähnliche Substanz – freisetzt, was ein natürliches, von körpereigenen Drogen herbeigeführtes »Hoch« hervorruft.

Sobald das Betörtsein, die Schwärmerei endet, hört das Hirn des ernüchterten Liebhabers auf, das Aufputschmittel zu produzieren, und das führt zu einem Schmerz, der so quälend ist wie der bei echtem Drogenentzug (es hat sich herausgestellt, daß die Kakaobohne Phenylethylamin enthält; vielleicht ist das der Grund, aus dem Liebeskranke ihren Kummer oft in übertriebenem Schokoladenkonsum ertränken).

Die Psychologen behaupten, daß die Ursachen des Betörtseins/der Vernarrtheit/Schwärmerei tief in der Seele der Liebenden verwurzelt sind. Beispielsweise verlieben sich Frauen oft unbewußt in Männer, die ihren Vätern ähneln, um so im nachhinein die Anerkennung zu bekommen, die ihnen die Väter versagten. Manchmal projizieren Frauen aber auch die männlichen Eigenschaften oder Verhaltensweisen, die ihnen eigen sind, auf einen Mann, um sie so doch noch ans Tageslicht zu bringen. In beiden Fällen mögen sich die Frauen stark zu dem betreffenden Mann hingezogen fühlen, doch sie können nicht ernsthaft von ihm erwarten, daß er in der Lage ist, ihnen das zu geben, was sie von ihm wollen (die Liebe ihres Vaters oder ihre Unabhängigkeit).

Der Mann seinerseits mag ebenfalls seine ureigenen Gründe haben, sich in sie zu verlieben. Ältere, verheiratete Männer sind häufig in ihre jungen Sekretärinnen vernarrt, weil sie ihre unbewußte Angst vor Impotenz verschleiern wollen.

Selbst wenn dieses Vernarrtsein einem ein intensives Gefühl der Intimität vermittelt und sogar noch mehr nach Intimität aussieht als das Nähe-Spiel, hat es doch mit echter Intimität nichts zu tun. Und es hat ebenfalls Vor- und Nachteile.

Pro: Es kann ausgesprochen angenehm sein, solange es dauert, und kann erfreuliche Nebeneffekte wie Gewichtsverlust oder einen Energieschub für andere Vorhaben mit sich bringen. Es gibt einem eine Kostprobe von Intimität und kann dazu noch eine gute Übung in intimen Praktiken sein. Und wenn man das Glück hatte, sich in einen – mehr oder weniger – passenden Partner zu verlieben, kann diese Vernarrtheit sogar der Beginn einer wirklich intimen Beziehung sein.

Doch die Schattenseiten der Vernarrtheit sind schwerwiegend. Zunächst macht dieses Verliebtsein blind. Man sieht alles durch eine so rosarote Brille, daß einem eine gefühllose Neckerei wie Herzlichkeit erscheint, die Amateurmalerei des/der Geliebten wie ein Meisterwerk, das Nähe-Spiel als wahre Liebe, und daß man rücksichtsloses Verhalten einfach übersieht. Nach Stunden, in denen sie sich angeregt unterhalten haben, ist es möglich, daß zwei Verliebte der Meinung sind, daß ihre Wertmaßstäbe zusammenpassen wie die Teile eines Puzzles. Doch schon ein paar Monate später finden sie heraus, daß er ein Einzelgänger ist und daß sie ein Gefühl der Zusammengehörigkeit braucht, oder daß er keine Kinder möchte, während sie welche will. Vernarrte Liebende hören nur das, was sie hören wollen, und sehen nur, was sie sehen wollen, bis sie eines Tages feststellen, was die verstorbene kalifornische Sängerin Kate Wolfe besungen hat, daß nämlich »das Bild auf dem Plattencover nicht zum Inhalt paßt«.

Das bringt uns zum 2. Problem des Vernarrtseins: Es dauert niemals an, und das Zerplatzen der Träume kann sehr schmerzlich sein. Das Rosarot verliert sich, sobald die Partner beginnen, sich so zu sehen, wie sie wirklich sind. Wenn die Beziehung endet, werden beide Partner nicht nur unter dem gegenseitigen Verlust, sondern auch unter dem Zerbrechen ihrer Träume leiden. Endet die Beziehung jedoch nicht, kann das ebenso schmerzlich und schwierig sein. Die Partner werden sich vermutlich gegenseitig für die befürchteten Änderungen verantwortlich machen, die sie nicht einmal erklären können. Es geht nur gut, wenn beide bereit sind, ihre Beziehung auf eine realistische Basis zu stellen.

Obwohl die meisten von uns davon träumen, sich zu verlieben, ist die Vernarrtheit/Schwärmerei nicht der einzige Weg zur Intimität. Ohne Hast begonnene Beziehungen können ebenso angenehm sein – mit Gewißheit sind sie sicherer und können schließlich zu Perioden der Lust und Leidenschaft führen, die ähnlich intensiv sind wie das erste Stadium der Verliebtheit. Im Gegensatz dazu fußen sie nämlich auf Realität.

Sex

Die meisten Leute stellen Sex und Intimität gleich. Wenn sie »Intimität« hören, denken sie an Sex und umgekehrt.

Ich vermute, daß auf der Annahme, daß Intimität und Sex gleichbedeutend seien, mehr Mißverständnisse und Kummer beruhen als auf jedem anderen »Irrglauben«, den ich in diesem Buch beschreibe.

Sex und Intimität sind gesonderte, getrennte Erfahrungen. Manchmal treten sie gemeinsam auf, doch oft genug erleben wir nur das eine oder das andere. Zwei Frauen, die kein Sex verbindet, können bei einem ausgedehnten Abendessen viel von sich selbst offenbaren, gefühlsbetont und vertrauensvoll sein – das heißt, sie können wirklich intim sein. Im Gegensatz dazu kann ein durch Sex verbundenes Paar, das Nacht für Nacht miteinander schläft und sexuell gleichermaßen befriedigt ist, nicht miteinander »intim« werden, wenn es sich nicht bemüht, gefühlsmäßig und verbal ehrlich miteinander umzugehen, Vertrauen aufzubauen, und wenn die Partner nicht bereit sind, ihr »Seelenleben« miteinander zu teilen.

Ironischerweise kann gerade Sex der Entwicklung echter Intimität im Wege stehen. Wenn beispielsweise einer der Partner sich angesichts »zu großer Nähe« unwohl fühlt, weil die Menge oder die Art der ausgetauschten Informationen ihm unangenehm ist, oder er sich bei dem »langweilt« (gewöhnlich ein Synonym für Angst), was der andere ihm anvertraut. Dann kann er oder sie den Sex als »Ablenkung« benutzen, um weitere Intimität für den

Moment auszuschließen. Da beide Partner davon ausgehen mögen, daß Sex den intimen Kontakt fördert, wird der so abgelenkte Partner es für gefühllos halten, nicht darauf einzugehen. Dennoch wird er oder sie sich zu Recht benachteiligt, frustriert oder verwirrt fühlen.

Nach meinen Erfahrungen ist das Verlangen nach Sex und Intimität häufig immer noch geschlechtsspezifisch. Die Aussagen eines Paares drücken dieses klassische Dilemma deutlich aus:

ER: »Ich habe das Gefühl, daß ich sie zum Abendessen einladen und ein ›langes Gespräch‹ mit ihr führen muß, um sie dazu zu kriegen, mit mir ins Bett zu gehen.«

SIE: »Ich habe das Gefühl, daß ich mit ihm ins Bett gehen muß, damit er überhaupt mit mir redet.«

Er erträgt Nähe, obwohl das, was er wirklich will, Sex ist; sie erträgt Sex, obwohl das, was sie wirklich will, Nähe ist.

Wenn dieses Problem bei einem Paar auftritt, kann das der Ausdruck eines unterschwelligen Machtkampfes innerhalb der Beziehung sein. Falls das so ist, ist vielleicht ein gründliches Gespräch nötig, um das Problem auszuräumen. Dennoch muß ein Paar im Hinblick auf das spezifische Thema Sex kontra Gespräch drei Dinge berücksichtigen:

- Sex und Intimität sind zwei *unterschiedliche Bedürfnisse*. Gewöhnlich nimmt jeder Partner an, daß seine jeweiligen Bemühungen dem anderen ausreichen müßten. Wenn ein Partner jedoch beide zufriedenstellen will, muß er sich auf *beiden* Gebieten bemühen.
- Jeder der Partner hat einen berechtigten Wunsch.
- Solange beide vorhaben, intimen Gesprächen *und* Sex einen Platz einzuräumen, ist es gleichgültig, in welcher Reihenfolge es passiert. Männer fühlen sich nach dem Sex häufig entspannt genug und sind bereit zu einem Gespräch, während Frauen nach einem intimen Gespräch eher zum Sex bereit sind. Deshalb ist es nötig, den jeweiligen Standpunkt zu erkennen und dem anderen entgegenzukommen.

Bei einem meiner Workshops haben wir eine Stunde damit verbracht, eine Erfahrung zu besprechen, die jede der Frauen schon einmal gemacht hatte. Sie illustriert das Problem, das auftauchen kann, wenn man Sex und Intimität miteinander vermischt. Eine der Frauen erklärte es so:

> »Falls ich offen, herzlich und ›nur ich selbst‹ bin, wenn ich mit einem Mann zusammen bin, dann nimmt er automatisch an, daß ich mit ihm ins Bett gehen will. Sobald ich nein sage, wirft er mir vor, konfuse Signale auszusenden. Nun habe ich das Gefühl, daß ich entweder die ganze Zeit kalt und ablehnend sein oder mit jedem Mann schlafen muß, den ich anlächele oder mit dem ich rede!«

Diese Frau versuchte, natürlich zu sein, und probierte, die Möglichkeit von Intimität und einem ernsthaften, gefühlsmäßigen Austausch anzubieten. Da aber der Mann nicht in der Lage war, zwischen Intimität und Sex zu unterscheiden, glaubte er, sie habe sexuelle Absichten.

Überraschend verbreitet war unter den Frauen, die ich interviewte, die Erfahrung, daß sie unerklärlicherweise unmittelbar nach dem Sex weinen mußten. Frauen berichten offen darüber, daß sie sich dann zutiefst einsam fühlen – sogar so etwas wie »Heimweh« haben. Manchmal ist die Angst, sich dem anderen zu offenbaren, so groß, daß es der Frau gelingt, ihre Tränen vor dem Mann zu verbergen. Sobald die Frauen etwas Distanz zu diesem Erlebnis haben, erklären sie es sich, indem sie sagen, daß sie Intimität wollten, aber nur Sex bekamen.

DAWN: »Sex ohne wirkliche Zuneigung führt bei mir dazu, daß ich mich noch mehr nach Zuneigung sehne. Aber die bekomme ich nicht. Er schaut mich ja nicht einmal an. Das schmerzt einfach.«

ELAINE: »Obwohl ich ebenfalls mit ihm schlafen wollte, stellte ich hinterher fest, daß ich das schreckliche Gefühl hatte, benutzt worden zu sein. Ich hatte das Gefühl, daß er nur auf seine eigene Befriedigung aus war. Das war alles, was er mir vermittelte. Wir waren uns nicht nahe, als wir miteinander schliefen – und auch später nicht. Ich fühlte mich zurückgestoßen.«

Sex kann für ein Paar, das eine enge, dauerhafte Beziehung hat, ein exquisites, intimes Erlebnis sein. Tatsächlich wäre es in einem solchen Fall richtiger zu sagen, daß Sex ein Ausdruck seiner Intimität ist. Doch viel häufiger ist Sex für Singles eine pseudointime Erfahrung – das äußerliche Ausleben einer Intimität, die nicht von innen kommt.

Das alarmierende Auftauchen von AIDS hatte einen dramatischen Einfluß auf den Gebrauch von Sex als einer Form von Pseudo-Intimität. Zunächst einmal ist es mehr als eine Gefahr für die Gesundheit: Da wir uns darauf verlassen haben, daß Sex die Illusion der Nähe hervorbringt, ist Sex nun eine geringere Option, und wir stehen da und fürchten, daß wir nun auch auf Nähe verzichten müssen.

Dennoch können wir immer noch Nähe *finden*. Obwohl die AIDS-Epidemie eine Katastrophe ist, hat sie doch vielleicht einen Nebeneffekt, uns zu zwingen, in die subtileren Bereiche ehrlicher Kommunikation und zärtlicher Zuneigung zurückzukehren. Wir müssen nun wahrscheinlich auf unsere kreativen Ressourcen zurückgreifen, um neue Wege zu finden, vertraut miteinander umzugehen und die Bereiche echter Intimität zu erkunden. Auf jeden Fall werden wir uns, während wir uns unseres Sexualverhaltens klar bewußt werden, zweifellos auch des Unterschieds (und ebenso der Beziehung) zwischen Intimität und Sex klarer bewußt werden und feststellen, daß beides zu einer beständigen, amüsanten Partnerschaft gehört. Weil wir nicht länger »schnellen Sex« bekommen können, werden wir versuchen, unsere Partner wirklich kennenzulernen, ihnen zu vertrauen und uns um sie zu kümmern, bevor wir zur körperlichen Intimität übergehen.

Es liegt nicht in meiner Absicht, Ihnen zu suggerieren, daß Sex ohne Intimität »schlecht« ist. Erotische Erlebnisse gleichgesinnter Erwachsener sind in der Zeit, seit der es die Pille gibt, zur Norm geworden und können sowohl angenehm wie auch amüsant sein. Obwohl es seit dem Auftreten von AIDS weniger Sex um des Sex willen gibt, gehört ein gelegentliches Zusammen-Schlafen ohne wirkliche Intimität doch immer noch zu den Dingen, die manche Leute »brauchen«.

Ich möchte jedoch betonen, daß Sex im Rahmen einer Beziehung, die bereits intim oder auf dem Wege zu echter Intimität ist, ein völlig anderes Erlebnis ist – er ist eher eine Kommunikationsform denn eine Art Amüsement. Die wirkliche Tragödie des Sex, dem die Intimität fehlt, ist die, daß zu viele sich damit begnügen, weil sie glauben, daß das alles ist, was sie bekommen können. Der Theologe Thomas Oden, Autor von *Game Free: The Meaning of Intimacy,* drückte es so aus:

> »Die Versuchung, zwischenmenschliche Begegnungen auf das Sexuelle zu beschränken, hat... unserer Kultur unsagbares Elend gebracht... Sex ohne zwischenmenschliche Intimität ist wie ein Diplom, das man erhält, ohne dafür gearbeitet zu haben. Intimität verbindet mehr als Sex.«

Wie man mit der Pseudo-Intimität umgeht

Tatsächlich gibt es nichts, was man da »tun« kann. Allein dadurch, daß wir zwischen wahrer und Pseudo-Intimität unterscheiden, bleibt uns die Wahl. Es gibt gewiß keinen Grund, herzliche, erfreuliche Erfahrungen zu meiden, selbst wenn man nicht die Absicht hat, intim zu werden. Sie müssen allerdings die Augen offenhalten, wenn Sie sich in eine solche Situation begeben. Denken Sie an die guten Seiten der Pseudo-Intimität – Spaß, Übung in den intimen Praktiken – und genießen Sie das Spiel. Die Anfangsstadien von Beziehungen werden häufig von pseudointimen Spielen bestimmt, die zu wahrer Intimität beitragen können. Passen Sie aber auf, daß Sie sich anschließend nicht ausgebrannt und erschöpft fühlen. Verwechseln Sie sexuelle Übereinstimmung und Leistungsfähigkeit nicht mit Übereinstimmung und Leistungsfähigkeit auf anderen Gebieten. Seien Sie sich bewußt, daß sexuelle Intimität, wenn man sie als Kommunikationsmodus etabliert, bevor andere sich entwickeln können, dazu führen kann, daß die späteren für immer in der Entwicklung behindert und der erstere sich vielleicht niemals über ein oberflächliches Gewohnheitsritual hinaus entwickeln wird.

Sobald Sie feststellen, daß Sie es mit jemandem ernst meinen, sollten Sie noch einmal meine Definition der Intimität lesen, die ich am Anfang dieses Kapitels gegeben habe, und darüber nachdenken, ob Ihre Beziehung dem gerecht wird. Wie schätzen Sie die Möglichkeiten ein, ehrlich miteinander zu kommunizieren? Wie schätzen Sie die gefühlsmäßige Verfügbarkeit, das Vertrauen und den Respekt ein?

Sie müssen wissen, daß man eine solide Beziehung für ein ganzes Leben nicht auf den schlüpfrigen Grundlagen pseudointimer Spiele aufbauen kann.

TEST 12

Denken Sie an eine Beziehung, die Sie beurteilen wollen, und beantworten Sie die folgenden Fragen entweder mit »immer«, »manchmal« oder »nie«!

__________ Mein(e) Partner(in) scheint beim Sex leidenschaftlich zu sein und ist mir auch danach noch nahe.

__________ Ich weiß, was mein(e) Partner(in) empfindet.

__________ Mein(e) Partner(in) und ich sprechen über unsere Gefühle.

__________ Ich habe eine Ahnung, was die schlimmsten Ängste meines/meiner Partners/Partnerin sind.

__________ Ich kenne die kühnsten Träume meines/meiner Partners/Partnerin.

__________ Ich nehme meinem/meiner Partner(in) kleine Arbeiten ab und tue ihm/ihr gern einen Gefallen.

__________ Ich gebe mir Mühe, es meinem/meiner Partner(in) beim Sex schön zu machen.

__________ Es fällt mir leicht, mit den Unzulänglichkeiten meines Partners/meiner Partnerin zurechtzukommen.

__________ Ich könnte eine Woche lang mit meinem Partner/meiner Partnerin verreisen, ohne mich zu langweilen.

________ Mein(e) Partner(in) und ich sind gute Freunde.

________ Ich kann mit meinem Partner/meiner Partnerin über Religion und Politik diskutieren, ohne daß einer versucht, den anderen niederzumachen.

________ Mein(e) Partner(in) und ich sind uns der Zukunftspläne und -hoffnungen des anderen völlig bewußt.

________ Unsere Zukunftspläne und -hoffnungen sind miteinander vereinbar.

________ Mein(e) Partner(in) ist nicht egoistisch und denkt an unser beider Wohl und unser beider Bedürfnisse.

________ Mein(e) Partner(in) übernimmt einige meiner Arbeiten und tut mir öfter mal einen Gefallen.

________ Mein(e) Partner(in) gibt sich Mühe, es mir beim Sex schön zu machen.

________ Wenn mein(e) Partner(in) Angst hat oder sich deprimiert fühlt, dann diskutiert er/sie das mit mir.

________ Wenn mein(e) Partner(in) besonders glücklich ist, teilt er/sie seine/ihre Freude mit mir.

________ Unter welchen Umständen auch immer – ich bin gern mit meinem Partner/meiner Partnerin zusammen.

________ Ich glaube, was mein(e) Partner(in) mir erzählt.

________ Ich bin bereit, meinem Partner/meiner Partnerin alles zu geben.

________ Mein(e) Partner(in) ist mir gegenüber sehr großzügig und gibt mir alles.

________ Mein(e) Partner(in) und ich behandeln uns gegenseitig mit Respekt, selbst wenn wir streiten.

Wenn Sie zehnmal oder öfter mit »immer« oder »häufig« geantwortet haben (auf dieser Basis haben wir den Test bei meinen Workshops bewertet), sind Sie dabei, echte Intimität aufzubauen (ein Prozeß, der Zeit braucht). Wenn Sie zehnmal oder öfter mit »manchmal« oder »nie« geantwortet haben, sollten Sie einmal ernsthaft darüber nachdenken, ob das, was da zwischen Ihnen und Ihrem Partner/Ihrer Partnerin abläuft, nicht eine Art Scharade ist.

Den Unterschied zwischen echter Intimität und pseudo-intimen Spielchen zu verstehen ist der beste Schutz vor einer zu engen Bindung an einen Menschen, der nicht bereit ist, sich Ihnen zu öffnen, der verletzlich ist und nicht in der Lage wäre, die Bedürfnisse einer lebenslangen Beziehung zu erfüllen.

Es ist relativ leicht, sich auf Pseudo-Intimität einzulassen, und die meisten von uns haben es hin und wieder getan und es genossen. Sie dürfen nur Ihr Ziel nicht aus den Augen verlieren, denn was Sie wollen, ist die beständige Nähe zu einem anderen Menschen. Deshalb sollten Sie nicht zu viel Zeit mit einem Partner/einer Partnerin vertrödeln, der/die Ihnen das niemals wird bieten können. Wahre Liebe macht Spaß, doch sie ist kein Spiel.

7. KAPITEL

Die 7. Strategie: Hüten Sie sich vor einem Prinzen/einer Prinzessin auf Zeit

Wie man »Bindungs-Angsthasen« erkennt

Die Bindungsangst hat während der großen emotionalen Depression geradezu epidemische Ausmaße angenommen. Niemals zuvor haben sich so viele Menschen Hals über Kopf verliebt, um dann nach einer sehr kurzen, aber äußerst intensiven Romanze verzweifelt festzustellen, daß die Person ihrer Träume einfach nicht zu einer Bindung bereit war. Doch trotz aller Publicity, die dieses Phänomen erhält, scheinen viele Singles nicht in der Lage zu sein, Bindungsangst zu erkennen und dem schmerzlichen Kreislauf zu entkommen, zu dem sie unweigerlich führt.

Bei buchstäblich jedem Workshop, den ich abhielt, erzählte jemand die traurige Geschichte einer Begegnung mit einem »Beziehungs-Angsthasen«. Und jedesmal, wenn ein neuer Artikel zu diesem Thema erscheint, kopieren ihn Singles aufgeregt, als ob er eine brandneue Einsicht enthielte. Sie verteilen die Kopien an all ihre Freunde und schicken sie anonym an eine(n) alte(n) Geliebte(n). Insgeheim hoffen sie, daß sie/er nun erkennen möge, worum es geht und sich vielleicht bessere. Danach schreiben sie womöglich noch an die Zeitschrift, um mitzuteilen, daß sie sich nun endlich verstanden und in Schutz genommen fühlten.

Das Problem aber liegt noch vor ihnen. Dieselben Singles werden sich nämlich anschließend – auch wenn es ihnen das Herz bricht – aus ihrer Beziehung mit einem Bindungs-Angsthasen herauslösen, sich neu orientieren und sich mit dem nächsten einlassen!

Helen Singer Kaplan war es, die den Begriff der »Bindungsphobie« einführte, aber auch andere fanden Namen für diesen Typ:

Ken Kersey: Die »Geh-weg/Komm-näher«-Krankheit;
Barbara Ehrenreich: Das Playboy-Syndrom – Flucht vor Bindung;
Daniel Goldstine: Der weitertanzende Liebhaber;
Marie-Louise von Franz: Puer aeternus – »das ewige Kind/der ewige Jüngling«;
Dan Kiley: Das Peter-Pan-Syndrom;
Steven Carter: Die Angst vor der ewigen Liebe. Bindungsphobien der Männer ... und was Frauen dagegen unternehmen können (erschienen 1989 im DIANA-Verlag, Zürich).

Im Gegensatz zu den meisten meiner Kollegen glaube ich nicht, daß Bindungsangst ein typisch männliches Problem ist. Ich habe viele Frauen kennengelernt, die darunter leiden, und bin nicht der Meinung, daß Männer das Monopol auf dieses »Leiden« haben.

Also noch einmal, was ist Bindungsangst? Wie können wir sie früh erkennen? Und was sollen wir tun, wenn sie uns begegnet?

Bindungsangst ist eine krankhafte Abneigung gegen Bindungen, jedoch *kombiniert* mit einem unstillbaren Verlangen nach Selbstbestätigung durch das andere Geschlecht. Menschen mit Bindungsangst fühlen sich zwischen der Sehnsucht nach Intimität und der Furcht davor hin- und hergerissen. Sie fürchten sich *gleichzeitig* davor, verlassen *und* verschlungen zu werden. Sowohl ihre Zwangsvorstellung, jemandem nahe zu sein, wie auch ihre Abneigung gegen Nähe sind extremer als die üblichen Sehnsüchte und Ängste, unter denen die meisten von uns im Hinblick auf Bindung und Intimität leiden.

Bindungs-Angsthasen sind gewöhnlich ausgesprochen gut, wenn es um den Aufbau von Intimität geht. Sie sind liebevoll, offen, haben es leicht, sich zu offenbaren, und sind stark gefühlsbetont. Sie können einem in die Augen schauen und sagen, daß man die Erfüllung ihres Traums ist. Sie sehnen sich – wie man selbst – nach einer engen, innigen Beziehung, die einmalig ist auf der Welt. Von einem Bindungs-Angsthasen weiß ich beispielsweise, daß er drei verschiedenen Frauen sagte: »Wir müssen in einem früheren Leben miteinander verheiratet gewesen sein.«

Doch just in dem Moment, in dem Ihr(e) Geliebte(r) Ihnen ganz nahe zu sein scheint – oder wenn Sie anzudeuten beginnen, man könne ja zusammenziehen oder gemeinsam verreisen –, wird der Bindungs-Angsthase einen Weg finden, Distanz aufzubauen. Und Sie werden anfangen zu leiden!

Das kennzeichnende Charakteristikum der Bindungs-Angsthasen ist, daß sie *immerzu* beide Botschaften vermitteln: »Komm näher, geh weg. Verlaß mich nicht, verschling mich nicht.« Sie sind Meister in der hochentwickelten Kunst, konfuse Botschaften auszusenden.

Der Grund, aus dem wir Bindungs-Angsthasen so schwer identifizieren können, ist der, daß wir in den frühen Stadien einer potentiellen Beziehung nur hören und sehen, was wir hören und sehen wollen. Aus Freude darüber, endlich jemanden gefunden zu haben, der in der Lage scheint, uns ein Gefühl der Nähe zu vermitteln, *wollen* wir solche Hinweise auf eine Distanzierung gar nicht bemerken. Also ignorieren wir sie.

Ich habe gewiß Dutzende trauriger Geschichten über Bindungs-Angsthasen gehört, und dies war die wohl traurigste:

Rebecca, eine 36jährige Therapeutin, war sechs Wochen lang mit einem Mann ausgegangen und hatte das Gefühl, noch nie einem potentiellen Lebenspartner so nahe gewesen zu sein. Reisepläne, die John gemacht hatte, bevor er Rebecca kennengelernt hatte, brachten dann eine Unterbrechung ihrer Beziehung. Doch die beiden verabredeten, daß Rebecca ihn während seines Aufenthalts auf Hawaii besuchen sollte. Nachdem er zwei Wochen weg war, bekam Rebecca eine wundervolle Karte, auf der er sie seiner Treue versicherte und ihr genaue Instruktionen für die Reise gab. Im Umschlag der Karte fand Rebecca einen zusammengefalteten Brief. Er trug ein späteres Datum und begann mit: »Liebe Rebecca, ich bin sehr traurig, Dir diesen Brief schreiben zu müssen, doch ich habe inzwischen das Gefühl, daß ich lieber nicht möchte, daß du herkommst ...«

Warum schickte er ihr nicht nur den Brief?

Er *mußte* ihr sowohl Brief wie Karte schicken, weil er immer beide Botschaften aussenden muß: »Komm näher – geh weg! Ich brauche Nähe, und ich muß wissen, daß ich sie vermitteln kann, aber binde mich bitte nicht an. Neben deiner brauche ich auch die Nähe anderer Menschen. Ich liebe dich, doch ich brauche meine Privatsphäre. Ich will, daß du mich liebst und mich losläßt. Komm näher – geh weg.«

In *Manchmal ein großes Verlangen* spricht Ken Kersey von der »Geh weg/komm näher«-Krankheit. Nach Kontakt zu hungern und ihn Gift zu nennen, wenn er angeboten wird ... sich abzusichern, damit niemand einem zu nahe kommt, zu intim wird, einen zu sehr bindet... trotzdem unglücklich zu sein, wenn man sich isoliert fühlt.

Der Psychologe Daniel Goldstine beschreibt das, was er den »weitertanzenden Liebhaber« nennt, und weist darauf hin, daß dieser Typus oft Kritik als Ausrede benutzt, wenn es gilt, zu große Nähe abzuwehren. Nach Goldstine ist der »weitertanzende Liebhaber« ein charmanter Romantiker, der es liebt, Frauen kennenzulernen, der aber in seiner ureigenen Angst gefangen ist, festgenagelt zu werden. Er steht allen Frauen, die er trifft, kritisch gegenüber, und sobald er einer etwas näher kommt, setzt er einfach seine Kritik ein und tanzt weiter. Zurück läßt er eine Staubwolke und ein gebrochenes Herz. Er ist sich sicher, daß er die richtige Frau noch nicht getroffen hat, und klammert sich an seine Illusion, daß er wirklich bereit ist, eine Bindung einzugehen. Sein Leben wird von seiner Furcht vor Intimität beherrscht, doch die versteht er gut zu verbergen – vor sich selbst jedenfalls und meist auch vor den Frauen, mit denen er zusammen ist.

Während eines meiner Workshops hat Bonnie, eine 40jährige Graphikerin, die klarste Beschreibung von Bindungsangst gegeben, die ich jemals gehört habe:

> »Ich bin mehr an Ehrlichkeit als an Bindung interessiert. Ich will *heute* Lebensqualität. Was morgen ist, ist mir egal. Allein der Gedanke an Bindung macht eine Beziehung kaputt. Sobald jemand anfängt, von Bindung zu sprechen, kriegen die Leute Angst. Sie werden vorsichtig. Sie fangen an, sich auf die Fehler des anderen zu konzentrieren, fragen sich: ›Würde ich mich wirklich an die Schlampigkeit dieses Menschen gewöhnen können?‹ Dann reden sie nicht mehr offen und frei von der Leber weg. Zu jemandem, von dem ich weiß, daß ich ihn nie wiedersehen werde, kann ich sehr ehrlich sein. Doch je mehr ich mich auf eine Beziehung einlasse, desto vorsichtiger muß ich werden.«

Verglichen mit echter Intimität ist die »Intimität«, von der Bonnie spricht, sehr limitiert. Sie vermittelt eine Ahnung der wahren Intimität, aber das ist nicht dasselbe.

Jetzt, da wir verstehen, was Bindungsangst ist, ist die große Frage, wie man Bindungs-Angsthasen erkennt und wie man sich vor ihnen in Sicherheit bringt.

1. *Achten Sie auf jeden Hinweis auf Bindungsangst.* Da Bindungsängstliche immer beide Signale aussenden, *wird* es – auch schon in einem frühen Stadium – Hinweise auf eine Distanzierung geben.

Wenn man der-/diejenige ist, der/die diese konfusen Signale empfängt, glaubt man, man müsse wahnsinnig werden! Eine Frau drückte es so aus: »Es ist der Rausch und die Qual gleichzeitig! Zuerst verbringen wir einen wundervollen Tag zusammen, und dann ruft er mich nicht einmal an!«

Wie wir in unseren Psychologievorlesungen lernten, sind es periodisch verabreichte Stromstöße, die Ratten wirklich rasend machen. Sobald Sie also das Gefühl haben, verrückt werden zu müssen, sollten Sie an die Ratten denken! Bekommen auch Sie periodisch Stromstöße verabreicht? Wenn Sie feststellen, daß Sie stundenlang und wie besessen mit Ihren Freunden beratschlagen, was Sie denn nun tun sollen – anrufen oder nicht, ob Ihr(e) Geliebte(r) sich wohl bedrängt fühlt und so weiter – *ad nauseum*, achten Sie auf Ihre Gefühle. Genießen Sie das?

Die früheren Beziehungen eines Menschen verraten eine Menge über ihn. Hat er/sie eine Menge kurzlebiger Beziehungen hinter sich? Warum und wie wurden frühere Beziehungen beendet? Wie äußert sich dieser Mensch über seine Zukunftswünsche? Und wie behandelt er/sie Sie?

Ignorieren Sie nicht die Alarmzeichen, wenn Ihr(e) Partner(in) zum erstenmal vergißt, Sie anzurufen, oder sich nicht an Verabredungen hält. War das ein konfuses Signal? Ignorieren Sie es nicht, wenn Sie sich zum erstenmal verletzt fühlen. War das ein Einzelfall? Oder wird es zur Gewohnheit?

Jede ernsthafte neue Beziehung verlangt Anpassung. Bindungs-Angsthasen sind gewöhnlich nicht bereit, ihre Gewohnheiten auch nur im geringsten zu ändern, wenn es gilt, eine neue Beziehung in ihrem Leben zu etablieren. Sind Sie der-/diejenige, der/die sich anpaßt und auf jedem Gebiet kompromißbereit ist?

All dies sind Hinweise, achten Sie darauf. Und achten Sie vor allem auf Ihre eigenen Gefühle.

2. *Sobald Sie eine Diagnose haben, müssen Sie schnell handeln.* Das wird natürlich schwierig sein. Dennoch – wenn Sie Ihrer Intuition Beachtung schenken, werden Sie wissen, daß diese

Person Ihnen Schmerz verursachen könnte. Und ganz besonders, wenn er oder sie Sie bereits verletzt hat, wird Ihr Kummer weit geringer sein, wenn Sie den Mut haben, sich schnell aus dieser Beziehung zu lösen.

Eine Beziehung mit einem Menschen, der unter Bindungsangst leidet, ist wie ein Splitter: Es tut weh, wenn Sie ihn drinlassen, und es tut weh, wenn Sie ihn herausziehen. Lassen Sie ihn drinnen, schwillt die Wunde an und schmerzt immer schlimmer. Die Wunde kann sich sogar entzünden, und das tut wirklich schrecklich weh. Ziehen Sie ihn heraus, ist der Schmerz für einen Moment wirklich heftig, doch das wird bald vorbei sein, und dann heilt die Wunde allmählich ab.

Wenn Sie nicht schnell etwas tun, sobald Sie erkannt haben, daß Sie an einen Bindungs-Angsthasen geraten sind, wird Ihr »Splitter« die Wunde zum Anschwellen bringen. Monatelang werden Sie konfuse Signale empfangen; monatelang werden Sie sich machtlos fühlen, wissen, daß Sie Ihr Leben nicht selbst bestimmen, und ärgerlich sein – monatelang werden Sie sich nach etwas sehnen, das Sie nicht bekommen können. Ganz leicht können Sie sich in der Rolle einer »Frau« (oder eines Mannes) wiederfinden, die/der »zu viel liebt!« *Denken Sie nach!* Ist es das, was Sie sich gewünscht haben? Wenn nicht, handeln Sie – *sofort.*

Jedesmal, wenn der Schmerz in einer Beziehung die Freude überwiegt, ist es an der Zeit, sich zu lösen. Die Initiative zu ergreifen, den anderen zu verlassen, ist die weniger qualvolle von zwei Alternativen. Es ist diejenige, die Sie der Partnerschaft näher bringt, von der Sie träumen. Zwingen Sie sich, loszulassen, und gehen Sie in Zukunft Menschen mit Bindungsangst aus dem Wege. Denken Sie daran, noch schlimmer, als aus schlechten Erfahrungen zu lernen, ist es, *nicht* aus ihnen zu lernen.

3. *Versuchen Sie nicht, Bindungs-Angsthasen durch stundenlange Gespräche zu ändern.* Es ist möglich, daß Menschen, die unter Bindungsangst leiden, viel Zeit damit verbringen, ihr Verhalten zu rechtfertigen. Einige von ihnen glauben, daß sie verheiratet sein wollen, und erörtern ausführlich, warum bestimmte Partner einfach nicht zu ihnen passen – darunter können auch *Sie* sein. Andere sind sicher, daß sie niemals heiraten wollen.

»Verheiratet sein ist wie tot sein«, erklärte mir ein Mann. »Wenn man Stabilität will, muß man sich einen langweiligen Partner suchen. Wenn man Spaß oder Spannung will, darf man nicht heiraten.«

Ein anderer Mann meinte: »Für eine Romanze gelten andere Kriterien als für eine Ehe. Man heiratet nicht wegen der Stimulanz, ich aber möchte ein erregendes Leben führen.«

Eine heterosexuelle Frau erklärte es mir so: »Ich habe beschlossen, enge, langfristige Beziehungen nur noch zu Frauen zu unterhalten. Mit Männern möchte ich nur kurze Romanzen. Angesichts des Zustands unserer Gesellschaft erscheint mir das der beste und sicherste Weg zu sein.«

Für Menschen, die unter Bindungsangst leiden, ist es typisch, ihr Verhalten zu verteidigen. Sie tun es jedoch nicht, indem sie über ihre eigenen Präferenzen sprechen (was ehrliche Einschätzungen wären), sondern äußern sich ganz allgemein über den Zustand der Welt. Sie bleiben allgemein, damit niemand auf die Idee kommt, darauf einzugehen und sich über die weit innigere Beziehung in einer dauerhaften Partnerschaft auszulassen. Alles, was dabei herauskäme, wäre eine Diskussion, in der jeder mit philosophischen Phrasen um sich wirft.

Mag sein, daß diese Diskussionen für Sie der letzte Hoffnungsfunke sind. Doch wenn Sie mit ihm streiten, geben Sie Ihrem Bindungs-Angsthasen nur die Möglichkeit, seine Rechtfertigungen zu bestätigen. Es ist ein Fehler, überhaupt den Versuch zu unternehmen, einen Beziehungs-Angsthasen überzeugen zu wollen, daß seine Sicht der Dinge eingeschränkt ist und daß seine Ängste sein Leben bestimmen oder daß es noch einen anderen Gesichtspunkt als seinen gibt. Wir alle brauchen unsere Einstellung, um unser Verhalten zu rechtfertigen; nur wenn sich unser Verhalten ändert oder wir andere Erfahrungen machen, ändern wir auch unsere Einstellung. Junge, attraktive, finanziell unabhängige Bindungs-Angsthasen mögen ja wirklich nicht unglücklich sein. Wenn sie nicht aus irgendeinem Grund doch unglücklich werden, wird ihre Einstellung ihnen gute Dienste leisten. *Versuchen Sie niemals einen Bindungs-Angsthasen zu ändern!* Buchen Sie dieses Erlebnis aufs Konto Lebenserfahrung und schauen Sie sich anderweitig um!

4. *Lassen Sie sich von einem Bindungs-Angsthasen nicht einreden, daß Sie der-/diejenige sind, der/die das Problem hat!* Wenn Sie

jemanden lieben, der Angst vor einer Bindung hat, ist es möglich, daß er oder sie Sie überzeugen möchte, daß Sie ein Neurotiker sind, daß Sie »zu sehr drängen« und daß Sie zu viel verlangen.

Fallen Sie darauf nicht rein. Die Sehnsucht nach einer festen, intimen Beziehung ist gesund und normal. Sie haben das Recht, mit einem Menschen zusammenzusein, der Ihren Wunsch, eine Bindung einzugehen, als einen Aktivposten ansieht, und der sich – wie Sie – nach einer dauerhaften Partnerschaft sehnt.

Besonders Frauen machen sich am Ende oft selbst für die Probleme verantwortlich, die auftauchen, wenn sie nach Nähe suchen und die Männer sich distanzieren. »Ich erwarte zu viel. Ich verlange es zu schnell«, sagen sie sich dann.

Bindungsangst ist das Problem, nicht die Sehnsucht nach Nähe. Eine Frau bekommt nur dann Probleme, wenn sie in einer Partnerschaft bleibt, in der ihre Bedürfnisse fortwährend nicht erfüllt werden.

Machen Sie sich nicht selbst verantwortlich, wenn Ihre Zuneigung ihn abstößt. Erkennen Sie lieber, daß Sie es mit einem Bindungs-Angsthasen zu tun haben, und ziehen Sie sich selbst zurück – möglichst weit weg. Suchen Sie nach jemandem, der Ihre Zuneigung so sehr zu schätzen weiß, wie Sie sich wünschen, Ihren Gefühlen Ausdruck zu geben.

5. *Zerbrechen Sie sich nicht den Kopf darüber, warum Bindungs-Angsthasen so sind, wie sie sind.* Wer weiß schon, warum manche Menschen sich vor einer Bindung fürchten oder warum Bindungsangst heute so weit verbreitet ist? Die Bindungsangst eines Menschen könnte auf die gesellschaftlichen Umstände, auf seine Familiengeschichte, auf die soziologischen Umwälzungen der letzten Jahre, auf seine Ängste oder auf den Mangel an Rollenmodellen zurückzuführen sein.

Doch im Hinblick auf eine Änderung ist es vollkommen sinnlos, sich in Theorien zu ergehen, warum die Dinge so sind, wie sie sind. Gespräche mit dem Inhalt »Warum Doug mich nicht zurückgerufen hat« oder »Was Jim mir zu sagen versucht« oder »Warum Donna sich von mir zurückzuziehen scheint« können ja recht anregend und kathartisch sein, doch Sie erweisen sich einen schlechten Dienst, wenn Sie die Illusion haben, daß sie durch diese Gespräche vielleicht Doug, Jim oder Donna *verstehen* werden und daß Sie mit Verständnis irgend etwas ändern können. Wenn Sie sich einem Bindungs-Angsthasen gegenübersehen, sollten Sie sich auf Ihre *Gefühle* und auf das konzentrieren, was Sie *tun wollen.* Heben Sie sich das Warum für einen schönen Sommertag auf, an dem Sie nichts Besseres zu tun haben, denn Ihr Leben hängt gewiß nicht von der Antwort auf diese Frage ab.

6. *»Ermöglichen« Sie keinen Bindungs-Angsthasen.* Der Begriff des »Ermöglichens« kommt aus der Alkoholikerberatung. Wo immer es einen Alkoholiker gibt, gibt es auch einen Ko-Alkoholiker, der es dem Alkoholiker *unwissentlich* ermöglicht, mit der Trinkerei weiterzumachen. Wenn beispielsweise ein Mann Alkoholiker ist und seine Frau in seinem Büro anruft, um ihn wegen »Grippe« zu entschuldigen oder ihn von einer Party abholt, bevor er sich blamiert, ermöglicht sie es ihm, weiterzutrinken. Indem sie ihn vor den Konsequenzen seines Handelns schützt, bestärkt sie ihn noch in seiner Sucht. Sie erleichtert es ihm, weiterhin zu trinken, auch wenn sie ihn gleichzeitig anfleht, mit der Trinkerei aufzuhören.

   Auf die gleiche Art bestärken diejenigen, die bei einem Bindungs-Angsthasen bleiben, ihn noch in seinem Verhalten.

   Erinnern Sie sich an die Frauen in *Lysistrata*, die in einen Sexstreik traten, um zu erzwingen, daß die Männer aufhörten, Krieg zu führen? Wenn wir uns nur irgendwie zusammenschließen und uns darauf einigen könnten, nicht mehr mit Bindungs-Angsthasen auszugehen, würden sie vielleicht die negativen Konsequenzen ihrer Furcht vor Nähe zu spüren bekommen! Solange sich aber immer wieder ein(e) naive(r) Liebhaber(in) findet, der einen Bindungs-Angsthasen drei Monate lang lieben und dann verlassen kann, hat er keinen Grund, seine Lebenseinstellung zu überdenken. Nein, wir verhalten uns wie Ko-Alkoholiker: Während wir einerseits gegen die Übeltäter zu Felde ziehen und sie anflehen, sich zu ändern, fahren wir andererseits fort, sie in ihrem Verhalten zu bestärken, indem wir weiterhin mit ihnen aus- und begeistert auf ihre Nähe-Spielchen eingehen.

   Bindungs-Angsthasen eine Abfuhr zu erteilen oder sich von ihnen zu lösen ist gewöhnlich nicht einfach. Wenn Sie aber eine auf Gegenseitigkeit beruhende feste Partnerschaft suchen, könnte eine Trennung auf lange Sicht die beste Entscheidung sein, die Sie treffen können.

Eine Frau erzählte bei einem Workshop folgende Geschichte von einem Bindungs-Angsthasen:

»Ich war gerade in eine Kleinstadt gezogen, wo ich eine Professorenstelle an einem Geisteswissenschaftlichen College angenommen hatte. Noch bevor ich dort ankam, hatte ich von Woody gehört, einem ausgesprochen akzeptablen, attraktiven Junggesellen, der in meinem Fachgebiet unterrichtete. Er war offenbar sehr beliebt und seit seiner Scheidung, die fünf Jahre zurücklag, wollte ihn jeder verkuppeln. Ich muß vielen Leuten als ideale Kandidatin für eine Märchenbuchromanze erschienen sein.

Als ich ihn schließlich kennenlernte, war ich begeistert. Er schien *wirklich nett* zu sein. Unser Flirt schien ebenfalls gut voranzukommen. Schließlich verabredeten wir uns zum Abendessen und beschlossen, uns anschließend eine College-Theateraufführung anzuschauen. Um 4 Uhr an diesem Nachmittag rief er mich an und sagte, es sei ihm etwas dazwischengekommen. Er erklärte, daß er zwar noch Zeit für ein schnelles Abendessen hätte, aber nicht mit zu der Theateraufführung gehen könne. Ich war enttäuscht und drängte ihn, eine Erklärung abzugeben. Es stellte sich heraus, daß er sich mit einem Studenten treffen mußte -- ein Treffen, das mir nicht allzu dringlich erschien. Hatte er sich etwa nicht so sehr auf unsere Verabredung gefreut wie ich? Wie konnte er mir das antun?

Dem folgten zwei Monate mit Verabredungen, von denen viele jener ersten Verabredung glichen. Wir hatten viel Spaß miteinander. Ich war hingerissen! Doch zwischen diesen wenigen Verabredungen lag immer viel Zeit, in der wir uns nicht sahen. Und es schien so, als könne es für Woody immer so weitergehen. Ich jedoch wünschte mir, ihn jeden Tag zu sehen!

Eines Tages dämmerte mir dann endlich, daß ich nur eins tun konnte: Schluß machen. Die Prioritäten dieses Mannes waren klar, und sie waren nicht mit meinen zu vereinbaren. Aber ich war ja so verliebt! Ich quälte mich selbst mit meiner Unschlüssigkeit. Doch mir war bewußt geworden, daß der Schmerz bereits größer war als der Spaß, und ich sah keinen Weg, das zu ändern. Ich brachte es tatsächlich fertig, ihn anzurufen und ihm zu sagen, daß ich ihn eine Weile nicht sehen wolle – eine lange Zeit. Sein Protest war schwach.

Die folgenden Wochen waren schwer, um es mild auszudrücken. Ich konnte nicht aufhören, an ihn zu denken. Doch nach einem Monat war ich annähernd wieder ich selbst, und dann folgte eines der schönsten Jahre meines Lebens – ich freundete mich mit vielen meiner neuen Bekannten an und genoß meine Arbeit. Noch heute bin ich jeden Tag dankbar dafür, daß ich dieses Jahr nicht damit vergeudete, hinter ihm herzulaufen und darauf zu warten, daß er in seinem Leben ein Plätzchen für mich fände. Dennoch bin ich nach wie vor der Meinung, daß dieser Anruf eine der härtesten Aufgaben war, die ich mir jemals selbst gestellt hatte.«

Vergleichen Sie dieses Erlebnis mit dem, das Judy hatte. Sie ist 38 Jahre alt, Bankkauffrau und sehr zufrieden mit ihrer Beziehung, die nun schon vier Jahre andauert. Ich bat sie, die Anfangsphasen dieser Partnerschaft zu beschreiben. So kann es sein, wenn man sich mit jemandem zusammentut, der keine Bindungsangst hat:

»Marty erklärte mir sehr früh – gegen Ende unseres ersten gemeinsamen Monats –, daß er nicht nur ehrlich von mir angetan sei, sondern auch heiraten und monogam sein wolle. Eine der Quellen des Spaßes, den wir miteinander hatten, und der Erregung, die wir teilten, war, daß wir wußten, daß wir auf diesem Gebiet völlig übereinstimmten. Beide sehnten wir uns nach dauerhafter Nähe. Nachdem ich viele Stunden damit verbracht hatte, Männern zu erklären, wonach ich suchte, und dann Stunden damit hatte verbringen müssen, es zu verteidigen und mich dafür zu rechtfertigen, verband mich mit Marty gleich ein Gefühl tiefer Verbundenheit, weil ich ihm nicht erklären mußte, was ich wollte. Ich spürte, daß ich es mit einem gefühlsmäßig Gleichgesinnten zu tun hatte. Ich war zwar auch anderen Männern nahe gewesen, hatte aber immer dieses Gefühl totaler Harmonie vermißt, das mich mit Marty verband. Ich fand heraus, daß es so etwas wie einseitige Intimität nicht gibt. Wenn einer *für* eine Beziehung ist, der andere jedoch nur herumflippt, kann man nicht von Intimität sprechen. Erst nachdem ich diese völlige Harmonie mit Marty erlebt

> hatte, wurde mir dieser Unterschied klar. Und er machte dieselbe Erfahrung.«

Bindungs-Angsthasen sind eine Katastrophe, wenn man sich eine feste Intimpartnerschaft wünscht. Fahren Sie Ihre Antennen aus, und wenn Sie spüren, daß da einer auf Sie zukommt, dann sollten Sie sich vielleicht einen Button anstecken, auf dem die denkwürdigen Worte des Songtexters Hilman Hall stehen: »Laß mich ziehen, wenn du nur auf der Durchreise bist!«

Nachwort an Bindungs-Angsthasen

Jedesmal, wenn ich vor einem Publikum darüber spreche, wie man es vermeiden kann, sich mit Bindungs-Angsthasen einzulassen, hebt unweigerlich jemand schüchtern die Hand und fragt: »Was tut man denn, wenn man glaubt, *selbst* einer zu sein?«

Zuerst sollten Sie sich darüber klar sein, daß nicht jede Angst vor Bindung unbedingt auf jene krankhafte Bindungsangst hindeuten muß, die ich gerade beschrieben habe. Nur weil Sie eine Zeitlang allein gewesen sind, sind Sie noch nicht automatisch ein Bindungs-Angsthase. Vielleicht haben Sie nur den richtigen Mann/die richtige Frau noch nicht gefunden. Vielleicht wollen Sie auch aus Gründen ein Single bleiben, die nichts mit Bindungsangst zu tun haben.

Haben Sie ein starkes Verlangen nach Nähe *und* eine starke Abneigung dagegen? »Verführen und verlassen« Sie andere häufig und mit großer Intensität? Haben Sie eine Menge kurzfristiger Beziehungen hinter sich? Fühlen Sie sich innerlich heimlich erleichtert, wenn Sie die ersten Fehler an einem/einer potentiellen Partner(in) entdecken – und zwar gerade zu dem Zeitpunkt, da der/die auf eine feste Bindung drängt? Ist es Ihnen zur Gewohnheit geworden, Ihre Geliebten überkritisch zu betrachten?

Wenn Sie diese Fragen mit Nein beantworten können und glauben, daß Ihr Wunsch nach Bindung ehrlich ist, dann sind Sie wahrscheinlich kein Bindungs-Angsthase. Möglich, daß Sie ambivalent sind und daß Nähe Ihnen Angst einjagt. Mit diesen beiden Problemen kann man fertig werden, *wenn* man ernsthaft daran arbeiten will. Werfen Sie einen Blick in Kapitel 9, wo ich über die normaleren, alltäglichen Ängste spreche, die Menschen befallen, wenn es darum geht, einem anderen näherzukommen.

Haben Sie meine Testfragen jedoch mit Ja beantwortet und sich selbst in diesem Kapitel wiedererkannt, dann müssen Sie sich fragen, ob Sie sich von Ihrer Bindungsangst »heilen« oder lernen wollen, mit ihr zu leben. Wenn Sie sich »heilen« wollen, verweise ich Sie auf Kapitel 10. Dort schlage ich Wege vor, wie Sie Ihre »Fehler«, Ihr völlig sinnloses Verhalten ablegen oder ändern können.

Vielleicht sind Sie aber auch ein Bindungs-Angsthase, der zufrieden ist mit seinem Los und kein Interesse daran hat, sich auf Dauer an jemanden zu binden. Dann kann ich Ihnen nur raten, mit den Menschen ehrlich zu sein, mit denen Sie ausgehen – und zwar möglichst früh in einer Beziehung. Schauen Sie nicht ruhig zu, während sich jemand in Sie verliebt, der nicht weiß, daß Sie nicht beständig sind. Sobald Sie das Thema taktvoll auf den Tisch bringen können, sollten Sie Ihre(n) neue(n) Bekannte(n) wissen lassen, daß Sie nicht an einer dauerhaften Bindung interessiert sind. Schauen Sie sich lieber nach Partnern um, denen es so geht wie Ihnen und die sicher sind, daß sie sich ebenfalls nicht fest binden wollen.

Langfristige Bindungsangst

Viele Singles, die gern verheiratet wären, bleiben in einer langfristigen Beziehung mit Bindungs-Angsthasen hängen. Ihre Partner, die gegen eine Bindung sind, bringen sich vielleicht sogar zu neun Zehnteln in die Partnerschaft ein, scheinen sich jedoch genötigt zu sehen, ein Zehntel ihres Ichs draußen vor der Tür zu lassen.

Andrea, Mitte 30 und Werbechefin, erzählte uns während eines Workshops folgende Geschichte:

> »Ich lebe mit Robbie schon seit sechs Jahren zusammen, und ich möchte ihn heiraten. Doch Robbie *will* einfach nicht. Wir redeten darüber; und jedesmal hörte es sich an, als sei er soweit nachzugeben, aber inzwischen weiß ich, daß er das niemals tun wird. Es ist keinesfalls so, daß er etwas gegen die Ehe als Institution hätte – er will sich einfach nicht

endgültig an mich binden. Wir sind doch ein *so perfektes* Paar, es ist wirklich verrückt, daß er diese Vorbehalte hat. Er *sagt*, daß er nicht aus Pflichtgefühl bei mir bleiben will oder weil er ein Papier unterschrieben hat. Er *sagt*, daß er jeden Tag das Gefühl haben will, daß er bei mir bleibt, weil er das will. Das sagt er nur, weil er davon ausgeht, daß ich mich dann besser fühle. Doch alles, was ich *höre*, ist, daß er eines Tages beschließen könnte, *nicht* mehr mit mir zusammensein zu wollen.

Was ich dabei am meisten hasse, ist zu wissen, daß seine Einstellung die *Qualität* unserer Beziehung beeinträchtigt. Ich will damit sagen, daß Monate vergehen, ohne daß wir darüber reden. Doch selbst wenn wir nicht darüber sprechen, habe ich das Gefühl, ich müsse mich selbst schützen, und bin deshalb nicht offen ihm gegenüber. Ich weiß, daß ich das tue. Ich bin unsicher. Ich glaube nicht, daß er mich liebt, obwohl er sich die meiste Zeit so verhält, als täte er es, und *sagt*, daß er es tut. Darauf falle ich dann jedesmal wieder rein. Aber weil er nicht bereit ist, eine Bindung einzugehen, fühle ich mich machtlos und unsicher.

Ich habe in den vergangenen sechs Jahren wieder und wieder darüber nachgedacht. Es gibt zwei Alternativen: die Situation zu akzeptieren oder ihn zu verlassen. Ich mag auch gar nicht wirklich fragen, was ich tun soll. Denn er ist ein zu phantastischer Kerl, als daß ich ihn verlassen könnte. Wenn ich ihn verliere, wäre es so, als wollte ich mein Zahnweh heilen, indem ich mir den Kopf abschlage!«

Unglücklicherweise ist Vorbeugung die beste Heilung für Andreas keineswegs ungewöhnliches Problem. Hätte sie ihr »Zahnweh« am Anfang »geheilt«, als sie erkennen mußte, daß Robbie ein typischer Bindungs-Angsthase ist, und sich damals von ihm gelöst, müßte sie jetzt nicht das Gefühl haben, sich den Kopf abschlagen zu müssen.

Inzwischen steckt sie in einem schlimmen Dilemma. Da Robbie sich nicht an sie binden will, ist die Wahrscheinlichkeit tatsächlich groß, daß er sich eines Tages von ihr trennen wird. Was er Andrea vermittelt, ist eines – oder sind mehrere – der folgenden Statements:

- Ich habe Vorbehalte, mein ganzes Leben mit dir zu verbringen.
- Ich liebe dich nicht genug.
- Ich habe Angst, all meine anderen Möglichkeiten aufzugeben.
- Ich habe Angst, später meine Meinung zu ändern.
- Ich mag mich nicht festlegen lassen.

Wenn diese Statements auf Robbie zutreffen, können er und Andrea nicht so tun, als stimmten sie nicht.

Andrea hat genau ins Schwarze getroffen, als sie feststellte, daß Bindungsunwilligkeit die *Qualität* einer Beziehung beeinträchtigt und nicht nur ihre potentielle Dauer. Die Zurückhaltung, die Unsicherheit, die Machtlosigkeit und der Druck, unter dem der eine oder andere Partner steht, hören einfach nicht auf. Solch eine Beziehung unterscheidet sich völlig von einer, in der die gegenseitige Liebe rückhaltlos, aufrichtig und uneingeschränkt ist.

Zögern, Zweifel und Ängste erschweren die Kommunikation zwischen zwei Menschen. Für Andrea ist es gefährlich, Robbie gegenüber völlig aufrichtig und ehrlich zu sein, da sie sich bewußt ist, daß er irgendwann verschwinden könnte. Wenn die Liebe, die er ihr gibt, wie eine Oase in der Wüste ist, die sich als Fata Morgana entpuppen könnte, falls sie ihm zu nahe kommt, wie soll sie ihm da ihr ganzes Herz schenken, was sie gern tun würde?

Menschen in Liebesbeziehungen, in denen es keine Bindung gibt, müssen einen Großteil ihrer Energie darauf verwenden, sich davor zu schützen, verletzt zu werden, und sich auf jenen Teil ihres Lebens vorzubereiten, in dem es den anderen nicht mehr geben wird. In einer solchen Situation kann man sich nicht fallenlassen, kein wirklich intimes Band knüpfen. Ein Mangel an Bindung bedeutet Zurückhaltung, und Zurückhaltung ist mit Intimität nicht zu vereinbaren.

Beziehungen, denen der Kitt der Bindung fehlt, leiden unter einer traurigen Ironie: Der Mangel an Bindung führt zu Streß, Problemen und Unehrlichkeit, und dann vermindern Streß, Probleme und Unehrlichkeit die Wahrscheinlichkeit einer Bindung. Das ist ein gefährlicher Kreislauf, doch viele kommen ihr ganzes Leben nicht aus ihm heraus. Dieses Grundmuster findet sich ironischerweise auch auf einem gesellschaftlichen Niveau wieder: Nur wenige sind bereit, sich auf eine ernsthafte Bindung einzulassen, weil sie sehen, wie mies die Beziehungen um sie herum sind, aber diese Beziehungen sind genau deshalb so mies, weil die Abneigung gegen Bindungen so weit verbreitet ist.

Also, was soll Andrea tun?

Sie muß sich entscheiden, ob sie weiter mit diesem Gefühl der Unsicherheit, der Machtlosigkeit und des unterdrückten Ärgers leben will oder ob sie es verdient, jemanden an ihrer Seite zu haben, der sie rückhaltlos und von ganzem Herzen liebt.

Diese Entscheidung muß Andrea allein treffen. Robbie wird ihr da keine Hilfe sein, denn er hat ein persönliches Interesse am Status quo. Er bekommt schließlich alles, was er will – er kann mit Andrea zusammensein *und* kann sich ein Hintertürchen offenhalten. Warum sollte er das ändern? (Das ist keine Kritik an Robbie, sondern einfach die Tatsache, mit der Andrea sich auseinandersetzen muß.)

Diese Entscheidung sollte Andrea nach reiflicher Überlegung treffen, selbst wenn sie das Monate kosten sollte.

Teil dieser Entscheidung könnten möglicherweise einige sehr intensive Gespräche mit Robbie sein, die *nicht mit dem Ziel* geführt werden sollten, *ihn zu ändern*, sondern mit dem Ziel, ihn dazu zu bringen, seine Position darzulegen. Sie sollte ihre Entscheidung aufgrund der akkuratesten Daten treffen, die sie bekommen kann. Möglicherweise sollte sie sich für diese Gespräche die Unterstützung eines Dritten sichern – beispielsweise die eines Partnerschaftsberaters, nur um sicherzustellen, daß wirklich klar und ehrlich kommuniziert wird.

Andrea sollte herauszufinden suchen, was exakt Robbie meint, wenn er sagt, er wolle sich nicht binden. Was genau sind seine Vorbehalte? Sofern Robbie das selbst weiß, hat Andrea ein Recht, es ebenfalls zu erfahren. Leidet er unter Bindungsangst? Sehnt er sich nach Nähe, und lehnt er sie gleichzeitig ab? Oder ist er im Hinblick auf Andrea ambivalent? Wenn es so ist, warum?

Dies alles sind wertvolle, wenn auch nicht notwendigerweise angenehme Informationen – sowohl für Andrea wie auch für Robbie selbst. Präzise Daten könnten entweder beiden oder jedem einzelnen neue Perspektiven eröffnen.

Andrea erzählte uns, daß sie es bewußt vermeidet, die Zukunft ihrer Beziehung anzusprechen, weil sie fürchtet, daß Robbie sie früher verlassen könnte, wenn er sich unter Druck gesetzt fühlt. Robbie und Andrea haben sich stillschweigend auf ein System geeinigt, das Andrea keine Möglichkeit bietet, über ihr Beziehungsproblem zu reden. Sie ist dadurch in einer ausweglosen Konfliktsituation: Wenn sie nicht über ihr Problem spricht, kann sie es nicht lösen – wenn sie es anspricht, könnte es sich noch verschlimmern.

Was für eine Beziehung ist das? Keine enge, aufrichtige, in der man miteinander kommuniziert und in der jeder Partner wächst! Warum ist Andrea so wild darauf, sie aufrechtzuerhalten? Was hat sie von dieser Beziehung?

Viele Leute bleiben wegen ihres geringen Selbstwertgefühls in Beziehungen mit Bindungs-Angsthasen hängen. In gewisser Weise glauben sie, daß sie es nicht verdienen, geliebt zu werden, und daß diese halbherzige Liebe das äußerste ist, was sie bekommen können. Deshalb haben sie das Gefühl, noch dankbar dafür sein zu müssen.

Oder sie verleugnen die Tatsachen und hoffen weiterhin, daß ihr Bindungs-Angsthase sich noch ändern wird.

Im ersten oder zweiten Jahr einer Beziehung mag es ja wahrhaftig vorkommen, daß ein(e) Partner(in) sich seiner/ihrer Bindung immer sicherer wird und daß es zu einer beiderseitigen Bindung kommt. Doch dieser Prozeß dauert keine sechs Jahre. Bei all meinen Recherchen habe ich nie davon gehört, daß ein Bindungs-Angsthase sich nach mehreren Jahren *in derselben Beziehung* so grundlegend geändert hätte. Ich lernte verschiedene Paare kennen, die nach Jahren des Zusammenlebens geheiratet hatten, sich aber schon wenige Jahre später wieder scheiden ließen. Die Zweifel und Vorbehalte des Bindungs-Angsthasen waren in keinem Fall über Nacht verschwunden, sondern er oder sie hatte in einem Anfall guten Willens oder tiefer Verzweiflung »nachgegeben«. Beide Partner schlossen die Augen vor der Wirklichkeit. Doch sie wußten beide, daß sich etwas ändern müsse, und benutzten die Ehe als einen Weg, aus der Sackgasse herauszukommen, ihren toten Punkt zu überwinden. Andere Paare kaufen sich gemeinsam ein Haus oder haben ein Kind. Sie bekommen dann, was sie wollen, doch manchmal geht das zu Lasten ihrer selbst oder auf Kosten ihrer Familie.

Andrea hatte recht, als sie sagte, sie hätte zwei Alternativen: zu bleiben oder Robbie zu verlassen. (Doch sie hat außerdem noch die Möglichkeit, sich Klarheit darüber zu verschaffen, welche Position ihr Partner wirklich vertritt.)

Nur sie allein kann die Entscheidung treffen.

Die Kapitel 10 und 12 enthalten noch mehr Informationen für die Andreas, die dieses Buch lesen – Informationen über Selbstprüfung, Selbstwertgefühl und Wahlmöglichkeiten.

Bindungsangst ist ein Risiko unserer modernen Zeit. *Achten Sie darauf!* Wenn Sie auf der Hut sind, werden Sie sie frühzeitig erkennen können und um den Kummer herumkommen, der unweigerlich kommen muß, wenn Sie zu lange in einer solchen Beziehung bleiben, versuchen, den Bindungs-Angsthasen zu ändern, sich selbst verantwortlich machen und sich machtlos und verärgert fühlen und schließlich allein sind. Lassen Sie es nicht zu, daß ein Bindungs-Angsthase Sie in den Sumpf zieht. Seien Sie sich immer bewußt, daß Ihr Wunsch nach einer liebevollen Bindung mit einem Menschen, der Sie ebenfalls liebt, ein ganz berechtigter Wunsch und ein erreichbares Ziel ist. Zeigen Sie Ausdauer!

8. KAPITEL

Die 8. Strategie: Versuchen Sie nicht, den Prinzen oder die Prinzessin dazu zu bringen, Sie zu lieben

Wie man die Intimitätskluft überwindet

Jonathan war einer der nettesten Männer, die ich interviewt habe. Er war Internist und 41 Jahre alt. Jonathan erzählte mir folgendes:

> »Arlene und ich kommen so gut miteinander aus. Ich liebe sie wirklich. Aber sie läßt mich einfach nicht an sich heran. Sie sagt, sie sei nicht ›sentimental‹ und nicht ›romantisch‹. Aber sie sagt mir niemals, was sie für mich empfindet. Sie will nicht über unsere Beziehung reden. Wenn ich versuche, ihr zu erklären, was ich empfinde, wischt sie es – gewöhnlich mit einem Scherz – beiseite. Ich weiß, daß sie in unserer Beziehung glücklich ist, doch sie sorgt trotzdem immer dafür, daß zwischen uns eine gewisse Distanz herrscht.«

Ginny, eine 38jährige Kosmetikerin, hatte ähnliche Probleme mit dem Mann, mit dem sie zusammen war:

> »In den acht Jahren, die seit meiner Scheidung vergangen sind, habe ich eine Menge Männer kennengelernt. Zu vier von ihnen hatte ich Beziehungen, die ich für vielversprechend hielt. Doch das Thema war immer dasselbe: Sobald ich Vertrauen gefaßt hatte, darüber zu reden begann oder danach handelte, mochten die Männer das nicht. Einer zog mich deshalb immer auf und lachte darüber. Er erklärte mir, ich solle das ›lockerer sehen‹, und kritisierte meinen mangelnden Humor. Immer war es mein Problem! Ein anderer

wurde sogar richtig ärgerlich und sagte, ich solle damit aufhören. Jedesmal, wenn mir so etwas passiert ist, glaube ich für eine Weile, mit *mir* stimme etwas nicht. Doch wenn ich dann etwas Abstand habe, ist mir klar, daß das, was ich will, ganz vernünftig ist. Ich frage mich, wo wohl der Unterschied zwischen einer Liebe liegt, der man niemals Ausdruck verleiht, und gar keiner Liebe?«

Ich hätte Jonathan und Ginny miteinander bekannt gemacht, doch sie lebten 3000 Kilometer voneinander entfernt. Die beiden hatten schon erlebt, was ich eine »Intimitätskluft« nennen möchte. Sie tritt immer dann auf, wenn ein Partner ein größeres Interesse daran hat, echte Intimität zu »leben«, als der andere.

Wenn eines der folgenden Statements auf Sie zutreffen sollte, dann gibt es zwischen Ihnen und dem Mann/der Frau, mit dem/der Sie ausgehen, vielleicht ebenfalls eine Intimitätskluft. Diese Sätze drücken *Ihre Einstellung* aus. Mag sein, daß Ihr(e) Partner(in) das ganz anders sieht und nicht mit Ihnen übereinstimmt. Sie müssen sich nicht fragen, ob Sie das, was Sie erlebt haben, objektiv oder subjektiv betrachten. Wenn Sie an die Beziehungen denken, die Sie hinter sich haben, oder an die Beziehung, die Sie jetzt haben, *erscheint* es *Ihnen* dann, als ob

- Sie Ihre(n) Partner(in) mehr liebten als er/sie Sie?
- Sie Ihrem/Ihrer Partner(in) mehr Bestätigung gäben und Ihre Zuneigung stärker ausdrückten als er/sie?
- Ihr(e) Partner(in) just in dem Moment ablenkt, in dem Sie sich ihm/ihr ausgesprochen nahe fühlen. Meinen Sie, daß er/sie nicht bereit und in der Lage ist, sich diesem intensiven Gefühl hinzugeben?
- Ihr(e) Partner(in) niemals sagt »Ich liebe dich« (oder ähnliche Ausdrücke der Zuneigung), es sei denn, Sie hätten es zuerst gesagt?
- Ihr(e) Partner(in) nicht über Ihre Beziehung sprechen mag?
- es niemals längere Perioden körperlicher Zärtlichkeiten gibt, die einfach nur Zuneigung ausdrücken und nicht zum Geschlechtsverkehr führen?

Es gibt keine einseitige Intimität. Beim Zusammensein zweier wirklich intimer Partner sind beide gleichermaßen an dem Gefühls- und Gedankenaustausch beteiligt. Das bedeutet aber nicht zwangsläufig, daß beide auch reden und zuhören müssen. Eine therapeutische Beziehung, in der der Patient redet und der Therapeut zuhört, kann beispielsweise recht intim sein. Der Therapeut ist zwar nicht »beteiligt«, ist jedoch »voll da« für die Partnerschaft. Er oder sie ist aufmerksam, konzentriert und mitfühlend, und er oder sie ist an der Interaktion total beteiligt.

Intimität bedeutet, sich einer anderen Person *verbunden* zu fühlen. Die freudige Spannung, das Glück sowie der sinnliche Genuß der Intimität liegen genau darin, diesen Moment der Verbundenheit zu teilen – mit einem anderen menschlichen Wesen. Wenn man intim miteinander umgeht, ist diese Verbundenheit ehrlich, real und aus diesem Grunde tief empfunden.

Wenn Sie sich nach einer solchen Verbindung mit einem/einer anderen sehnen, aber feststellen müssen, daß er/sie nicht dazu in der Lage ist – aus Furcht, wegen der soziologischen Bedingungen, weil er Vorbehalte gegen Sie hat, weil sein/ihr Selbstwertgefühl nicht stark genug ist oder aus welchem Grund auch immer –, werden Sie enttäuscht und frustriert sein.

Eine Beziehung, in der das Bedürfnis nach Intimität einseitig ist, ist eine BAN! Was Sie jedoch wollen, ist ein Partner, dessen Sehnsucht nach Intimität und dessen Fähigkeit, intim zu sein, der Ihren gleicht.

Dieser Typ einer BAN unterscheidet sich leicht von dem einer BAN mit einem Bindungs-Angsthasen. Denn die sind, was den Austausch von Intimitäten angeht, meist ausgesprochene Könner. Das liegt jedoch nur daran, daß sie sich immer ein Hintertürchen offenhalten. Sie fürchten nicht die Intimität als solche – sie fürchten Intimität *in Verbindung mit Bindung.*

Was also können Sie tun, wenn Sie eine Beziehung mit einem Pseudo-Intimen, einem Bindungs-Angsthasen, eingegangen sind, eine Beziehung mit einem Menschen, von dem Sie eine Intimitätskluft trennt – oder wenn Sie irgendeine andere BAN eingegangen sind, in dem die Beziehung in sich in irgendeiner Art unausgeglichen ist?

Bevor wir uns damit beschäftigen, was einer unausgeglichenen Beziehung auf die Füße hilft, müssen wir die Methoden beleuchten, die die meisten von uns bereits das eine oder andere Mal erfolglos ausprobiert haben. Dies sind »Fehler«, die wir begingen, weil wir das, was wir erreichen wollten, so verzweifelt wollten.

Machen Sie sich mit diesen Methoden vertraut. Denn Sie müssen lernen zu erkennen, wann Sie drauf und dran sind, eine von ihnen anzuwenden. Sie können Ihre Energie wahrhaftig besser einsetzen. Diese Techniken haben in der Vergangenheit nichts gebracht, und sie werden auch in Zukunft nichts bewirken. Je besser Sie bei der Anwendung dieser Techniken werden, desto mehr werden Sie in den Sumpf geraten.

1. *Darum bitten, sie fordern.* Tut mir leid, ich weiß, daß Sie alle bei Kursen zur Stärkung des Selbstbewußtseins gelernt haben, das zu fordern, was Sie wollen. »Wenn Sie es nicht fordern, werden Sie es auch nicht bekommen.« Doch wenn man jemanden um etwas bittet oder gar etwas fordert, vor dem er Angst hat – um Intimität nämlich –, wird man ihn nur verschrecken. Dann ist man in einer unerträglichen Konfliktsituation. Bittet man um Intimität – oder fordert man sie gar –, löst man bei seinem/seiner Partner(in) Angst aus, und es ist möglich, daß er oder sie einen wegstößt; bittet man ihn oder sie aber nicht, läßt man zu, daß die Angst des Partners/der Partnerin die Beziehung beherrscht. Der/die Partner(in) wird einfach die Distanz aufrechterhalten. Man bekommt keine Intimität, wenn man darum bittet oder sie fordert, und man bekommt auch keine, wenn man es nicht tut.

   Falls Sie es mit jemandem zu tun haben, der immer »gefallen« will, können Sie möglicherweise als Antwort auf Ihre Bitte ein Intimitätsschauspiel bekommen. Der »Gefallsüchtige« wird sich immer daran erinnern, »Ich liebe dich« zu sagen, Ihnen einen Abschiedskuß zu geben und Sie so zu umarmen, wie Sie umarmt werden wollen. »Gefallsüchtige« verbergen ihre Angst, indem sie genau das tun, wovon sie glauben, daß die anderen es sich wünschen. Möglicherweise sind sie dann verwirrt, weil Sie dennoch keine Zufriedenheit spüren. Aber Sie werden nicht artikulieren können, was Ihnen fehlt, und nicht wissen, was Sie sonst noch verlangen könnten. Sie müßten sich ja undankbar und unersättlich vorkommen, wenn Sie sagten: »Aber es kommt dir nicht von Herzen.« Damit hätten Sie recht, aber es wäre schwer, darüber zu reden, weil das bedeuten würde, auf der Angst Ihres/Ihrer Partners/Partnerin herumzuhacken.

Die 2. Taktik, die nichts bringt, wenn Sie Intimität wollen, es aber mit einem ängstlichen Menschen zu tun haben, ist

2. *Nicht darum bitten, sie nicht fordern.* Wir alle hatten irgendwann bestimmt schon einmal den Punkt erreicht, an dem wir uns sagten: »Ich ziehe mich für ein Weilchen zurück. Ich lasse meinem/meiner Geliebten einfach nicht die Möglichkeit, die Initiative zu ergreifen. Ich höre auf zu nerven und immer wieder ›Ich liebe dich‹ zu sagen. Vielleicht wird diese(r) Einsiedler(in) ja dann etwas vermissen und beginnen, zärtlicher zu sein, und seine/ihre Gefühle offen zeigen.«

   Wenn Ihr(e) Geliebte(r) Angst vor Intimität hat, werden Sie da ewig warten können.
3. *Zeigen, wie schwer man zu kriegen ist, die/den Spröde(n) spielen.* Dies ist eine Variante der 2. Methode. Im Frühstadium einer Partnerschaft hat sie auch einiges für sich. Wenn Sie ein wenig die Distanz wahren und Desinteresse vortäuschen, werden Sie begehrenswerter. Doch es ist das Ego des/der anderen, das Sie reizen, indem Sie sich von ihm/ihr fernhalten, nicht sein/ihr Herz. Sobald Sie Ihre Distanz aufgeben und Interesse zeigen, ist sein/ihr Ego wieder heil, und er/sie braucht Sie dann nicht mehr. Es sind nicht die Freuden der Intimität, die er/sie sucht, sondern der Erfolg – er/sie wollte Sie nur erobern. Da er/sie Angst vor Intimität hat, wird er/sie Ihnen nicht näher kommen – egal, wie begehrenswert Sie sind.
4. *Emotionale Erpressung.* Sie erpressen eine(n) andere(n), wenn Sie das Signal aussenden: »Ich liebe dich so sehr. Du mußt mich einfach wiederlieben! Schau nur, was ich alles für dich tue. Sieh nur, was ich alles auf die Beine stelle, um dir meine Liebe zu zeigen. Ich werde dich immer so lieben, also *mußt* du mich wiederlieben.«

   Damit erreichen Sie wahrscheinlich, daß Ihr(e) Geliebte(r) sich schuldig fühlt, und Sie werden sich sicher sehr tugendhaft fühlen – und sogar leiden, wenn Sie gern das Opfer spielen. Aber damit werden Sie die Kluft nur noch weiter vertiefen. Unabsichtlich senden Sie die Botschaft aus: »Du bist ein schlechter Mensch. Du bist ein(e) unzulängliche(r) Partner(in).« Folglich muß Ihr(e) Partner(in) das Gefühl haben, sie wollten ihn/sie niedermachen, während sie vorhaben, ihm/ihr Ihre Liebe zu zeigen. Er oder sie wird sich also kritisiert und zurechtgewiesen fühlen.

   Es ist eine große Freude, zu jemandem, den man liebt, großzügig, rücksichtsvoll und liebenswert zu sein. Will man jedoch emotionale Erpressung vermeiden, muß man seinem/seiner Partner(in) gegenüber ganz klarmachen, daß man nichts von all dem tut, *um selbst etwas zu bekommen.*

Dianna gab für Donald, einen Mann, mit dem sie seit einiger Zeit zusammen war, eine große Überraschungs-Geburtstagsfeier. Sie wußte, daß er sie gern hatte, aber er war schwer »festzunageln«. Die Party war ein Erfolg, und Donald sagte ihr an diesem Abend, wie sehr ihn ihre Großzügigkeit gerührt habe. Dianna war deshalb verblüfft, als er sich danach drei Tage lang nicht meldete und ihr dann erklärte, er sei für die nächste Zeit »ausgebucht«.

»Ich war ganz sicher gewesen, daß diese Party ihm die letzten Zweifel nehmen würde«, erzählte Dianna. »Wie konnte er mich nur fallenlassen, nachdem ich all diese Arbeit auf mich genommen hatte?«

Sie hatte erwartet, daß ihre liebevolle Geste mit Liebe belohnt würde, und fühlte sich nun betrogen und getäuscht. Doch Donald hatte sich niemals auf einen fairen Handel eingelassen. Ein Mensch, der Angst vor Intimität hat, kann gar nicht anders als weglaufen, wenn er sich mit soviel Hingabe konfrontiert sieht. *Man kann Liebe nicht erzwingen.*

5. *Jemandem eine Standpauke halten, dozieren oder ihn schulmeistern.* Die Standpauke hört sich so an: »Wirklich intim zu sein ist wundervoll, und du wirst viel glücklicher sein, wenn du es versuchst. Ich möchte, daß du dich änderst – *nicht für mich* –, sondern weil ich sicher bin, daß du glücklicher sein wirst, wenn du dich öffnest und dich entspannst. Hör mir gut zu. Ich weiß, was gut für dich ist.«

Nur wenn *Sie selbst* nicht vorhaben, sich diesem Menschen wirklich zu öffnen, können Sie Ihre eigene Selbstlosigkeit ernst nehmen, und das weiß der Empfänger Ihrer Lektion auch. Jeder, der nicht aus sich heraus zu der Einsicht gekommen ist, daß Intimität zu den Dingen gehört, auf die er Wert legt, wird Ihren großzügigen Rat in den Wind schlagen. Außerdem fällt es wohl jedem schwer, die Hilfe eines Menschen anzunehmen, der sich selbst als klüger hinstellt. Hilfe ist nur dann eine Hilfe, wenn sie als solche empfunden wird! Sie werden niemals jemanden dazu bringen, mit Ihnen an einem Strang zu ziehen, wenn Sie durchblicken lassen, daß der andere im Unrecht ist, während Sie im Recht sind.

6. *Strafen.* Jemanden durch Nichtachtung zu strafen, der Ihnen weh getan hat, ist eine große Versuchung. Vermutlich liegt man nachts wach und schmiedet Rachepläne, sucht nach einem Weg, den Missetäter ein für allemal in seine Schranken zu weisen. Möglicherweise beschließt man, sich dieser Person beim Sex zu verweigern, sie vor einem Freund in Verlegenheit zu bringen, zu vergessen, einen Auftrag zu erledigen, oder einfach den Toast anbrennen zu lassen. Diese Rachephantasien sind an sich harmlos. Wenn man sie jedoch ausführt, wird das die Feindseligkeit nur noch vertiefen. Indirekt aggressives Verhalten ist unreif und bewirkt grundsätzlich das Gegenteil. Ärger sollte man immer direkt ausdrücken – oder gar nicht.
7. *Die eigenen Bedürfnisse verleugnen.* Ein(e) Geliebte(r), der/die sich vor Nähe fürchtet, wird einen schließlich überzeugen, daß er oder sie recht hat. Wenn man mit seinem/seiner Partner(in) immer wieder über das spricht, was man will, es aber so scheint, als sei man nicht in der Lage, sich deutlich zu machen, beginnt man, an sich selbst zu zweifeln. Es ist, als schaue man einen sehr schwachen Stern an. Wenn man ihn von vorn ansieht, scheint er zu verschwinden. Erst wenn man von der Seite hinguckt, erscheint er wieder. So ähnlich ergeht es einem, wenn man direkt über Intimität redet: Man denkt »Was ich will, ist unrealistisch. So etwas gibt es nur im Film. Immerhin haben wir ja in vielerlei Hinsicht eine großartige Beziehung. Ich will zuviel. Mein(e) Geliebte(r) hat recht. Es ist mein Problem.« Der Stern, den man gesehen hat, verschwindet.

Ich war früher einmal mit einem Mann zusammen, der sich über meinen »Hang zur Intensität« lustig machte. Ich glaubte ihm, daß dies mein »Problem« sei. Die Phrase wurde zum persönlichen Scherz und wurde jedesmal ausgesprochen, wenn ich begann, meinen Gefühlen für ihn Ausdruck zu verleihen. Ich fing schon an, mich für neurotisch zu halten, und er mied zunehmend jedes vertrauliche Gespräch.

Wenn Sie aber den Stern nicht von vorn, sondern von der Seite betrachten, wird er wieder erscheinen. Mir passiert das jedesmal, wenn ich mich mit Frauen unterhalte, die genau wissen, was ich meine. Wir müssen uns nicht gegenseitig erklären, was Intimität ist. Wir können einfach »darüber« reden. Wir wissen mit absoluter Gewißheit, daß wir nicht unvernünftig sind, nur weil wir wollen, was wir wollen. Der Stern strahlt für uns ganz hell.

Wenn Ihre eigenen Bedürfnisse niemals gewürdigt werden, werden Sie irgendwann beginnen, sich selbst etwas vorzumachen und sich zu sagen, »daß alles in Ordnung ist, so wie es ist«. Sie werden anfangen, Ihre Bedürfnisse auf Sparflamme herunterzudrehen oder sie ganz und gar zu ignorieren. Aus diesem Grund geraten viele Partnerschaften in eine Sackgasse, fahren sich in einer Alltagsroutine fest, in der auch das letzte Fünkchen Erregung fehlt. Die Intimität, die Sie suchen, werden Sie niemals finden, wenn Sie Ihr Verlangen unterdrücken.

Ein weiteres Problem des »Bedürfnisse-unterdrücken«-Spielchens ist, daß Sie Ihre Bedürfnisse nicht für immer begraben können. Irgendwas versetzt Ihnen einen Stoß, und dann spüren Sie sie wieder. Beispielsweise könnten Sie neidisch werden, wenn Sie ein Paar sehen, das ehrlich intim zu sein scheint. Oder Sie könnten eine Affäre haben, die Ihnen bewußt macht, wie wenig intim Ihre gegenwärtige Beziehung ist. Sie könnten aber auch mit anderen über das sprechen, was Sie vermissen, und voller Freude feststellen, daß man Sie versteht.

Viele ziehen es vor, ihr Verlangen nach Intimität zu begraben. In mancher Hinsicht mag diese Strategie sogar »erfolgreich« sein. Sie verhindert größere Kräche in der Partnerschaft, so daß sie sich in anderer Beziehung weiterentwickeln kann. Allerdings wird diese Technik Ihnen niemals dazu verhelfen, die Freuden geteilter Intimität zu erleben.

Das sind die Strategien, die Ihnen nicht weiterhelfen.

Doch das Leiden bleibt. Die meisten von uns sind schon in Schwulitäten gewesen, weil Sie entweder mehr Vertrautheit von jemand anderem wollten oder sich unter Druck gesetzt fühlten, mehr Vertrautheit an den Tag zu legen, obwohl sie nicht genau wußten, was das bedeutet, und keine Ahnung haben, wie das zu bewerkstelligen ist.

Was also *kann* uns weiterhelfen?

Das ist eine Herausforderung.

Der unterschiedliche Grad des Verlangens nach Intimität ist einer der Gründe, aus denen viele Paare nicht »zusammenpassen«. Egal, auf welcher Seite Sie selbst stehen, kann diese Unvereinbarkeit eine Quelle kontinuierlicher Ängste und Konflikte sein. Die beste aller möglichen Lösungen für Intimitätsprobleme ist, sich gar nicht erst darin verwickeln zu lassen. Falls Ihnen die Szenarios dieses Kapitels vertraut waren, müssen Sie erkennen, daß das Verlangen und die Fähigkeit zur Intimität, die Ihrer eigenen ähnelt, für Sie »unbedingt erforderlich« ist, ein Anspruch, bei dem Sie keine Kompromisse eingehen dürfen. Wenn Sie sich am Anfang einer Beziehung einer Intimitätskluft bewußt werden, sollten Sie in Erwägung ziehen, die Verbindung zu beenden, bevor die Intimitätskonflikte zu noch größeren Problemen führen.

Natürlich entwickelt sich wahre Intimität langsam und vertieft sich in den Monaten und Jahren gemeinsamen Erlebens. Und einige Leute brauchen mehr Zeit als andere, bevor sie beginnen können, sich zu offenbaren. Nichtsdestotrotz – wenn Sie den Signalen, die Sie zu Anfang einer Beziehung empfangen, Beachtung schenken, werden Sie in der Lage sein, die Neigungen Ihres/Ihrer Partners/Partnerin zu erkennen. Falls Sie in der intimen Kommunikation und dem intimen Verhalten Differenzen feststellen, sollten Sie dem *Beachtung schenken.* Ignorieren Sie es nicht und verfallen Sie nicht in den Irrglauben, daß Sie es ändern könnten, indem Sie es fordern, darum bitten, es nicht fordern, nicht darum bitten, indem Sie vorgeben, schwer zu kriegen zu sein, die/den Spröde(n) spielen, indem Sie sich in emotionaler Erpressung üben, Ihrem/Ihrer Partner(in) eine Standpauke halten, indem Sie Ihre(n) Partner(in) strafen oder indem Sie Ihre eigenen Bedürfnisse verleugnen.

Doch lassen Sie uns einmal annehmen, Sie seien mittendrin in einer Partnerschaft, in der es eine Intimitätskluft gibt. Oder nehmen wir an, daß Sie einen Menschen so sehr mögen, daß Sie mit ihm oder ihr zusammensein wollen, obwohl Sie klar erkannt haben, daß es da erhebliche Intimitätskonflikte gibt. Gibt es etwas, was Ihnen in einer solchen Situation weiterhelfen kann?

Ja.

Wenn Sie beide bereit und willens sind, daran zu arbeiten, Ihre gegenseitigen Bedürfnisse zu erfüllen, können Sie gemeinsam Anstrengungen unternehmen, Ihre Beziehung auf diesem Gebiet zu verbessern. Auf diese Bedürfnisse zugeschnittene Gespräche, »aktives« Zuhören, Intimitätsspiele, Partnerschaftsberatung und ein gesteigertes Intimitätsbewußtsein können Paaren helfen, die an einer Vertiefung Ihrer Intimität interessiert sind. Eine Beschreibung dieser Techniken gehört jedoch in ein Buch für Paare, nicht in eins für Singles. Wenn Sie noch ein Single sind, können Sie sich den Partner aussuchen, der ebenso daran interessiert ist, Intimität zu entwickeln wie Sie selbst.

Ich möchte Ihnen jetzt die Möglichkeit geben, über eine Gelegenheit in Ihrem Leben nachzudenken, bei der Sie eine Intimitätskluft zwischen sich und Ihrem/Ihrer Partner(in) festgestellt haben. Haben Sie sich jemals der Techniken bedient, die nicht weiterhelfen? Was genau haben Sie von Ihrem/Ihrer Partner(in) erwartet, was Sie nicht bekommen haben? Was ist passiert, als Sie versuchten, über Ihre Probleme zu sprechen?

TEST 13

1. Denken Sie an eine Beziehung – in der Vergangenheit oder Gegenwart –, in der Sie sich mit einer Intimitätskluft konfrontiert sahen. Mit welcher Technik versuchten Sie, Ihrer Frustration zu begegnen? Rufen Sie sich für jede der unten aufgelisteten Techniken einen typischen Zwischenfall in Erinnerung, der davon zeugt, daß Sie diese Technik angewendet haben. Machen Sie sich ein paar Notizen bezüglich dieses Erlebnisses.

- Haben Sie Intimität gefordert?
- Haben Sie sie nicht gefordert?
- Haben Sie die/den Spröde(n) gespielt?
- Haben Sie es mit emotionaler Erpressung versucht?
- Haben Sie Ihre(n) Partner(in) geschulmeistert?
- Haben Sie ihn/sie bestraft?
- Haben Sie Ihre Bedürfnisse verleugnet?

Schauen Sie sich die Liste noch einmal an, und fragen Sie sich, ob irgendeine dieser Techniken in größerer Intimität zwischen Ihnen und Ihrem/Ihrer Partner(in) resultierte.

2. Schreiben Sie an den Menschen, von dem Sie eine Intimitätskluft trennt (oder trennte) einen Brief.

Schildern Sie diesem/dieser Partner(in) – so gut Sie es können –, was Sie für ihn/sie empfinden (empfunden haben). Beschreiben Sie ihm/ihr die Intimitätskluft, wie Sie sie sehen (gesehen haben). Wann empfinden Sie sie besonders stark (haben Sie sie stark empfunden)? Was genau fühlen (fühlten) Sie, wenn das geschieht (geschah)?

Wenn Sie alles haben könnten, was Sie wollen, was würden Sie sich dann von Ihrem/Ihrer Partner(in) wünschen? Schreiben Sie alles auf. Aber zensieren Sie sich nicht. Erklären Sie Ihrem/Ihrer Partner(in), wie sich die Intimitätskluft, die Sie spüren (spürten), manifestiert, und was der Begriff »Intimitätskluft« für Sie bedeutet.

Zweck dieses Tests ist es nicht, Ihrem/Ihrer Partner(in) diesen Brief zu geben (obwohl Sie beschließen mögen, es zu tun), sondern sich über Ihre eigenen Gefühle (und das, was Sie von einer Partnerschaft erwarten) klarzuwerden.

Fassen wir zusammen: Wenn Sie sich größere Intimität wünschen, müssen Sie

- es erkennen, wenn Sie versuchen, »jemanden dazu zu bringen, Sie zu lieben«, wenn Sie die Methoden anwenden, die zu nichts führen, und müssen den Versuch aufgeben;
- weniger Energie in eine Beziehung investieren, in der Sie eine Intimitätskluft festgestellt haben; und
- sich darauf konzentrieren, Menschen zu finden, die ebenso an echter Intimität interessiert und in der Lage sind, sie zu leben wie Sie selbst.

Intimität und Selbständigkeit: Wie man Balance hält

Einer der Gründe, aus denen Intimität in den letzten 20 Jahren einen so niedrigen Stellenwert einnahm, ist der, daß Unabhängigkeit für Singles so wichtig geworden ist und daß Unabhängigkeit *ungerechtfertigterweise* als unvereinbar mit Intimität angesehen wird.

Was normale Menschen suchen, ist eine *Balance* zwischen Selbständigkeit und Intimität, zwischen der Ausbildung der Individualität und der der Verbindung. Ein Zuviel oder Zuwenig der jeweiligen Eigenschaften kann zu einem Ungleichgewicht führen: unabhängig, aber allein – oder gebunden, jedoch übermäßig abhängig.

Bei vielen Singles ist das Streben nach Unabhängigkeit und Selbständigkeit heutzutage hoch entwickelt. Doch dabei haben sie die Fähigkeit eingebüßt, sich einem anderen Menschen anzuschließen. Unabhängig zu sein ist für den Durchschnittssingle heute keine Herausforderung mehr, Bindung ist es. Singles bemühen sich heute so sehr, ihre Unabhängigkeit unter Beweis zu stellen, daß sie vergessen haben, daß Autonomie nur die eine Hälfte des Gleichgewichts ist, das ein ausgeglichenes Leben ausmacht. Die andere Hälfte – mit jemandem vertraut zu sein – ist dabei auf der Strecke geblieben.

Die Intimitätskluft ist auch zu einer soziologischen Realität geworden. In den nächsten Dekaden wird es sicherlich eine der gesellschaftlich wichtigsten Aufgaben sein, die Rolle der intimen menschlichen Beziehung wiederherzustellen und ihr den ihr zustehenden Platz in der Hierarchie unserer Kulturwerte wieder zu verschaffen.

Da aber die kulturelle Umbildung in erster Linie durch den schrittweisen Aufbau individueller Umgestaltungen stattfindet, müssen Sie bei sich selbst anfangen. Wie steht es um das Gleichgewicht zwischen Unabhängigkeit und intimer menschlicher Bindung in Ihrem eigenen Leben?

Kein Single *muß* einen Intimpartner haben, um ein erfülltes Leben führen zu können. Passen Sie aber auf, daß Sie *nicht zu stolz* darauf sind, wie unabhängig und selbständig Sie sind. Vielleicht liegt Ihre wahre Herausforderung ja darin, etwas von Ihrer Autonomie aufzugeben, um (Gott behüte) von einem anderen *abhän-*

gig zu werden. *Intimität ist ohne ein gewisses Maß einer gesunden, gegenseitigen Abhängigkeit nicht möglich.* Allein durch seine Definition schließt Intimität eine Verletzlichkeit durch ein anderes menschliches Wesen ein – zumindest in gewissem Grade.

Viele Singles, die ausgesprochen unabhängig und selbständig sind, fürchten sich davor, in einer Intimpartnerschaft verletzt zu werden und abhängig zu sein. Deshalb beschließen einige, sich gar nicht erst auf Intimität einzulassen. Weil jedoch viele andere Singles ihre Abneigung gegen Abhängigkeit und ihre Furcht, verletzt zu werden, gern überwinden würden, werden wir uns im nächsten Kapitel mit dem schlimmsten Problem überhaupt beschäftigen: der Angst vor Intimität.

9. KAPITEL

Die 9. Strategie: Was Sie tun müssen, wenn Sie Ihren Prinzen/Ihre Prinzessin finden, aber Angst vor dem Schloß haben

Wie man lernt, ja zu sagen

Den Menschen zu finden, zu dem man ja sagen mag, ist – wie wir gesehen haben – eine Herausforderung. Doch wirklich zu jemandem ja zu sagen ist für manche die größte Herausforderung überhaupt, weil das bedeutet, daß sie die eigene Furcht erkennen und sie überwinden müssen.

Letzten Endes ist es diese Furcht, die viele Singles Singles bleiben läßt. Die Furcht vor Zurückweisung. Die Furcht vor Nähe. Die Furcht vor Abhängigkeit. Die Furcht, sich selbst zu verlieren. Die Furcht vor dem Versagen. Das komfortable Single-Leben mag ja manchmal einsam sein, aber es ist auf jeden Fall »sicher«. Wenn man nur das rechte Maß an Distanz aufrechterhält, riskiert man nicht, zurückgewiesen – oder geliebt – zu werden. Man riskiert es nicht, jemandem so nahe zu kommen, daß man seine streng gehüteten Geheimnisse enthüllen oder Geheimnisse entdecken müßte, von denen man nicht einmal wußte, daß man sie hat. Man riskiert keinen Schmerz.

Schlichte, nackte Angst hindert viele Singles am Jasagen. Sie planen wohl, eines Tages ja zu sagen, aber sie finden immer eine Ausrede, es nicht zu tun – weil sie der Furcht nicht ins Gesicht sehen, die sie allein bleiben läßt.

Zwei Psychologen, die ich kenne, haben dafür ein neues Wort erfunden: Fliebe. Sie sagen, daß bei vielen Ihrer Patienten Liebe und Furcht eng verknüpft sind. Jedesmal, wenn ein solcher Mensch sich verliebt, steigt Furcht in ihm auf. Und jedesmal, wenn dieser Mensch unter seiner Furcht leidet, lauert irgendwo im

Hintergrund Liebe. Deshalb verlieben wir uns heutzutage oft nicht mehr, sondern empfinden Fliebe.

Das Problem ist nicht, daß wir Angst haben, denn Furcht ist natürlich und normal. Das Problem ist, daß wir unser Leben von der Furcht beherrschen lassen. Wenn wir lernen wollen, ja zu sagen, bedeutet das nicht, daß wir unsere Furcht ausmerzen müssen, wir müssen nur bereit sein, trotz unserer Furcht zu handeln. Man kann ja sagen, wenn man sich von seiner Angst nicht chauffieren läßt, sondern sie in den Kofferraum sperrt!

Das erinnert mich an die Geschichte von dem neunjährigen Jungen, der bereit war, über glühende Kohlen zu gehen, um seinen Mut zu beweisen. »Hast du Angst?« fragte ihn eine Reporterin. »Ja«, erwiderte er. »Warum machst du das dann?« erkundigte sich die Reporterin. Der Junge schaute sie ungläubig an und sagte: »Ich bin nicht bereit, mich von meiner Furcht von dem abhalten zu lassen, was ich tun will!«

Vielleicht wäre es ja klug, sich diese Aussage des jungen Mannes jedesmal ins Gedächtnis zu rufen, wenn unsere Furcht uns davon abzuhalten droht, jemanden in einem Café anzusprechen, einen Menschen anzurufen, mit dem man ausgehen möchte, eine Kontaktanzeige aufzugeben oder zu einer Veranstaltung für Singles zu gehen. Aber natürlich ist es nicht leicht, seine Furcht zu überwinden. Das Problem ist, daß Furcht schwer zu erkennen und noch schwerer zu überwinden ist, weil sie sich meist als etwas ganz anderes verkleidet.

Die Furcht und ihre Verkleidungen

Furcht ist ein natürlicher Instinkt, der uns beschützen soll: Jemand zielt mit einem Stein auf mich, also verberge ich mein Gesicht schnell hinter den Armen. Dieser Instinkt schützt unseren Körper *und* unser Ego. Wenn ich das Gefühl habe, daß die ganze Welt mit Steinen auf mein Ego zielt, errichte ich instinktiv eine unsichtbare Mauer um mich, damit die Leute mich nicht verletzen. Ich werde eine Maske tragen, damit die Steine mein wahres, mein zerbrechliches Selbst nicht treffen.

Schon als kleine Kinder erleben wir Angriffe auf unser Ego. Also halten wir – bildlich gesprochen – die Hände vors Gesicht.

Aus den »Händen« wird ein Schutzverhalten, das gedacht ist, uns davor zu bewahren, Schmerz oder Furcht erleben zu müssen. Später wird aus diesem Verhalten, dieser Maske, eine Gewohnheit. Sie verhindert, daß alle Welt unser zerbrechliches Inneres sehen kann. Doch es trennt uns auch von uns selbst. Und statt Probleme zu lösen, bringt diese Schutzmaske ihre eigenen Probleme mit sich. Denn gewöhnlich ist dieser Schutz weit schädlicher als der ursprüngliche Fehler.

In jedem von uns schlummern tiefverwurzelte Ängste: So wie ich bin, bin ich nicht in Ordnung. Ich bin nicht liebenswert. Ich bin unfähig. Ich werde verlassen werden. Um diese Ängste zu verbergen, entwickeln wir Schutzmechanismen, denn wir halten es für sicherer, unser wahres Gesicht hinter einer dieser Masken zu verstecken, als ein Ich zu enthüllen, von dem wir glauben, daß es unzulänglich und häßlich ist.

Denken Sie daran, eine »Verkleidung« (oder nennen Sie es eine Mauer, ein Spiel, eine Rolle, eine Maske, einen »Charakter«, einen Schutz oder eine Fassade) ist *verhaltensbestimmt und schützt uns davor, Schmerz oder Furcht erleben zu müssen.* Beispiele:

Julie meint, in ihrem Job nicht genügend zu leisten. Doch es schmerzt sie zu sehr, dies vor sich selbst zuzugeben, also schiebt sie ihrem Boß und den Arbeitsbedingungen die Schuld zu. Diese Schuldzuweisung ist ihre Verkleidung, ihre Maske, ihr Schutzverhalten. Sie schützt sie davor, sich zu ihrem Gefühl der Unzulänglichkeit zu bekennen, und sie hält andere davon ab, Julies vorgebliche Schwächen zu erkennen. Und Julie glaubt ebenfalls an ihre Maske, an ihre Verkleidung. Wahrscheinlich hat sie auch einige ihrer Bekannten und Kollegen davon überzeugt.

Joy, Arthurs Geliebte, geht auch mit einem anderen Mann aus. Arthur kann den Schmerz, Joy eventuell zu verlieren, nicht ertragen, also verleugnet ein Teil von ihm die Tatsache, daß er Joy verliert. Seine Verleugnungsmaske, sein »Alles-ist-in-Ordnung«-Spiel schützt ihn vor dem Schmerz.

Die Psychologen sind der Meinung, daß wir die Masken, die wir als Erwachsene tragen, schon früh in unserem Leben aufzusetzen beginnen. Als Annie ein Kind war, war ihr Vater Vertreter, und auch ihre Mutter arbeitete, war kaum einmal zu Hause. Annie übernahm die ganze Verantwortung für den Haushalt, kümmerte sich um ihre jüngeren Geschwister, kochte, putzte und wusch die Wäsche. Doch was noch schlimmer war: Annies Eltern waren kalte, nur berufsorientierte Menschen. Sie dankten Annie niemals für ihre Mühen. Sie kritisierten sie oft, lobten sie selten und nahmen sie kaum einmal in den Arm, um sie zu küssen. Als sie noch ein Baby war, ließen sie sie schreien, weil sie glaubten, das erziehe zur Selbständigkeit.

Annie sehnte sich nach ein wenig Liebe ihrer Eltern. Der Schmerz, den sie wegen ihrer Indifferenz verspürte, war fast unerträglich. Sie wünschte sich von ganzem Herzen, einmal in den Arm genommen zu werden.

Was also tat Annie, um sich selbst zu schützen? Sie vollbrachte ein äußerst gebräuchliches psychologisches Kunststück. Um nicht unter dem schrecklichen Schmerz leiden zu müssen, den die Lieblosigkeit ihrer Eltern verursachte, brachte sie sich *unbewußt* dazu zu glauben, daß sie diese Liebe weder wolle noch brauche. Sie verbarg ihr wahres Verlangen hinter der Maske der Unabhängigkeit. Sie gab vor, daß es ihr ausgesprochen gutginge, so auf sich allein gestellt. Das war für sie viel leichter und vernünftiger, als ständig diesen Schmerz und dieses Verlangen zu spüren.

Der Schmerz war jedoch nicht vorbei; wenn Annie tief genug in sich hineingeblickt hätte und ehrlich genug gewesen wäre, hätte sie ihn noch spüren können. Doch er war gut verborgen – unter ihrem neurotischen Bedürfnis, unabhängig zu sein, von der Sehnsucht nach Liebe frei zu sein – selbst für Annie.

Masken, wie Julie, Arthur und Annie sie tragen, sind *gesunde Reaktionen.* Auf diese Weise schützt der menschliche Organismus sich selbst vor den feindlichen Einflüssen seiner Umgebung – vergleichbar dem Chamäleon, das seine Farbe wechselt, wenn ihm Gefahr droht. Doch diese Errichtung eines Schutzwalls kann drei größere Probleme heraufbeschwören.

Wie unsere »Masken« uns schaden

Das 1. Problem ist, daß die Masken irgendwann an Wirkung verlieren. Da Julie die Schuld ständig anderen in die Schuhe schiebt, wird es ihr unmöglich sein, ihre eigene Rolle bei ihren Problemen zu erkennen. Und deshalb wird es ihr auch nicht möglich sein, sich zu ändern. Arthur muß irgendwann erkennen, daß Joy sich neu verliebt hat, weil es ihm sonst nicht möglich sein wird, etwas zu seinem eigenen Besten zu unternehmen. Wenn Annie auch als Erwachsene fortfährt zu glauben, daß sie keine Liebe braucht, wird sie nicht in der Lage sein, eine Liebesbeziehung mit einem Mann einzugehen.

Das 2. Problem ist, daß die Maske am Ende auch ihren Erfinder und Träger täuscht. Wir sind uns der Wände, hinter denen wir unser Leben verbringen, zwar nicht bewußt, doch sie werden allmählich zu unserem emotionalen Gefängnis.

Aber wieder zu dem obenstehenden Beispiel: Annie glaubt allen Ernstes, daß sie eine Einzelgängerin ist und daß sie weder Liebe braucht noch sie sich wünscht. Das hat sie schon seit langer Zeit »aufgebaut«. Es begann damals, als ihre Eltern sie ignorierten. Doch inzwischen glaubt sie wirklich daran und hält es für wahr. Alle anderen sind ebenfalls davon überzeugt und behandeln sie entsprechend. Annie spürt eine gewisse Unruhe. Sie geht fortwährend aus – mit irgend jemandem – und sehnt sich nach sexuellen Erlebnissen, die allerdings niemals so erfüllend sind, wie sie geglaubt hat. Doch sie erlebt auch keine Ängste und geht niemals das Risiko ein, wieder ignoriert zu werden, weil ihre Maske der Unabhängigkeit sie davor schützt. Die Maske »tut ihre Schuldigkeit«. Was Annie natürlich nicht erkennen kann, ist, daß die Maske sie selbst genauso täuscht wie die anderen. Sie hat dadurch keine Möglichkeit mehr, sich ihres Verlangens nach Liebe und ihrer Furcht, nie geliebt zu werden, bewußt zu werden. Sie vertraut auf ihre Mauer der Unabhängigkeit, und die macht es ihr unmöglich, wirklich mit jemandem intim zu werden.

Der Psychologe John Powell schreibt in seinem Buch *Why Am I Afraid to Tell You Who I Am?*:

> Keiner von uns möchte Angst haben müssen oder eine Lüge leben: Keiner von uns möchte ein Heuchler, ein Lügner sein, doch die Ängste, die uns innewohnen, und das Risiko, das ehrliche Kommunikation in sich birgt, erscheinen uns so gewaltig, daß wir in unseren Rollen, hinter unseren Masken Zuflucht suchen, so daß diese »Spiele« fast zu einem natürlichen Reflex werden.
>
> Nach einer Weile kann es für uns dann schon recht schwierig werden zu unterscheiden, wer wir in jedem einzelnen Moment unserer persönlichen Entwicklung wirklich sind und was die Pose ist.

> Das ist ein so weitverbreitetes menschliches Problem, daß wir es mit Recht »die menschliche Konditionierung« nennen können.

Annies Leben geriet schon vor langer Zeit aus dem Gleis, und seitdem rennt sie ständig in die falsche Richtung. Sie kann nicht erkennen, daß sie in eine Sackgasse geraten ist. Sie verwendet all ihre Energie und Aufmerksamkeit darauf, ihre Mauer aufrechtzuerhalten und weiterhin vorzugeben, daß sie keine Liebe braucht. Sie hat vergessen, daß sie sich als kleines Kind Liebe gewünscht und sich daraufhin mit ihrem Einzelgängerimage identifiziert hat.

Das 3. Problem der Verkleidungen ist, daß sie unsere Sicht trüben. Alles, was wir sehen und hören, wird durch unsere Maske gefiltert. Dies wiederum bestärkt das Bild der Welt, die wir durch die Maske sehen. In unserem Beispiel sieht Annie jedermann durch ihre Einzelgängermaske und ist deshalb überzeugt, daß es niemanden gibt, der herzlich und liebevoll ist. Sie erlebt das, was der große Poet Shelley wohl im Sinn hatte, als er schrieb: »Das Auge sieht, was es den Sehenden bringt.«

Obwohl diese Schutzmechanismen im Laufe der Zeit an Nützlichkeit verlieren und sowohl unsere Sicht wie auch die der anderen für uns trüben, klammern wir uns doch hartnäckig an sie. Deshalb müssen wir uns mit den Verkleidungen und Masken vertraut machen, die wir und andere tragen, um unsere Ängste abbauen und zur Liebe ja sagen zu können.

Verkleidungen und Masken gibt es in vielen Formen und Farben. Und obwohl viele der Masken sich ähneln, ist doch die jedes einzelnen völlig einzigartig. Dennoch gibt es feste Kategorien unseres Schutzverhaltens. Einige gebräuchliche Verkleidungen sind:

Snobismus	Alkoholismus	Isolation	Ängstlichkeit
Ehrgeiz	Machotum	Krankheit	Schuld
Arbeitssucht	Clownerie	Schuldzuwei-	Minderwertig-
Bevormun-	Vorurteile	sungen	keitskomplexe
dung	Feindseligkeit	Projektionen	Langeweile
Stolz		Fernweh	Disziplin

Unfreiwillige Singles, die aktiv nach einem Intimpartner suchen, müssen mit dem Furcht/Versteck-Syndrom gut vertraut sein und sowohl bei sich selbst wie auch bei den Menschen, die sie kennenlernen, auf diese Mechanismen achten. Die meisten von uns sind von Zeit zu Zeit ängstlich und fühlen sich unsicher. Und deshalb reagieren wir instinktiv und verbergen diese Furcht vor anderen *und* vor uns selbst. Viel zu oft landen wir in Beziehungen, in denen eine »Maske« mit der anderen kommuniziert. Je öfter sich die beiden Masken treffen, desto mehr geraten sie in Panik, daß der andere die Maske als solche erkennen und versuchen könnte, sie einem vom Gesicht zu reißen.

Nehmen wir beispielsweise an: Phil findet heraus, daß June nicht immer die fröhliche Person ist, in die er sich einst verliebt hat, sondern daß sich hinter ihrem ewigen Lächeln Depressionen verbergen. June haßt ihre »Launen« und möchte nicht, daß irgend jemand sie bemerkt. Aus diesem Grund würde sie in Panik geraten, wenn Phil sie jemals deprimiert erleben sollte. Denn sie hat mehr Angst davor, ihr wahres »depressives« Ich zu zeigen, als allein zu sein, und deshalb zieht sie sich in solchen Momenten von Phil zurück, um ihr fröhliches Image zu schützen. Phil seinerseits könnte große Schwierigkeiten haben, tiefe Gefühle zu zeigen. In dem Augenblick, in dem er glaubt, June könne merken, wie er für sie empfindet, zieht *er* sich zurück. Er hat ebenfalls mehr Angst davor, sein wahres »gefühlvolles« Ich zu zeigen, als davor, allein zu sein. Solange sie ihre Masken tragen, können June und Phil eine gute Beziehung haben. Allerdings ist ihre Furcht, ohne ihre Masken gesehen zu werden, so groß, daß sie versucht sein könnten, die Beziehung zu beenden, wenn ihre Masken zu rutschen beginnen.

Nelda, 52, Leiterin einer Kunstgalerie in New York, ist inzwischen seit zwölf Jahren mit ihrem zweiten Mann verheiratet. In ihrer geschmackvoll eingerichteten Wohnung erzählte sie mir die Geschichte ihrer ersten Ehe, die ein gutes Beispiel für das ist, was wir hier besprechen:

> »Ich habe Jahre gebraucht, bevor ich die Dinge im rechten Verhältnis sah. Aber ich werde Ihnen sagen, was mir in Erinnerung geblieben ist.
>
> Ich heiratete Rod mit 22. Ich trug ein langes weißes Kleid, hatte vier Brautjungfern, und die Predigt, die wir selbst geschrieben hatten, dauerte zwei Stunden – es sollte die perfekte Ehe werden. Punkt. Also ignorierte ich fortan alles, was nur annähernd nach einem Problem aussah. Ich

ignorierte es nicht nur: Ich verleugnete es entschieden! Unser Sexleben wurde beispielsweise sehr bald zur Routine, aber meinen Freundinnen erzählte ich, es sei phantastisch. Ich nehme an, ich glaubte das sogar selbst. Außerdem liebte Rod es, seine Ruhe zu haben, und konnte sogar dann ausgesprochen unangenehm werden, wenn jemand ihn ohne böse Absicht störte. Wenn Rod vor dem Fernseher saß und ich ihn fragte, was er zum Abendessen trinken wolle, explodierte er gleich. Aber egal, was passierte: Ich verteidigte ihn grundsätzlich. Er konnte gar nichts falsch machen. Ich wollte, daß die ganze Welt sah, was für einen großartigen Mann ich hatte.

Die Sache war die, daß Rod völlig rational war. Es schien so, als hätte er gar keine Gefühle. Er wußte jedoch, daß er Gefühle haben müßte, und deshalb tat er so, als hätte er welche. Ich meine, seine Umarmungen waren großartig, doch das lag nur daran, daß sein ›Computer‹ ihm sagte: ›Umarmungen sind gut. Nimm sie in den Arm.‹

Damals merkten wir das beide nicht. Dennoch glaube ich, daß Rod meiner Lügen, meiner Selbstverleugnung müde wurde. Er begann, ein wenig Ehrlichkeit von mir zu fordern. Er konnte es nicht ausstehen, daß ich *niemals* wütend wurde. Ich stand *Todesängste aus.* Ich konnte nicht einmal damit anfangen, mich mit irgendwas zu beschäftigen, was ein ›Problem‹ sein könnte. Wenn wir einen Streit hätten – es hätte sogar eine kleine Meinungsverschiedenheit ausgereicht –, wäre die ganze schöne Geschichte von meiner perfekten Ehe – die ja mein ganzes *Leben* war – zu Bruch gegangen.

Etwa zur gleichen Zeit begann ich, von Rod ein paar wahre *Gefühle* zu fordern. Nun, das versetzte *ihn* in Angst und Schrecken! Ich meine, das hielt er für wirklich bedrohlich, weil er Angst hatte, keine zu haben – oder wenn doch, fürchtete er, daß sie schrecklich sein könnten, nicht freundlich und nett.

Das Ende dieser Ehe kam dann *schnell.* Rod schien da überhaupt kein Zögern zu kennen: Wenn er nur die Wahl hatte, sich mit seinen Gefühlen auseinanderzusetzen, dann wollte er lieber da raus. Können Sie sich vorstellen, was es für meine ›Perfekte-Ehe‹-Geschichte bedeutete, als er von

Scheidung zu reden begann? Nachdem er ausgezogen war, hatte ich mehr als einen Ehemann verloren. Ich hatte mein ganzes ›perfektes‹ Leben verloren! Es war entsetzlich. Natürlich unterzog ich mich einer Therapie, und nach einer ganzen Reihe von Jahren war ich in der Lage zu erkennen, warum ich mich so verzweifelt hatte bemühen müssen, mein Leben als ›perfekt‹ anzusehen. Ich entdeckte nämlich eine Menge Haß auf mich selbst, mit dem ich mich nicht hatte auseinandersetzen mögen. Der große Durchbruch dieser Therapie kam, nachdem ich hatte zugeben können, daß es *etwas* an mir gab, was ich nicht mochte. Und kaum hatte ich das getan, war es, als hätten sich Schleusentore geöffnet. Puh! Es war schmerzlich. Doch das Endresultat war, daß ich heute – Jahre später – nicht mehr lügen muß. Welch eine Erleichterung! Ich bin nicht mehr perfekt. Aber ich bin einzigartig! Ich bin ehrlich. Ich bin einfach ich, in guten und in bösen Zeiten. Inzwischen habe ich eingesehen, wieviel Energie ich damals habe aufbringen müssen, um dieses dämliche Image aufrechtzuerhalten. Und außerdem war ich die einzige gewesen, die daran geglaubt hatte. Sie sollten den Leuten in Ihrem Buch raten, daß sie versuchen sollten herauszufinden, was sie vortäuschen wollen, und dann darüber nachzudenken, warum sie meinen, das tun zu müssen. Ich kann nur sagen, daß das mein Leben wirklich zum Positiven verändert hat.

Auch Rod unterzog sich übrigens einer Therapie. Er fand heraus, daß es gar nicht so gräßlich ist, Gefühle zu haben, und er wird immer besser darin, sie auszudrücken. Nachdem wir beide wieder verheiratet waren, waren wir auch in der Lage, gute Freunde zu werden, und ich glaube, daß wir wirklich gut zusammengepaßt hätten, wenn es uns gelungen wäre, uns zu ändern, als wir noch zusammen waren. Aber wie es nun einmal ist, sind wir beide viel reifer in unsere neuen Beziehungen gegangen – und sind heute beide sehr glücklich. (Sie lachte leise in sich hinein.) Meine jetzige Ehe ist wirklich perfekt!«

Nelda und Rod gehörten zu den Leuten, die sich nicht mit ihren Ängsten und ihrer Unsicherheit auseinandergesetzt hatten, so daß sie das klassische Beispiel zweier Masken wurden, die miteinander kommunizierten. Variationen ihrer Geschichte sind *ausgesprochen weit verbreitet.* Die Ängste und Masken unterscheiden sich dagegen sehr. Und viele Leute sind deshalb sogar bereit, auf eine Ehe zu verzichten. *Die Maske aufrechtzuerhalten ist einer der schwersten »Fehler«, den Singles machen können, denn er läßt sie Singles bleiben.* Wenn Sie jemandem näherkommen wollen, müssen Sie *bei diesem Menschen* die Maske ablegen. Darum allein geht es, wenn ich von Nähe spreche. Intimität verlangt, daß man seine Ängste und seine Unsicherheit mit dem Menschen teilt, den man liebt (natürlich gehört auch dazu, daß man Freuden, Hoffnungen und Spaß teilt, doch das ist leichter). Viele Singles jedoch behalten lieber die Masken auf, als irgend jemanden in ihr Inneres blicken zu lassen. Deshalb machen sie sich schnellstens davon, wenn ihnen jemand näherkommt. Das ist der Grund dafür, daß sie auch nach vielen Jahren noch Singles sind!

Wenn Sie es zulassen, daß die Furcht oder das »Aufrechterhalten der Maske« Ihr Leben bestimmt, ist das ein Fehler, der nur schwer zu korrigieren ist. Zu entdecken, welche Maske Sie tragen und welche Ängste Sie dahinter verstecken, erfordert Mühe und Ausdauer.

Nur Sie allein wissen, ob Sie ausreichend motiviert sind, hinter Ihre Maske zu blicken und Ihre Ängste zu entdecken. Glauben Sie, daß Furcht daran schuld ist, daß Sie noch ein Single sind? Flößt Nähe Ihnen Angst ein? Denken Sie darüber nach, ob Sie ein »offizielles Ich« und ein ehrliches »privates« haben, das keiner jemals sieht – vielleicht nicht einmal Sie selbst?

Angelica, 39, ist eine Führungskraft, die an einem meiner Workshops teilnahm. Sie arbeitet in der Personalabteilung einer großen Firma.

> »Ich war einer der größten ›Maskenverfechter‹, ein hohes Tier in der Firma, das täglich 24 Stunden im Dienst war. Ob im Supermarkt, bei meiner besten Freundin, im Fitneßstudio – ja sogar bei meiner Schwester und meinen Eltern –, ich benahm mich immer angepaßt, wohlerzogen, moderat, hielt mich an die Spielregeln und trug grundsätzlich die richtige, die erfolgsträchtige Kleidung. Es war wie ein Zwang – ich mußte die richtige Joggingkleidung tragen; ich mußte mit den richtigen Männern ausgehen. Mein wahres Ich war unter einer Maske aus Gußeisen und Beton verborgen.

Geändert hat sich das alles erst, als ich ein Jahr Studienurlaub nahm, weil ich herausfinden wollte, ob ich Therapeutin werden will. Es wurden drei Jahre daraus. Ich besuchte einige Workshops und merkte, daß etwas in mir nachzugeben begann. Ich spürte Gefühle. Ich schrie, ich weinte, ich wurde wütend, ich tanzte die ganze Nacht zu den Bongotrommeln. Als ich wieder in die Arbeitswelt zurück mußte, merkte ich, wie ich mich verschloß. Es war ein gräßliches Gefühl.

Wenn mein ›Arbeits-Ich‹ Männern begegnete, gehörte alles zu einer Rolle. Ich war die perfekte Managerin: bestimmt, kompetent, erfolgreich und hart. Wenn ich mit jemandem ausging, mühte ich mich ebenfalls, das unter Beweis zu stellen. All meine Beziehungen waren wettbewerbsorientiert. Jeder versuchte, den anderen davon zu überzeugen, welch guter Fang er war. Verschiedene Partnerschaften endeten, weil ich wußte, daß es keine echte Nähe geben würde, doch ich hatte nicht die Spur einer Ahnung, wie ich das ändern und wahre Intimität finden könnte.

Damit mein wahres Ich ans Tageslicht kommen konnte, brauchte ich eine völlig andere Ausgangsposition. Diese Art des Erlebens war verblüffend und völlig überraschend für mich. Ich mochte es zwar, doch es war so neu, so anders. Nach einer Weile mußte ich außerdem beginnen, einiges zu erkennen, was recht schmerzlich für mich war. Aber ich würde um nichts in der Welt wieder so sein wollen, wie ich früher war. Ich hatte *mich* verloren. Und jetzt habe ich mich wiedergefunden.

Ich fange allmählich an zu begreifen, was wahre Intimität bedeutet. Zum ersten Mal in meinem Leben habe ich eine Beziehung begonnen, in der ich mich wirklich wohl fühle. Und Denny ist nun *alles andere* als ein typischer Führungstyp. Er ist Zimmermann, Skilehrer und Hobbygärtner. Und er liebt mein wahres Ich – nicht das, das ich in der Firma verkörpere. Das letztere toleriert er. Manchmal lachen wir sogar gemeinsam darüber. Es ist ein Spiel, das gespielt werden muß. Aber auch ich habe mich inzwischen mit meiner Arbeitspersönlichkeit abgefunden, weil ich jetzt weiß, daß ich anders sein kann.

Natürlich ist das jetzt schon ein paar Jahre her. Ich habe

mein wahres Ich keineswegs über Nacht entdeckt. Ich mußte ihm viel Zeit widmen. Das ist auch der Grund, warum aus meinem Studienjahr drei wurden. Realer und ehrlicher zu werden war wahrhaftig ein Full-time-Job für mich.«

Das, was Angelica erzählte, erinnerte mich an ein Zitat des Theologen Søren Kierkegaard:

»Die größte Gefahr, die, sich selbst zu verlieren, kann so schnell an uns vorbeiwehen, als sei gar nichts.

Jeden anderen Verlust – der eines Arms, eines Beins, einer Frau oder den von Geld – wird man gewiß bemerken.«

Michael Lerner, der Direktor des Instituts für *Labor and Mental Health* in Oakland, Kalifornien, der das *Tikkun Magazin* herausgibt, glaubt, daß die Arbeitsplatzbedingungen das »Maskentragen« erforderlich machen. Wenn es »das weibliche Mysterium« war, daß es für Frauen eine Quelle der Freude und Erfüllung war, den Haushalt zu führen, dann war es das »männliche Mysterium«, daß die Arbeit einen Mann bestätigte und ihm ein Wohlgefühl vermittelte. Michael sagte mir in einem Interview:

»Einige Männer empfinden ihren Beruf nicht als bestätigend und erfüllend, deshalb suchen sie einen Ausgleich im Privatleben. Doch dieser Ausweg ist ihnen meist versperrt, weil sie sich deshalb schämen. Und das wiederum müssen sie vor ihren Frauen verbergen. Also fangen sie eine Beziehung an, in der sie von Anfang an das Gefühl haben, nicht ganz ehrlich sein zu können, weil sie nicht zugeben dürfen, daß sie im Berufsleben Versager sind. Die Arbeitswelt ist aber nun einmal so, daß nicht jeder ein Erfolgstyp sein kann. Nicht jeder kann Firmenchef oder Abteilungsleiter werden. Die meisten Männer können's nicht. Aber jeder Mann interpretiert das für sich selbst. Das ist der emotionale Schlüsselwiderspruch, der Männer dazu bringt, sich zu Hause unnahbar zu geben: Sie können ihr Versagen in der Arbeitswelt nicht offen zugeben. Wie sollten sie auch ehrlich zu Frauen sein, wenn sie ernsthaft daran glauben, daß sie Versager sind? Also verstecken sie sich hinter einer Maske: Ich bin in Ordnung, mein Leben ist in Ordnung, und alles funktioniert. Das ist die fundamentale Lüge, die es ihnen unmöglich macht, eine Frau zu nahe an sich heranzulassen – denn dann könnten sie entdecken, daß alles eine Lüge ist.

Natürlich sind Frauen heute in demselben Widerspruch befangen: Sie würden die Frauenbewegung verraten, wenn sie zugeben, daß sie sich durch ihre wettbewerbsorientierten Jobs unter Druck gesetzt fühlen.«

Der erste Schritt, diesen »Fehler« zu korrigieren, uns total hinter unseren Masken zu verlieren, ist der, ihn zu erkennen. Deshalb wollen wir uns zunächst eine Aufzählung der Schutzmechanismen und »Masken« anschauen, die man unter Singles, die Angst vor Nähe haben, häufig findet. Wenn Sie diese Beispiele lesen, sollten Sie darüber nachdenken, ob sie vielleicht auf Sie zutreffen oder auf jemanden, den Sie kennen.

1. Der/die Arbeitssüchtige

Arbeitssüchtige meiden Intimität, indem sie sich ständig mit irgend etwas beschäftigen und sich für alles verantwortlich fühlen. Gefühle sind nicht ihre Sache, und sie weichen ihnen aus. Durch das Zärtlichkeitsverlangen ihres Partners/ihrer Partnerin fühlen sie sich bedroht. Sie würden ihre Liebe lieber dadurch zeigen, daß sie so rücksichtsvoll sind, die Garagentür zu öffnen, hohe Gehaltsschecks nach Hause zu bringen und großzügige Geschenke zu machen. Der Schutzmechanismus des/der Arbeitssüchtigen wird vor der Außenwelt gut verborgen. Er hält den/die Ängstliche(n) in sicherer Distanz zu anderen, besonders zu denen, die ihn/sie am meisten lieben.

2. Der/die Verleugner(in)

Einige Leute beschäftigen sich einfach niemals mit ihren Intimitätsproblemen. Eine der Frauen, die ich interviewte, erzählte mir folgende Geschichte:

»Drei Jahre lang ging ich mit Jerry. Wir waren gute Freunde und verstanden uns in vielerlei Hinsicht großartig. Unser großes Problem kam erst, als ich begann, ihm meine Liebe zu zeigen und mich ihm nahe zu fühlen. Er fing an, auf Distanz zu gehen, und ich weinte. Nachdem uns bewußt geworden war, daß nichts aus uns werden würde, erklärte er mir: ›Ich möchte wirklich eine Intimpartnerschaft. Ich will heiraten – irgend jemanden.‹ Doch das einzige, was ihn an mir störte, war, daß ich Intimität wollte! Er sah den Widerspruch gar nicht. Er klammerte sich an die Illusion, daß er bekommen würde, was er wollte – obwohl er nichts dagegen tat, an seiner Abneigung gegen Intimität zu arbeiten.«

3. Die Sexmaske

Manchmal ertränken Menschen ihren Wunsch nach Geborgenheit und Nähe in Sex. Sexuelle Heldentaten, Herumflirterei, Verführungskünste gelten als »äußerst akzeptabel«. Und da kennen diese Menschen sich aus – sie wissen jedoch nicht, wie man dem Bedürfnis nach wahrer Intimität Ausdruck verleiht.

Singles, die sich bisher darauf verlassen haben, daß Sex ihnen die Möglichkeit bietet, mit dem anderen Geschlecht zu kommunizieren, sind von der AIDS-Epidemie besonders betroffen. Nachdem ihre Chancen auf schnelle sexuelle Abenteuer reduziert sind, müssen sie sich entweder damit abfinden, einsam zu sein, sich eine neue »Maske« zulegen oder sich nach jemandem umschauen, bei dem sie sich so sicher fühlen, daß sie den Versuch unternehmen können, die Maske abzulegen.

4. Die Pfauenmaske

Sarah, eine Frau, die ich interviewte, erzählte folgendes:

»Natürlich wünschen Männer sich Nähe, aber sie haben gewiß eine komische Art, das zu zeigen. Sie glauben, daß es schon klappen wird, wenn sie ihren Porsche blitzblank polieren. Und wenn's kein Porsche ist, dann ist's ein akademischer Grad, ein guter Wein – oder auch eine Verhaftung wegen einer guten Sache.«

Viele Leute kommunizieren mit anderen, indem sie ihnen zu imponieren suchen. Sie umgeben sich mit greifbaren Beweisen ihres eigenen Werts, oder sie reden über ihre Erfolge. Diese »Verkleidung« soll den anderen das Gefühl geben, es mit einem ganz besonderen Menschen zu tun zu haben. Aber Sarah fuhr fort:

> »Was ich jedoch von einem Freund erwarte, ist, daß er sich ehrlich für mich interessiert. Diese vielen Erfolge imponieren mir zwar tatsächlich, doch nicht mehr dann, wenn da nicht noch mehr ist. Ich habe immer das Gefühl, daß ich eine massive Mauer durchbrechen muß, wenn ich etwas Zärtlichkeit oder Liebe will.«

Der klassische Pfauenmann wird auch seine Partnerin als Beweis seines eigenen Werts sehen. Er wird ihr schöne Kleider und teuren Schmuck schenken. Einer der Männer, mit denen ich darüber sprach, meinte: »Wenn ein Mann seine Frau auf ein Podest stellt und sie idealisiert, mindert das seine Chance auf Intimität mit ihr.«

Das »Pfauensyndrom« tritt aber häufig auch in wenig auffälliger Form auf. Indem wir unsere Aufmerksamkeit auf unseren Besitz und unsere Erfolge konzentrieren, können wir unsere Selbstzweifel verbergen und andere davon abhalten, uns so nahe zu kommen, daß sie sie entdecken.

5. Die Maske des »Auf-sich-aufmerksam-Machens«

Prominente, Betriebsnudeln, Geschwätzige, Komiker und Geschichtenerzähler gehören zu den Leuten, die aufblühen, wenn man sie beachtet. Jeder braucht zum Überleben ein gewisses Maß an Aufmerksamkeit, aber die, die Beachtetwerden als Schutzschild benutzen, sind so sehr damit beschäftigt, Aufmerksamkeit zu erregen, daß sie keine Zeit mehr haben, sich einmal in Ruhe zurückzulehnen, um sich selbst kennenzulernen – oder jemand anderen. Sie sind nicht wählerisch, wenn es gilt, die

Aufmerksamkeit auf sich zu ziehen; sie wollen sie ganz einfach. Das macht ihnen Spaß und gibt ihnen die Möglichkeit, Intimität zu meiden.

Aufmerksamkeit auf sich ziehen zu wollen gehört zu den angenehmeren Schutzmechanismen, weil hier talentierte »Maskenträger« ausgesprochen amüsante und liebenswerte Menschen sind. Wenn Sie jedoch mit einem dieser Prachtexemplare allein in einem schwachbeleuchteten Raum sind, wird es immer noch erwarten, daß Sie Publikum spielen, über seine Witze lachen und ihm Fragen über seine Arbeit stellen. Sie sind schlechte Zuhörer. Und was noch schlimmer ist, sie werden Sie nicht als einzigartiges menschliches Wesen anerkennen. Sie sehen jeden Menschen nur als potentielles Publikum, und solange sie genügend beachtet werden, müssen sie keine Angst haben: Sie *können* ihnen *nicht* nahekommen.

6. Die »Laß-uns-Spaß-haben«-Maske

Spaß ist das Produkt gewisser Aktivitäten, derer wir uns unterziehen, um ihn zu bekommen: Partys, Bars, Essengehen, Kino, Urlaub, Spiele usw. Spaß wird oft als Schutzschild gegen das innere Gefühl der Leere, der Langeweile, einer schrecklichen Angst, der Unsicherheit oder sogar des Eigenhasses benutzt.

Eine Frau fühlt sich einsam. Sie geht in eine Bar, weil sie hofft, daß Spaß wie ein Gegengift wirkt. Da sie jedoch ihre inneren Gefühle ignoriert, bewirkt sie damit genau das Gegenteil. Ironischerweise kann ihre Suche nach »Spaß« sogar dazu führen, daß sie sich noch unwohler fühlt. Sie würde gewiß eher Spaß haben, wenn sie bereit wäre, sich mit diesem Gefühl der Leere auseinanderzusetzen, statt es zu ignorieren. Wenn sie ihrer depressiven Stimmung nur entflieht, wird sie anhalten. Wenn sie sich aber mit ihr auseinandersetzt, indem sie beispielsweise darüber spricht, wird sie sie eher ändern können.

7. Die Maske des Gelangweiltseins

Langeweile ist leichter zu ertragen als Angst. Wenn Sie davon überzeugt sind, daß Sie nur gelangweilt sind, können Sie schmerzlichen oder schwierigen Gefühlen eher entfliehen. Manchmal ist Langeweile, obwohl sie Ihnen in dem Moment real erscheint, in Wahrheit jedoch eine Maske, hinter der sich Angst und Unsicherheit verbergen.

Hören Sie sich Rons Geschichte an:

> »Meine Freundin und ich besuchten einen Wochenend-Workshop, in dem es um Beziehungen ging. Er war hervorragend, und es wurden einige Themen angesprochen, die gerade für uns wichtig gewesen wären. Aber bereits am Samstagabend war sie so gelangweilt, daß sie nach Hause wollte. Ich war verblüfft, denn dies war eine der besten Veranstaltungen, die ich je besucht hatte. Erst viel später begriff ich, daß sie einfach nicht mit dem fertig wurde, was sie hörte. Sie wollte sich mit dieser Thematik nicht auseinandersetzen. Sie war nicht gelangweilt, sondern zu Tode erschrocken! Dennoch bin ich sicher, daß sie wirklich glaubte, sie hätte sich gelangweilt.«

8. Die Rationalitätsmaske

Bei einem superrationalen Menschen sind die Gefühle und Emotionen verkümmert. Sie wurden ja auch nicht unbedingt gebraucht. Rationale Menschen werden wegen ihrer kühlen Beherrschtheit, ihres durchdringenden Verstands und ihrer Fähigkeit geschätzt, alles äußerst genau zu durchdenken. Gefühle bei sich selbst oder bei anderen entschuldigen sie nur, wenn sie ihnen logisch erscheinen, denn sie selbst sind vor allem vernünftig. Weil Gefühle manchmal »unvernünftig« sind, und weil sie diese Menschen veranlassen könnten, die Kontrolle zu verlieren, unterdrükken sie sie schnell.

Der menschliche Organismus ist fähig, eine breite Gefühlsskala zu erleben.

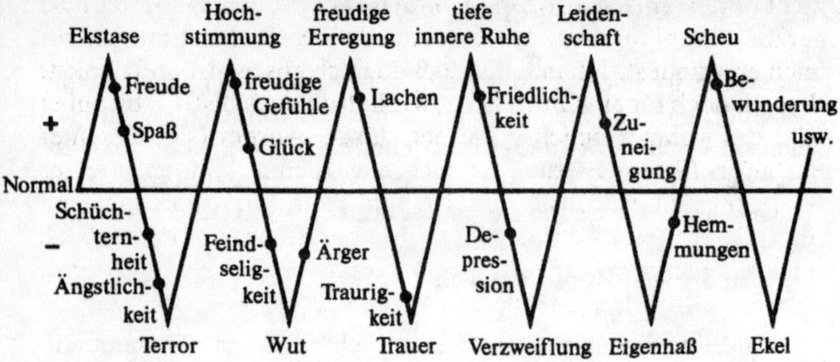

Furcht jedoch schränkt das emotionale Empfinden eines rationalen Menschen ein.

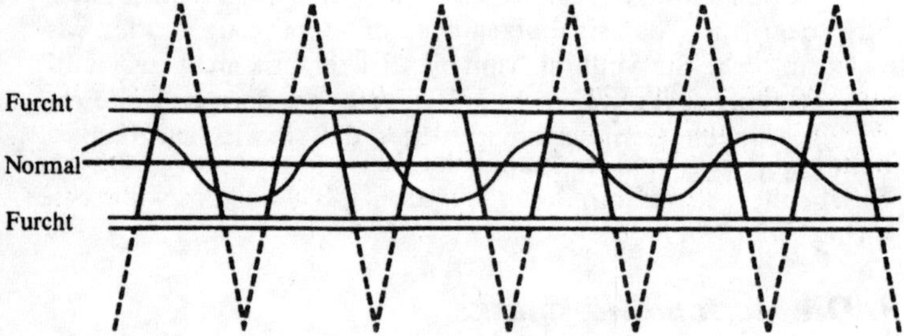

Weil rational denkende Menschen in dem Augenblick Furcht zu empfinden beginnen, in dem sie Gefühle – welcher Art auch immer – zu spüren beginnen, mühen sie sich ihr Leben lang, »normal« zu fühlen. Sie empfinden niemals besondere Ekstase oder besondere Depressionen. Unbewußt haben sie sich entschieden, so zu handeln, wie es ihnen ihr Kopf befiehlt, und ihr Herz zu ignorieren, so daß sie niemals irgendwelche tiefen Gefühle entwickeln müssen. Unbewußt haben sie beschlossen, ihr Handeln vom Kopf – nicht vom Herzen – bestimmen zu lassen, so daß sie wirklich niemals in irgendwelche Gefühlskonflikte kommen.

Wenn ein rational denkender Mensch sich verliebt, wird sein(e) Partner(in) drängen: »Sag mir, daß du mich liebst. Und sag es nicht nur, wenn ich dich darum bitte, sondern auch dann, wenn du gerade so empfindest. Ich möchte, daß du leidenschaftlich für mich empfindest. Ich möchte, daß du mich anschaust und denkst: Was ich doch für ein Glück habe, wie lieb du doch bist!« Obwohl er (sie) das wahrscheinlich versuchen dürfte, wird er (sie) es seiner Partnerin (ihrem Partner) einfach nicht geben können, weil er (sie) gar nicht weiß, was Gefühle sind. Sein (ihr) Kopf sagt ihm (ihr), daß er (sie) sie (ihn) liebt. Und er (sie) weiß auch, daß sie (er) das ebenfalls weiß, und schon deshalb versteht er (sie) nicht, warum sie (er) das noch ständig hören will.

Mit rational denkenden Leuten Probleme ausräumen zu wollen kann einen zur Verzweiflung bringen. Sie werden Sie immer wieder auffordern, ihnen zu erklären, warum Sie empfinden, wie Sie empfinden, und wenn Sie das nicht erklären können, werden sie versuchen, Sie zu überzeugen, daß Sie keineswegs so empfinden. Sie werden einer Lösung des Problems nie auch nur nahe kommen, weil der/die Rationelle das Problem gar nicht erfassen kann.

Rational denkende Menschen werden sich unter keinen Umständen einer Therapie unterziehen oder sich auch nur beraten lassen. Sie sind ganz sicher, daß sie ihre Probleme allein lösen können. Außerdem ist ihnen klar, daß sie bei einer solchen Gelegenheit etwas empfinden müßten. Und genau das wollen sie nicht – oder fürchten sie sogar: Gefühle.

9. Die »Rüstungswettlauf«-Maske

Wenn es jedem einzelnen von uns gelingt, die Wahrheit hinter einer Maske zu verbergen, ist es leicht, diese Handlung auch als Kollektiv zu rechtfertigen. Der Rüstungswettlauf ist eine gesellschaftliche Version des persönlichen Schutzwalls. Er ist ein internationales »Verteidigungssystem«, und er funktioniert genauso wie unsere persönlichen Verteidigungsmechanismen. Das Wettrüsten liefert uns (wenn auch etwas übersimplifiziert) ein Beispiel der Parallelen zwischen persönlicher und gesellschaftlicher Psychologie.

Wir fürchten »Feinde« und investieren ein Großteil unserer Energie und unseres Geldes in Waffen, von denen wir glauben, daß sie uns beschützen werden. Je mehr wir uns auf unser Verteidigungssystem konzentrieren, desto mehr fürchten wir, angegriffen zu werden; das wiederum betrachten wir als Rechtfertigung dafür, unsere Verteidigung noch weiter aufzustocken.

Wie wir uns als Erwachsene noch immer gegen Kindheitsgefahren schützen, die uns nicht länger bedrohen, haben die Nationen dieser Welt immer noch die Angewohnheit, sich militärisch abzusichern. Um diese Gewohnheit zu stützen, übersehen wir leichthin, daß wir inzwischen in einem Zeitalter leben, in dem die Waffen so gefährlich geworden sind, daß es ein absurder Gedanke wäre, einen Krieg zu führen. Wir ignorieren die drastischen Friedensgesten unseres »Feindes«. Wir schenken den Modellen gemeinsamer Hilfeleistung für die Entwicklung der Dritten Welt keine Beachtung. Wir schenken auch der Tatsache keine Beachtung, daß die Budgets für Gesundheit, Erziehung und andere soziale Programme mehr Arbeitsplätze schaffen und den Bedürfnissen der Menschen eher dienen würden als der Verteidigungsetat.

Alles, was die einzelnen Nationen wahrnehmen, ist, daß man den »Feind« fürchten und aus dieser Angst heraus das »Verteidigungssystem« ausweiten muß.

Manche Menschen reagieren ganz genauso. Je mehr sie sich auf ihr persönliches Verteidigungssystem konzentrieren, desto mehr glauben sie daran, es zu brauchen, und desto weniger achten sie auf ihr wahres Selbst, den verletzlichen und verängstigten Menschen, der sich hinter der »Maske« versteckt. Als Nation handeln wir schließlich ebenso – wir schenken den steigenden nationalen Problemen wenig Beachtung (beziehungsweise Geld).

Ich habe einmal eine Geschichte über einen Mann gehört, der jeden Tag feinen Goldstaub auf seinen Rasen streute, um die menschenfressenden Tiger fernzuhalten. Um den Goldstaub kaufen zu können, mußte er viele persönliche Opfer bringen, und manchmal konnte er sich nicht einmal Lebensmittel leisten. Doch er ließ sich nicht von seiner täglichen Gewohnheit abbringen, weil der Goldstaub »seine Wirkung tat«.

Die gleiche Begründung benutzen wir, wenn wir unser nationales und persönliches Verteidigungssystem aufrechterhalten: Wir fahren mit der militärischen Aufrüstung fort. Und da die Russen uns noch nicht angegriffen haben, muß die militärische Aufrüstung ja ihre Wirkung getan haben. Offensichtlich müssen wir damit fortfahren, selbst wenn das bedeutet, daß wir weiterhin nationale Opfer bringen müssen.

Ob Sie sich selbst nun durch Arbeitssucht schützen, durch Selbstverleugnung, dadurch, daß Sie Aufmerksamkeit suchen, dadurch, daß Sie zuviel reden, oder dadurch, daß Sie das Mauerblümchen spielen, ist gleichgültig. Was auch immer Sie tun – Sie glauben irgendwo in Ihrem tiefsten Inneren, daß Ihr Überleben davon abhängt, diesen Schutzmechanismus beizubehalten. Wir alle sind ein wenig wie der Mann, der Goldstaub auf seinen Rasen streut. Viele der Angriffe, die wir fürchten, bilden wir uns nur ein, doch wir haben uns so sehr an unsere Schutzmechanismen gewöhnt, daß wir gezwungen sind, sie aufrechtzuerhalten – auch wenn das auf unsere Kosten geht.

Der »Kern« der Intimität

Diese Auswahl gebräuchlicher Schutzmechanismen illustriert, wie die Masken – bei der Arbeit, in Ihrem oder im Leben eines Menschen, den Sie kennen – funktionieren. Während unsere Maske uns davor bewahrt, unser verletzliches Ego und unsere seelischen Ängste bloßlegen zu müssen, »schützt« sie uns gleichzeitig auch vor Intimität. *Das, was die Intimität ausmacht, ist jedoch genau das, was es uns ermöglicht, unser äußerliches, »offizielles« Ich abzulegen und einem anderen Menschen unser wahres, inneres Ich zu zeigen.* Weil wir alle uns hinter so gut funktionierenden Masken verbergen, sind wahrhaft intime Partnerschaften so wichtig geworden. Denn wenn Sie niemals jemanden an sich heranlassen, werden Sie auch niemals die Gelegenheit haben, sich an das Selbst zu gewöhnen, das sich hinter der Fassade verbirgt. Wir fallen dann auf unsere eigenen Schutzmechanismen herein und fühlen uns wohl, weil wir unsere Ängste verleugnen können – bis jemand anderes sich soviel aus uns macht, daß er einen Blick hinter die Tünche wagt, um unser wahres Ich zu entdecken.

Jemanden zu lieben bedeutet, ihn oder sie *als Ganzes* zu kennen und zu akzeptieren, nicht nur die Fassade, die dieser Mensch der Öffentlichkeit bietet. Aus diesem Grund kann die Liebe – aber auch die Psychotherapie oder eine enge Freundschaft – uns verändern: In einer intimen Verbindung kann es uns gelingen, tatsächlich ein ganz anderer Mensch zu sein. Und diese intime Bindung kann für uns die einzige Möglichkeit sein, uns mit diesem inneren, wirklichen Ich auseinanderzusetzen. Wenn Sie Ihre Furcht verleugnen, bestärken Sie sie noch. Dann nämlich kann Ihre Furcht Sie isolieren, und je einsamer Sie werden, desto mehr fürchten Sie sich. Marilyn Ferguson schreibt in ihrem Buch *The Aquarian Conspiracy:*

> »Verleugnung, wie menschlich und natürlich sie uns auch erscheinen mag, fordert einen schrecklichen Preis. Es ist, als ob wir uns darauf eingerichtet hätten, unser Leben in den Wartezimmern unserer Leben zu verbringen.«

Der *einzige* Weg, diesen Kreis der Einsamkeit zu durchbrechen, ist, sich *mit jemandem zusammenzutun.* Doch das dürfen Sie nicht oberflächlich tun. Sie müssen es schon ehrlich meinen. Sie müssen bereit sein, den/die andere(n) hinter Ihre Maske schauen zu lassen. Tun Sie das nicht, verbringen auch Sie Ihr Leben im Wartezimmer des Lebens.

Was man gegen die Furcht unternehmen kann

Was also können Sie tun, wenn Sie erkennen, daß Ihre Furcht Ihnen den Weg blockiert? Was, wenn Sie erkennen, daß Ihre Schutzmechanismen zur Gewohnheit geworden sind und Sie von anderen fernhalten?

Ein 38jähriger Mann erzählte mir eine ziemlich drastische Geschichte. Ich werde ihn hier Bruce nennen. Er ist ein erfolgreicher Geschäftsmann, sehr umgänglich, fast herzlich und hat ein fröhliches Zwinkern in den Augen. Er war niemals verheiratet und hatte nur einmal – da war er in den Zwanzigern – kurzfristig mit einer Frau zusammengelebt. Doch er interessiert sich sehr für Frauen und geht häufig aus.

Bruce nahm an einem Workshop teil, bei dem die Teilnehmer aufgefordert worden waren, sich mit ihren Ängsten auseinanderzusetzen und mit ihnen zurechtzukommen. Außerhalb des Workshops waren sie gehalten, versuchsweise einige Risiken einzugehen, zu beobachten, in welcher Weise die Furcht ihr Leben bestimmt. Darüber hinaus sollten sie sich bemühen, diese Furcht in bestimmten Situationen zu überwinden.

Einige Monate nach diesem Workshop war Bruce zu einer Erntedankfestparty eingeladen gewesen. Es waren acht weitere Gäste da. Sie verbrachten fast den ganzen Tag zusammen, bereiteten das Festmahl gemeinsam vor und ruhten sich anschließend zusammen aus. Martha, eine der anwesenden Frauen, interessierte Bruce besonders. Er unterhielt sich mit ihr, aber die Bekanntschaft blieb oberflächlich.

Während der nächsten Tage stellte Bruce fest, daß er recht intensiv über Martha nachdachte. Er erzählte mir:

> »In der Zeit vor dem Workshop wäre es für mich undenkbar gewesen, sie anzurufen. Ich hätte es gewiß erwogen, doch ich hätte sicher ganz überzeugende Entschuldigungen gefunden, es nicht zu tun. Aber jetzt erkannte ich, daß allein die Angst mich davon abhielt, den Hörer abzuheben und zu wählen. Und nun erkannte ich auch, daß ich mein Leben nicht länger von Angst bestimmen lassen wollte. Also ging ich zum Telefon und rief Martha an. Sie war zu Hause. Wir unterhielten uns ein Weilchen, und dann bat ich sie, mit mir auszugehen. Sie schien sich darüber zu freuen, sagte jedoch, sie hätte in den nächsten Wochen viel zu tun und wolle mich zurückrufen.
>
> Nachdem ich den Hörer aufgelegt hatte, wurden mir zwei Dinge klar: einmal, daß es gleichgültig war, ob sie wirklich zurückrief, und zum anderen, daß ich mich so wohl fühlte wie noch nie in meinem Leben!«

Ich glaubte Bruce jedes Wort. Dieses Erlebnis mag zwar läppisch erscheinen, aber für Bruce war es ein Durchbruch. Es war das erste Mal gewesen, daß er seine *Furcht* erkannt und bewußt überwunden hatte. Das war wahrhaftig ein Abenteuer für ihn gewesen.

Was hatte sich für Bruce nach diesem Workshop geändert?

Hatte dieses Erlebnis magisch jede Spur von Furcht wegwischen können? Ist es vielleicht möglich, daß die Tatsache, daß er eine so große Furcht überwunden hatte, dazu beitrug, daß ihm alle anderen Ängste nun klein erscheinen?

Nein. Bruce hatte nach wie vor Angst, wenn er daran dachte,

Martha anzurufen. Mut bedeutet nicht, daß man nichts mehr fürchtet; Mut ist die Fähigkeit, handeln zu können, obwohl man Angst hat.

Das einzige, was sich für Bruce geändert hatte, war, daß er jetzt erkannt hatte, daß er nur eine Wahl hatte, wenn er Angst verspürte. Vor dem Workshop hatten seine Ängste sein ganzes Leben völlig bestimmt. Sie hatten es jedoch so subtil getan, daß ihm nicht einmal klar gewesen war, daß er etwas dagegen unternehmen konnte.

Erinnern Sie sich, daß Furcht sich immer hinter einer Maske verbirgt? Also hätte Bruce sich vorher wahrscheinlich eingeredet, daß ihm Martha ohnehin nicht wichtig genug wäre, um sie anzurufen. Vielleicht aber hätte er sich auch nur vorgenommen, sie anzurufen, aber es schließlich so lange aufgeschoben, bis es unpassend oder zu spät gewesen wäre. Nach dem Workshop hatte er jedoch erkannt, daß er nur Angst hatte und daß er seinen Ausreden nicht nachgeben mußte. Kaum hatte er seine Furcht bemerkt, entdeckte er, daß er trotzdem all das tun konnte, was er fürchtete – wenn er es nur wollte!

Und dies ist für uns alle der erste Schritt: Wir müssen uns mit unseren Ängsten identifizieren und ihnen Beachtung schenken. Solange unsere Furcht sich im Unbewußten verstecken kann, beherrscht sie uns. Sie wird sich immer neu maskieren und uns überzeugende Ausreden liefern.

Schritt 1: Machen Sie sich mit Ihren Ängsten und Ihren Masken vertraut

Sie müssen keinen Workshop besuchen, um sich der Macht der Furcht in Ihrem Leben bewußt zu werden.

Anfangen können Sie damit, daß Sie herausfinden, hinter was Sie Ihre Furcht verbergen. Im Biologieunterricht haben wir gelernt, daß jeder Organismus auf Angst reagiert. Ein Hirsch bleibt ganz still stehen. Ein Chamäleon gleicht sich farblich seiner Umgebung an. Eine Katze macht einen Buckel und faucht.

Wie reagiert Ihr Organismus, wenn Sie sich einer einschüchternden Situation gegenüberstehen? Lachen Sie sie weg? Oder versuchen Sie, sich zu beschäftigen? Zögern Sie ein Handeln hinaus, und hoffen Sie, daß vorbeigeht, was Sie ängstigt? Versuchen Sie, rational zu denken und verzetteln sich in Ihren Ausreden? Oder übernimmt der beherrschte, supertüchtige Erwachsene in Ihnen die Kontrolle und bekommt »alles in den Griff«?

TEST 14

1. Rufen Sie sich drei Situationen ins Gedächtnis, bei denen Sie sich kürzlich versagten, das zu bekommen, was Sie wollten. Wie haben Sie sich zurückgehalten? Welche Ausreden oder Schutzmechanismen haben Sie benutzt bzw. eingesetzt?

   Wollten Sie beispielsweise jemanden bei einer Party um einen Tanz bitten, haben aber statt dessen begonnen, dieser Person eine belanglose Geschichte zu erzählen? Oder wollten Sie vielleicht jemanden zum Abendessen nach Hause einladen und haben sich statt dessen in die Arbeit gestürzt und sich gesagt, daß Sie ohnehin keine Zeit hätten? Oder wollten Sie vielleicht an einer Single-Veranstaltung teilnehmen, haben sich aber eingeredet, Sie seien einfach zu müde?
2. Machen Sie eine Liste der Adjektive, die Sie am besten charakterisieren. Zum Beispiel:

intelligent	herrisch
komisch	charmant
angespannt	faul
der Familie verbunden	

Lesen Sie die Liste jetzt noch einmal. Überlegen Sie bei jeder Eigenschaft genau, ob Sie sie *vielleicht* als Schutzmechanismus einsetzen, wenn Sie Angst haben. Zum Beispiel:

Intelligent – Ich erkläre den Leuten viel. Das tue ich, um zu vermeiden, persönlich werden zu müssen.

Komisch – Sobald ich fürchten muß, komplizierte Gefühle zu entwickeln, fange ich an, Witze zu reißen. Oder ich wische ein Kompliment, das jemand mir macht, mit einem komischen Spruch vom Tisch, statt es einfach entgegenzunehmen.

Angespannt – Wenn jemand versucht, mich liebevoll auf den Arm zu nehmen, werde ich ganz ernst. Ich kann nicht »zurückflirten«. Oder ich möchte oft *über* Dinge diskutieren und sie analysieren, statt sie einfach zu »erleben«. Ich könnte alles etwas »leichter nehmen«.

Der Familie verbunden – Ich nehme mir lieber vor, etwas mit meiner Mutter zu unternehmen, statt auszugehen und andere Singles zu treffen. Oder ich benutze die Ausrede, daß meine Eltern diesen Mann/diese Frau nicht billigen würden, um niemanden an mich heranzulassen.

Herrisch – Die Leute, mit denen ich ausgehe, müssen sich nach mir richten. Tun sie's nicht, lasse ich es sie spüren und gehe auf Distanz. Wenn der Mann/die Frau, mit dem/der ich verabredet bin, beispielsweise zu spät kommt oder nicht so bezahlt, wie ich es für richtig halte, oder mir nicht sagt, was ich hören will, breche ich einen Streit vom Zaun.

Charmant – Ich spiele immer den/die Charmante(n), selbst im Schlafzimmer. Ich habe Angst, daß man mich nicht mag, wenn ich nicht charmant bin.

Faul – Ich habe monatelang nichts unternommen, um neue Leute kennenzulernen. Ich rede mir ein, ich sei faul, aber vielleicht habe ich einfach Angst.

Es ist ungeheuer wichtig zu erkennen, daß Masken nicht *schlecht* sind. Seien Sie nicht niedergeschlagen, nur weil Ihnen Ihre Ängste oder Ihr Schutzverhalten bewußt geworden sind. Erinnern Sie sich: »Masken« sind der natürliche Schutzschirm des Organismus. Außerdem sieht die Maske, die ein Mensch benutzt, um seine Ängste zu bemänteln, dem wirklichen Menschen unter der Maske gewöhnlich sehr ähnlich. Wenn Sie dazu neigen, Ihre Ängste einfach wegzulachen, sind Sie höchstwahrscheinlich ein wahrhaft humorvoller Mensch und ein Quell der Freude für Ihre Umgebung. Sie müssen nicht auf Ihren Sinn für Humor verzichten – Sie müssen sich nur der Gelegenheiten bewußt sein, bei denen Sie ihn einsetzen, um Ihre Ängste zu übertünchen. Wenn Sie mit Arbeitssucht reagieren, sobald Sie sich etwas Beängstigendem gegenübersehen, sind Sie vermutlich ein verläßlicher, gewissenhafter Arbeiter. Dies ist ein Vorteil – es sei denn, Sie täten es automatisch, sobald Sie denken, Sie hätten keine andere Wahl, und wissen nicht, wie Sie sich benehmen sollen.

Sobald Sie sich damit abgefunden haben, daß das, was Sie an sich festgestellt haben, Schutzmechanismen oder eine Fassade sind, müssen Sie beginnen, darauf zu achten, wenn Sie diese Verhaltensweisen wieder bemerken. Wenn Sie sich dabei erwischen, daß Sie »eine Show abziehen«, müssen Sie herausfinden, was Sie dadurch vermeiden wollen. Was ist es, was Sie lieber nicht sehen oder empfinden würden?

Ein anderer Weg, sich seiner Ängste bewußt zu werden, ist, Ihnen direkt ins Gesicht zu sehen:

TEST 15

Beenden Sie den folgenden Satz auf so viele Arten wie nötig. Im Hinblick auf Partnerschaften fürchte ich...

Ich möchte Ihnen vorschlagen, eine eigene Liste zu machen, bevor Sie sich die Auswahl der repräsentativen Antworten meiner Workshopteilnehmer anschauen:

Im Hinblick auf Partnerschaften fürchte ich...

- daß ich sitzenbleiben werde; ich werde niemals den/die Richtige(n) finden.
- zurückgewiesen zu werden.
- in eine Beziehung zu geraten, von der ich mir dann wünsche, schnell wieder rauszukommen.
- meine Unabhängigkeit und Freiheit zu verlieren. Ich möchte mich nicht anbinden lassen.
- daß jemand Besseres kommt, sobald ich mich gebunden habe.

- den ersten Schritt zu tun. Ich habe schreckliche Angst, zu flirten oder jemanden um eine Verabredung zu bitten.
- daß jemand mich verletzen könnte. Ich möchte niemandem die Möglichkeit geben, mir weh zu tun.
- einen Rückzieher zu machen. Ich bin nicht sicher, warum das so ist, aber ich ziehe mich jedesmal zurück, wenn mir jemand zu nahe kommt. Ich weiß nicht, wovor ich Angst habe. Ich sehne mich nach Nähe, und wenn ich bekomme, was ich will, fühle ich mich entsetzlich unwohl.
- jeden zu ersticken, der versucht, mich zu lieben. Ich will einfach zuviel. Ich muß meine Besitzgier unter Kontrolle bekommen.
- daß der/die andere Dinge über mich herausfindet, die ich selbst an mir nicht mag, und mich dann deshalb zurückstößt.
- mich vor dem, was ich in einer Partnerschaft über mich herausfinden könnte. Ich weiß, daß ich eine Menge Masken benutze, und ich möchte nicht, daß mir irgend jemand auf die Schliche kommt.
- mich davor, verlassen zu werden. Ich stand meiner ersten Frau sehr nahe, und sie hat mich verlassen. Ich möchte nicht das Risiko eingehen, diesen Schmerz noch einmal zu erleben.
- die Kontrolle zu verlieren.
- mich selbst zu verlieren. Ich sehe immer einen Ozean vor mir, dessen Sog mich verschlingt.
- keine Zeit für eine Beziehung zu haben. Liebe würde mich bei der Arbeit stören.
- mich davor, für eine(n) andere(n) verantwortlich zu sein.
- alle gesellschaftlichen Situationen. Ich weiß nicht, wie man sie bewältigt. Ich nehme alles zu ernst.
- daß Beziehungen für mich nur Ärger bedeuten. Ich komme nämlich aus einer schrecklichen Familie und kenne niemanden, der eine gute Beziehung hat.

Sich seiner Ängste bewußt zu werden ist ein langwieriger Prozeß. Ein Test wie der obige ist nur ein Anfang. Der Prozeß ist nicht zwangsläufig angenehm, weil man sich dabei verletzlich fühlt und einem anderen die Gelegenheit gibt, diese Verletzlichkeit zu erkennen. Doch man kann seine Furcht nun einmal nicht dadurch überwinden, daß man einen Bogen um sie macht – man muß *durch*. Wenn es Furcht ist, die bei Ihnen Intimität verhindert, dann ist es besonders wichtig, daß Sie Ihre Ängste genau kennenlernen.

Schritt 2: Akzeptanz

Lassen Sie uns also annehmen, Sie haben erkannt, wie Ihre Furcht Sie zurückhält. Das ist der erste und bei weitem wichtigste Schritt. Was nun?

Fangen Sie damit an, Ihre Ängste und Masken zu akzeptieren. Kämpfen Sie nicht gegen sie an. Ihre Ängste sind Ihre alten Freunde. Sie begleiten Sie schon seit einer langen Zeit. Angst ist nicht angenehm, doch sie ist etwas Natürliches, und Sie können sie nicht dadurch loswerden, daß Sie sich wünschen, es gäbe sie nicht. Versuchen Sie statt dessen, den Teil Ihres Ich besser kennenzulernen, der sich fürchtet.

Die einzige Art, sich mit diesem furchtsamen Teil seines Ich besser bekannt zu machen, ist es, innezuhalten und sich selbst bei den Gelegenheiten zu beobachten, bei denen man Angst verspürt. Es hilft kaum, sich selbst abstrakt mit seiner Furcht auseinanderzusetzen.

Also versuchen Sie das nächste Mal, innezuhalten und sich selbst zu beobachten, wenn Sie Angst haben. Ihre Angst wird sich irgendwo in Ihrem Körper deutlich zeigen. Wo spüren Sie sie? Sind Ihre Knie weich? Haben Sie ein flaues Gefühl in der Magengegend? Fühlen Sie sich ängstlich? Bekommen Sie feuchte Hände? Steigt Ihnen das Blut in den Kopf? Setzt Ihr Herz einen Schlag lang aus? Haben Sie ein Gefühl der Leere in der Brust? Fühlt sich Ihr Mund trocken an?

Wie verhalten Sie sich, um die Angst zu vertuschen? Was sind Sie geneigt zu tun, wenn Sie nicht tun wollen, was Sie fürchten?

Bringen Sie es fertig, Ihre Furcht ein paar Augenblicke lang zu ertragen? Verdrängen Sie sie nicht und achten Sie darauf, wie Sie sich dabei fühlen. Sagen Sie sich: »Oh! Jetzt spüre ich Angst.« Halten Sie dann inne und entspannen Sie sich für einen Moment. Atmen Sie ein paarmal tief durch und achten Sie auf das, was Sie empfinden, wenn Sie Furcht spüren.

Probieren Sie es einmal mit der Technik einer Yogaübung: Yogaschüler werden angehalten, sich in eine Strecklage zu begeben, bis sie eine gewisse Anspannung spüren – vielleicht sogar einen leichten Schmerz –, aber nicht so stark, daß sie den betreffenden Muskel überspannen. Dann werden sie angehalten, in dieser Position zu verharren. Dabei stellen sie fest, daß sie nach einigen Sekunden – sobald sie sich etwas entspannter fühlen – die Muskeln noch etwas weiter anspannen können.

Probieren Sie diese Methode einmal aus, wenn Sie Furcht verspüren. Nehmen Sie Ihre Angst an – in kleinen Dosen. Es wird nicht angenehm sein. Deshalb müssen Sie versuchen, sich so zu entspannen wie bei der Yogaübung. Vertrauen Sie darauf, daß Sie sich automatisch vor allem schützen werden, womit Sie nicht fertig werden könnten. Wenn Sie sich ein wenig in Ihre Angst haben hineinfallen lassen, hören Sie auf. Ziehen Sie sich zurück. Beim nächsten Mal, wenn Sie in dieser Situation sind, sind Sie vielleicht in der Lage, ein wenig mehr Furcht zu ertragen.

Einmal hatte ich in einer meiner Gruppen eine Frau, die unter vielen Ängsten litt. Zunächst war es schwer für uns, diese Ängste zu erkennen, weil Marcy so flüssig und amüsant erzählte. Sie redete unablässig *über* ihre Ängste und machte sich darüber lustig, um uns zu unterhalten. Nach einer Weile jedoch erkannten wir, daß wir Marcy keinen Gefallen taten, wenn wir ihr nur zuhörten wie ein gutes Publikum. Dadurch, daß wir über ihre Geschichten lachten, halfen wir ihr, ihre Fassade aufrechtzuerhalten und ihr wahres Ich zu verstecken.

Mit Marcys Zustimmung beschlossen wir, ein Experiment zu wagen und eine Weile nicht über ihre komischen Geschichten zu lachen. Sobald sie begann, eins dieser Histörchen zu erzählen, hörten wir gerade so lange zu, bis wir ihr Problem verstanden hatten. Dann forderten wir sie auf, mit dem Reden aufzuhören, die Augen zu schließen und ihre Aufmerksamkeit auf das zu konzentrieren, was in ihr vor sich ging. Das war schwierig für sie, und mehr als einmal begann sie wieder zu reden und uns mit einzubeziehen, statt sich mit ihren Gefühlen auseinanderzusetzen. Jedesmal, wenn das geschah, forderten wir sie sanft auf, bei dem zu bleiben, was sie empfand.

Bei einer dieser Gelegenheiten wurde ein anderes Gruppenmitglied ärgerlich mit Marcy. Es ging um eine schwierige Interaktion zwischen den beiden. Diese Wut erschreckte sie, und wir erkannten die gute Gelegenheit, Marcy zu helfen, ihren Ängsten ins Gesicht zu sehen.

»Wir sind alle auf Ihrer Seite«, sagte ich ihr. »Es ist völlig in Ordnung, wenn Sie sich fürchten. Sagen Sie uns, was Sie empfinden.«

»Ich habe Angst!« rief Marcy. »Ich habe wirklich Angst.«

Wir hatten lange genug mit Marcy gearbeitet, um zu wissen, daß Angstsituationen Marcy an jene Gelegenheiten erinnerten, bei denen sie als sehr kleines Kind Angst gehabt hatte. An diesem Abend wirkte Marcy wie eine Zweijährige. Ihre Augen waren weit aufgerissen, und ihr Körper war angespannt.

Ich ging zu Marcy und streichelte sie. »Wehren Sie sich nicht gegen diese Angstgefühle. Sprechen Sie darüber.«

»Ich habe Angst, verlassen zu werden«, sagte Marcy mit zittriger Stimme. »Wenn meine Mutter sich über mich ärgerte, ging sie immer weg und ließ mich allein.«

Nach einigen Minuten begann Marcy zu weinen. Eine der Frauen nahm sie in den Arm, und schließlich war Marcy in der Lage, über ihr Erlebnis zu sprechen.

»Ich war völlig überrascht, daß ich solche Angst empfinden konnte und nicht allein gelassen wurde. Ihr seid immer noch alle da. Ich fühle mich dadurch unwahrscheinlich getröstet, unwahrscheinlich sicher.«

Natürlich sagte Marcys Verstand ihr, daß wir sie nicht verlassen würden, wenn sie ihre Angst zeigte, aber sie hatte es erleben, hatte sich davon »überzeugen« müssen, bevor sie es auch gefühlsmäßig verstehen konnte.

Nach diesem Experiment war Marcy in der Lage, leichter und öfter über ihre Ängste zu sprechen. Ihre Ängste wurden ihr vertrauter und hatten weniger Einfluß auf ihr Leben. Ganz allmählich gelang es ihr auch, trotz ihrer Ängste Dinge zu tun, vor denen sie sich fürchtete. Die Hauptsache war gewesen, daß sie sich zuerst ihren Ängsten hatte stellen müssen und nicht weiter vor ihnen hatte wegrennen können.

Nicht jeder empfindet seine Ängste so intensiv, wie Marcy es getan hatte. Möglicherweise sind Sie in der Lage, sich Ihren Ängsten allein zu stellen, und sei es auch nur dadurch, daß Sie bereit sind, sich jedesmal dann selbst zu beobachten, wenn Sie Angst empfinden. Erlauben Sie sich beim nächsten Mal nicht, sich hinter Ihre »Maske« zu flüchten. Versuchen Sie sich selbst zu sagen: »Ich habe Angst.« Achten Sie ein paar Minuten lang auf Ihre Angstgefühle. Je öfter Sie das tun, desto besser werden Sie

Ihre Furcht bald unter Kontrolle haben. Und desto weniger wird sie in der Lage sein, Sie von dem abzuhalten, was Sie von der Liebe wollen – und vom Leben.

Schritt 3: Reden Sie über Ihre Ängste

Ein wichtiger Schritt ist es, über seine Ängste zu sprechen, wenn man sie unter Kontrolle bekommen will.

In meiner Frauengruppe pflegten wir zu sagen: »Wenn es eine Belastung ist, dann sprich darüber.« Das heißt: Wenn Sie sich über irgend etwas aufregen, reden Sie darüber! Es ist leicht, das Gespräch über die Dinge zu meiden, die unsere Gefühle am meisten beschäftigen. Doch sie beim Namen zu nennen und darüber zu reden kann *sie ändern.* Wenn man es nicht schafft, darüber zu sprechen, kann das nämlich andererseits dazu führen, sie noch tiefer in seiner Seele zu begraben, wo sie zwar weniger zugänglich sind, aber einen noch größeren Einfluß haben.

Suchen Sie sich zunächst eine(n) Freund(in), dem/der Sie vertrauen können. Am besten eine(n), der/die Ihnen keine guten Ratschläge erteilt, sondern Sie ermutigt, sich auszusprechen. Niemand kann voraussagen, was Sie entdecken werden, wenn Sie versuchen, das in Worte zu fassen, was Sie empfinden. Anfangs ist es gewiß nicht leicht. Und es ist nicht wichtig, daß das, was Sie sagen, einen Sinn ergibt oder zu irgendwelchen Entscheidungen führt. Sie müssen sich nur Ihrer Ängste zunehmend bewußter werden, um eher für sie empfänglich zu sein.

Wenn Sie glauben, daß Sie soweit sind, sollten Sie versuchen, mit dem Menschen zu sprechen, der in Ihnen Ängste hervorruft. Aber sagen Sie ganz klar, daß Sie nicht erwarten, daß er oder sie Ihre Ängste »heilt« oder sich in irgendeiner Form ändert. Sie müssen ihm/ihr sagen, daß Sie nur über das reden wollen, was in Ihnen vorgeht.

Über Ängste zu sprechen – und erst recht mit jemandem, in dessen Gegenwart man sie empfindet – ist nicht einfach. Aber das darf kein Grund sein, es nicht zu tun. Es erfordert Mut und Übung. Sie müssen Geduld mit sich selbst haben und bereit sein, sich am Anfang damit zu quälen. Doch vor allem müssen Sie daran glauben, daß Sie Ihre Ängste beherrschen lernen werden, wenn Sie darüber sprechen. Bis Sie dies am eigenen Leib erfahren haben, müssen Sie darauf vertrauen, daß dies funktioniert, oder sich die Erfahrung Hunderter anderer Menschen zunutze machen.

Über Ihre Ängste zu reden mag aus den verschiedensten Gründen schwierig sein. Möglicherweise sind Sie sich nicht darüber klar, was Sie wirklich sagen wollen. Möglicherweise erleben Sie einen solchen Gefühlswirrwarr, daß es Ihnen unmöglich erscheint, sich deutlich zu machen. Möglicherweise fürchten Sie, daß Ihr(e) Partner(in) sich verletzt fühlt, verärgert oder aufgebracht ist. Möglicherweise aber verspüren Sie auch eine solche Furcht, daß Sie sich wünschen, diese ganze Diskussion zu vergessen.

Wenn eines dieser Hindernisse auftaucht, ist es das beste, es zu erwähnen und zu sagen, was mit Ihnen geschieht. Statements wie die folgenden können Sie zum Beispiel von Ihren Ängsten erlösen und Ihren Zuhörer/Ihre Zuhörerin darauf vorbereiten, Ihnen gegenüber offen und einfühlsam zu sein.

> »Ich spüre, daß es da etwas gibt, worüber ich mit dir reden möchte, doch ich bin mir nicht ganz klar, was genau das ist. Ich denke, daß es mir klarer werden dürfte, wenn ich anfange, darüber zu sprechen. Könntest du mir wohl einfach nur geduldig zuhören, während ich versuche, es herauszuarbeiten?«

> »Im Augenblick ist meine Gefühlswelt ganz durcheinander. Ich würde gern über meine Gefühle sprechen, aber es ist möglich, daß ich mich unklar ausdrücke. Ist das in Ordnung? Wirst du Nachsicht üben?«

> »Es gibt da einige Gefühle, über die ich sprechen möchte. Aber ich habe Angst, daß du ärgerlich (oder verletzt) bist. Bitte versteh, daß ich dich nicht bitte, irgendwas zu tun. Ich muß einfach nur über das reden, was in mir vorgeht.«

Statements wie diese sind geeignet, sich alles zu vergegenwärtigen. Sie geben Ihnen die Chance, über den »Prozeß« zu sprechen, über das also, was in Ihnen vorgeht, und nicht über die »Substanz« dessen, was Sie beschäftigt. Wenn sie »funktionieren«, schaffen sie eine emotionale Offenheit, die Ihnen das Gespräch erleichtern wird. Beide Partner werden ganz teilnahmsvoll, ganz aufmerksam und ganz auf die unmittelbare Interaktion konzentriert sein.

Wenn Sie über Furcht sprechen, dürfte der Unterschied zwischen dem »Prozeß« und der »Substanz« nützlich sein. Die »Substanz« ist das, *was* Sie sagen wollen – der »Prozeß« ist das *Wie* des Sagens und das Gefühl, das Sie haben, während Sie sich aussprechen. Der Prozeß hat mit dem zu tun, was *in diesem Augenblick* in Ihnen vorgeht; es geht um die Interaktion, die in diesem Augenblick stattfindet. Zum Beispiel:

Prozeß ——→ Es fällt mir schwer, dir das zu sagen. Ich spüre, daß ich zögere, aber ich möchte es trotzdem sagen.

Substanz — Ich habe festgestellt, daß ich dich sehr mag. Aber trotzdem habe ich ein wenig Angst vor unserer Beziehung. Ich habe keine Ahnung, ob ich Angst davor habe, daß sie funktioniert oder ob ich Angst habe, daß sie es nicht tut. Doch ich weiß, daß ich bei dir ein besseres Gefühl habe als bei jedem/jeder anderen seit langer Zeit. Du bist wirklich jemand Besonderes für mich.

Prozeß ——→ Du mußt nicht glauben, daß du jetzt irgend etwas sagen mußt. Ich fühle mich schon besser, nur weil ich das ausgesprochen habe.

Die Wahrheit zu sagen – ganz besonders über etwas, worüber sich so schwer reden läßt wie über Furcht – erfordert Übung. Doch allein dadurch zu entdecken, was es mit Ihren Ängsten auf sich hat, und darüber zu sprechen, ist ein wichtiger Schritt zur Bewußtseinserweiterung und wird Ihnen helfen, Ihre Ängste besser zu beherrschen.

Gewöhnlich gebe ich den Teilnehmern meiner Workshops gegen Ende des Kurses die Möglichkeit, zu erklären, was der Workshop ihnen gebracht hat. Einmal sagte einer der Männer:

> »Ich habe heute etwas sehr Entscheidendes erlebt. Es mag sich simpel anhören, aber für mich ist es äußerst wichtig. Ich habe herausgefunden, daß es ganz in Ordnung ist, wenn man sagt: ›Ich habe Angst. Ich fürchte mich.‹ Ich habe immer gedacht, daß ich ein richtiger Feigling wäre, wenn ich

das ausspräche. Doch es hatte den gegenteiligen Effekt – ich fühlte mich stärker.«

Dieser Mann hatte eine simple, jedoch schwer erklärbare Wahrheit entdeckt.

Viele Menschen – besonders in unserer Gesellschaft, aber Männer – halten Verletzlichkeit für etwas Schlechtes. Sie sind bereit, so gut wie jeden Preis zu zahlen, um nicht in die Gefahr zu geraten, verletzt zu werden – das heißt, sie haben Angst, daß man ihre Angst bemerkt.

Verletzlichkeit ist nicht schlecht. Verletzlichkeit ist *gut*. Wenn Sie die Realität preisgeben können (die ohnehin jeder kennt), daß Sie Angst haben, sind Sie frei, denn Sie sind nicht länger gezwungen, Ihre Furcht zu verbergen. Verletzlich zu sein heißt, sich einem anderen Menschen so zu zeigen, wie man wirklich ist. Nur dann ist es dem/der anderen möglich, Sie so zu lieben, wie Sie wirklich sind.

Die Wahrheit (beispielsweise seelische Ängste) ist fast immer schwierig. Deshalb braucht man auch so viel Energie, um sie zu verbergen beziehungsweise sie zu maskieren. Und darum fühlt man sich auch so verletzlich, wenn man die Wahrheit preisgibt. Doch gerade das macht einen frei. Demnach ist Verletzlichkeit ein wichtiger Schritt auf dem Weg zur Selbstliebe, zur Intimität und zu einem tiefen inneren Frieden. Was für eine Welt wäre es wohl, wenn wir alle begriffen, daß Verletzlichkeit etwas ist, worauf es sich lohnt hinzuarbeiten, statt ihr aus dem Wege zu gehen!

Ein paar hilfreiche Tips zum Thema Furcht

Ein Psychologe hat einmal die verschiedenen Stufen der Angst bei Fallschirmspringern gemessen, die zu einem Übungsflug starteten. Es stellte sich heraus, daß die Angstkurve *vor* dem Absprung am weitesten nach oben schnellte. Kaum waren die Springer durch die Tür, sank die Kurve drastisch.

Nur dazusitzen und über etwas nachzugrübeln, kann viel schlimmer sein als das, was man fürchtet. Wenn Sie sich aber überwinden können, den ersten Schritt zu tun, werden Sie feststellen, daß auch Ihre Angstkurve sinkt.

Einer der Männer, die ich interviewte, erklärte mir, daß ihn nur die Tatsache vom Handeln abhielte, daß er sich immer das schlechtest mögliche Resultat seiner Handlungen vorstellte. Wenn er sich beispielsweise vorgenommen hatte, eine Frau anzurufen, stellte er sich vor, daß sie ihn grob oder kühl abblitzen lassen und ihm sagen würde, daß sie kein Interesse an ihm hätte. Warum sollte er sie also überhaupt erst anrufen, wenn das geschah, was er sich vorstellte? Doch inzwischen sagt er: »Ich stelle mir immer noch das Schlimmste vor, doch ich *erwarte das Beste!* Das macht einen großen Unterschied!«

Fritz Perls, der Therapeut für humanistische Psychologie, stellte die Behauptung auf, Furcht sei Erregung ohne Atmung. Wenn er mit ängstlichen Menschen arbeitete, forderte er sie auf, daß sie ganz still sitzen, sich ihren Ängsten widmen und ganz tief und entspannt atmen sollten. Manchmal stellten seine Patienten dabei fest, daß sie das, was sie ängstigte, auch zu erregen schien.

Es stimmt, daß der Körper physiologisch kaum zwischen Angst und Erregung zu unterscheiden weiß. In beiden Fällen werden die Handflächen feucht, das Herz schlägt schneller, der Atem wird flach und heftig. Sowohl Furcht wie Erregung sind einfach ein Energiestrom, der durch den Körper fließt. Nur in unseren Köpfen interpretieren wir diese Gefühle als »Furcht« oder »Erregung«. Einige Menschen empfinden diese Gefühle als so unangenehm, daß sie sich zurückziehen oder weglaufen. Sie umgeben sich selbst mit einer Mauer, doch dann steigert diese selbstauferlegte Isolation ihre Ängste noch weiter!

Probieren Sie das nächste Mal, wenn Sie Angst haben, Fritz Perls Methode. Statt Ihren Energiefluß abrupt zu beenden, indem Sie zurückschrecken, sollten Sie ihn durch tiefes Atmen erhöhen. Versuchen Sie sich zu sagen: »Ich bin erregt.« Stellen Sie fest, ob Ihnen das real erscheint. Vielleicht können Sie Ihre Furcht ja in ein angenehmes Gefühl verwandeln – oder zumindest in eine Mischung aus Erregung und Angst.

Ein anderer Gedanke, der Ihnen helfen könnte, auf Ihre Furcht aufmerksam zu werden und sich ihr zu stellen, statt vor ihr davonzulaufen, ist folgender: Freud war der Meinung, daß sich hinter jedem Angstgefühl ein Wunsch versteckt. Beispiel: Ein einsamer Mann, der jahrelang allein gelebt hat, schaut täglich unter sein Bett, um sich zu vergewissern, daß da niemand ist. Tief innerlich hofft er allerdings, jemanden zu finden! Haben Sie vielleicht Angst, daß jemand Ihnen so nahekommt, daß er oder sie Ihr *wirkliches* Ich entdecken könnte? Vielleicht wünschen Sie sich tief innerlich, daß genau das passiert.

Schauen Sie sich die Liste der Ängste an, die Sie für Test 15 gemacht haben. Verbirgt sich dahinter irgendein heimlicher Wunsch? Hier nur ein paar Möglichkeiten:

- Ich fürchte, meine Freiheit zu verlieren. (Hat vielleicht ein Teil von Ihnen den Wunsch, gegenüber jemandem, den Sie lieben – jemandem, der Sie liebt – eine Verpflichtung einzugehen?)
- Ich fürchte mich vor dem, was ich in einer Partnerschaft *über mich selbst* herausfinden könnte. (Würde ein Teil von Ihnen wohl gern mehr über Ihr eigenes Seelenleben herausfinden? Würden Sie gern herausfinden, was Sie so eifrig vor sich selbst verbergen?)
- Ich fürchte, mich selbst zu verlieren, keine Kontrolle mehr zu haben. (Verbirgt sich vielleicht unter Ihrer Furcht das heimliche Verlangen, im Sturm erobert zu werden? Das Verlangen, die Kontrolle zu verlieren und sich in einem Meer der Leidenschaft wiederzufinden?)

Wenn Sie feststellen, daß Ihre Ängste Sie davon abhalten, zur Liebe ja zu sagen – und wenn Sie die Liebe erleben wollen –, dann suchen Sie sich einen der Vorschläge aus, die ich in diesem Kapitel gemacht habe, und beginnen Sie, danach zu handeln. Die Kapitel 10 und 12 enthalten ebenfalls einige Vorschläge, wie man mit den Ängsten umgeht, die einen davon abhalten, die Liebe zu bejahen. Die wundervolle Ironie an der Sache ist, daß man sich sicherer zu fühlen beginnt, je mehr Aufmerksamkeit man seinen Ängsten schenkt. Ängste, über die man Bescheid weiß, sind weit weniger furchteinflößend als Ängste, die man tief in sich begraben hat.

Angst vor Zurückweisung

Die Angst, zu der sich die meisten Singles zuerst bekennen, weil sie am offenkundigsten und am weitesten verbreitet ist, ist die Angst vor Zurückweisung. Also lassen Sie uns kurz betrachten, auf welche Arten man dieses spezielle Problem in den Griff bekommen kann. Dazu möchte ich mich einer Metapher bedienen, von der Sie Rückschlüsse auf Ihr eigenes Leben ziehen können.

Ich selbst lernte durch meine Heirat mit einem Keramiker eine ganze Menge über Zurückweisungen. Mayer, mein Mann, und ich schickten Dias an Galerien und baten die Galeristen, in Erwägung zu ziehen, seine Arbeiten in ihr Angebot aufzunehmen. Auf neun von zehn Briefen, die wir weggeschickt hatten, kam eine Absage. Die Kommentare ähnelten sich: »Die Arbeiten sind sehr hübsch, passen aber nicht in unsere Galerie« oder »Wir können im Augenblick keine weiteren neuen Künstler annehmen.«

Das schmerzte. Meine erste Reaktion war: »Seine Arbeiten sind wahrscheinlich gar nicht so gut. Es können sich doch nicht neun von zehn Galerien irren.« Aber Mayer, der dieses Spiel seit Jahren gespielt hatte, hatte eine ganz andere Einstellung. Ich beobachtete ihn voller Bewunderung. Er sagte mir jedesmal: »Mach dir keine Sorgen deshalb. Diese Galerien haben ihre Gründe. 90 Prozent der Amerikaner haben einen schlechten Geschmack. Sie erkennen eine gute Arbeit nicht, wenn sie sie sehen. Meine Keramiken aber sind für eine Elite bestimmt. Sie sind sehr überzeugend, und ich werde schon Galerien finden, die sie annehmen.«

Er blieb trotz der Absagen ganz gelassen. Statt sich zu grämen, machte er sich mit neuer Leidenschaft an die Arbeit, war ganz sicher, daß sie wirklich gut war. Er war zwar frustriert, nicht die Galerien gefunden zu haben, die seine Qualitäten zu schätzen wußten, aber er wußte, daß das den Wert seiner Arbeiten keineswegs schmälerte.

Wir reisten später viel, und da konnte ich auch die Galerien besuchen, die ihn abgelehnt hatten. Es stellte sich heraus, daß einige kaum Tonarbeiten anboten. Für einige andere waren Mayers Arbeiten schlicht zu teuer gewesen. Und die meisten boten nach unseren Maßstäben nur Mittelmäßiges. Und einige vertraten in der Tat schon mehr Künstler als ihnen – und den Künstlern – guttat. Eine der Galeriebesitzerinnen erklärte mir, sie hasse es,

Zerbrechliches auszustellen! Also hatte Mayer recht gehabt: Die Absagen hatten nichts mit der Qualität seiner Arbeit zu tun!

Wir hielten durch und fanden Galerien, die Mayers Qualitäten angemessen waren und die auch ein gutes Geschäft mit ihnen machten. Schließlich waren wir dann in der Lage, Galerien Absagen zu erteilen statt umgekehrt.

Die meisten von uns, die eine Zurückweisung erfahren, tun genau das, was ich zuerst tat. Sie denken: »Mit mir stimmt etwas nicht. Ich bin zu langweilig. Ich will zu viel. Ich bin nicht sexy genug. Ich bin zu aggressiv« usw. Doch die einzige vernünftige Reaktion auf eine Zurückweisung ist die, die Mayer an den Tag legte. *Der Mensch, der Sie zurückweist, gibt ein Statement über sich selbst ab – nicht über Sie.* Sie sind ein großartiger Mensch, doch 90 Prozent der Amerikaner haben einen schlechten Geschmack. Sie suchen nach einer Elite: nach jemandem, der wahre Qualität erkennt *und* damit zurechtkommt! Wenn andere Menschen nicht den guten Geschmack haben, Sie zu lieben, haben *sie* ein Problem, *nicht Sie.* Und wenn Sie diese Menschen jemals besser kennenlernen würden, würden Sie mit absoluter Sicherheit erkennen – wie ich, als es um die Galerien ging –, daß Sie da ohnehin keine gute Partie gemacht hätten.

Wenn ich heute auf die schmerzlichen Zurückweisungen zurückblicke, die ich während meiner Single-Zeit erlebte, dann ist mir klar, woran es lag: In einem Fall war ich älter als der Mann; wir hatten damals ganz unterschiedliche Ansprüche ans Leben, und er hatte das erkannt. In einem anderen Fall war der Mann, den ich liebte, homosexuell, und obwohl wir einander mochten, konnte er sich nicht ändern, um mir gerecht zu werden. In einem anderen Fall fand der Mann mein Verlangen nach Intimität einfach unmöglich. Ich grämte mich sehr, doch wenn er es so wollte, dann wollte er es eben so. Es bedeutete noch lange nicht, daß ich unrecht hatte.

»Wie ist das mit dem Timing?« fragte mich ein Workshop-Teilnehmer. »Was ist, wenn man den richtigen Menschen zur falschen Zeit trifft?«

Den richtigen Menschen zur falschen Zeit zu treffen ist genauso, als träfe man den Falschen. Es ist traurig, aber dagegen läßt sich nichts tun – man muß weitersuchen! Was Sie suchen, ist der *richtige* Mensch zur *richtigen* Zeit. Und nur zu wünschen, die Dinge wären anders, als sie es nun einmal sind, ändert überhaupt nichts!

All das bedeutet nicht, daß Zurückweisungen nicht schmerzlich sind. Sie sind es gewöhnlich. Und sie sind um so qualvoller, je mehr man das Gefühl hatte, daß die »Chemie« stimmte. In einem solchen Fall kann eine Zurückweisung körperliche und seelische Qualen hervorrufen, die der Qual beim Drogenentzug ähneln.

Dennoch muß eine Zurückweisung Ihr Selbstwertgefühl nicht treffen. Die meisten Leute beziehen die Zurückweisung allerdings auf sich selbst und sagen sich: »Ich bin ein Nichts. Wenn ich nur dies oder jenes an mir ändern könnte, würde mich der/die Nächste vielleicht nicht zurückweisen.« Das ist so, als wäre Mayer jedesmal, wenn eine Galerie seine Keramiken ablehnte, an die Arbeit gegangen und hätte gesagt: »Vielleicht sollte ich das Stück größer oder kleiner machen und blaue statt roter Töne benutzen. Oder vielleicht sollte ich Teller machen statt Vasen.«

Überprüfen Sie Ihr Produkt – beziehungsweise sich selbst – nicht jedesmal, wenn es (Sie) zurückgewiesen wird (werden)! Geben Sie nichts auf die Meinung eines Fremden/einer Fremden, wenn Sie 20 oder 30 Jahre hatten, etwas aus sich zu machen. Das Problem ist nicht, daß ein Stück Steingut schlecht ist; das Problem ist, die richtige Umgebung für ein Kunstwerk zu finden, wie Sie es sind.

Demnach müssen Sie, wenn Sie zurückgewiesen werden, an eines denken: »Dieser Mensch gibt ein Statement über sich selbst ab, nicht über mich. Ich bin, was ich bin, und dieser Mensch kann das entweder nicht sehen oder mag meine Art nicht.«

Nachdem Sie eine Absage erhalten haben, sollten Sie nicht über die Punkte nachdenken, die Ihnen an dieser Partnerschaft gefielen, sondern über die, bei denen Sie nicht zusammenpaßten. Und bleiben Sie ausdauernd. Wonach Sie suchen, ist jemand, der mit Ihnen zusammensein will, nicht jemand, der das – aus welchem Grund auch immer – nicht will.

Ich habe mir schließlich eine völlig neue Einstellung zu Absagebriefen zugelegt. Ich sagte mir: »Wenn wir 90 Absagebriefe in Kauf nehmen müssen, um zehn Zusagen zu bekommen, dann sollten wir uns über jede Absage freuen! Wir sollten hoffen, daß wir sie ganz schnell zusammenhaben. Je schneller wir die 90 Absagebriefe bekommen, desto schneller bekommen wir zehn Zusagen.«

Genauso ist es mit der wahren Liebe: Wenn wir davon ausgehen, daß Sie eine Menge Frösche küssen müssen, bevor Sie den richtigen Intimpartner finden, sollten Sie sich ebenfalls über jede

Zurückweisung freuen, die Sie bekommen, denn um so schneller werden Sie Ihre wahre Liebe finden.

Ein negativer Nebeneffekt der Zurückweisung ist, daß jede Zurückweisung die Furcht vor Zurückweisungen verschlimmert und es einem erschwert, der grausamen Welt die Stirn zu bieten.

Doch die Furcht vor Zurückweisungen verdient keinen Ehrenplatz im Repertoire der Ängste, die sich auf Ihr Leben auswirken. Angst vor Zurückweisung ist einfach Angst. Sie ist konkreter als andere Ängste und irgendwie netter, weil sie so leicht zu rechtfertigen ist. Aber am Ende ist es doch einfach nur eine Angst, die wir entweder respektieren oder überwinden müssen. Die Wahl sollte Ihnen leichtfallen: Sind Sie bereit, Ihrer Angst vor Zurückweisung zu sagen, daß Sie nicht daran denken, Ihr Leben von ihr beherrschen zu lassen? Oder wollen Sie Ihrer Furcht vor Zurückweisung einen Altar bauen und Ihre Zeit damit verbringen, sie anzubeten?

Wie man ja zur Liebe sagt

Für viele Menschen ist es buchstäblich gleichbedeutend: Ja zur Liebe zu sagen ist wie ein Ja zum Leben.

Eine Liebesbeziehung mit einem besonderen Menschen ist nicht der einzige Weg, die Intimität zu erleben, die ich beschrieben habe. Ungebundene Singles können in der Lage sein, ihren Freunden, ihren Kindern oder ihrem Therapeuten ihr wahres Ich zu zeigen. Doch unglücklicherweise müssen viele ungebundene Singles ganz ohne Intimität auskommen (dies gilt natürlich auch für viele verheiratete Menschen). Nirgends und bei niemandem haben sie die Gelegenheit, ihre Ängste und die tiefsten Tiefen ihrer Seele zu erkennen. Sie sind zu Masken geworden, ihren eigenen Masken. Sie sind hinter ihren Mauern gefangen, haben Angst – aber die größte Angst haben sie davor, ihre Ängste zu spüren. Weil sie sich auch vor sich selbst verstecken müssen, entgehen ihnen die schönsten Freuden.

Ja zu sagen zur Liebe bedeutet ja sagen zum Abenteuer, zum Risiko, dazu, das Leben auf den verschiedensten Ebenen zu erleben. Es bedeutet, ja zu sagen zu einem Leben, in dem es mehr gibt als Arbeit, Spiel, Schlaf und Essen. Kurz gesagt: Es bedeutet, ja zu sagen zu sich selbst, zu seinem ganzen Selbst.

Ja zu sagen zur Liebe bedeutet, ja zu sagen zur Kontinuität. Ja zu sagen bedeutet, lange genug mit einem Menschen zusammenzubleiben, um auch die subtilsten Ebenen des eigenen Ich ans Tageslicht zu bringen. Es bedeutet, daß Sie nur dann die besten Seiten des Lebens kennenlernen werden, wenn Sie bereit sind, auch die schwierigen und schmerzlichen zu erleben.

Wenn Sie nach Liebe suchen, müssen Sie bereit sein, alles zu erleben – die Mühen und Kämpfe genauso wie die Freuden. Natürlich sind es die schwierigen Aspekte der Liebe, die Sie fürchten, nicht die schönen. Doch wahrscheinlich wäre es die traurigste Wahl, die Sie treffen könnten, nur die Freuden und Vergnügungen der Liebe zu suchen und sich davonzumachen, sobald sich Furcht oder Verletzlichkeit ausbreiten. Das wäre, als würden Sie den ganzen Tag über nur Zucker essen – er schmeckt zwar süß, hat aber überhaupt keinen Nährwert.

Denken Sie daran, die Frage lautet: Wollen Sie es zulassen, daß die Furcht Sie davon abhält, das Leben als Ganzes zu erleben? Wollen Sie im »Zuckerland« bleiben, wo das Leben süß und leicht, aber nicht sehr zufriedenstellend ist? Oder sind Sie bereit, Ihren ganzen Mut zusammenzunehmen und ja zu sagen zur Liebe, dazu, mit einem anderen Menschen durchs Leben zu gehen und sich der tiefen Intimität zu öffnen, der Qual, der Freude und der Erfüllung, die sie Ihnen bringen wird?

Die Wahl müssen Sie treffen, und die Zeit dazu ist jetzt.

3. TEIL

Wie man sich selbst aufbaut, während man sich umschaut

10. KAPITEL

Die 10. Strategie: Wie Sie Ihr Selbstbewußtsein und Ihre Selbstachtung steigern

Eine wichtige Frage liegt all dem zugrunde, was wir bislang diskutiert haben, und sie ist immer noch unbeantwortet: Warum haben wir diese Strategien nicht schon die ganze Zeit über angewendet?

Warum weichen wir von unseren Ansprüchen ab und begnügen uns mit weniger, als wir verdienen? Warum versuchen wir uns einzureden, daß es keine guten Möglichkeiten gibt, Leute kennenzulernen? Warum bleiben wir monatelang in BAN-Beziehungen hängen? Warum fällt es uns so schwer, nein zu sagen? Warum lassen wir es zu, daß Ängste unser Leben beherrschen und es uns unmöglich machen, ja zu sagen?

Wenn man dem jüdischen Volkstum glauben kann, werden die meisten von uns von »Dibbuks« angetrieben, die wir kaum kennen. Ein Dibbuk ist die sündige Seele eines Toten, die in den Körper eines Lebenden fährt und von ihm Besitz ergreift. Er ist eine Art Metapher für die Gründe, aus denen wir manchmal so ohne Sinn und Verstand handeln.

Wir sind komplexe psychologische Wesen und tragen die »Seelen« unserer Eltern und Großeltern mit uns herum sowie die von allen möglichen Menschen, die uns in unserer Jugend beeinflußt haben – oder zumindest deren Ansichten und Verhaltensweisen. Wenn Sie Ihre Kinder ausschimpfen, hören Sie die Stimme Ihrer Mutter. Wenn Sie Ihre(n) Geliebte(n) kritisieren, hören Sie sich an wie Ihr Vater, der Ihre Mutter kritisierte. Die Dibbuks – die Anschauungen und Verhaltensweisen von anderen – haben sich bereits tief in unser Wesen eingeprägt. Sie beherrschen uns. Sie *sind* wir. Sie machen es uns *sehr* schwer, scheinbar leichte Fehler zu korrigieren.

Was für ein Mensch sind Sie – Sie, der/die sich eine Beziehung zu einem anderen Menschen wünscht? Was haben Sie der/dem anderen zu bieten? Wie sehen Ihre Verpflichtungen als Partner(in) aus? Werden Sie von Ansichten oder Verhaltensweisen beherrscht, die es Ihnen erschweren, sich für jemanden zu entscheiden – oder die es einem anderen/einer anderen erschweren, sich für Sie zu entscheiden?

Mit anderen Worten: Manche Leute bleiben Singles, weil sie in ihrem Liebesleben Fehler machen – sie sind ambivalent, senken ihre Ansprüche oder bleiben zu lange in einer BAN-Beziehung. Doch es gibt auch Menschen, die allein sind, weil sie einfach keine guten Partner sind. Sie sind vielleicht zu egozentrisch, zu dominierend oder zu depressiv. Einige Menschen sind eben kalt oder lieblos, zu sehr an ihre Eltern gebunden oder leben als Eremiten. Heutzutage sind viele Menschen narzißtisch und nicht in der Lage, auch das Wohlergehen eines/einer anderen im Auge zu behalten. Diese Menschen mögen sich für toll *halten*, doch nach Ansicht anderer sind sie es *nicht*.

Um also die Überprüfung der Gründe wirklich zu komplettieren, aus denen Sie vielleicht noch ein Single sind, müssen Sie sich selbst realistisch betrachten. Größere Persönlichkeitsmängel zu beheben würde freilich den Rahmen dieses Buches sprengen. Doch die meisten von uns gewöhnlichen, tollen Menschen können profitieren, wenn wir uns mit dem beschäftigen, was uns als Partner sogar noch reizvoller (oder weniger reizlos) machen könnte. Was sind unsere Dibbuks? Anders gesagt: In welchen Punkten stehen wir uns selbst im Wege, wenn es darum geht, eine Partnerschaft einzugehen?

Das ist es, was wir in diesem Kapitel behandeln wollen.

Zunächst – Sie stehen sich selbst im Wege, wenn Sie gegen sich ankämpfen, statt zu sich selbst zu stehen.

In diesem Zusammenhang möchte ich den Vergleich zwischen einer Schlägerei in einem Western und den asiatischen Kampfsportarten benutzen. Wenn Gus in einem Western mit der Faust auf Joe zielt, nimmt Joe den Arm hoch, um den Schlag abzufangen. Der Treffer am Arm tut ihm weh. Und wenn Joe dann zurückschlägt, fängt Gus den Schlag auf, und der Kampf eskaliert. Wenn Joe sich jedoch der asiatischen Kampfsportarten bedienen würde, würde Gus boxen, und Joe würde Gus' Faust packen und sie in die Richtung ziehen, in die Gus ohnehin gezielt hatte, statt sich gegen den Angriff zu wehren. Danach würde es ihm gelingen, Gus aus dem Gleichgewicht zu bringen und ihn möglicherweise sogar auf den Rücken zu werfen. Das würde nur geringen Schaden anrichten, und der Kampf wäre vorbei.

Heutzutage befinden sich unsere »Gegner« meist in unserem Inneren.

Angenommen, Ihnen wird klar, daß Sie jedesmal, wenn Sie eine Beziehung eingehen, Ihrem Partner/Ihrer Partnerin kritisch begegnen, sollten Sie sich entschließen, mit diesem Verhaltensmuster Schluß zu machen. Wenn Sie sich allerdings einfach zwingen wollen, damit aufzuhören, dürfte das ausgehen wie die Schlägerei in dem Western. Der Dibbuk in Ihnen, der einfach kritisieren *muß*, wird mit aller Macht zurückkommen. Danach werden Sie sich noch mehr bemühen, Ihren Drang zu unterdrücken – und noch stärker Kritik üben. Jetzt sind Sie nicht nur überkritisch, sondern fühlen sich auch noch unwohl, weil Sie nicht in der Lage sind, damit aufzuhören, und Ihre Selbstachtung, Ihr Selbstwertgefühl wird in sich zusammenfallen.

Das, wogegen Sie sich wehren, aber bleibt. Tatsächlich wird Ihr Dibbuk nun mit verstärkter Energie »zuschlagen«, und zwar deshalb, weil Sie versuchen, ihn zu töten. Die Dibbuks in Ihnen *sind überzeugt, Ihnen zu dienen*. Sie sind am Überleben interessiert – an ihrem *und* an Ihrem. Tief in Ihrem Unterbewußtsein ist Ihr kritisierender Dibbuk davon überzeugt, daß *Sie sterben müssen*, wenn Sie ihn töten und mit dem Kritisieren aufhören. Ihr Dibbuk bewahrt Sie vor irgendeiner eingebildeten Katastrophe. Aus diesem Grund kann er so überzeugend kritisieren.

Aber einmal angenommen, Sie bedienen sich einer asiatischen Kampfsportart, um ihm zu begegnen. Statt sich gegen Ihr kritisches Ich zu wehren, stehen Sie dazu, beobachten sich jedoch selbst, während Sie Kritik üben. Dann merken Sie auch, was in Ihrem Inneren vor sich geht, wenn Sie Ihre(n) Partner(in) kritisieren. Beginnen Sie damit, darüber nachzudenken, warum Sie so kritisch sind, wer sonst in Ihrer Familie kritisch ist, und was wohl geschehen würde, wenn Sie nicht kritisch wären.

Statt Ihren kritischen Dibbuk zu hassen und sich ihm zu widersetzen, können Sie ihn nun akzeptieren. Sie können ihn als guten Freund betrachten, den Sie schon jahrelang kennen und der Ihnen dient und Sie beschützt. Sie werden sowohl Aspekte Ihres kritischen Ichs entdecken, die Sie mögen und schätzen, als auch solche, die Sie verachten und von denen Sie glauben, daß Sie sie nun ablegen können. Sie freunden sich mit diesem Dibbuk an, und Sie und das freundliche kleine Ungeheuer verabreden sich, *gemeinsam* für ein Gleichgewicht zu sorgen, mit dem Ihnen besser gedient ist.

Es gibt ein Wort für die Anwendung der asiatischen Kampfsportart bei sich selbst – es ist »Selbstakzeptanz«.

Nur wenige Menschen sind in der Lage, sich selbst völlig zu akzeptieren. Wenn sie jedoch begreifen, was Selbstakzeptanz ist, und sich auf dem Wege dahin befinden, sind ihre Chancen weit größer, mit dem Programm Erfolg zu haben, das ich in diesem Buch beschreibe. Wenn Sie einen Charakterzug ändern wollen, von dem Sie glauben, daß er Sie zu einem/einer weniger annehmbaren Partner(in) macht, werden Sie feststellen, daß eine Änderung und die Selbstakzeptanz in einem engen Zusammenhang stehen. Und wenn Sie sich selbst akzeptieren, wenn Sie eine(n) Partner(in) finden, werden Sie feststellen, daß Ihre Erfolgschancen weit größer sind. Aus all diesen Gründen wollen wir uns hier ausführlich mit der Selbstakzeptanz beschäftigen.

Am besten verstehen wir Selbstakzeptanz, wenn wir uns zunächst die vier »Schritte« anschauen, die zu ihr führen. Diese Schritte sind nicht chronologisch geordnet, denn jeder einzelne dauert die ganze Zeit über an. Trotzdem ist es in gewisser Weise nötig, daß einem Schritt ein anderer vorausgeht. Die Schritte stehen in einem *sehr* engen Zusammenhang, wenn sie sich nicht sogar überschneiden. Ich habe sie jedoch in Einzelschritte aufgeteilt, weil ich es so für einfacher halte, gewisse Begriffe zu diskutieren. Lassen Sie uns deshalb anfangen:

1. Selbstbewußtsein/Selbsterkenntnis
2. Eigenliebe
3. Änderung gewisser Verhaltensweisen
4. Selbstachtung/Selbstwertgefühl
5. Selbstakzeptanz

Schritt 1: Selbstbewußtsein – sich seiner selbst bewußt zu sein

Sie können sich nicht als ganzen Menschen akzeptieren, wenn Sie sich nicht des ganzen Menschen bewußt sind, der Sie sind. Die meisten Menschen kennen nur die Hälfte dessen, was sie wirklich sind.

Lassen Sie mich das durch ein ganz persönliches Beispiel erklären. Als ich meiner ersten Frauengruppe beigetreten war, fragte mich eine der anderen Frauen, nachdem sich zwischen uns ein gewisses Vertrauensverhältnis gebildet hatte, warum ich wohl glaubte, ständig lächeln zu müssen. Sie sagte, sie fühle sich deshalb unwohl in meiner Gegenwart und hätte Schwierigkeiten, mich ernst zu nehmen. Daraufhin erkundigte ich mich bei einigen anderen Leuten, ob ihnen das auch aufgefallen sei, und alle stimmten der Frau schnell zu. Ich selbst war mir meines ständigen Lächelns überhaupt nicht bewußt gewesen. Doch dann begann ich darauf zu achten.

Kurz nachdem man mich darauf aufmerksam gemacht hatte, erzählte ich der Gruppe einen Zwischenfall mit meinem Mann, der mich sehr verletzt hatte, und plötzlich merkte ich, daß ich grinste. Augenblicklich spürte ich, wie ich nervös wurde. Ich war verlegen und merkte, daß ich nicht wirklich die ganze Geschichte erzählte. Ich entspannte meine Gesichtszüge und stellte überrascht fest, daß ich mich viel ruhiger fühlte und daß es mir nun viel leichter fiel, zu erzählen, was ich erzählen wollte. Anschließend erklärten mir die Frauen, daß es für sie leichter gewesen sei, mir zu glauben.

Dieses kleine bißchen Selbstbewußtsein – Selbstbewußtsein im wahrsten Sinn des Wortes – hat mir geholfen, aufrichtiger und ehrlicher zu werden. Doch vor diesem Zwischenfall war ich mir dieses »Etwas« gar nicht bewußt gewesen.

Meine Frauengruppe arbeitete weiterhin mit mir an meiner Lächelei. Jedesmal, wenn ich an der unpassenden Stelle lächelte, wiesen mich die Frauen darauf hin. Sie kritisierten mich jedoch nicht, sondern machten mich nur freundlich darauf aufmerksam. Und wir sprachen viel darüber. Ich fand heraus, daß dieses Lächeln eine Maske war, die ich trug, weil ich Angst hatte, daß andere mich nicht würden leiden können, wenn ich nicht herzlich, süß und fröhlich war. Welche Ironie! Gerade das, was ich tat, damit die Leute mich mochten, stieß sie ab.

Ich hätte mein ganzes Leben lang bei unpassenden Gelegenheiten lächeln können. Dann hätte ich niemals die Ruhe kennengelernt, die es mir vermittelt, Menschen offener und ehrlicher anzusprechen. Dann hätte ich niemals verstanden, warum sich einige Menschen von mir aus dem Konzept gebracht fühlten, und hätte sie wahrscheinlich dafür verantwortlich gemacht und es ihnen übelgenommen. Das schlimmste jedoch: Mir wäre niemals bewußt geworden, daß ich mich nicht darum bemühen muß, »gemocht« zu werden. Sie glauben gar nicht, wie zutiefst wohltuend und friedlich das Gefühl war, das ich hatte, als ich das erste Mal auf meine Lächel-Routine verzichtete – und die Leute mich trotzdem zu mögen schienen!

Auf all dies hätte ich verzichten müssen, hätte man mich nicht auf meine Lächelei hingewiesen – aber ich hätte ja gar nicht gewußt, daß ich etwas vermisse! Ich wäre wahrscheinlich durchs Leben gegangen und hätte mir manchmal Sorgen darüber gemacht, daß man mich nicht besonders gut leiden konnte, und nicht gewußt, warum. Und ich hätte auch nicht gewußt, warum ich mich selbst nicht so besonders wohl fühlte.

Selbstbewußtsein – sich seiner selbst bewußt zu werden, ist *freiwillig*. Viele Leute gehen nur mit einem begrenzten Selbstbewußtsein durchs Leben. Doch ein erweitertes Selbstbewußtsein bereichert das Leben entschieden!

Ich brauchte lange, um mein zwanghaftes Lächeln loszuwerden. Es aufzugeben war ein schwerer Kampf, weil es sich um eine lebenslange Gewohnheit handelte, und weil ich Angst hatte, als ich versuchte, ohne dieses Lächeln auszukommen. Aber ich zwang mich, es zu probieren, und dadurch wurde mir bewußt, daß es den Menschen leichterfiel, mir näherzukommen, und daß sie mich besser leiden mochten, wenn ich auf die Zurschaustellung meines »fröhlichen Naturells« verzichtete. Die Alternative war nicht – wie ich gedacht hatte –, daß ich als mürrischer Roboter herumlaufen mußte. Ich merkte, daß mein wahres Ich sehr tatkräftig und begeisterungsfähig ist. Und wie es bei Schutzmechanismen meist ist, ähneln sie der wahren Person, die sie vor Schaden bewahren sollen. Der Unterschied mag einem Außenstehenden geringfügig erscheinen, für mich jedoch war er riesengroß. Und ich spürte ihn nur, weil mir etwas Neues über mich selbst bewußt wurde.

Selbstbewußtsein ist der erste wichtige Schritt auf dem Weg zur

Selbstakzeptanz. Sie können sich nicht als Ganzes akzeptieren, wenn Sie nicht Ihr ganzes Selbst kennen.

Wie also erweitern Sie Ihr Selbstbewußtsein? Zusammenfassen läßt es sich so: Sie brauchen Daten, und Sie müssen auf das achten, worauf Sie aufmerksam wurden.

Wie man Daten bekommt

Von ein paar Kleinigkeiten abgesehen können Sie Ihr Selbstbewußtsein nicht dadurch erweitern, daß Sie es einfach wollen, weil Sie allein keine Möglichkeit haben, das zu entdecken, dessen Sie sich nicht bewußt sind! Sie brauchen jemanden oder etwas, der oder das Ihre Aufmerksamkeit auf das lenkt, was Ihnen fehlt.

Die Quellen für die benötigten Daten sind grenzenlos. Eine der offensichtlichsten Quellen sind die Menschen, die Sie gut kennen. Anderen Menschen fällt es leichter, Verhaltensweisen zu erkennen, die Ihnen zur Gewohnheit geworden sind oder die Sie so lange verleugnet haben, daß Sie Ihnen fehlen würden, selbst, wenn man Sie darauf aufmerksam macht, daß sie störend sind. Als man mich das erste Mal auf mein konstantes Lächeln hinwies, war ich *verblüfft*, daß es *allen* Frauen meiner Gruppe aufgefallen war. Dann begann ich mich an Bemerkungen zu erinnern, die ich irgendwann in der Vergangenheit gehört hatte: »Mein Gott, Sie haben aber eine temperamentvolle Tochter« (an meine Mutter gerichtet). »Ich glaube nicht, daß ich es aushalten könnte, ständig mit einem solchen Vulkan zusammenzusein« (an meinen Mann gerichtet). Oder: »Ist sie wirklich immerzu so glücklich? Sie erscheint mir so irreal« (wie recht dieser Mensch doch hatte!). Diese Menschen hatten allesamt etwas gesehen, was ich nicht sehen konnte.

Andere Menschen *sehen* Sie klarer, als Sie sich selbst sehen. Denken Sie einmal über Ihre Freunde/Freundinnen, Kollegen/Kolleginnen oder Verwandten nach. Kennen Sie jemanden, der zu viel redet? Gibt es jemanden, der andere häufig unterbricht? Ist da jemand, der andere ständig niedermacht? Kennen Sie jemanden, der Ihnen niemals in die Augen schaut, wenn Sie sich mit ihm unterhalten? Lacht jemand immer dann laut, wenn er sich nicht wohl fühlt? *Diese Menschen merken das, was Ihnen auffällt, selbst nicht.* Doch Sie sehen es ganz klar. Fragen Sie sich jetzt nicht, was den anderen an Ihnen auffällt, was sie aber niemals erwähnen?

Von den Menschen, mit denen Sie umgehen, können Sie eine Menge über sich selbst erfahren.

Aber wie? In unserem Alltag ist das nicht gerade die Art von Information, die wir einander gewöhnlich geben.

Eine Möglichkeit ist es, einfach danach zu fragen.

TEST 16

Suchen Sie sich einen Freund/Freundin, einen Kollegen/Kollegin oder eine(n) Verwandte(n) aus, dem/der Sie vertrauen. Es sollte jemand sein, den Sie mögen und mit dem Sie nicht in irgendeiner Art Wettbewerb stehen.

Sorgen Sie für eine entspannte Atmosphäre und dafür, daß Sie beide genügend Zeit füreinander haben. Vielleicht könnten Sie diesen Jemand ja zum Abendessen zu sich nach Hause einladen.

Möglicherweise möchte diese Person sowohl Fragen stellen als auch Fragen beantworten oder Ihnen nur einfach Fragen beantworten. In jedem Fall müssen Sie beide sich darauf einigen, daß, wer auch immer eine Frage gestellt hat und sich nun die Antwort anhört, diese *nicht kommentieren darf*. Als Zuhörer dürfen Sie lediglich Fragen stellen, die der Klärung dienen. Ihr Ziel ist es, Informationen über sich selbst zu bekommen, aber nicht etwas *zu tun* (über das, was Sie tun sollten, werden wir später reden). Wählen Sie eine oder zwei der folgenden Fragen aus, und stellen Sie sie Ihrem Gesprächspartner/Ihrer Gesprächspartnerin:

1. Wenn du etwas an mir ändern könntest, was würde das sein?
2. Bitte notiere dir fünf Dinge, die du an mir magst, und zwei, die du nicht magst, und sage sie mir dann.
3. Gibt es irgend etwas, was dir an mir auffällt und von dem du glaubst, daß ich es nicht bemerke?
4. Wenn du mir einen Rat geben solltest, was ich an meinem Lebensstil ändern sollte, was würdest du mir vorschlagen?

An wen könnten Sie sich sonst noch wenden, wenn Sie mehr Informationen über sich selbst wollen?

Filme, Fernsehen, Theater, Romane, Biographien und Selbsthilfebücher können Ihnen helfen. Jedesmal, wenn Sie emotional auf etwas reagieren, was Sie sehen oder lesen, sollten Sie sich fragen, was es wohl gewesen sein könnte, was etwas *in Ihnen* angerührt hat.

Warum machen gewisse Absätze eines Buches Sie ärgerlich oder traurig, während andere Sie ganz kaltlassen? In welcher Art ähneln Ihnen die Charaktere eines Films?

Das gleiche gilt für alles, was im wirklichen Leben vor sich geht. Wenn Sie auf irgend etwas stark emotional reagieren, sollten Sie nicht davon ausgehen, daß das nur mit den anderen Menschen zu tun hat, die darin verwickelt sind.

Fragen Sie sich deshalb einmal, was Ihre Reaktion *über Sie selbst* aussagt.

Eine der besten Möglichkeiten, sich selbst besser kennenzulernen, ist, sich selbst Fragen zu stellen. Möglicherweise haben Sie weit mehr Informationen über sich selbst in sich gespeichert, als Sie sich jemals eingestanden haben.

Die folgenden Fragen sind in Wirklichkeit verschiedene Tests – nicht einer –, doch ich habe sie zusammengefaßt, weil sie alle gemeinsam dazu beitragen, Ihnen mehr Informationen zu liefern. Sie werden die Fragen vermutlich nicht alle gleichzeitig beantworten wollen.

Nehmen Sie sich deshalb Zeit dafür. Möglicherweise führen Sie zu unangenehmen Gefühlen, aber das ist in Ordnung. Sich selbst besser kennenzulernen, ist meist ein schmerzlicher Vorgang, denn Sie versuchen ja, Dinge ans Licht zu bringen, die Sie lange in sich vergraben hatten, und zwar genau deshalb, weil Sie sie irgendwann einmal als schmerzlich oder schwierig empfunden haben.

Wir werden uns bald auch mit dem beschäftigen, was Sie *tun* können, wenn Sie die neuen Informationen über sich haben. Machen Sie sich darum jetzt keine Sorgen. Beginnen Sie einfach, nachzudenken und sich zu testen, welcher Aspekte Ihres Ichs Sie sich bewußt werden können.

TEST 17

Beantworten Sie in Ihrem Tage- oder Notizbuch folgende Fragen. Und denken Sie daran, sich dafür Zeit zu nehmen.

1. Welche positiven Eigenschaften oder Attribute haben Sie einem potentiellen Intimpartner zu bieten? Und was haben Sie einem Partner in einer intimen Beziehung zu bieten?
2. Was sind Ihre Pflichten gegenüber einem potentiellen Partner?
3. Welche Hindernisse legen Sie sich selbst in den Weg, die Sie davon abhalten, jemanden zu finden und eine Bindung mit diesem Menschen einzugehen?
4. Gibt es Eigenschaften oder Verhaltensweisen an Ihnen, die andere Menschen nicht mögen? Und worum geht es dabei?
5. Blättern Sie zu Ihrer Liste aus dem Test 4 zurück. Wie denken Sie jetzt über die Eigenschaften, die Sie sich zugewiesen haben? Mögen Sie sie, lehnen Sie sie ab, oder betrachten Sie sie als neutral?
6. Was an Ihnen gibt Ihnen ein Gefühl der Befriedigung?
7. Was an Ihnen stellt Sie nicht zufrieden?

Der 1. Teil, Ihre Selbsterkenntnis zu erweitern, ist es, Daten, Informationen über sich selbst zu sammeln. Doch – egal, welche Informationsquellen Sie dafür auch genutzt haben – Sie werden nichts damit anfangen können, wenn Sie nicht auch den 2. Teil absolvieren, der zur Selbsterkenntnis führt:

Sich selbst aufmerksam beobachten

Normalerweise schenken wir nur einem Bruchteil dessen, was um uns herum und in uns vorgeht, Beachtung. Wir können schließlich nicht alles im Auge behalten, doch wir können unsere Aufmerksamkeit bei weit mehr Gelegenheiten einsetzen als bisher.

Ich lächelte ständig, aber ich schenkte dem keine Beachtung. Kaum hatte man mich darauf hingewiesen, und kaum hatte ich begonnen, mich selbst zu beobachten, passierte eine ganze Menge. Wie schrecklich für mich, hätte ich meinem Lächeln keine Beachtung geschenkt!

Die Welt, an die wir uns gewöhnt haben, kann ganz anders aussehen, wenn wir sie durch eine andere »Brille« betrachten. Das heißt, wenn wir sie mit einem neuen Bewußtsein sehen. Wenn Sie beispielsweise den Artikel eines Wissenschaftlers lesen, der herausgefunden hat, daß Männer ihre Gesprächspartner häufiger unterbrechen als Frauen, werden Sie vermutlich aufmerksam werden, sobald wieder ein Mann jemanden unterbricht. Oder angenommen, eine Freundin sagt Ihnen, daß Sie ziemlich viel herumnörgeln – dann werden Sie plötzlich ebenfalls aufmerksam werden, wenn Sie feststellen, daß Sie sich über etwas beklagen.

Es gibt da eine Geschichte über einen Mann, der seinem Bruder ein Maultier verkaufte. Er tat es mit dem Versprechen, daß es sich um ein ganz besonderes Tier handele, das sich niemals stur stelle. Der Bruder freute sich, nahm den Zügel des Maultiers und wollte sich auf den Heimweg machen. Das Tier rührte sich nicht von der Stelle. Der Mann zog, zerrte und schlug das Maultier, doch das zeigte keine Reaktion. Schließlich ging der Mann zu seinem Bruder zurück und überschüttete ihn mit Vorwürfen.

»Du hast doch gesagt, dies sei kein stures Maultier!«

»Oh, das ist es auch nicht«, erwiderte der Bruder. Er griff sich einen riesigen Knüppel, hob ihn und ließ ihn mit voller Wucht auf den Kopf des Maultiers sausen. Dann nahm er den Zügel, und schon konnte es losgehen. Über die Schulter rief er seinem verblüfften Bruder zu: »Du mußt nur zuerst seine Aufmerksamkeit erregen.«

Die meisten von uns würden wahrscheinlich von einem solchen Schlag mit dem Knüppel profitieren. In uns geht eine ganze Menge vor, und wir schenken nur einem Bruchteil davon unsere Aufmerksamkeit.

Der Grund, aus dem es wichtig ist, uns selbst besser kennenzulernen, ist der, *daß man größere Möglichkeiten hat, wenn man sich selbst bewußter sieht.*

Wäre ich mir meines übertriebenen Lächelns niemals bewußt geworden, hätte ich mich niemals dafür entscheiden können, damit aufzuhören. Höchstwahrscheinlich wurde ich in meiner frühesten Kindheit dazu angehalten, immer »glücklich« und »fröhlich« zu sein, also habe ich mich damals programmiert, immer genau diesen Eindruck zu erwecken. Bald tat ich es *unbewußt*, handelte automatisch, so als überließe ich es einer automatischen Steuerungsanlage, bei der der Schalter auf »an« festgerostet war. Meine erste Aufgabe war es, diese automatische Steuerung außer Betrieb zu setzen und wieder völlig bewußt zu handeln.

Menschen, die es vorziehen, »unbewußt« zu leben, die niemals irgendwelche Anstrengungen unternehmen, mehr über sich zu erfahren, sind nicht frei. Sie sind an ihr eigenes Programm gefesselt. Sie fragen sich niemals, warum sie denken, wie sie denken oder warum sie handeln, wie sie handeln. Sie denken niemals über Alternativen nach, weil sie sich nicht bewußt sind, daß es Alternativen gibt. Sie treffen die Wahl, wie sie leben, nicht selbst, sie leben einfach.

Sobald Sie sich darauf eingelassen haben, sich selbst besser kennenzulernen, werden Sie vermutlich noch viel mehr über sich wissen wollen. Der Weg der Selbsterkenntnis führt tiefer und tiefer in Sie hinein. Sie haben die Wahl, an jedem beliebigen Punkt damit aufzuhören, und das werden Sie vermutlich auch tun, denn ich wiederhole noch einmal – erweiterte Selbsterkenntnis kann schmerzlich sein. Doch wenn Sie bereit sind, ein wenig Schmerz zu ertragen, tun Sie es, und gehen Sie dann noch ein wenig tiefer. Es kann sich wirklich lohnen.

Einmal angenommen, Sie wollen sich Ihrer selbst bewußter werden und entdecken, daß Sie andere Menschen weit häufiger unterbrechen, als Ihnen klar gewesen ist. Die nächste Frage, die Sie sich dann stellen sollten, ist die des Warum. Achten Sie darauf, wie Sie sich fühlen, wenn Sie sich dabei erwischen, daß Sie andere unterbrechen. Möglicherweise werden Sie zugeben müssen, daß Sie weit stärker daran interessiert sind, Aufmerksamkeit zu erregen, als anderen welche zu schenken. Warum? Weil Sie – obwohl Sie dank all Ihrer Beredsamkeit sehr selbstsicher wirken – Angst haben, zu kurz zu kommen, und sich mehr als alles andere wünschen, Anteil an allem zu haben. Warum? Weil Sie es schwer hatten, die Beachtung Ihrer Familie zu bekommen, als Sie aufwuchsen. Als kleines Kind und als Teenager haben Sie so sehr darunter gelitten, daß Sie das motiviert hat, durch Ihr Verhalten andere zu zwingen, auf Sie aufmerksam zu werden und auf Sie zu reagieren.

Jetzt kommt der aufregende Teil. Sobald Sie den Versuch wagen, andere weniger zu unterbrechen, werden Sie feststellen, daß die anderen Sie besser *leiden* mögen und daß Sie *weit mehr* dazugehören. Es wird sich herausstellen, daß Sie sich gar nicht soviel Mühe geben müssen, gemocht zu werden. Außerdem werden Sie merken, wieviel Spaß es macht, anderen zuzuhören, *ihnen* Beachtung zu schenken. Sie kommen dann anderen viel schneller und aufrichtiger nahe. Allmählich wird auch die Furcht weichen, zu kurz zu kommen.

Ich habe hier natürlich einen Prozeß beschrieben, der sich im Laufe von Monaten oder sogar Jahren entwickelt. Bewußtsein und Verhalten ändern sich langsam durch kleine, scheinbar unbedeutende Ereignisse. Immer und immer wieder wird Ihnen auffallen, daß Sie wieder jemanden unterbrochen haben. Dann werden Sie sich dabei erwischen, wie Sie es gerade tun, und danach werden Sie vielleicht merken, daß Sie eben im Begriff sind, anderen ins Wort zu fallen. Möglicherweise beginnen Sie auch zu bemerken, wenn andere einander unterbrechen. Doch schließlich werden Sie einen Punkt erreichen, an dem Sie zurückschauen und sagen: »Mann! Ich habe mich ja wirklich unmöglich benommen!« Dann werden Sie feststellen, wie sehr Sie sich verändert haben – Sie spüren, daß Sie sich nicht mehr so hektisch bemühen, Aufmerksamkeit zu erregen. Ihre Selbstachtung wird gestiegen sein, und zwar nicht nur, weil Sie eine lästige Angewohnheit abgelegt, sondern auch, weil Sie herausgefunden haben, daß Ihr wahres Selbst, das unter dieser Gewohnheit versteckt war, sehr liebenswert ist.

Noch ein Wort zum Selbstbewußtsein, zur Selbsterkenntnis: Wir haben uns jetzt lange damit beschäftigt, Ihr Bewußtsein über Ihr *Verhalten* zu erweitern. Doch das ist nur einer der Aspekte all der Dinge, die Sie womöglich noch immer ignorieren.

Wenn Sie sich dazu entschließen, wird Ihnen bewußter sein, was Sie empfinden, welche Gefühle Sie spüren. Sie werden mehr von dem sehen, was Sie anschauen, besser schmecken, was Sie essen, besser aufnehmen, was Sie hören, und Sie werden das, was Sie anfassen, wirklich spüren. Sie können sich Ihrer Gedankengänge bewußt werden und werden feststellen, inwieweit Ihre Gedanken Ihnen helfen oder Sie hemmen. Sie können sich Ihrer Werte bewußt werden und der Tatsache, wie sie Ihr Leben beeinflussen. Sie können sich Ihrer Ängste bewußt werden und werden erfahren, ob sie Ihr Leben beherrschen oder nicht.

Alles, was von Ihnen verlangt wird, ist, daß Sie nach Daten fragen und, aus welchen Quellen auch immer, Informationen über sich selbst sammeln und dann ständig darauf achten.

In Aldous Huxleys Vision von Utopia, die er in seinem Buch *Island* beschreibt, fliegen ständig Elstern über die Insel und rufen: »Achtung, Achtung«, um alle daran zu erinnern, aufzuwachen, das Leben zu genießen und nichts auszulassen.

Es wäre vielleicht ganz gut, wenn in unseren Köpfen ein paar kleine Elstern herumflögen, die uns ins Gedächtnis riefen, daß wir achtsam sein sollten. »Was fühlst du?« würden Sie uns fragen. »Tust du das, was du tun möchtest? Sieh dir das an. Wach auf. Achte auf alles.«

Sich seiner selbst bewußt zu sein ist eine Fähigkeit, die sich durch Übung steigert und die mit der Zeit immer leichterfällt.

Hier ist ein Test, der Ihnen helfen soll, Ihre Bewußtseinsmuster klarer zu erkennen und sie zu ändern. Sie werden ihn nützlich finden, ob Sie nun ein(e) Anfänger(in) oder ein(e) Veteran(in) des Bewußtseinsspiels sind oder irgendwo in der Mitte liegen. Es ist ein angenehmer, entspannender Test. Ich hoffe, er macht Ihnen Spaß.

TEST 18

a) Möglicherweise möchten Sie, daß bei diesem Test ein(e) Freund(in) bei Ihnen ist, einfach nur zum Zuhören. Wenn Sie aber allein sind, sollten Sie die Aufgaben laut sprechen. Machen Sie den Test die ersten paar Male mit geschlossenen Augen. Später sollten Sie ihn dann jedoch mit offenen Augen wiederholen.

Setzen oder legen Sie sich bequem hin. Wenn Sie lieber sitzen wollen, sollten Sie sich aufrecht hinsetzen.

Jetzt fangen Sie an, sich laut zu sagen: »Ich bin mir bewußt, daß...« Sagen Sie das immer und immer wieder, und beenden Sie den Satz mit den Empfindungen, die Sie gerade spüren. Zum Beispiel: »Ich bin mir bewußt, daß ein Auto vorbeifährt. Ich bin mir bewußt, daß meine Zehen kalt sind. Ich bin mir bewußt, daß meine

Beinmuskeln angespannt sind. Ich bin mir bewußt, daß der Reis auf dem Herd köchelt. Ich bin mir bewußt, daß meine Nase juckt. Ich bin mir bewußt, daß ich mir dumm vorkomme. Ich bin mir bewußt, daß mein Rücken von der Stuhllehne gestützt wird. Ich bin mir bewußt, daß ich über die Verabredung nachdenke, die ich heute abend habe. Ich bin mir der Stille in diesem Zimmer bewußt. Ich bin mir bewußt, daß ich gerade die Füße bewegt habe«, usw.

Machen Sie das ein Weilchen – sagen wir fünf oder sogar zehn Minuten lang.

Wiederholen Sie diesen Test einmal täglich oder zweimal wöchentlich – ganz wie es Ihnen gefällt. *Aber tun Sie es wenigstens 15mal.* Beobachten Sie, was passiert. Achten Sie darauf, wie sich Ihr Bewußtsein ändert. Wie fühlen Sie sich nach dem Test? Möglicherweise sind Sie mehr »im Einklang mit sich selbst«. Möglicherweise schauen Sie die Welt um sich herum mit anderen Augen an.

b) Schauen Sie, ob Sie mehrmals täglich bewußt beobachten können, was in Ihrem Körper vorgeht. Halten Sie einen Moment lang inne, und sagen Sie:
»Ich fühle . . . .
in meinem/meinen . . . . «
Die erste gestrichelte Linie füllen Sie mit einem *Gefühl* aus, und die zweite mit dem *Körperteil*, in dem Sie dieses Gefühl spüren. Zum Beispiel: »Ich fühle eine Spannung in meinem Unterkiefer« oder »Ich fühle Hunger in meinem Magen« oder »Ich fühle Wärme in meiner Brust.«

Schritt 2: Eigenliebe

Was also *fangen* Sie mit Ihrem neuerworbenen Selbstbewußtsein *an*? Was *fangen Sie* mit dem neuen »Selbst« *an*, das Sie gerade entdeckt haben?

Soweit es Ihnen möglich ist, sollten Sie sich wie ein mitfühlender, liebevoller Elternteil verhalten und sich mit bedingungsloser, zärtlicher Liebe verwöhnen.

Lassen Sie uns zu unserem hypothetischen »Du« zurückkehren, das andere unterbricht.

Sobald Sie dieser Gewohnheit mehr Beachtung schenken, kann sie Sie zum Wahnsinn treiben. Doch zu versuchen, niemanden mehr zu unterbrechen, kann noch schlimmer sein. Möglicherweise fangen Sie an, sich selbst zu hassen. Sie können Angst bekommen, wenn Sie probieren, ohne eine Angewohnheit auszukommen, die Ihnen jahrelang so gute Dienste geleistet hat.

In solchen Momenten müssen Sie sich – genau wie die liebevollste Mutter der Welt – immer wieder sagen: »Ich weiß, daß es schwer ist. Aber du machst das ganz prima. Mach weiter. Du bist mutig. Und du bist klug, ein so großes Problem überhaupt anzugehen. Es macht nichts, wenn du rückfällig wirst. Andere zu unterbrechen gehört einfach zu dir! Egal, was du auch tust, ich liebe dich.«

Viele Menschen haben eine völlig falsche Vorstellung von Eigenliebe; sie glauben, daß jeder Mensch, der sich selbst liebt, einfach nur seine Dibbuks, seine Ängste, seine Fehler und Unsicherheiten losgeworden ist. Daß er sich selbst liebt, weil er/sie ein so guter Mensch ist.

Falsch.

Menschen, die sich selbst lieben, haben einfach gelernt, sowohl das Gute als auch das Böse an sich selbst zu akzeptieren. Eigenliebe hat nichts damit zu tun, die Teile seines Selbst zu lieben, die liebenswert sind. Das ist keine Kunst. Eigenliebe bedeutet, *alles* an sich selbst zu lieben, einschließlich jener Teile, die man nicht mag oder nicht zur Kenntnis nehmen will. Menschen, die sich selbst lieben, haben sich mit ihren Schwächen und Ängsten vertraut gemacht, sind sich klar, wer sie sind, und haben gelernt, *wirklich alles* an sich zu lieben.

Das bedeutet jedoch nicht, daß Sie die Dinge nicht ändern können, die Sie an sich selbst nicht mögen. Die Änderungen sind der nächste Schritt, mit dem wir uns beschäftigen wollen. Aber selbst wenn Sie etwas an sich ändern wollen, können Sie sich selbst in der Zwischenzeit liebevoll behandeln.

Sich selbst zu lieben ist nicht einfach. Für die meisten Menschen ist es ein lebenslanger Kampf. Doch es ist möglich, es zu schaffen, und das zu versuchen ist das einzig Vernünftige.

Sie sind, wer Sie sind. Sie haben getan, was Sie getan haben. Daran kann nichts etwas ändern, also warum wollen Sie sich dagegen wehren? Es ist generell vernünftiger, mit einem Pferd in die Richtung zu reiten, in die es ohnehin will.

Ich habe einmal eine meiner Freundinnen zur Feier ihres 40. Geburtstags zum Mittagessen in ein Restaurant eingeladen. »Wie fühlt man sich denn, wenn man 40 wird?« fragte ich sie.

»Es gefällt mir wirklich«, erklärte sie. »Ich habe endlich das Gefühl, daß ich das akzeptiere, was ich habe, und glücklich damit bin. Nachdem es mir bis jetzt nicht gelungen ist, all das zu erreichen, was ich mir für mich selbst vorgenommen hatte, schätze ich, daß es mir wahrscheinlich niemals gelingt, und das ist ganz in Ordnung. Ich werde jetzt aufhören, mich selbst damit zu quälen, alles besser organisieren, mehr Briefe schreiben, öfter für die Kinder backen zu wollen und all diesen Kram. Ich bin nicht perfekt. Ich bin nicht einmal da, wo ich mit 40 zu sein meinte. Aber ich bin sehr zufrieden. Irgendwie scheint es, als ob es mir die Tatsache, daß ich 40 geworden bin, erlaube, die ganzen Bemühungen aufzugeben und mich zu amüsieren.«

Das ist Eigenliebe.

Bei einem meiner Workshops forderte ich die Teilnehmer auf, sich ein Thema oder ein Problem auszuwählen und ein paar Minuten darüber zu meditieren. Eine der Frauen fragte sich: »Wie kann ich aufhören, mit mir selbst so hart zu sein und so viele Fehler bei mir selbst zu suchen?« Sie erzählte uns, daß sie, während sie meditierte, einen kunstvoll geschnitzten und wunderschön bemalten Totempfahl gesehen, aber überhaupt keine Ahnung hätte, was er bedeuten könne. Für mich war das die perfekte Antwort auf ihre Frage, und ich erklärte ihr, was dieses Symbol für mich bedeutete.

»Der Totempfahl steht für die verschiedenen Teile Ihres Ichs. Sie haben viele ›Gesichter‹. Manchmal sind Sie freundlich, manchmal ungeduldig, manchmal lebensfroh, manchmal faul, manchmal stolz auf sich, manchmal schämen Sie sich Ihrer selbst. Der Totempfahl erinnert Sie daran, daß alles an Ihnen liebenswert ist, nicht nur die ›guten Gesichter‹, sondern *alle* Gesichter. Der ganze Totempfahl – so wie er ist – ist schön. Ihr unbewußtes Ich wartete seit langem geduldig darauf, daß Sie das einsehen.«

Sich selbst aufrichtig und unzweideutig zu lieben fällt einigen von uns schwerer als anderen, weil die elterliche Fürsorge, die wir als Kinder erhielten, einen großen, dauerhaften Einfluß auf unsere Einstellung zur Eigenliebe hat. Kinder, die geschlagen oder ignoriert wurden, laufen möglicherweise noch als Erwachsene mit dem Irrglauben herum, »schlecht« und nicht liebenswert zu sein. Dagegen haben Kinder, die bestätigt und geliebt wurden, es leichter, sich selbst für liebenswert zu halten. Nichtsdestotrotz und unabhängig von Ihrer Vergangenheit können Sie es lernen, sich selbst zu lieben. Sie müssen Geduld mit sich haben, wenn Sie sich bemühen, Dinge an sich selbst zu ändern, die Sie nicht mögen. Sagen Sie sich, daß Sie Ihr Bestes tun und daß das alles ist, was Sie von sich selbst erwarten können. Lassen Sie mich zur Beschreibung des Weges, der zur Eigenliebe führt, dieses Bild als Karte des Selbst benutzen.

1. Die Außenhaut ist Ihr offizielles Selbst, das Selbst, das Sie der Welt präsentieren. Für die Menschen, die sich niemals aufgemacht haben, ihr Inneres zu erkunden, ist dies das einzige Selbst, das sie kennen. Der äußere Kreis ist das normale, alltägliche »Du«, einschließlich aller »Schutzmechanismen« oder »Masken«, die wir im vorigen Kapitel besprochen haben. Es ist das routinierte, das kompetente, das erwachsene »Du«.

Wenn Sie anfangen, sich Ihrer selbst bewußter zu werden, ist dieser äußere Kreis das »Ich«, dessen Sie sich zuerst bewußt werden. Was sind Ihre »Geschichten« über sich selbst, was halten Sie selbst von sich?

Sie können sich mit diesem äußeren Kreis auseinandersetzen, indem Sie eine kurze Abhandlung über sich schreiben. Tun Sie beispielsweise so, als müßten Sie sich einem zukünftigen Lebensgefährten/einer zukünftigen Lebensgefährtin vorstellen, den/die Sie noch nicht kennengelernt haben. Zum Beispiel: »Ich bin 1,62 Meter (1,82) groß, attraktiv, aber nicht überwältigend. Die meiste Zeit bin ich recht glücklich. Ich bin lebensfroh. Ich bringe andere gern zum Lachen. Ich liebe Kinder. Ich hasse Zahlen und alles, was mit Geschäften und Geld zu tun hat. Ich liebe Dialoge und bin ein guter Freund/eine gute Freundin – großzügig, aufmerksam und rücksichtsvoll. Aber ich mag keine Massenveranstaltungen; ich habe kein Talent für oberflächliches Geplauder« und so weiter und so fort. Welche besonderen Charaktereigenschaften haben Sie, welche Talente, welche Vorlieben, welche Abneigungen? Wie – meinen Sie – schätzen andere Sie ein? Wie schätzen Sie selbst sich ein?

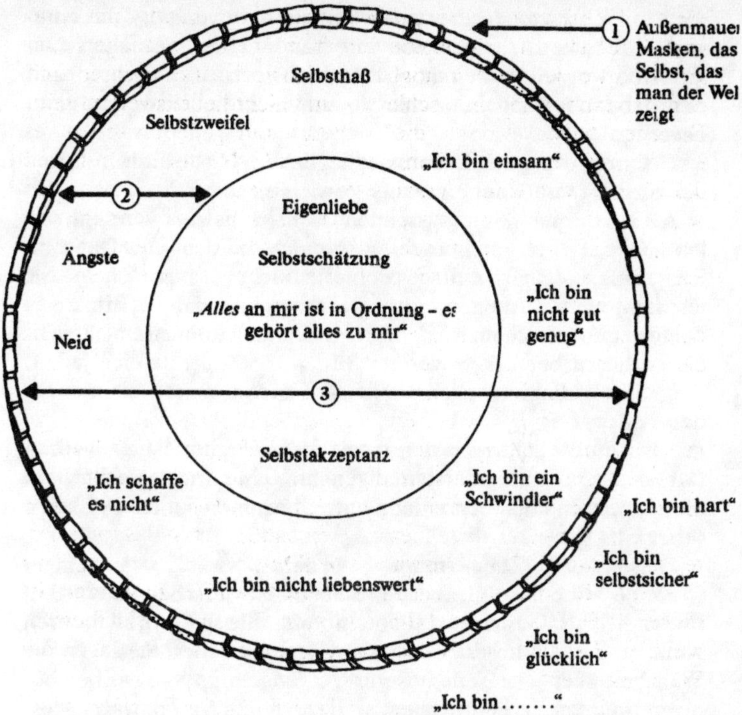

Bei manchen Menschen stimmt der äußere Kreis vollkommen mit dem Menschen selbst überein. Diese Menschen können sich glücklich schätzen. Sie sind wirklich gute Freunde.

Häufiger jedoch stimmt der äußere Kreis nur *teilweise* mit dem Menschen selbst überein. Das war bei meinem übertriebenen Lächeln der Fall. Mein wahres Ich ist lebensfroh und glücklich. Doch in meiner Hektik, meine Unsicherheit zu verstecken, habe ich die »Nettigkeit« *übertrieben* zur Schau gestellt und meinte dann, ich müsse dies nun immer tun.

Gelegentlich hat der äußere Kreis aber auch nur einen geringen Wahrheitsgehalt. Der Mann oder die Frau, der/die immer die Betriebsnudel spielt, kann möglicherweise unter all dem einstudierten Getue und der Beredsamkeit ein ganz verängstigtes Kind sein. Menschen, die viel zu verbergen haben, verhalten sich zwanghaft so. Sie scheinen automatisch so zu handeln und sind sich dabei des Eindrucks, den sie auf andere machen, gar nicht bewußt.

2. Direkt unter der Außenhaut liegen die Ängste und Unsicherheiten, die diese Haut eigentlich verbergen soll.

Als ich mir meines unpassenden Lächelns bewußt wurde, hatte ich mich selbst fragen müssen, *warum* ich das denn tat. Das fand ich heraus, indem ich einfach probierte, nicht mehr zu lächeln. Als ich nicht mehr ständig lächelte, stellte ich fest, daß ich fürchtete, daß die Leute mich nicht mehr würden leiden können, mich nicht einmal mehr bemerken würden. Mir wurde klar, daß ich jeden, den ich traf, dazu zwingen wollte, auf mich aufmerksam zu werden.

Also mußte ich mich der Angst *stellen*, ignoriert zu werden (Kreis 2). Das war äußerst unangenehm. Und als ich merkte, wie unmöglich ich mich benommen hatte, begann ich mich zu hassen (ebenfalls Kreis 2).

Dieses ganze »Zeug« findet sich in dem 2. Kreis. Er kann einem wie eine bodenlose Grube des Selbsthasses erscheinen. In ihm finden sich *alle* Gesichter des Totempfahls. Sie spiegeln all unseren Kummer und all unsere unerfüllten Träume wider. Sie sagen die Wahrheit über jene Teile unserer Vergangenheit, die wir beschönigen oder vertuschen wollten, weil sie gar zu traurig waren.

Für manche Menschen ist diese Realität so schmerzlich, daß das für sie ein Grund ist, sich niemals damit zu beschäftigen. Allerdings werden diese Menschen auch niemals in der Lage sein, sich völlig zu entspannen, denn sie müssen ständig auf der Hut sein, den Schmerz zu verbergen. Sie werden niemals zutiefst und wahrhaft zufrieden sein.

Unglücklicherweise stimmt es wohl, daß man eine schmerzliche Zeit durchleben muß, bevor man zu aufrichtiger Eigenliebe fähig ist. Keine Qual, kein Profit! Das liegt daran, daß der *einzige Weg* zum inneren Kreis – dem der Eigenliebe – durch den Kreis Nummer 2 führt.

Der Psychologe Carl G. Jung vertritt die Ansicht, daß eine Neurose ein Ersatz für folgerichtiges Leiden ist. Mit anderen Worten beinhaltet der äußere Kreis – neurotische Arbeitswut, Kritisiersucht, Schuldgefühle, Schwärmerei oder welche neurotischen Tendenzen man auch immer hat – das, was man eher zu »erleiden« bereit ist, als die »wirkliche« Qual, die sich darunter verbirgt.

3. Der innere Kreis der Karte ist die Eigenliebe.

Zur Eigenliebe ist man fähig, wenn einem bewußt wird, daß all die schrecklichen Bestandteile des 2. Kreises zu einem gehören und daß das in Ordnung ist. Einige würde man vielleicht gerne ändern, und das ist gut so. Aber andere sind unveränderbar. Wenn man fortfährt, gegen sie anzukämpfen und sie zu hassen, wird man sich nur weiterhin elend fühlen. Die einzige Wahl, die man hat, ist, sein ganzes Selbst vollkommen zu akzeptieren, auch all seinen Kummer und all seine Unvollkommenheiten. Schließen Sie Frieden mit sich selbst. Hören Sie auf, gegen sich anzukämpfen. Sie sind prima, so wie Sie sind. Sie werden's schaffen.

Die beiden äußeren Kreise bleiben *immer* da. Aber jetzt sind Sie mit ihnen vertraut. Sie müssen sie nicht mehr fürchten, sich nicht mehr vor ihnen verstecken – oder sie hassen.

Ich erwische mich beispielsweise immer noch bei meinem unpassenden Lächeln. Doch inzwischen ist meine Reaktion *nicht mehr*: »So ein Mist! Da ist sie wieder, diese häßliche Angewohnheit. Ich hasse mich. Ich werde es wohl niemals lernen.« Stattdessen sage ich mir: »Oh! Da ist ja mein alter Freund, mein lächelndes Ich. Ich sollte wohl besser aufpassen. Welche kleine Scheußlichkeit will ich denn diesmal vertuschen? Ah, ja! Ich habe gerade diese kleine Lüge erzählt, damit die anderen nicht merken, wie faul ich gewesen bin. Soll ich's ihnen sagen? (Beachten Sie bitte, daß ich die Wahl habe: Ich muß die Wahrheit nicht sagen.) Diesmal werde ich ihnen die Wahrheit sagen.« (Als ich es das letzte Mal tat, wurde ich belohnt, denn auch zwei andere gaben zu, daß sie sich für faul halten, und wir alle fühlten uns wohler.)

Der Grund, aus dem Eigenliebe einem eine solche Gemütsruhe verleiht, liegt darin, daß einem seine Ängste nicht mehr unbekannt sind. Man kennt sein ganzes Selbst, und man liebt sein ganzes Selbst. Es ist einfach.

Einiges an der Eigenliebe ist paradox. Sie können sich nicht zwingen, sich selbst zu lieben. Sie müssen daran arbeiten – oder gegen die Hindernisse arbeiten, die Sie davon abhalten, sich selbst zu lieben. Aber am Ende wird sie einfach da sein. Sie müssen bereit sein, aufmerksam zu sein, sich mit den unangenehmen Bestandteilen Ihres Selbst auseinanderzusetzen und sogar einige schmerzliche Momente des Selbsthasses zu ertragen. Doch Eigenliebe bekommt man nicht wie die Bezahlung nach der Arbeit. Sie verdienen keine Eigenliebe, weil Sie dafür gearbeitet haben. Sie verdienen Sie, weil Sie ein Mensch sind. Jeder Mensch verdient sie. Das vermitteln uns auch alle Religionen auf die eine oder andere Art.

Eigenliebe ist ein Geschenk, das Sie eines Tages erhalten werden, wenn Sie nur bereit sind, es anzunehmen.

Sobald Sie erlebt haben, was totale Eigenliebe ist – und selbst wenn Sie erst einen flüchtigen Blick darauf erhascht haben –, wird Ihr Leben nie wieder so sein, wie es einmal gewesen ist. Denn selbst wenn Sie deprimiert sind oder zurückgewiesen wurden, wenn Sie versagt haben und sich elend fühlen, werden Sie wissen, wie man sich fühlt, wenn man sich selbst liebt. Und dieses Wissen wird Ihrem Leben einen anderen Charakter geben. Sie werden wissen, daß Sie das wieder erleben können.

Zuerst mag Ihre Eigenliebe noch zerbrechlich sein wie ein zarter, grüner Trieb im Frühling. Menschen und Ereignisse werden angetrampelt kommen und ihn vernichten. Aber der Schößling wird wiederkommen und mit der Zeit zu einem kräftigen Pflänzchen heranreifen, das gegen alle möglichen bösen Einflüsse von außen unempfindlich ist. Allmählich werden Sie sich Ihrer Eigenliebe sicher werden.

Vielleicht gibt Ihnen der folgende Test ja einen kurzen Vorgeschmack auf die Eigenliebe.

TEST 19

Am besten ist es, wenn Sie einen Freund/eine Freundin bitten, Ihnen diesen Test vorzulesen. Er/sie sollte es langsam tun und zwischen den einzelnen Sätzen eine Pause machen. Sie sollten sich auf den Rücken legen, es sich bequem machen und die Augen schließen.

Entspannen Sie sich.

Es gibt keinen Grund, jetzt irgendwo anders hinzugehen.

Es gibt nichts, was Sie jetzt tun müßten. Es gibt nichts, worüber Sie sich Sorgen machen müßten.

Atmen Sie einmal tief durch. Wenn Sie ausatmen, entspannen Sie sich. Bei jedem Ausatmen entspannen Sie sich ein wenig mehr. Sie müssen fühlen, wie Sie sich fallenlassen. Stellen Sie sich vor, Sie stünden unter einer warmen, entspannenden Dusche.

Entspannen Sie Ihre Füße. Entspannen Sie Ihre Unterschenkel. Entspannen Sie Ihre Oberschenkel. Entspannen Sie Ihre Hüften. Spüren Sie, wie Ihr Rücken sich völlig entspannt. Lassen Sie jede Spannung aus Ihrem Bauchbereich entweichen. Spüren Sie, wie Ihr Brustkorb sich entspannt. Entspannen Sie Ihre Schultern. Lassen Sie Ihre Arme ganz schlaff und schwer werden. Entspannen Sie Ihre Gesichtsmuskeln. Entspannen Sie Ihre Augen, Ihre Wangen, Ihre Kiefer, Ihre Lippen. Lassen Sie alles von sich abfallen. Ihr ganzer Körper fühlt sich schwer an, ist ganz entspannt und locker.

Stellen Sie sich das Bild einer sehr angenehmen Szene vor. Es kann jeder Ort der Welt sein, den Sie gern besuchen würden. Es kann ein Ort aus Ihrer Kindheit sein. Es kann ein Strand sein. Es kann ein Berg sein. Es kann auch eine Wiese oder ein Wald sein. Stellen Sie sich dieses Bild vor Ihrem geistigen Auge vor. Stellen Sie sich vor, dort zu sein. Nutzen Sie all Ihre Sinne, um es sich klar und lebendig vor Augen zu führen. Achten Sie auf die Geräusche, die dort um Sie herum zu hören sind. Fühlen Sie die Gefühle. Sehen Sie die Farben und die Bewegungen um sich herum. Und spüren Sie vor allem das wirklich gute, angenehme Gefühl, an diesem höchst komfortablen, entspannenden Ort zu sein.

Falls sich unnötige Gedanken in Ihr Hirn einschleichen, lassen Sie sie einfach weitergleiten wie Wolken, die fast unbemerkt vorbeigleiten.

Während Sie sich weiterhin entspannen, versuchen Sie sich ein ausgesprochen angenehmes Erlebnis in Erinnerung zu rufen. Erinnern Sie sich an einen Zeitpunkt, zu dem Sie sich sehr wohl gefühlt haben in Ihrer Haut. Es ist egal, ob Sie da aktiv oder passiv gewesen sind. Es war ein Zeitpunkt, zu dem Sie sich wirklich wohl gefühlt haben – rundum. Sie hatten das wunderbare Gefühl, daß alles in Ordnung ist. Vielleicht waren Sie mit jemandem zusammen, den Sie wirklich gern hatten. Vielleicht war das erst vor ein paar Tagen, vielleicht vor einem Monat oder vielleicht vor einem Jahr. Oder vielleicht war es irgendwann in Ihrer Kindheit. Es war zu einem Zeitpunkt, zu dem Sie wirklich glücklich waren, Sie selbst zu sein. Denken Sie sich jetzt in diese Zeit zurück. Vielleicht war es ja zu einer Zeit, da Sie irgend etwas erreicht hatten, eine angenehme Überraschung erlebten – oder es war an dem Tag Ihres Schulabschlusses oder an Ihrem Hochzeitstag. Zu welcher Zeit auch immer es war, denken Sie sich in sich selbst zurück. Machen Sie sich dieses Erlebnis so deutlich wie möglich. (Später erinnern Sie sich vielleicht sogar noch besser, aber nutzen Sie jetzt das Erlebnis, das Ihnen zuerst in den Sinn kam.)

Atmen Sie tief und regelmäßig.

Versenken Sie sich nun in jenen Teil Ihres Selbst, in dem Sie sich wahrlich wohl fühlen; in jenen Teil Ihres Selbst, in dem Sie sich akzeptieren; in jenen Teil, in dem Sie sich vollkommen fühlen; in jenen Teil, der sagen kann: »Ich liebe mich selbst. Ich liebe mich selbst als Ganzes. Ich fühle mich wohl, so wie ich bin.« Sie werden wahrscheinlich feststellen, wie diese Worte sich in Ihrem Kopf wiederholen. »Ich akzeptiere mich. Ich fühle mich rundum wohl mit mir. Die guten Gefühle, die ich habe, sind von niemandes Meinung, Anschauung oder Beurteilung beeinflußt. Ich mag mich. Ich bin froh, ich selbst zu sein. Lassen Sie sich von diesem Gefühl ganz erfüllen. Es sollte jede Zelle Ihres Körpers erreichen.

(Pause)

Jetzt müssen Sie beginnen, sich ganz allmählich des Zimmers, in dem Sie sich befinden, wieder bewußt zu werden. Bewahren Sie sich dieses Gefühl der Eigenliebe, während Sie – ganz langsam – anfangen, sich zu bewegen. Zuerst bewegen Sie einen Fuß ein klein wenig, dann eine Hand. Bewahren Sie sich Ihr Gefühl, während Sie sich bewegen. Kehren Sie langsam in das Zimmer zurück, und öffnen Sie nach einem Weilchen die Augen. Bewahren Sie sich auch dabei das Gefühl des Wohlbefindens.

Dieses Gefühl – dieses Erlebnis der Eigenliebe – ist immer in Ihnen. Manchmal mögen Sie es zwar kurzfristig verlieren, aber Sie können es wiederfinden – wann immer Sie den Wunsch verspüren. Und je öfter Sie zu jenem Ort in sich selbst zurückkehren, desto mehr wird er zum Bestandteil Ihres täglichen Lebens werden.

Sie können so lange liegenbleiben, wie Sie wollen. Es besteht überhaupt kein Grund, gleich aufzustehen.

Schritt 3: Die Änderung

Nehmen wir an, Sie wollen einige der Dinge ändern, derer Sie sich bewußt werden, während Sie beginnen, sich selbst aufmerksam zu beobachten.

Als ich zum ersten Mal hörte, daß mein ständiges Lächeln einigen Leuten auf die Nerven geht, beschloß ich spontan, damit aufzuhören. Fortan setzte ich eine bewußt düstere Miene auf, wenn ich in eine Konferenz ging oder jemanden traf. Ich spürte, daß das unnatürlich war, und fing an, den Leuten zu verübeln, daß sie mein Lächeln nicht mochten. Darauf lächelte ich wieder und entschied, daß sie unrecht hätten. Ich wollte wieder ich selbst sein, und lächelnd fühlte ich mich nun einmal wohler.

Dann erklärte mir ein Therapeut, daß ich einfach anfangen sollte, *meinem Verhalten Beachtung zu schenken*, statt zu versuchen, es zu ändern. Als ich das tat – und ich tat es eine ganze Zeit lang –, merkte ich, daß ich mich bei der Lächelei nicht sonderlich wohl fühlte. Und daraufhin änderte sich mein Verhalten ganz von selbst. Jetzt stellte sich heraus, daß ich mich besser fühlte, wenn ich nicht mehr so viel lächelte.

Das Verhalten ändert sich nur, wenn sich die Anschauung ändert. Erinnern Sie sich noch an den Mann, der Goldstaub auf seinen Rasen streute, um die Tiger fernzuhalten? Solange er glaubt, in Gefahr zu sein, wenn er dieses tägliche Ritual nicht hinter sich bringt, wird er nicht davon lassen können. Er ist in einem Irrglauben gefangen, der seiner eigenen Logik entspringt. Nur wenn dieser Mann seine Anschauung ändert, kann er auch sein Verhalten ändern.

Jede der Verhaltensweisen, die *Sie* ändern wollen, ist an eine Ihrer Anschauungen oder Meinungen gebunden. Ich beispielsweise war tief innerlich überzeugt, daß dic Leute mich ignorieren würden, wenn ich sie nicht ständig anlächelte. Erst als ich die Erfahrung machte, daß ich ohne dieses konstante Lächeln überleben konnte, war ich in der Lage, diese Angewohnheit aufzugeben.

Einmal angenommen, Sie sind ein Workaholic, einer, der ständig andere unterbricht, Sie sind schüchtern, ein BAN-Junkie oder haben irgendwelche andere Gewohnheiten, die Sie gern ändern würden, dann müssen Sie schrittweise vorgehen:

1. Beginnen Sie, sich selbst aufmerksam zu beobachten, ohne Ihr Verhalten zu ändern. Was empfinden Sie, wenn Sie sich »falsch benehmen«?

2. Fangen Sie langsam an, Ihr Verhalten zu ändern, und achten Sie darauf, wie Sie sich jetzt fühlen. Wahrscheinlich werden Sie das als äußerst unangenehm empfinden. Möglicherweise fühlen Sie sich unsicher, vielleicht haben Sie sogar Angst. Achten Sie auf diese Gefühle. Wovor haben Sie Angst? Versuchen Sie herauszufinden, welche unbewußte Furcht Sie dazu veranlaßt, so zu handeln, wie Sie es tun?

3. Haben Sie jedoch Geduld mit sich. Zwingen Sie sich nicht zu einer Änderung. Richten Sie lieber Ihre Aufmerksamkeit darauf, wie Sie sich fühlen, wenn Sie sich »falsch« und »richtig« verhalten. Sobald Sie erkennen können, daß Sie sich die Angriffe, die Sie fürchten, nur einbilden oder maßlos übertreiben, und feststellen, daß Sie nicht nur »überleben«, sondern sich ohne Ihre

alte Angewohnheit sogar sicherer und lebenslustiger fühlen, wird sich Ihr Verhalten ganz von selbst ändern.

Wenn man versucht, sich selbst auf eine Änderung zu programmieren – oder sie sich sogar zu befehlen –, ist das fast immer zum Scheitern verurteilt. Wenn man sich zu einer Änderung zwingt, ist man nicht mehr in der Lage herauszufinden, warum man sich dieses völlig sinnlosen Verhaltens überhaupt jemals bedient hat. Was ist es, was man fürchtet? Das ist eine wichtige Information.

Wenn Sie sich einfach befehlen, sich zu ändern, werden Sie eher gegen als für sich arbeiten. Ihr Selbst hat trotz aller Schwierigkeiten jahrelang »überlebt«, und da ist es kaum möglich, es zum Aufgeben zu zwingen, indem Sie einfach einen guten Vorsatz fassen.

Wenn Sie wirklich etwas an sich ändern wollen, werden Sie außerdem *Unterstützung* brauchen. Die beste Unterstützung bekommt man von einem Partner, der sich in demselben Punkt ändern will wie man selbst. Wenn es den nicht gibt, wird Ihnen andererseits jeder eine Hilfe sein, der versteht, was Sie wollen, und der bereit ist, Sie zu unterstützen, ohne zu werten. In Kapitel 12 werden Sie mehr Wissenswertes über den Wert der Unterstützung finden und auch Methoden, wie man sich ihrer versichert.

Seien Sie auf Rückfälle vorbereitet. Wenn Sie eine Gewohnheit ändern, die Sie ein Leben lang begleitet hat, kann das nicht über Nacht passieren. Sie werden zwei Schritte nach vorn machen und einen zurück – und das immer wieder. Es ist schmerzlich, zu entdecken, daß man sich zurückentwickelt, nachdem man selbst den Eindruck hatte, Fortschritte gemacht zu haben. Doch das ist unvermeidlich. Machen Sie es sich nicht zu schwer.

Es gibt jedoch eine Menge Punkte, in denen man sich nicht völlig ändern kann, denn die sind ein unerläßlicher Teil unseres Selbst. Aber das Bewußtsein über ein solches Thema kann unser Leben verwandeln.

Amanda – sie ist eine meiner Klientinnen – ist voller Schuldgefühle. Wenn es nichts gibt, dessen sie sich schuldig fühlen müßte, sucht sie sich etwas. Inzwischen hat sie ihrer Schuld schon seit einer ganzen Weile Beachtung geschenkt und hat sie in die richtige Perspektive gerückt. »Ich habe diese Schuldgefühle, die ständig in meinem Bewußtsein auftauchen, zwar nicht völlig auslöschen können, doch es ist mir gelungen, sie quasi leiser zu stellen.

Ich verstricke mich nicht mehr so sehr in meiner Schuld«, erklärte sie mir. »Ich habe einfach beschlossen, mich nicht so sehr darauf zu konzentrieren. Aber ich glaube, daß sie immer dasein wird. Heute akzeptiere ich das. Ich lasse mich allerdings nicht mehr davon beherrschen.«

Amanda haßt ihr extravertiertes, ständig gegenwärtiges Schuldgefühl. Aber sie hat gelernt, *sich selbst* zu lieben. Sie hat ihre Schuldgefühle »geändert«, soweit ihr das in Anbetracht ihrer Natur möglich war. Manchmal empfindet sie ihre Schuld immer noch als qualvoll, aber genausooft kann sie inzwischen darüber scherzen. Sie hat ihr Schuldgefühl akzeptiert, und dadurch war es ihr möglich, den Einfluß zu mindern, den es auf ihr Leben hat.

Schritt 4: Selbstachtung

Der Grad der Selbstachtung schwankt ständig. Manchmal ist er oben, manchmal ist er unten.

Eigenliebe bleibt eine Konstante, wenn Sie sie erst einmal gewonnen haben. Möglicherweise ist Ihre Selbstachtung, Ihr Selbstwertgefühl eine Woche lang sehr niedrig, aber danach wird Ihre grundliegende Eigenliebe es Ihnen ermöglichen, damit fertig zu werden. Sie werden wissen, daß Sie trotz allem ein guter, liebenswerter Mensch sind. Sie können immer das Gefühl aufrechterhalten, wie man Eigenliebe spürt, und wissen immer, daß Sie zu diesem Ort (aus unserem Test) zurückkehren können, an dem Sie sich so wohl fühlen. Eigenliebe ist der Grundstock, das Fundament. Niedrige Selbstachtung ist bei weitem nicht so schmerzlich oder schwierig, wenn eine solide Basis an Eigenliebe vorhanden ist. Dann kann man eine Periode gesunkener Selbstachtung leicht verkraften. Sie ist nicht angenehm, aber auch keine Katastrophe. Perioden niedriger Selbstachtung, eines niedrigen Selbstwertgefühls gehören eben einfach zu unserem liebenswerten, akzeptablen Selbst.

Die Selbstachtung, das Selbstwertgefühl sagt Ihnen, wie Sie sich selbst empfinden. Allgemein gesprochen: Wenn es Ihnen gutgeht, fühlen Sie sich auch gut; wenn die Dinge schieflaufen, fühlen Sie sich schlecht. Selbstachtung wird von den Ereignissen unseres Leben – davon, wie es in Ihrem Job oder Ihrem Liebesleben läuft, von Ihren Freunden, von den Fehlern, die Sie gemacht, und den Erfolgen, die Sie eingeheimst haben – beeinflußt. Sie hat nichts mit dem IQ, vollbrachten Leistungen, dem Status oder der Berühmtheit zu tun. Viele erfolgreiche und gebildete Menschen finden sich schrecklich, und viele gewöhnliche Leute finden sich einfach großartig.

Selbstachtung hat auch nichts mit dem zu tun, wer Sie sind und was Sie haben – sie hat einzig und allein damit zu tun, wie Sie sich *fühlen* als der/die, der/die Sie sind, und mit dem, was Sie haben.

Dabei gilt es, verschiedene Punkte zu erwähnen. Für einige Dinge, die beeinflussen, wie Sie sich finden, können Sie nichts. Sie werden sich zum Beispiel für ein Weilchen mies fühlen, wenn Ihr(e) Geliebte(r) sich von Ihnen trennt oder wenn Sie nicht befördert werden, wie Sie es sich gewünscht haben, wenn Sie einen Wettkampf verloren, wenn Sie unabsichtlich jemanden verletzt oder einen Fehler gemacht haben, den Sie bereuen. Da müssen Sie einfach durch – und das schaffen Sie mit Eigenliebe und dadurch, daß Sie Zeit verstreichen lassen.

Dennoch – es gibt eine Menge Dinge, die Ihre Selbstachtung beeinflussen und über die Sie Kontrolle *haben.* Beispielsweise dann, wenn Sie ein Großteil Ihrer Zeit in einem Job verbringen, der Ihnen keinen oder wenig Spaß macht oder bei dem Sie Ihre Talente nicht einbringen können. In diesen Fällen könnten Sie Schwierigkeiten haben, Ihre Selbstachtung aufrechtzuerhalten. *Sich schlecht zu fühlen ist ein ganz normaler, gesunder Prozeß, wenn die Umstände so sind, daß Sie sich ständig gedemütigt fühlen.* Viele BAN-Beziehungen, in denen einer oder beide der Partner das Gefühl haben, nicht alles zu bekommen, was er (sie) will (wollen) oder verdient (verdienen), tragen zur sinkenden Selbstachtung bei.

Vielleicht ist Ihnen nicht bewußt, welchen Einfluß die alltäglichen Erlebnisse auf Ihre Selbstachtung haben. Sie mögen denken: »Die Arbeit bereitet mir wirklich Probleme. Ich kann meinen Boß nicht ausstehen. *Und* ich finde mich selbst abscheulich. Wenn ich mich selbst besser fände, käme ich bestimmt auch mit der Arbeit besser zurecht.«

Doch wenn Sie bei der Arbeit fertiggemacht werden und wenig oder keine Anerkennung bekommen oder wenn Sie das Gefühl haben, daß Sie Ihre Talente nicht einbringen können, oder wenn Sie mit den Kollegen nicht zurechtkommen, wird das starken

Einfluß auf Ihre Selbstachtung haben – Tag für Tag ein wenig mehr.

Wenn Ihre Selbstachtung Stück für Stück von etwas weggefressen wird, das Sie ändern könnten, dann *ist es mit Sicherheit jede Mühe wert, die Sie auf sich nehmen müssen, um eine Änderung zu erreichen*.

TEST 20

1. Denken Sie über die Woche nach, die hinter Ihnen liegt. Werfen Sie einen Blick in Ihr Notizbuch oder Ihren Terminkalender, um das Gedächtnis aufzufrischen.

Jetzt machen Sie für jeden Tag auf dieser Tabelle einen Punkt gegenüber der Zahl, die den Grad Ihrer Selbstachtung für diesen Tag charakterisiert. Natürlich ist es möglich, daß Ihr Selbstwertgefühl während des Tages schwankte, dann beantworten Sie sich die Frage, ob dies ein guter oder ein schlechter Tag war. Denken Sie nicht an die Ereignisse, die diesen Tag bestimmten, sondern daran, wie Sie mit diesen Ereignissen fertig geworden sind und wie Sie sich dabei gefühlt haben.

Verbinden Sie die Punkte durch eine Linie.

HOCH	10	S	M	D	M	D	F	S
	9							
	8							
	7							
	6							
SELBSTACHTUNG	5							
	4							
	3							
	2							
TIEF	1							

2. Blicken Sie jetzt auf Ihr letztes Lebensjahr zurück – oder vielleicht auch auf die letzten fünf Jahre Ihres Lebens, falls Ihnen das passender erscheint. Die senkrechten Register im Tabellenkopf können Sie selbst ausfüllen. Neben den Jahren und Monaten sollten Sie auch *besondere Ereignisse* ausweisen, die Einfluß auf Ihre Selbstachtung hatten.

Ich habe einige Beispiele angegeben.

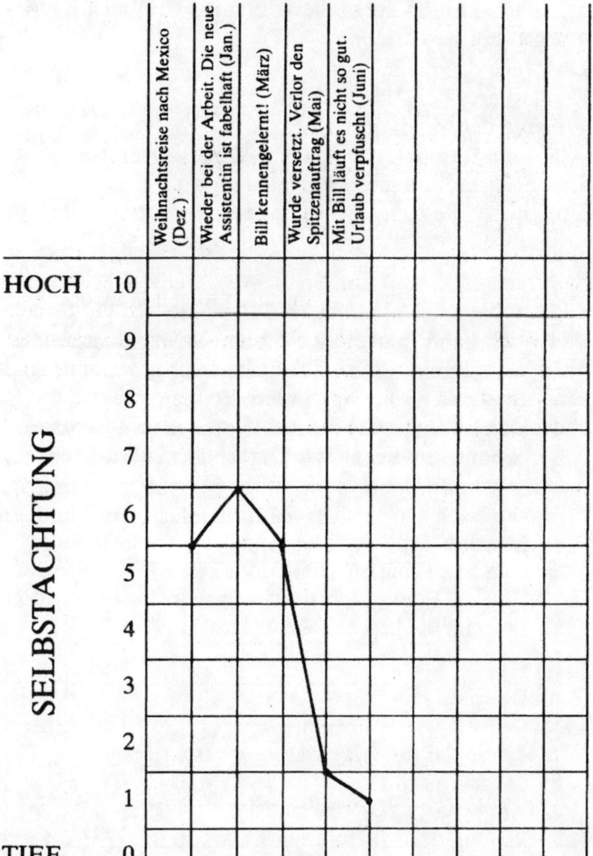

3. Listen Sie die Ereignisse oder laufenden Umstände Ihres Lebens auf, die in dieser Woche, im vergangenen Jahr, in den letzten fünf Jahren einen direkten Einfluß auf Ihr Leben hatten. Schauen Sie wieder in Ihrem Kalender oder Tagebuch nach, wenn das Ihrem Gedächtnis nachhilft.

Zum Beispiel:

Habe während der Arbeitszeit ein Handbuch für Arbeitnehmer geschrieben.
Gespräch mit Dick.
Dinnerparty bei Rick und Jan.
Planung der Mexikoreise/Mexikoreise.
Alle Interaktionen mit meinem Vorgesetzten.
Das Frühstadium meiner Beziehung zu Bill.
Ereignisse, die zum Verlust dcs Spitzenauftrags führten.
Und so weiter...

4. Gehen Sie jetzt noch einmal über die Liste, und versehen Sie jeden Punkt mit dem folgenden Code:

1 – Ich habe (hatte) eine Menge Möglichkeiten, diesen Punkt unter Kontrolle zu bekommen, und hätte (habe) etwas ändern können.

2 – Ich habe (hatte) Kontrolle über diesen Punkt und könnte etwas ändern. Die Änderung wäre schwierig und könnte neue Probleme mit sich bringen, aber ich würde mich wahrscheinlich besser fühlen, wenn ich mich zu der Änderung entschlösse.

3 – Ich habe (hatte) wenig oder keine Kontrolle über diesen Punkt. Ich tue (tat) mein Bestes, und es geschieht (geschah) trotzdem.

Zum Beispiel:
Code
1 Handbuch für Arbeitnehmer geschrieben.
3 Gespräch mit Dick.
1 Dinnerparty bei Rick und Jan.
1 Planung der Mexikoreise/Mexikoreise.
2 Alle Interaktionen mit meinem Vorgesetzten.

1 Das Frühstadium meiner Beziehung zu Bill.
3 Ereignisse, die zum Verlust des Spitzenauftrags führten.

5. Kehren Sie noch ein drittes Mal zu Ihrer Liste zurück, und kreisen Sie die Punkte ein, die Sie gern ändern würden oder vorhaben zu ändern.
6. Tragen Sie die Punkte, die Sie gern ändern würden, in diese Tabelle ein, und füllen Sie die anderen Rubriken aus.

Punkte, die ich ändern will	Wie ich diese Änderung vornehmen will. Der erste Schritt wird sein	Wann ich die Änderung vornehmen will (oder damit anfangen will)
Ich will raus aus dem Arbeitsverhältnis mit meinem Vorgesetzten.	*Ich stelle einen Antrag auf Versetzung.*	*Am Ende des laufenden Projekts – spätestens in einem Monat*

Denken Sie daran: Wenn Sie nichts gegen die Punkte unternehmen, die Ihre Selbstachtung beeinflussen, wird es niemand tun.

Jeder braucht Bestätigung – und zwar kontinuierlich und aus verschiedenen Quellen. Die gebräuchlichsten Quellen sind Freunde/Freundinnen, Liebhaber/Geliebte, Klienten/Patienten/Mandanten/Kunden, Chefs, Arbeitnehmer/Vorgesetzte, Verwandte und man selbst. Die meisten Menschen können nicht aus *allen* diesen Quellen schöpfen, aber man hat größere Chancen, sich in seiner Haut wohl zu fühlen, wenn man öfter aus mehr als einem Munde hört, man habe etwas gut gemacht, daß andere die eigene

Rücksichtnahme zu schätzen wissen, daß man attraktiv ist, daß man eine gute Köchin/ein guter Koch oder eine besonders gute Freundin/ein besonders guter Freund ist. Jeder braucht in seinem Alltag *einige* dieser positiven Interaktionen.

Obwohl unsere Selbstachtung von äußerlichen Umständen und äußerer Bestätigung (oder deren Fehlen) beeinflußt wird, liegt die tatsächliche Quelle der Selbstachtung in uns selbst. Wenn Ihr Fundament an Eigenliebe stark genug ist, wenn Sie an sich selbst glauben, können Sie sich jeglicher Kritik, jedem Fehler und auch jenen Perioden widersetzen, in denen die anderen Quellen Ihrer Bestätigung so gut wie ausgetrocknet scheinen.

TEST 21

1. Listen Sie alle Quellen der Bestätigung auf, die Ihnen zur Zeit zur Verfügung stehen. Das können Menschen sein, die Sie anerkennen, Sie zu schätzen wissen und die Sie das *auf irgendeine Art* auch wissen lassen. Das kann jedoch auch eine Aktivität sein, in der Sie sich als tüchtig erweisen und von der Sie wissen, daß Sie einfach gut darin sind. Es kann aber auch eine Art sein, in der Sie sich selbst Gutes tun, oder eine Art von Würdigung, die Sie erhalten haben. Was verhilft Ihnen dazu, sich wohl zu fühlen in Ihrer Haut? Fügen Sie nun rechts an Ihre Liste noch zwei Kolumnen an.
2. In der 1. Rubrik vermerken Sie, wie häufig Sie diese Bestätigung erhalten: T für täglich, W für wöchentlich, M für monatlich und S für selten (weniger als einmal im Monat).
3. In der 2. Rubrik schreiben Sie ein A, wenn die Bestätigung von außen kommt, und ein I, wenn es sich um etwas handelt, was Sie selbst für sich tun.

Ideal wäre es, wenn die A und I sich in der 2. Kolumne das Gleichgewicht hielten und sich in der ersten wenigstens einige T und W befänden. Wenn das nicht so ist, haben Sie vielleicht einen Hinweis darauf, warum Sie

Probleme mit der Selbstachtung haben. Wenn Sie in der 2. Kolumne zu viele A finden, verlassen Sie sich zu sehr darauf, daß andere Leute Ihnen helfen, sich wohl zu fühlen. Mustertabelle:

	Wie häufig ich bestätigt werde	A = von außen I = was ich für mich tue
1. Tennis	W	I & A
2. Vorstandsvorsitz	W	I & A
3. Ted/Anna	T–W	A
4. Meine Klienten usw.	M	A
5. Meine Tochter	T	I & A
6. Erhaltener Preis	S	A
7. Jogging	T–W	I

Ein Fehler, den viele Menschen machen, ist es, sich *einzig und allein* auf äußere Quellen zu *verlassen*. Sie lassen sich »von außen leiten«. Ihr Kern der Eigenliebe ist so schwach, daß sie sich nicht darauf verlassen mögen. Also wenden sie sich an andere, wenn es um Anerkennung geht. Manchmal geben sie sich große Mühe, um ihre Umgebung so zu manipulieren, daß sie sie stützt.

Einige »von außen geleitete« Menschen umgeben sich mit materiellen Beweisen ihres Erfolgs, kaufen auf das Großzügigste ein, weil sie hoffen, daß andere sie deshalb beneiden. Das Gefühl, beneidet zu werden, ist das beste Gefühl, das sie für sich selbst empfinden können.

Es können aber auch Menschen sein, die ständig – und zwar meist indirekt – »nach Komplimenten fischen«. Sie sagen beispielsweise: »Oh, das hab' ich aber nicht gerade gut gemacht.« (Erwartete Erwiderung: »Oh, das haben Sie gut gemacht! Ganz prima!«)

Wenn ein »von außen geleiteter Mensch« eine Partnerschaft eingeht, kann es zu Problemen kommen. Ich interviewte einen Mann, der davon betroffen war. Er ist 27 Jahre alt, Rechtsanwalt und hat sich gerade von einer Frau getrennt, von der ich den Eindruck hatte, daß sie fast ausschließlich von außen geleitet wird. Er erzählte:

»Sie fragte mich ständig: ›Wie sehe ich aus? Wie hat dir das Gemüse geschmeckt? War das Fleisch so richtig? Liebst du mich noch? Meinst du, daß ich beim Abendessen zu viel geredet habe? War das, was ich gesagt habe, nicht komisch?‹ Es war traurig. Anfangs ist mir das gar nicht so aufgefallen. Aber dann wurde es mir einfach zu viel. Ich habe ihr gesagt: ›Es ist mir unmöglich, dir das Gefühl zu geben, daß du prima bist.‹«

Zu vergleichen ist der Anfang allen Übels. Damit erreicht man das glatte Gegenteil. Wenn man andere Menschen für erfolgreicher, für gebildeter oder schöner hält – oder einfach nur glaubt, daß deren Leben angenehmer verläuft als das eigene –, fühlt man sich *erst recht* mies. Zu vergleichen ist toxisch, und zwar *egal, ob man sich selbst oben oder unten sieht*! Wenn man jemand anderen herabsetzt, um sich selber besser zu fühlen, ist das einfach ein Zeichen der eigenen Unsicherheit. Denn natürlich fühlt man sich elend, wenn man davon ausgeht, schlechter dran zu sein als andere.

TEST 22

Wenn Sie das Gefühl haben, daß Sie sich zum großen Teil von der Meinung anderer abhängig machen, um sich wohl zu fühlen, sollten Sie dies versuchen: Jedesmal, wenn Sie sich dabei erwischen, jemand anderen danach zu fragen, wie Sie etwas gemacht haben oder wie Sie aussehen, fragen Sie *sich selbst zuerst*. Tun Sie so, als seien Sie dieser Mensch, und geben Sie sich eine ehrliche Einschätzung der Lage. Probieren Sie aus, wie Sie sich fühlen, wenn Sie sich auf Ihre eigene Meinung verlassen. Probieren Sie aus, ob Sie Ihrer eigenen Einschätzung trauen können. Sagen Sie sich selbst das, was Sie gern von anderen hören würden.

Versuchen Sie auch, anderen Komplimente zu machen. Sagen Sie ihnen, wenn sie etwas gut gemacht haben oder gut aussehen und all das, was Sie selbst gern hören würden. Sie werden feststellen, daß Sie sich selbst wohl fühlen, wenn Sie anderen Komplimente machen, weil die anderen Ihnen herzlich entgegenkommen, und das wiederum führt zu einer positiven Lebenseinstellung.

Selbstachtung ist genauso lebenswichtig wie Essen, Trinken und Sauerstoff. Sie können zwar ohne Selbstachtung existieren, doch Sie werden nicht *völlig zufrieden* sein können. Dennoch gehen viele Menschen jahrelang durchs Leben, wissen, daß ihre Selbstachtung, ihr Selbstwertgefühl niedrig ist, und tun doch nichts, um es zu heben. Das jedoch macht es ihnen schwer, eine Beziehung einzugehen. Wenn also einer der Dibbuks, die Sie mit sich herumschleppen, niedrige Selbstachtung ist, möchte ich Sie ermutigen, einige Schritte zu unternehmen, sie zu steigern. Niedrige Selbstachtung gehört zu den Problemen, die gut auf eine Therapie ansprechen, so daß Sie vielleicht in Erwägung ziehen sollten, sich fachlicher Hilfe zu versichern. Sie können aber auch beginnen mit den Vorschlägen zu arbeiten, die ich in diesem Kapitel gemacht habe. Warten Sie nicht. Das Leben geht weiter – und zwar jetzt!

Wir haben uns nun damit beschäftigt, wie wichtig es ist, sein »Selbstbewußtsein« zu erweitern, sich ein solides Fundament des Selbstmitleids und der Eigenliebe aufzubauen und daran zu arbeiten, die Änderungen vorzunehmen, die wir vornehmen wollen. Wir haben erkannt, was Selbstachtung ist, wissen, daß sie schwankt und daß es Schritte gibt, die wir unternehmen können, um sie zu stärken.

Doch unter all dem verbirgt sich noch etwas anderes – die Selbstakzeptanz.

Schritt 5: Selbstakzeptanz

Stellen wir uns vor, daß unser Selbst in zwei Teilen daherkommt – der eine ist aktiv, und der andere beobachtet nur. Unser aktives Selbst frühstückt, bringt die Kinder zur Schule, trifft Entscheidungen, ißt mit Freunden zu Abend, ruft Mutter an, gibt zuviel Geld aus, verliert an Gewicht, nimmt wieder zu, macht sich wegen des Wettrüstens Sorgen, kriegt Angst, streitet, macht Liebe, hat Gesundheitsprobleme und reagiert auf alles mögliche.

Während unser aktives Selbst all dies tut, tritt das beobachtende ein paar Schritte zurück und schaut zu – so wie das Publikum sich ein Theaterstück ansieht. Unser aktives Selbst ist ganz schön mit dem beschäftigt, was gerade passiert. Das beobachtende Selbst aber sieht diese Tätigkeit als Szene in einem weit größeren Schauspiel.

Nehmen wir zum Beispiel Jane. Lassen Sie uns annehmen, sie ist ein paarmal mit einem Mann ausgegangen, den sie äußerst nett findet. Sie erwartet, daß er sich an diesem Abend meldet. Als er dann tatsächlich anruft, sagt er ihr jedoch, er müsse ihr etwas gestehen – er hat noch eine Beziehung zu einer anderen. Er sagt, daß er Jane wirklich gerne mag, aber nicht gleichzeitig mit zwei Frauen zusammensein mag und sich an die andere bereits gebunden fühlt.

Janc ist am Boden zerstört. Nachdem sie aufgehängt hat, weint sie erst einmal. Dann ruft sie ihre beste Freundin an, doch da läuft der Anrufbeantworter. Daraufhin versucht sie, sich selbst zu überzeugen, daß dies ja nicht der letzte Mann war, der herumläuft, und daß sie schon darüber hinwegkommen wird. Sie beginnt zu beklagen, daß sie schreckliches Pech hat. Sie ist so unglücklich, daß sie es kaum fassen kann. Sie befiehlt sich selbst, *etwas zu tun*, den Fernseher anzumachen, ein Buch zu lesen oder einen Spaziergang zu machen. Doch sie bringt es nicht fertig, irgendwas zu tun. Sie fühlt sich ganz einfach zu mies. Ihre Selbstachtung ist gesunken. Dabei hat sie gar nicht wirklich das Gefühl, dieses Fiasko selbst verschuldet zu haben, glaubt auch nicht ernsthaft, daß er ihr den Laufpaß gab, weil er sie nicht mochte. Aber sie fühlt sich trotzdem geprellt und betrogen. Sie meint, der einzige Mensch auf der Welt zu sein, der ein so saumäßiges Pech hat, und daß sie das – so sehr sie es auch versucht – nicht ändern kann. Sie sieht ihre Situation als ausweglos; sie ist verzweifelt. Noch schlimmer ist es für sie, zu wissen, daß sie ein guter Mensch *ist*, der einem Mann *eine Menge zu bieten hat*. Denn das scheint keine Rolle mehr zu spielen!

Während all dies vor sich geht, beurteilt Jane sich auch selbst. Sie denkt: »Es ist *gut*, daß ich so heule. Es ist mit Sicherheit *gut*, daß ich meinen Gefühlen freien Lauf lasse. Es hat Mut erfordert, meine Freundin anzurufen, obwohl ich mich so mies fühle. Es ist *gut*, daß ich das getan habe. Hmm. Ich finde, ich habe es verdammt gut verkraftet, daß sie nicht zu Hause war. *Gut*. Noch ein Schulterklopfen. Aber hör jetzt damit auf. Geh aus und unternimm irgendwas. Es ist dumm, einfach hier rumzusitzen und sich mies zu fühlen. Du bist *unreif*, wenn dir das so nahe geht. Du läßt dich ja in ein Meer der Verzweiflung fallen. Hör auf damit, *Dummkopf*.« (Jetzt spürt Jane wirklich Verzweiflung *und* fühlt sich töricht deshalb – gleich *zwei* »schlechte« Gefühle.)

Auch diese Gedanken entspringen Janes aktivem Selbst. Sie beschäftigt sich sehr mit sich selbst, sehr intensiv. Sie ist vollkommen gefangen in ihren Gedanken und Gefühlen. Sie denkt, sie muß sich mit ihren Gedanken und Gefühlen auseinandersetzen. Sie hat sich völlig in ihr kleines Drama fallen lassen; man könnte es »Jane und ihre Qualen« nennen.

In diesem Moment ist sich Jane ihres beobachtenden Selbst überhaupt nicht bewußt. Doch es ist da, es steht ein paar Meter außerhalb ihrer Wohnung und beobachtet die Szene wie ein neutraler Außenstehender. Es ist völlig losgelöst von Janes Gefühlen und Gedanken, ist sich ihrer einfach nur *bewußt*.

Das beobachtende Selbst könnte beispielsweise sagen: »Jane hat einen schlimmen Schlag zu verkraften. Sie spürt einen schrecklichen Schmerz. Jetzt heult sie, läßt sich wirklich gehen. Auf einer Schmerzskala, die von 1 bis 10 reicht, empfindet sie ihren Schmerz als eine 10. Es tut ihr *schrecklich* weh. Jetzt sagt sie sich, daß es gut ist, sich so auszuweinen. Und jetzt fühlt sie sich gräßlich und sagt sich, daß sie ›schlecht‹ ist, weil sie so verzweifelt ist.«

Das heißt nicht, daß das beobachtende Selbst »einfach noch mehr Gedanken sind«, die Jane durch den Kopf gehen – es ist ein völlig anderes »System«. Janes sämtliche Gedanken und Gefühle gehören zu ihrem aktiven Selbst. Ihre Selbstachtung, ihre Fähigkeiten, sich selbst zu mögen, sich selbst gut zu beurteilen – also, sich selbst zu lieben –, gehören alle zu ihrem aktiven Selbst.

Janes beobachtendes Selbst wertet nicht. Es *nimmt wahr*, wie sie sich selbst beurteilt. Es *nimmt wahr*, wie stark Jane sich mit sich selbst beschäftigt. Dazu könnte das beobachtende Selbst sagen: »Im Augenblick ist Jane total mit sich selbst beschäftigt. Gerade jetzt ist sie überzeugt, daß sie immer Pech gehabt hat und immer Pech haben wird. Das ist die *Natur* der Gefühle, in die sie gerade verstrickt ist. Und das ist gut so. So ist's nun mal. Natürlich weiß *ich*, daß das *nicht* so ist. Denn ich habe Abstand. Ich bin mir bewußt, daß da mehr ist als dieses momentane Drama, das sich gerade abspielt. Ich weiß, daß es Zeiten gab, da Jane sich *sehr* glücklich fühlte, und ich weiß, daß sie wieder glücklich sein wird. Ich weiß, daß Ausdauer zu ihren größten Vorzügen gehört, was *sie* im Augenblick freilich vergessen hat. Ich weiß, daß Jane nicht aufgeben wird.«

Das beobachtende Selbst ist ein eigenes *System*, eine eigene Bewußtseinsebene.

Das Bewußtsein des beobachtenden Selbst ist also eine Erweiterung des »Selbstbewußtseins«, von dem wir bei Schritt 1 sprachen. Je mehr Sie auf sich selbst achten, desto mehr werden Sie sich allmählich auch Ihres beobachtenden Selbst bewußt werden. Ihr beobachtendes Selbst ist einfach ein Teil von Ihnen, den Sie entweder beachten können oder nicht – ganz wie Sie wollen.

Warum ist das Bewußtsein des beobachtenden Selbst nützlich?

Weil das beobachtende Selbst sich selbst vollkommen akzeptiert.

Alles, was das beobachtende Selbst wahrnimmt, *ist einfach so*, wie es ist. Es ist nicht gut und nicht schlecht, es ist einfach so. Je mehr Sie sich also mit Ihrem beobachtenden Selbst identifizieren, desto stärker können Sie sich selbst akzeptieren.

Janes aktives Selbst ist stark damit beschäftigt, sich selbst zu beurteilen. »Es ist *gut*, daß ich heule. Es ist *schlecht*, daß ich solche Verzweiflung spüre.« Doch ihr beobachtendes Selbst beobachtet einfach: »Jane weint, Jane beschimpft sich selbst. Jane hat einfach etwas Pech gehabt.« Das Ereignis hat stattgefunden. Die »Tatsache« aber, ob es gut oder schlecht ist, gibt es nicht. Die Wertungen »gut« oder »schlecht« schreibt Jane dem Ereignis selbst zu. Sie bewertet, wie sie sich angesichts des Ereignisses fühlt. Da sich das beobachtende Selbst immer eines größeren Zusammenhangs bewußt ist, weiß es, daß Jane den »tragischen« Anruf von heute in ein paar Monaten – wenn sie sich beispielsweise in jemand anderen verliebt hat – als »gut« bewerten wird.

Janes beobachtendes Selbst *akzeptiert* alles an Jane. Es akzeptiert ihre Wertungen, ihre Eigenliebe, ihren Selbsthaß, ihre Triumphe, ihre Fehler – alles, was Jane ausmacht.

Sich seines beobachtenden Selbst bewußt zu sein ist aber noch aus einem anderen Grund nützlich: Ein erweitertes »Selbstbewußtsein« – oder erweiterte Selbsterkenntnis – ist ein unerläßlicher Bestandteil der Reife.

Kinder sind vollkommen mit sich selbst beschäftigt. Teenager zeigen häufig nur eine geringe Fähigkeit, etwas anderes als sich selbst zu sehen; sie wissen »alles«. Sie sind so sehr in ihre eigenen, die Welt erschütternden Dramen vertieft, daß sie nicht einmal in der Lage sind, die Bedürfnisse ihrer eigenen Familie zu erkennen.

Einige Menschen werden niemals ganz erwachsen. Tatsächlich ist die einfache alte Unreife die Ursache vieler Ehe- und Beziehungskonflikte, die mir vorgetragen werden. Diese Menschen sehen die Dinge einfach nicht in der richtigen Perspektive. Sie sind nicht in der Lage, so viel eines beobachtenden Selbst zu entwikkeln, um sich ihrer eigenen sinnlosen Handlungen und Gedanken bewußt zu werden. Zum Beispiel setzt John seine Frau häufig herab. Darauf wird er wieder und wieder hingewiesen. Aber er ist sich nicht bewußt, daß er das tut. Er ist der Meinung, daß er einfach zu Dingen Stellung nimmt, die der Stellungnahme bedürfen. Er verteidigt sein Verhalten. Er hat nicht genügend Abstand zu sich selbst, um zu bemerken, wie seine »Kommentare« seine Frau verletzen. Seine Welt ist nur so groß wie er selbst, und damit ist er vollkommen ausgelastet. Wenn in der Zimmerecke ein großer rosafarbener Elefant stünde, würde er nicht einmal den sehen. John wäre zu beschäftigt damit, sein Verhalten zu verteidigen.

Wie aber stellt man es an, sich seines beobachtenden Selbst bewußt zu werden?

Letzten Endes läuft alles darauf hinaus, *auf alles zu achten.* Denn je mehr man das tut, desto natürlicher wird es und desto leichter fällt es einem.

Die Tests 16, 17 und 18 am Anfang dieses Kapitels sind eine ausgezeichnete Möglichkeit, damit zu beginnen. Aber davon abgesehen, sind alle Tests in diesem Buch gedacht, das »Selbstbewußtsein« zu erweitern. Aber auch Interaktionen mit anderen Menschen (besonders Gespräche über das Bewußtsein), Tagebuchschreiben, Lesen oder das Anhören von Bewußtseinskursen, verschiedene Arten psychologischer Arbeit, verschiedene Arten von Unterstützung, Therapien, Bewußtseinsentwicklungsgruppen und einige geistige Disziplinen sind geeignet, sich darin zu üben, seinem beobachtenden Selbst Beachtung zu schenken. Normale Meditation ist einer der einfachsten Wege, sich des beobachtenden Selbst bewußt zu werden.

Es ist wichtiger, sich darüber klar zu sein, daß sowohl das aktive

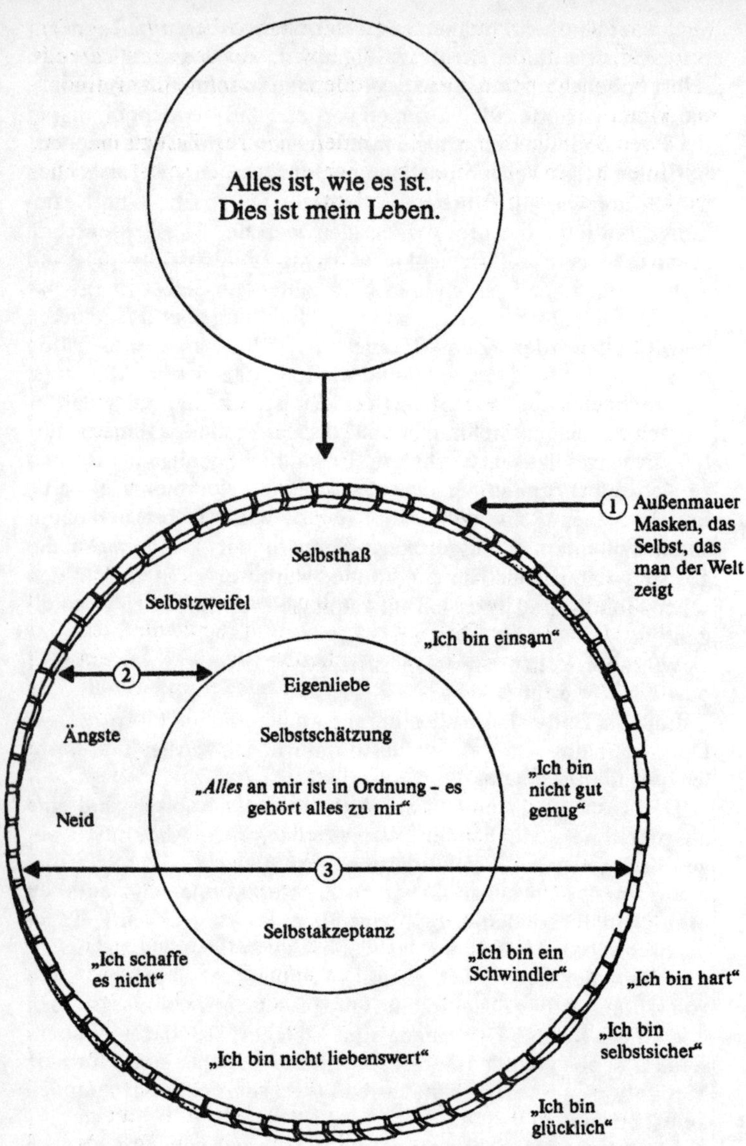
Alles ist, wie es ist.
Dies ist mein Leben.
1
Außenmauer
Masken, das
Selbst, das
man der Welt
zeigt
Selbsthaß
Selbstzweifel
„Ich bin einsam“
2
Eigenliebe
Ängste
Selbstschätzung
„Ich bin
nicht gut
genug“
„Alles an mir ist in Ordnung – es
gehört alles zu mir“
Neid
3
Selbstakzeptanz
„Ich schaffe
es nicht“
„Ich bin ein
Schwindler“
„Ich bin hart“
„Ich bin
selbstsicher“
„Ich bin nicht liebenswert“
„Ich bin
glücklich“
„Ich bin……“

wie auch das beobachtende Selbst ununterbrochen arbeiten. Das aktive Selbst tut oder denkt ständig etwas, was das beobachtende Selbst beobachten und in einen größeren Zusammenhang einordnen kann.

Lassen Sie mich Sie einladen, einen weiteren Test zu machen, der Ihnen helfen wird, Ihrem beobachtenden, sich selbst akzeptierenden Selbst einen Anstoß zu geben.

TEST 23

1. Machen Sie eine Liste der Dinge, die Sie an sich mögen. Danach listen Sie die Dinge auf, die Sie an sich nicht mögen.
2. Lesen Sie den 1. Punkt Ihrer Liste, und sagen Sie dann: »... und damit muß ich leben.« Jetzt lesen Sie den 1. Punkt der 2. Liste und sagen anschließend: »... und damit muß ich leben.« Wechseln Sie immer zwischen den beiden Listen ab. Gehen Sie langsam von Punkt zu Punkt, und sagen Sie jeweils: »... und damit muß ich leben.« Möglicherweise entschließen Sie sich, bei ein oder zwei Punkten zu bleiben und sie wieder und wieder zu wiederholen – die Phrase »... und damit muß ich leben« dürfen Sie dabei allerdings nicht vergessen.

Dieser Test ist eine Art Meditation. Versuchen Sie sie – vielleicht nur mit einem Punkt, der Ihnen an sich selbst wirklich auf die Nerven geht – wieder und wieder, möglichst 10 bis 20 Minuten lang. Wenn Sie es nur fünf Minuten lang tun mögen, sollten Sie den Test eine Woche lang täglich machen.

Sie werden feststellen, daß sich Ihre Einstellung sich selbst gegenüber zum Positiven ändert, wenn Sie sich dieser kleinen Meditation unterziehen. Ihr Gefühl gegenüber einer Eigenschaft, die Sie bislang als großen Fehler betrachtet haben, kann sich ins Positive wandeln. Vielleicht sind Sie in der Lage, die Bedeutung des Begriffs »Selbstakzeptanz« ganz neu zu erfahren. Dennoch ist es äußerst wichtig, sich selbst völlig in den Test als solchen einzubringen und sich darüber klar zu sein, daß man keine bestimmten Erwartungen an das Ergebnis des Tests knüpfen darf. *Machen* Sie ihn einfach, und warten Sie ab, was geschieht.

Sich mit seinem beobachtenden Selbst vertraut zu machen, sich selbst als völlig akzeptabel zu erleben, so wie man ist, ist tatsächlich eine geistige Disziplin, denn dafür braucht man mehr als Seele und Körper. Sie übersteigt rationale, kognitive, ja sogar emotionale Erfahrung.

Viele Menschen jedoch werden sich ihres beobachtenden Selbst *niemals* bewußt. Sie sind ausschließlich mit dem beschäftigt, was in ihrem Leben vor sich geht – sie sind »egozentrisch«. Wenn diese Menschen sich auf einen Streit einlassen, sehen sie die Dinge nur aus ihrer eigenen Sicht. Ihnen fehlt die Fähigkeit, ein paar Schritte zurückzutreten, über sich selbst zu lächeln und sich zu sagen: »Lieber Himmel, du hast dich da ganz schön festgebissen. Diese Sache ist dir aber wirklich wichtig!«

Andere Menschen sind sich ihres beobachtenden Selbst undeutlich bewußt – weil sie es hin und wieder bemerkt haben. Stellen Sie sich beispielsweise vor, Sie seien so richtig wütend auf Ihre(n) Geliebte(n). Plötzlich wird Ihnen bewußt, daß Sie dabei sind, sich auf denselben Streit einzulassen, den Sie schon wenigstens 50mal hinter sich gebracht haben, und machen einen Scherz darüber. Sie geben der Auseinandersetzung einen Namen und beschließen, den alten Streit nicht wieder aufzuwärmen: »Laß uns den Streit ums Geld nicht wieder aufwärmen, okay?« Ihr beobachtendes Selbst hat Sie auf frischer Tat ertappt. Ein bestimmtes Muster ist Ihnen so vertraut geworden, daß Ihnen bewußt wurde, daß es sich hier um eine unangenehme Gewohnheit handelt.

Wieder andere Menschen – das sind allerdings nicht viele – stehen mit ihrem beobachtenden Selbst auf vertrautem Fuß und gehen freundschaftlich mit ihm um. Sie haben sich aktiv dazu entschlossen und haben ihrem Entschluß Zeit und Energie gewidmet. Sie können uns lehren, wie man das macht; sie sind auf dem Bewußtseinspfad einfach weiter als der Rest von uns.

Jetzt lassen Sie uns aber endlich feststellen, was all das mit Beziehungen zu tun hat.

Wie ich am Kapitelanfang sagte, muß man sich bei der Beurteilung der Frage, warum man noch ein Single ist, nicht allein mit den Strategien auseinandersetzen, die man in seinem Liebesleben anwendet – oder nicht –, sondern auch *mit sich selbst*. Was haben Sie einem anderen Menschen in einer Intimbeziehung zu bieten? Welche Ihrer Eigenschaften könnte ein potentieller Partner lästig finden? Welche Ihrer Anschauungen und welche Verhaltensweisen behindern Sie in Ihrem Verlangen, Liebe zu finden?

Wenn der Grund, aus dem Sie noch ein Single sind, nichts mit Strategien, sondern mit Ihnen selbst zu tun hat, müssen Sie einiges an sich ändern, wenn Sie Liebe finden wollen.

Wenn Sie ein Mensch sind, der sich selbst mag, werden Sie auch einem Partner reizvoller erscheinen. Das bedeutet nicht, daß man nicht mehr an seiner Selbstachtung arbeiten müßte, sobald man eine Beziehung eingegangen ist. Was ich hier sagen will, ist, daß alle Strategien und Techniken Ihnen nichts nützen, wenn Sie aus dem Grund noch Single sind, weil es Ihnen an Selbstbewußtsein und Selbstakzeptanz fehlt.

Eine gute Beziehung zu sich selbst ist die Voraussetzung für eine erfolgreiche Partnerschaft mit dem Menschen, den man liebt. Wenn man sich selbst nicht liebt, bürdet man seinem Partner eine untragbare Last auf; man wird versuchen, ihn oder sie dazu zu bringen, einem ein Wohlgefühl zu vermitteln. Aber das kann niemand.

Selbstachtung ist die Grundlage aller Strategien, die wir in den vorangegangenen Kapiteln besprochen haben. Es ist zum Beispiel sehr schwierig, hohe Anforderungen oder Ansprüche an andere zu stellen, wenn man diese hohen Ansprüche nicht auch an sich selbst stellt. Die eigene Ambivalenz kann sich auf die Furcht gründen, daß man nicht gut genug ist zu bekommen, was man sich wünscht. Oder man bleibt in einer BAN-Beziehung hängen, weil man überzeugt ist, nichts Besseres zu verdienen.

Wie können Sie auch erwarten, daß jemand anderes Sie kennenlernen möchte und Sie gern hat, wenn Sie sich selbst gegenüber indifferent sind, sich nicht kennen oder nicht mögen?

Gute Beziehungen – zu sich selbst und zu anderen – beginnen mit Selbstbewußtsein, Selbsterkenntnis. Das jedoch ist ein fortlaufender, sich immer weiter erweiternder Prozeß. Also stellen Sie fest, welches Ihre Dibbuks sind, und schließen Sie Frieden mit ihnen. Außer Ihrer eigenen Naivität haben Sie nichts zu verlieren. Und was Sie gewinnen können, ist Liebe.

11. KAPITEL

Besondere Probleme des unfreiwilligen Single-Daseins: Einsamkeit, mangelndes Gleichgewicht und AIDS

Jeder Lebensstil hat seine Sonnen- und seine Schattenseiten – das unfreiwillige Single-Dasein macht da keine Ausnahme. Auf der Habenseite stehen Freiheit und Unabhängigkeit, auf der anderen ein Soll an Liebe, und das ist nicht gerade angenehm. Selbst die geselligsten Singles können unter Einsamkeit leiden, sich entmutigt fühlen, und das kann ein Problem sein. Das Leben erscheint manchmal unfair; und die positive, optimistische Einstellung, die nötig wäre, geht einem dann meist ebenso sehr ab wie die Liebe selbst. Und heute müssen Singles zudem noch mit den Zwängen fertig werden, die die Furcht, sich mit AIDS anzustecken, ihrem Sexleben auferlegt.

Das unfreiwillige Single-Dasein hat seine eigene und einzigartige Problematik. Deshalb muß man wissen, wie man gewisse Hindernisse überwindet, die zwangsläufig auftauchen, wenn man einen Partner/eine Partnerin sucht. Nur so kann man während dieser Zeit ein angenehmes Leben führen. In diesem Kapitel wollen wir uns mit drei dieser Hürden beschäftigen: mit der Einsamkeit, dem Mangel an seelischem Gleichgewicht und den durch Geschlechtsverkehr übertragbaren Krankheiten.

Der »Warum-gerade-ich«-Blues

Allein zu sein, wenn man sich wünscht, man wäre es nicht, kann einen deprimieren. Und Depressionen führen zwangsläufig zu einem tückischen Kreislauf. Wenn man deprimiert ist, ist einem nicht danach zumute auszugehen. Deshalb bleibt man zu Hause und wird immer einsamer. Oder man ist nicht in der Lage, sein verzweifeltes Verlangen nach Liebe und Zuneigung zu verbergen, wenn man jemanden trifft – das wiederum finden andere wenig reizvoll, weshalb sie sich zurückziehen. Und dann sagt man sich selbst: »Klar, daß er sich zurückzieht. Wer will schon gern mit einem so deprimierenden Menschen zusammensein?«

Wo also ist der Ausweg aus diesem Dilemma?

Ironischerweise muß man damit beginnen, seine Depressionen zu *akzeptieren*. Es wäre ein Fehler, dagegen anzukämpfen. Denn sie würden sich nur verstärken, wenn man versuchte, sich ihnen zu widersetzen. Also sollte man seine Depressionen lieber ausleben.

Eine häufige Reaktion auf Depressionen ist Selbstverachtung. »Ich hasse es, mich so zu fühlen! Warum kann ich bloß nicht einfach damit Schluß machen! Die meisten Menschen würden bestimmt besser damit fertig. Wenn ich nicht ein so wertloser Trottel wäre, wäre ich sicher in der Lage, mich aus diesem schwarzen Loch herauszuziehen.«

Jetzt ist man nicht nur deprimiert, sondern *haßt* sich auch noch dafür. In einem solchen Fall hat man zwei Probleme statt des einen.

Wir neigen dazu, Depressionen als »töricht und ungesund« abzutun. Depressionen sind zwar *unangenehm*, aber nicht töricht. Sie sind eine ganz natürliche menschliche Erfahrung und die logische Reaktion auf gewisse Situationen – wie auf die, einsam zu sein. Also sollte man sich selbst ein wenig verwöhnen, wenn man sich einsam und deprimiert fühlt, statt sich zu beschimpfen und zu demütigen. Man sollte versuchen, Nachsicht mit sich selbst zu üben, wenn man gelegentlich deprimiert ist, und sich sagen: »Es ist okay, wenn ich deprimiert bin. Es ist schon angenehm zu wissen, daß mich meine Einsamkeit nicht selbstgefällig macht.«

Ich will Depressionen nun wirklich nicht verniedlichen; sie *sind* unangenehm. Sie können gräßlich sein. Doch wenn man sich deprimiert fühlt, hat man zwei Möglichkeiten, damit umzugehen: Man kann sich selbst hassen und gegen seine Depressionen ankämpfen, oder man kann sie ausleben und sich sagen, daß man völlig normal ist. Mit der 2. Methode wird man wahrscheinlich leichter durch die Depression kommen (natürlich spreche ich hier nicht von chronischen »krankhaften« Depressionen, sondern von dem »Blues«, den die meisten von uns von Zeit zu Zeit spüren und der meist mit einem bestimmten Erlebnis – wie Einsamkeit oder Zurückweisung – verbunden ist).

Wenn man gerade leidet und deprimiert ist, ist das ganz gewiß nicht der richtige Zeitpunkt, sich mit der Außenwelt auseinanderzusetzen (es sei denn, man weiß, daß einem das helfen kann, mit dem Blues fertig zu werden). In solchen Momenten ist es besser, zu Hause zu bleiben und sich ein wenig zu verwöhnen. Man kann jedoch diese Zeit auch mit Freunden verbringen, in deren Gegenwart man sich wirklich wohl fühlt und denen es nichts ausmacht, sich – gelegentlich – Klagen anzuhören.

Unfreiwillige Singles fühlen sich oft deprimiert, empfinden Panik und leiden. Und wenn diese Gefühle auftreten, sind sie schmerzhaft. Doch gewöhnlich gehen sie ihren Gang. Die Illusion, daß man sich nicht so schlecht fühlen würde, wenn man »ausgeglichener« wäre, ist destruktiv. Denn Menschen, die so »ausgeglichen« sind, daß sie sich niemals einsam fühlen oder leiden, fühlen auch sonst nicht sehr viel.

In meinen Workshops habe ich häufig genug erlebt, welche Verwirrung angesichts der Vorstellung herrscht, man müsse »die Verantwortung für sich selbst übernehmen«. Das grundsätzlich vernünftige Prinzip, man müsse sein Leben selbst in die Hand nehmen, statt es einfach laufenzulassen, wird weitgehend mißverstanden; es bedeutet nicht, daß es Ihr Fehler ist, wenn Ihnen etwas Schlechtes widerfährt!

Eine Frau erzählte mir: »Ich schaffe mir mein Alleinsein selbst, indem ich immerzu deprimiert bin. Wenn es mir gelingt, die Verantwortung für meine Depressionen zu übernehmen und sie loszuwerden, kann ich vermutlich jemanden kennenlernen. Ich weiß, ich habe keinen Grund, deprimiert zu sein, und ich werde da rauskommen.«

Diese Frau brachte alles durcheinander. Es ist völlig unmöglich, Depressionen nur dadurch zu beenden, daß man einen guten Vorsatz faßt. Man kann seinen Gefühlen nicht befehlen. Während diese Frau glaubte, ihre Depressionen trügen zu ihrem Alleinsein bei, war wahrscheinlich das Gegenteil der Fall – ihr Alleinsein trug zu ihren Depressionen bei.

Man ist für seinen Single-Status nicht »verantwortlich«. Viele Faktoren sind es, *einer* davon ist das Maß an Initiative, das man darauf verwendet, Menschen kennenzulernen und seine Partnerschaftsprobleme zu lösen. Ich habe eine Menge Menschen gesehen, die hart mit sich ins Gericht gingen, weil sie glaubten, daß Eigenverantwortlichkeit auch Selbstanklage bedeutet. Sie verdrehen eine begründete Einsicht – »Ich habe viele Möglichkeiten« – in eine Rute um, mit der sie sich wiederholt selbst geißeln: »Es ist mein Fehler, daß ich allein bin. Es ist mein Fehler, daß ich deprimiert bin. Was für ein Kind ich doch noch bin. Ich sollte einfach damit aufhören. Wenn ich ein besserer Mensch wäre, wäre ich jetzt verliebt.«

Eigenverantwortung kann lächerliche Extreme annehmen. Wenden Sie Ihre Depressionen nicht gegen sich selbst – Sie würden sich dann nämlich noch schlechter fühlen.

Das »Eines-Tages«-Syndrom

»Ich bin noch nicht bereit für die Liebe. Ich muß erst mit mir selbst ins reine kommen.«

Vermutlich ist der Grund dafür, daß es heute so viele Singles gibt, daß wir alle in unseren Eckchen sitzen, mit uns selbst ins reine kommen wollen und erst danach bereit zur Liebe sind!

Es ist gefährlich, seine Suche nach Liebe vorübergehend auf Eis zu legen, bis man gewisse Ziele erreicht hat. Denn der Moment, in dem man glaubt, alles beieinander zu haben, wird kaum kommen. Das Leben läßt sich nicht in ordentliche Kästchen einteilen – es »funktioniert« nur als Ganzes.

Eine Frau, die vier Jahre lang keine bedeutungsvolle Beziehung hatte, erklärte mir, warum sie nicht ausging und auch nicht vorhätte auszugehen. Sie erzählte: »Es gibt ein paar andere Dinge, mit denen ich mich zuerst beschäftigen muß. Ich bin einfach noch nicht bereit für einen Mann. Ich will erst einmal abnehmen und dann – also, es ist so, ich möchte meinen Job kündigen. Und ich weiß nicht, was ich danach tun soll.«

Die Vorstellung, daß man erst mit sich selbst ins reine kommen, ein »ordentlicher« Mensch werden müsse, bevor man auf die Bühne geht und für die Liebe »vorspricht«, enthält einen schweren Fehler. Sein Leben in Ordnung zu bringen und einen Menschen zu finden, mit dem man es teilen kann, sind zwei ganz unterschiedliche Dinge; sie können kausal voneinander abhängig sein, *müssen es aber nicht*, und sie können in jeder beliebigen Reihenfolge eintreffen. Denn was ist, wenn der perfekte Partner/die perfekte Partnerin gerade in diesem Augenblick auftaucht?

Man nimmt an, daß es einem helfen wird, den/die Richtige(n) zu finden, wenn man sein Leben im Griff hat. Doch es ist genauso logisch anzunehmen, daß es einem helfen wird, sein Leben in den Griff zu bekommen, wenn man den/die Richtige(n) getroffen hat! Und man wird dann außerdem noch mehr Spaß haben! Solange man sich nicht darauf verläßt, daß der neue Partner einem dazu verhilft, sich besser zu fühlen, gibt es kein Gesetz auf der Welt, das einem vorschreibt, man müsse seinen Job, seine Finanzen, seine Lebensumstände, sein Gewicht, seine Fitneßbemühungen und seinen Freundeskreis »ordentlich« organisiert haben, bevor man für die Liebe offen ist.

Tatsächlich ist es so, daß es einen als Partner sogar weniger reizvoll macht, wenn man sein Leben voll im Griff hat. »Perfektion« schüchtert andere nur ein. Außerdem ist es möglich, daß man dann sein Leben so eingerichtet hat, daß für Liebe kein Platz mehr ist. Sich zu verlieben könnte die ganze sorgfältig geschaffene Ordnung durcheinanderbringen. Warum also sollte man sich da überhaupt noch die Mühe machen, alles *vorher* in Ordnung zu bringen (als ich mich verliebte, hörte ich mit dem Joggen, dem Volkstanz, dem Klavierspielen und Chorsingen auf – zumindest für eine ganze Weile).

Sich gegenseitig beim Erreichen persönlicher Ziele zu unterstützen ist ein wunderbarer Weg, eine Partnerschaft aufzubauen. Sie würden sich und Ihre(n) zukünftige(n) Partner(in) um etwas Wertvolles berauben, wenn Sie bereits all Ihre Ziele erreicht hätten. Lassen Sie etwas übrig, wobei er/sie Ihnen helfen kann.

Zu diesem Thema erzählte eine Frau folgendes:

> »Ich interessiere mich schon seit langer Zeit nicht mehr für Männer, weil ich mich einfach nicht besonders ausgeglichen fühle. Ich habe mich niemals für eine Karriere entschieden. Ich glaube, daß ohnehin nichts daraus werden würde. Doch meiner Freundin ging es noch schlechter als mir. Sie hatte sogar angefangen, Drogen zu nehmen. Dann wurde sie wegen eines Autounfalls angeklagt und verliebte sich in ihren Rechtsanwalt! Er ist ein wundervoller Mann und hat ihr sehr geholfen. Die beiden haben eine fabelhafte Bezie-

hung. Sie ist eine großartige Frau. Sie ist damals nur wirklich sehr deprimiert gewesen. Nun, ich habe gesehen, wie sich ihr Leben änderte und habe mich nur gefragt: ›Wenn sie sich verlieben konnte, obwohl sie so niedergeschlagen war – und wenn jemand sich in sie verlieben konnte –, warum sitze ich dann hier noch rum? Worauf warte ich eigentlich?‹«

Das Schlimmste daran, sein Leben zunächst in Ordnung zu bringen und dann darauf zu hoffen, daß die Liebe einen findet, ist es, daß man – hat man erst einmal für Ordnung gesorgt – entdeckt, daß all die neuerworbenen Stärken und Erfolge in dem seltsamen Spiel der Liebe überhaupt nichts bewirken können. Nachdem man alles geändert hat und sich eher »bereit« fühlt, ist man doch immer noch derselbe Mensch, steht immer noch derselben Single-Szene und denselben Problemen gegenüber. Wenn Sie sich wirklich nach Liebe sehnen, dann gibt es dafür keinen besseren Zeitpunkt als den jetzigen!

Es gibt jedoch eine Möglichkeit, sich für eine Zeit des Alleinseins zu entscheiden, die sich positiv auswirken kann. Sie braucht allerdings andere Voraussetzungen als die, die ich eben geschildert habe.

Die Erfahrung, allein zu leben und völlig auf sich allein gestellt zu sein, bereichert das Leben ohne jeden Zweifel. Ein Mensch, der diese Erfahrung als Erwachsener niemals gemacht hat, wird wahrscheinlich irgendwann ein starkes Verlangen spüren, diese »Vorteile« einmal auszuprobieren und das Selbst kennenzulernen, das unter diesen Umständen zum Vorschein kommt. Der Wunsch, eine Weile allein zu leben, nachdem eine Partnerschaft gescheitert ist, ist ziemlich weit verbreitet.

Doch allein zu sein, weil man es vorzieht, allein zu sein – ob nun für eine Interimszeit oder für immer –, ist es etwas ganz anderes als allein sein zu wollen, weil man sich auf eine Partnerschaft vorbereiten will. Das letztere ist eine Art Selbsttäuschung, die zum negativen Selbstbild beiträgt und jede Thematik – wie die Beschäftigung mit dem anderen Geschlecht – nur aufschiebt, mit der man sich eines Tages sowieso auseinandersetzen muß.

Mit der Ansicht, »erst mit sich selbst ins reine kommen zu müssen«, schiebt man das Leben nur auf. Mit sich selbst ins reine zu kommen *ist das Leben*. Der Prozeß ist wichtig – und nicht das Endresultat. Mit sich selbst nichts anfangen zu können ist nicht gerade angenehm, doch es macht einen nicht zu einem reizlosen Menschen. Es macht einen menschlich. Und Ihre Menschlichkeit ist es schließlich, die Sie mit einem Lebenspartner/einer Lebenspartnerin teilen wollen.

Sollte man sich eine Stereoanlage kaufen?

Sein Leben so lange auf Eis zu legen, bis man es geordnet hat, ist das Gegenteil davon, sein Leben so lange auf Eis zu legen, bis man sich verliebt; beides ist problematisch. Hören Sie, was Rachel dazu zu sagen hat:

> »Ich schiebe den Kauf einer guten Stereoanlage nun schon seit fünf Jahren vor mir her – weil ich immer das Gefühl hatte, ich könnte mich in jemanden verlieben, der bereits eine hat. Ich sehe ein, daß ich mich damit selbst um etwas beraube. Aber das ist rein symbolisch. Für mich würde es irgendwie ein Verrat an meinem Ziel bedeuten, wenn ich unter diesen Umständen eine Anlage kaufte.«

Viele Singles erleben dieses Dilemma, und manchmal sind die Einsätze sogar noch höher. Manche fürchten, sie müßten den Gedanken aufgeben, Liebe zu finden, wenn sie sich ein Haus kaufen oder ein Kind bekommen, ohne eine(n) Partner(in) zu haben.

Für Singles, die ihr Herz irgendwann klar an den Gedanken an eine Partnerschaft gehängt haben, ist dies ein ehrliches Dilemma. *Doch die zentrale Frage ist nicht, was man tut, sondern wie man es tut.* Einige Menschen geben ihre Suche nach Liebe auf, ohne irgendwelche wichtigen Lebensentscheidungen zu treffen. Und andere bleiben auch dann offen für die Liebe, wenn sie sich eine Stereoanlage oder ein Haus kaufen oder sich ein Baby anschaffen!

Winnie stellte sein Problem so dar: »Wie soll ich wohl *beides* tun – mein Leben als Single genießen *und* mich aktiv nach einer Lebenspartnerin umsehen? Wenn ich ständig auf der Suche bin, zeige ich damit doch, daß ich als Single nicht glücklich bin. Ich möchte jetzt im Leben weiterkommen. Aber ich möchte nicht, daß jemand – ganz besonders ich selbst – den Eindruck gewinnt, daß ich mich damit abgefunden habe. Es geht mir gut als Single, doch ich bin nicht zufrieden!«

Es gibt einen Ausweg aus diesem Dilemma: Man muß in »beides/und« denken, statt in »entweder/oder«. Nicht »Entweder es macht mir Spaß, ein Single zu sein, *oder* ich kann mich nach einem Partner/einer Partnerin umsehen«, sondern »Ich will beides – ich will es genießen, ein Single zu sein, *und* ich wünsche mir eine Beziehung.«

Nachdem ich ungefähr drei Jahre als Single gelebt hatte, stellte ich fest, daß ich die »Entweder/oder«-Mentalität angenommen hatte und mich mit der Frage herumquälte, welchen Weg ich nun einschlagen sollte: mich an mein Single-Dasein zu gewöhnen oder mich weiterhin umzusehen? Ich beschloß, mich so zu benehmen, als läge nur noch eine begrenzte Single-Periode vor mir. Ich ging davon aus, daß ich mich nach einer gewissen Frist verlieben und heiraten würde. Dann wurde mir bewußt, daß ich nicht auf meine Single-Jahre zurückblicken und das Gefühl haben wollte, meine Freiheit und Unabhängigkeit nicht voll genutzt zu haben. Das bedeutete, daß ich mit aller Macht Single sein mußte! Plötzlich stand ich unter einer Art Druck. Ich richtete meine Wohnung genau so ein, wie ich sie mir wünschte. Ich lud öfter Leute ein, ich reiste allein und verabredete mich häufig. Ich tat alles, etwas aus meinen Fähigkeiten im Haushalt und Beruf zu machen, gab mein Geld bewußter aus und verplante meine Zeit zielstrebiger. Ich machte alles so, wie es mir paßte, da ich ja nur mir selbst verantwortlich war. Ich genoß die Erfahrung, alle meine Entscheidungen allein zu treffen, nahm ich doch an, daß ich das nicht immer werde tun können.

Doch die ganze Zeit über schaute ich mich nach einem Partner um.

Natürlich kann dieses »mit aller Macht ein Single sein« zu einer weiteren Gefahr führen: Man kann sich so sehr damit beschäftigen, unabhängig zu sein, daß man den Gedanken an Liebe ganz aufgibt. Ich nenne dies eine »Überanpassung ans Single-Dasein«.

Dolores, 39 und Chefsekretärin, war dafür ein typischer Fall. Sie *sagte* zwar: »Ich möchte jemanden, den ich lieben kann«, war diesem Verlangen gegenüber aber offensichtlich ambivalent. Sie erzählte mir, sie habe das Gefühl, sie müsse sich einfach auf die Möglichkeit vorbereiten, daß sie *keinen* Mann fände. Doch damit trug Dolores nur zur Erfüllung ihrer eigenen Prophezeiung bei.

Denn ein unzweideutiges Verlangen nach Liebe ist in den meisten Fällen eine der Voraussetzungen dafür, sie auch zu finden! Dolores hatte keineswegs ein so erfülltes Leben, daß da kein Platz mehr für einen Mann gewesen wäre; tatsächlich verbrachte sie einen Großteil ihrer Zeit vor dem Fernseher. Sie hatte sich dem Single-Dasein einfach schon zu sehr angepaßt.

Dolores war seit einigen Jahren geschieden, als ich sie kennenlernte. Sie verabredete sich immer wieder mit Männern, stieß aber auf immer neue verblüffende und entmutigende Hindernisse. Dann fiel mir auf, daß sie darüber zu rätseln begann, ob sie nun »ehetauglich« sci oder nicht. Sie betonte die Aspekte des Alleinseins, die sie genoß, obwohl sie andererseits auch über Einsamkeitsgefühle sprach und darüber klagte, daß sie Intimität vermisse. Sie schien sich sehr zu Büchern und zu Single-Gruppen hingezogen zu fühlen, die sie in ihrer Ansicht bestätigten, daß es okay sei, Single zu sein.

Ich sah Dolores zwar nur alle paar Monate, bemerkte aber eine subtile Änderung in ihr. Ihre Gespräche begannen sich allmählich von den Problemen abzuwenden, die sie in Beziehungen gehabt hatte, und sich der Möglichkeit zuzuwenden, niemals den Idealpartner zu finden. Diese Aufgabe forderte sie voll und ganz. Sie sprach über den Kummer, ihren Traum vergessen und sich wirklich in einen »Single« verwandeln zu müssen. Da sie sich entschlossen hatte, sich dem voll zuzuwenden, hatte sie ihre Aufmerksamkeit von der Arbeit an ihren Kommunikationstalenten und ihrer Furcht vor Intimität abgewandt – was die Beziehungen, die sie hatte, nicht gerade verbesserte. Mir erschien es so, als wolle Dolores sich unbewußt geschlagen geben, indem sie eine »gesunde« Adaption ans Alleinleben versuchte – dadurch, daß sie sich seelisch darauf vorbereitete, immer allein zu bleiben.

Single-Gruppen tragen oft unabsichtlich zu diesem »Überanpassungs«-Syndrom bei. Sie arbeiten so verbissen daran, dem SingleSein Legitimität zu verschaffen, daß der bloße Gedanke ans Heiraten manchmal schon einen schlechten Beigeschmack erhält. Dieser »Singleismus« hat eine Gruppe von Menschen begünstigt, die sich ans Single-Sein gewöhnt haben – *deren ehrliche Präferenz es jedoch nicht ist.* Statt sich selbst zu fragen: »Wie kann ich die Hindernisse aus dem Weg räumen und mein Ziel erreichen, eine dauerhafte Bindung einzugehen?«, fangen sie an, sich einzureden, daß Intimität weder möglich noch wünschenswert ist.

Die meisten Single-Gruppen bestärken ihre Mitglieder noch in ihrem Single-Sein. Dadurch, daß sie Singles eine »Familie« verschaffen und ihnen eine ganze Reihe gesellschaftlicher Aktivitäten bieten, erfüllen sie kurzfristig das Bedürfnis nach Zusammensein und einem Gefühl der Zusammengehörigkeit. Sie bescheren den meisten ihrer Mitglieder ein so angenehmes Leben, daß sie sich keine Mühe mehr geben, eine Partnerschaft zu finden, obwohl sie sich eigentlich eine wünschen. Single-Gruppen zeigen ein positives und ein reizvolles Modell des Single-Seins. Obwohl die meisten Menschen in einer solchen Gruppe nicht das Gefühl haben, daß dieses unbekümmerte Modell auf sie zutrifft, nehmen sie doch an, daß es auf jede(n) andere(n) in der Gruppe zutrifft. Wann immer ich die Mitglieder einer Single-Gruppe gefragt habe, wie viele von ihnen eine engagierte, intime Beziehung als Ideal für sich selbst anstreben, hoben die meisten die Hände. Doch die Programme, die die meisten Gruppen anbieten, entsprechen dem nicht. Statt »Finanzplanung für eine Person« und »Sexualität im Single-Leben« wären Themen wie »Unsere Ängste vor Intimität« oder »Wie man miteinander kommunizieren muß, um eine großartige Beziehung aufzubauen« angebracht.

Ganz offensichtlich haben aber die Züge der Single-Gruppen, die ich erwähnte, auch positive Seiten, und ich würde ganz gewiß *niemals* vorschlagen, diese Gruppen zu meiden. Im Gegenteil – sie sind ein guter Weg, mit Leuten zusammenzukommen, und erfüllen noch andere Bedürfnisse. Ich würde einfach vorschlagen, daß man vorsichtig an die Gruppen herangeht und sich nicht in Selbstzufriedenheit wiegen läßt, wenn man ernsthaft daran interessiert ist, einen Partner/eine Partnerin zu finden. Denn sonst könnten sie eher die eigenen Intimitätsvorbehalte stärken, statt sie abzubauen.

Die Herausforderung für unfreiwillige Singles besteht also darin, die Balance zwischen der Freude, das Leben zu genießen, und der aktiven Suche nach einem Intimpartner zu halten. Es ist ein Fehler, das Leben auf Eis zu legen, bis man jemanden kennenlernt. Aber es wäre auch ein Fehler, sich so sehr für sein Single-Dasein zu engagieren, daß man darüber seine Suche nach einem Partner/einer Partnerin vergißt – oder sie bis zu jenem magischen Tag in der Zukunft zurückzustellen, an dem man alles »geordnet hat«.

Wenn ich einen Autoaufkleber für Singles entwerfen müßte,

würde darauf stehen: »Halten Sie die Balance«. Diese Balance bedeutet: Ich genieße mein Leben hundertprozentig, und ich möchte hundertprozentige Intimität.

Die sexuelle Revolution war großartig… Durch Sex übertragene Krankheiten

Die alarmierende Zunahme der durch Geschlechtsverkehr übertragenen Krankheiten – besonders aber die von AIDS – ist zweifellos das größte Problem, dem Singles, egal, ob Männer oder Frauen, jemals gegenüberstanden.

Plötzlich sind die Tage des sorglosen, zwanglosen Sex vorbei. Und für eine Generation, die mit der Pille aufgewachsen ist und die die sexuelle Revolution ausgelöst hat, ist das ein Schock. Wir wuchsen in dem Bewußtsein auf, daß die Freiheit, unter vielen sexuellen Chancen wählen zu können, ein so selbstverständliches Recht ist, wie das Restaurant oder den Film für einen Abend auszuwählen. Jetzt scheint es so, als hätte man uns dieses Recht genommen. Viele Singles sind enttäuscht, weil der Lebensstil, an den sie sich gewöhnt hatten, ihnen heute verwehrt ist. Mit der Peinlichkeit, der sich Herpes-Opfer seit geraumer Zeit ausgesetzt sehen, sind neuerdings fast alle vertraut; Angst und das Gefühl, vorsichtig sein zu müssen, gehören heutzutage zu fast jedem amourösen Abenteuer.

Die meisten Veröffentlichungen über AIDS konzentrieren sich auf die die Allgemeinheit interessierenden gesundheitlichen Aspekte der Epidemie – wie wir dem Problem in unserem Privatleben begegnen sollen, müssen wir selbst entscheiden. Wir hören, daß es Risiko*gruppen* gibt (homo- und bisexuelle Männer, Prostituierte und die Männer, die mit ihnen verkehren, Drogensüchtige, die intravenös spritzen, und Menschen, die eine Unzahl von Sexualpartnern hatten). Uns wird versichert, daß AIDS *nur* durch direkte Berührung mit dem Blut oder den Körperflüssigkeiten AIDS-Infizierter übertragen werden kann. Uns wird gesagt, daß wir die Gefahren der Krankheit nicht ignorieren und die Vorurteile gegenüber ihren Opfern abbauen sollen. Und wir werden – das ist unvermeidlich – zu »safer Sex« aufgefordert, das bedeutet: Wir sollen (a) Kondome und empfängnisverhütenden Schaum oder spermienabtötendes Gelee benutzen oder (b) uns vergewissern, daß unsere Sexualpartner sich dem Test mit einem negativen Ergebnis unterzogen haben.

Die drängendste Frage für alle sexuell aktiven Singles ist jedoch: Wie soll ich *persönlich* mit den Einschränkungen fertig werden, die mein Sexualleben betreffen? Wie soll ich sie emotional bewältigen? Ganz besonders dann, wenn ich Kondome nicht ausstehen kann!

Zunächst ist es wichtig zu wissen, daß für Menschen, die den Risikogruppen *nicht* angehören – dazu zählen die meisten Heterosexuellen –, die Ansteckungsgefahr relativ gering ist. Das bedeutet jedoch nicht, daß man nicht vorsichtig sein müßte, aber es bedeutet auch, daß man nicht wie gelähmt sein muß vor Furcht. Es wäre jedoch extrem, wenn Heterosexuelle nun völlig enthaltsam lebten. Denn schließlich ist nur ein kleiner Prozentsatz der »Normalen« AIDS-infiziert. Und obwohl das Virus acht oder mehr Jahre asymptomatisch bleiben kann, gibt es Möglichkeiten, sich abzusichern: Wer ein Risiko eingegangen ist und ein negatives Testergebnis hatte, darf in den nächsten drei bis vier Monaten absolut kein weiteres AIDS-Risiko eingehen, und wenn der Test dann wieder negativ verläuft, hat er sich mit Sicherheit nicht infiziert. Wenn man von da an nur noch »safer Sex« praktiziert und darauf achtet, beim Arzt eine sterile Spritze zu bekommen, wird man sich auch nicht mit AIDS infizieren.

Doch das ganze Drumherum des »safer Sex« bereitet Singles das größte Kopfweh. Sex mit Kondomen, Mundschutz und Gummihandschuhen läßt ja auch eine Menge zu wünschen übrig!

Eine Lösung, der sich viele Singles zu bedienen scheinen, ist das, was ich »gesellschaftlichen Sex« nennen möchte. »Gesellschaftlicher Sex« beinhaltet alle Formen von Zärtlichkeiten und erotischen Gesten, *außer* oralem oder analem Sex und Geschlechtsverkehr. Die Umarmungen, das Schmusen, das Küssen und Petting des »gesellschaftlichen Sex« sind völlig sicher. Ein Orgasmus ist dabei nicht völlig ausgeschlossen, muß jedoch mit den Händen erreicht werden. (Obwohl viele Menschen fürchten, daß AIDS auch durch Speichel übertragen werden kann, ist bis heute kein einziger Fall bekannt, bei dem sich jemand durch Speichel infiziert hätte.)

»Gesellschaftlicher Sex« unterscheidet sich von »safer Sex«.

Der Begriff »safer Sex« bedeutet Geschlechtsverkehr mit Unmengen von Vorkehrungen. Doch viele Singles, mit denen ich gesprochen habe, ziehen den »gesellschaftlichen« dem »safer Sex« vor. Das heißt, sie hören lieber auf, bevor es zu womöglich »unsicheren« Sexpraktiken kommt; ganz besonders meiden sie die Peinlichkeit und das Risiko des Geschlechtsverkehrs mit Schutzmaßnahmen. Reiner Sex – besonders der mit einer flüchtigen Bekanntschaft – ist das einfach nicht wert, meinen sie.

»Gesellschaftlicher Sex« ist genau das, was wir zu den Zeiten der sexuellen Revolution »technische Jungfräulichkeit« nannten, doch die Nebenbedeutung der beiden Begriffe ist eine völlig andere. Der Begriff »technische Jungfräulichkeit« suggerierte »Warum soll man sich die Mühe machen, kurz vor dem Geschlechtsverkehr aufzuhören? Wenn sonst alles erlaubt ist, ist das doch nur eine dumme technische Frage«.

Der Begriff »gesellschaftlicher Sex« unterscheidet sich davon drastisch – und zwar sowohl was die Gefühle als auch was die Philosophie angeht, die dahinter steht. Er suggeriert eher »Mit Geschlechtsverkehr riskiere ich nicht nur, mir diese schreckliche Krankheit zuzuziehen, sondern nehme mir auch die Möglichkeit, *durch mein Sexualverhalten* zwischen einem flüchtigen Abenteuer und Sex mit einem Menschen zu differenzieren, dem ich wirklich nahe gekommen bin. Ich *möchte* den Geschlechtsverkehr aufsparen, einmal, weil ich es genieße, mit jemandem ohne jeden sexuellen Druck auszugehen, und zum anderen bin ich der Meinung, daß Geschlechtsverkehr etwas Besonderes ist. Ich möchte dem Sex seinen Zauber zurückgeben.«

Sich auf »gesellschaftlichen Sex« zu beschränken, ist eine mögliche Lösung in der AIDS-Ära. Die einzigen anderen Möglichkeiten sind völlige Abstinenz; »safer Sex«, das heißt Geschlechtsverkehr mit großen Sicherheitsvorkehrungen; oder selbst den Test vornehmen zu lassen und von jedem potentiellen Sexpartner ebenfalls einen zu verlangen.

Sich dem Test zu unterziehen, hilft einigen Singles weiter, kann aber auch zu Problemen führen. Manche Menschen haben einfach eine zu große Angst, sich testen zu lassen, weil ein positives Ergebnis ihr Leben zerstören könnte. Jeder hat ganz sicher das Recht, selbst zu entscheiden, ob er eine solche Information über sich haben will oder nicht.

Die Test-Lösung kann aber auch noch eine andere Problematik

aufwerfen: Kann man sich wirklich darauf verlassen, daß ein potentieller Sexualpartner, der sich auf ein negatives Testergebnis beruft, die Wahrheit sagt? Und/oder ist dieser Mensch seit dem Test wirklich absolut kein Risiko eingegangen?

Für ein Paar, das beschlossen hat, eine Bindung fürs Leben einzugehen, ist der Test ganz offensichtlich die richtige Antwort. Doch für alle anderen, die sich nur gelegentlich treffen, könnte der Test zwar eine Lösung sein – er muß es aber nicht.

Der 1. Schritt, den jeder einzelne im Sog der AIDS-Epidemie ganz sicher tun muß, ist, für sich selbst zu entscheiden, wie er vorgehen will.

Reicht einem der gegenseitige Test aus? Will man sich bei flüchtigen Abenteuern auf »gesellschaftlichen Sex« beschränken? Kann man sich mit dem Gedanken an »safer Sex« anfreunden? Oder kann man sich vorstellen, auf jegliche sexuelle Aktivität zu verzichten?

Damit, daß man seine eigenen Richtlinien für seine sexuellen Aktivitäten setzt, ist das Problem jedoch erst zur Hälfte gelöst; die andere Hälfte ist es, diese Grenzen mit dem Partner/der Partnerin zu besprechen.

Der Gedanke an AIDS liegt heute so nahe, daß es gewöhnlich recht einfach ist, das Thema anzusprechen. Oft ist es leicht, da Entschlüsse zu fassen – selbst wenn niemand über die gegebenen Möglichkeiten besonders glücklich ist –, weil sowohl den eigenen wie auch den Interessen des Partners/der Partnerin durch eine übereinstimmende Handlungsweise am meisten gedient ist.

Das beste ist es, sich mit einem potentiellen Partner/einer potentiellen Partnerin zu unterhalten und sich auf eine gemeinsame Lösung zu einigen, bevor man sich auf eine sexuelle Beziehung einläßt. Denn einmal können größere Unstimmigkeiten über das sexuelle Vorgehen auch auf andere Gebiete hindeuten, bei denen man sich nicht einig ist. Und natürlich ist man beim Sex auch freier und fühlt sich wohler, wenn man vorher weiß, was man voneinander zu halten hat.

Nichtsdestotrotz ist es sicherlich gut, sich ein paar Phrasen *einzuprägen*, die man parat haben sollte, wenn der peinliche Moment einmal kommt. Zum Beispiel: »Ich fühle mich gar nicht wohl bei dem Gedanken, jetzt weiterzumachen.« Oder: »Ich möchte dir sagen, daß mir das viel Spaß macht, aber ich muß dich darauf hinweisen, daß ich nur zu ›safer Sex‹ bereit bin.« Oder:

»..., aber ich bin fest entschlossen, die Grenzen nicht zu überschreiten.«

Jetzt plötzlich hört sich das alles wieder vertraut an. Denn auch vor dem Auftauchen von AIDS waren Frauen oft gezwungen, Männer darum zu bitten, »es langsam angehen zu lassen«, zu warten, bis »die Freundschaft gewachsen ist«, bevor man miteinander ins Bett geht. Seit dem Beginn der sexuellen Revolution haben viele Frauen sich beim Sex dem angepaßt, was man den »männlichen Zeitplan« (bei der 1. oder 2. Verabredung) nennen könnte. AIDS könnte jetzt ein Anlaß sein, daß wir uns auf Sex nach »weiblichem Zeitplan« (den anderen erst einmal kennenlernen, sich dem Sex allmählich anzunähern, die Vorfreude und das stärkere sexuelle Verlangen genießen) umstellen müssen. Über Dekaden haben sich die Frauen den Männern auf den verschiedensten Gebieten angepaßt. Doch seit der Frauenbewegung müssen auch die Männer sich zunehmend in Anpassung üben. Daß Sex auch im Zusammenhang mit Geben und Liebe gesehen werden kann, ist eine weitere Änderung, die Männer hinzunehmen gezwungen sind – erst recht, wo wir jetzt gegen AIDS ankämpfen müssen.

Ich behaupte, daß wir ohnehin am Beginn einer »zweiten sexuellen Revolution« standen und daß AIDS ihren Anfang einfach nur beschleunigt hat.

Die sexuelle Revolution der sechziger Jahre nahm dem Sex die Heimlichkeit. Wir haben es gelernt, offen über Sex zu reden und ihn als angenehmen, positiven Lebensaspekt zu betrachten und nicht als etwas, dessen wir uns schämen müssen oder das uns peinlich sein müßte. Viele Menschen erweiterten ihre Erfahrungen. Die Frauen versicherten sich ihres eigenen Rechts auf sexuelle Freuden. Voreheliche Sex und Sex zwischen Singles verlor fast über Nacht sein Tabu und wurde zur Norm. Und selbst vernünftige Menschen erprobten – mit wechselndem Erfolg freilich – die Polygamie. Eltern wurden aufgefordert, ihre Kinder über sexuelle Fakten und Werte aufzuklären.

Doch die Exzesse der sexuellen Revolution wurden bald offensichtlich. Zu oft wurde Sex von Liebe, von Intimität, ja sogar von Zuneigung getrennt. One-night-Stands hatten kaum mehr Bedeutung als ein Händeschütteln, und Sex wurde nicht mehr ernst genommen. Sex war nicht länger ein unerläßlicher Bestandteil von Liebe und Bindung, sondern wurde zu einer Entspannungsübung, die man genießen konnte – wie das Essen in einem Restaurant, eine Massage oder das Rauchen von Marihuana. Sex wurde zum Zusammentreffen von Genitalien, die kaum eine Verbindung zu menschlichen Wesen mit Emotionen, einer Vergangenheit oder einer Zukunft hatten.

Für einige von uns war es aber nicht so einfach, Sex vom Rest ihres Seins zu trennen, und diese Trennung zu vollziehen war deshalb oft ausgesprochen schmerzhaft. Die »Befreiung« unseres Körpers, die Tatsache, daß wir jedem sexuellen Verlangen nachkamen, führte zu einer Entmystifizierung des Sex, und die empfanden viele von uns als großen Verlust. Nachdem der Sex das Besondere verloren hatte, ließ er auch alles vermissen, was uns so reizvoll erschienen war; nachdem der Sex zur Routine geworden war, fehlte ihm der »Pep«.

Schließlich entdeckten viele Menschen, daß die Bagatellisierung des Sex einen zu hohen Preis erforderte. Die sexuelle Revolution verlor daraufhin an Schwung.

Die »2. sexuelle Revolution« der achtziger Jahre ist ein weiterer Schritt nach vorn. Von der 1. sexuellen Revolution haben wir die offene, unschamhafte Einstellung zum Sex und die Beseitigung der altmodischen viktorianischen Tabus übernommen. Aber jetzt fangen wir – zumindest in gewissen Gesellschaftsschichten – wieder an, uns den Sex für »besondere« Beziehungen aufzusparen. Auf der Suche nach einem Zwischending zwischen dem viktorianischen Ideal, daß Sex nur der Ehe vorbehalten ist, und der Obsession der Sechziger, daß Sex keine Schranken kennt, legen wir nun an außerehelichen und völlig zwanglosen Sex ganz neue Maßstäbe an. Wir haben die Freuden des Petting und des Schmusens neu entdeckt und genießen sie mit Freunden und flüchtigen Bekannten. Den Geschlechtsverkehr dagegen reservieren heutzutage viele Singles für Liebesbeziehungen. Sex ist wieder mit Intimität verbunden, die ihn als ihren Ausdruck und festen Bestandteil betrachtet.

AIDS ist wie ein schrecklicher Alptraum, der wahr geworden ist. Sein Effekt auf unser gesellschaftliches Leben – und unsere soziologische Evolution – scheint kaum von Bedeutung zu sein, wenn man an die Tragödien denkt, von denen so viele Familien und Freunde betroffen sind. Dennoch muß jeder einzelne selbst entscheiden, wie er sich angesichts dieser Katastrophe verhalten will.

Denken Sie realistisch über Ihre eigenen Alternativen nach. Wenn Sie bei diesem Thema ambivalent bleiben oder es ignorieren, könnten Sie teuer dafür bezahlen müssen. Selbst eine starke Überzeugung kann zu Problemen führen, wenn man sie in die Tat umsetzen muß. Genau darüber nachzudenken, *bevor* man sich einer schwierigen Situation aussetzt, könnte der beste Schutz sein, den man zur Verfügung hat.

TEST 24

1. Welche Einstellung haben Sie zu AIDS? Listen Sie so viele Adjektive wie nötig auf, um den folgenden Satz zu beenden: »Bezüglich der Auswirkungen, die AIDS auf mein Privatleben hat, fühle ich ____________________« (zum Beispiel: »mich frustriert; zur Vorsicht gezwungen; verärgert; mich in meinem Verlangen bestätigt, ›es‹ zunächst langsam angehen zu lassen, usw.«)
2. Bewerten Sie die folgenden Handlungsweisen:

	sehr geneigt, mich so zu verhalten	nicht sicher	nicht geneigt, mich so zu verhalten
a) totale Abstinenz			
b) Beschränkung meiner sexuellen Aktivitäten auf »gesellschaftlichen Sex«			
c) Engagement für »safer Sex« (Geschlechtsverkehr mit Kondomen und empfängnisverhütendem Schaum)			

d) Ich lasse mich testen und bestehe auf einem negativen Testergebnis aller potentiellen Sexualpartner			
e) Andere.			

Ich möchte Sie auffordern, ein paar Freunde einzuladen, diesen Test mit Ihnen zu machen und anschließend die Antworten zu diskutieren.

Wir haben uns nun mit einigen Auffassungen, Strategien und Wegen beschäftigt, die Sie vielleicht in Erwägung ziehen, um Ihr Liebesleben zu ändern.

Jetzt werden wir alle Strategien noch einmal gesondert betrachten. Wobei Sie die Chance haben, festzustellen, welche für sie geeignet sind und wie genau es für Sie weitergehen soll, sobald Sie sich entschlossen haben, Ihre Suche nach einem Lebenspartner/einer Lebenspartnerin aktiver zu gestalten.

4. TEIL

Damit es klappt: Wie man die Strategien anwendet

12. KAPITEL

Zusammenfassung: Warum sind Sie noch ein Single, und was wollen Sie dagegen unternehmen?

Lassen Sie uns diese beiden Fragen getrennt erörtern. Zuerst also: Warum sind Sie immer noch ein Single?

Sie erinnern sich sicher, daß ich Sie in Test 1 – ganz am Anfang des Buches – bat, diese Frage zu beantworten. Holen Sie sich jetzt die Liste der Gründe, die Sie damals gemacht haben, und überprüfen Sie sie noch einmal.

TEST 25

Schauen Sie sich jeden einzelnen Punkt der Liste aus Test 1 an. Versuchen Sie jeden aufgeführten Grund als »Ausrede« zu betrachten. Jetzt, nachdem Sie das Buch gelesen haben, sollten Sie feststellen können, ob Sie diese Ausreden verantworten können. Schreiben Sie je einen Grund auf, aus dem Ihre Ausrede(n) für Sie nicht mehr in Frage kommt (kommen).

Tun Sie das, bevor Sie weiterlesen.

In meinen Workshops habe ich nun schon seit Jahren unfreiwillige Singles befragt, warum sie noch Singles sind, und dabei habe ich – so glaube ich – wohl jeden nur möglichen Grund gehört.

Doch ich hoffe, daß Ihnen bei der Lektüre der vorangegangenen Kapitel klargeworden ist, daß keiner dieser Gründe *Grund* genug ist, ein Single zu bleiben, wenn Sie sich ernsthaft eine dauerhafte Intimbeziehung wünschen!

Lassen Sie uns einige der gebräuchlichsten »Ausreden« betrachten, die unfreiwillige Singles benutzen, um ihren Single-Status zu begründen. Zu den Ausreden wollen wir Materialien aus den vorigen Kapiteln aufzeigen, die diese Ausreden »aufbrechen« oder »auflösen«, um zu beweisen, daß es sich um Trugschlüsse handelt.

Ich habe zu viel zu tun. Mir fehlt die Zeit, Leute kennenzulernen.

Lösung: Selbst die geschäftigsten Menschen können die Zeit finden, neue Leute kennenzulernen und sie »unter die Lupe zu nehmen«, wenn sie sich ihres sozialen Netzes, des »Zeitsparsystems« – d. h. einen Terminplan für alle Vorhaben zu machen – und der Zwei-Stunden-Verabredung bedienen. Die beiden *besten* Methoden – auf den Arbeitsbereich bezogene Aktivitäten und sich einander von seinen Freunden vorstellen zu lassen – verlangen weder besonders viel Zeit noch besonders viel Aufmerksamkeit. Erinnern Sie Ihre Freunde immer wieder daran, über Menschen nachzudenken, die Sie interessieren könnten. Und erwähnen Sie Ihren Wunsch bei jedem – leichthin, aber doch so, daß allen Ihre Entschlossenheit bewußt wird.

Ich kenne weder Möglichkeiten noch Örtlichkeiten, um neue Leute kennenzulernen.

Lösung: Heiratsinstitute können Ihnen ständig »bereits unter die Lupe genommene« freie Mitglieder des anderen Geschlechts vorstellen. Woche für Woche erscheinen in den verschiedensten Lokalzeitungen und überregionalen Zeitschriften Hunderte von Kontaktanzeigen. Wenn Ihnen diese Methoden nicht gefallen, suchen Sie sich einfach eine, mit der Sie sich anfreunden können – oder eine, die Sie zumindest ausprobieren mögen.

Ich gehöre nicht zu den Leuten, die Kontaktanzeigen aufgeben oder Heiratsinstitute in Anspruch nehmen mögen.

Lösung: Es gibt einen Namen für »diese Leute«: Singles. Alle nur vorstellbaren Arten von Singles geben heutzutage Kontaktanzeigen auf und schreiben sich bei Partnerschaftsvermittlungen ein. Beides ist völlig respektabel. (Man kann in seiner Anzeige sogar darauf hinweisen, daß man »eigentlich kein Mensch ist, der ›das‹ tut«, wenn man das Gefühl hat, den anderen/die andere so eher für sich zu gewinnen.)

Ich habe schlechte Erfahrungen mit Kontaktanzeigen und mir vermittelten potentiellen Heiratskandidaten gemacht und dabei niemals jemanden kennengelernt, der mich auch nur im mindesten interessiert hätte.

Lösung: Sie müssen schon bereit sein, auch ein paar unangenehme Situationen hinzunehmen – genauso wie bei der Jobsuche. Geben Sie nicht auf, nur weil es am Anfang einige Male nicht funktioniert hat. Wenn Sie davon ausgehen, daß Sie erst neun *un*interessante Leute kennenlernen müssen, bevor Ihnen jemand begegnet, der Sie interessiert, dann kommen Sie der »guten« Verabredung desto näher, je mehr miese Sie hinter sich bringen! Bleiben Sie bei den Zwei-Stunden-Verabredungen (oder bemessen Sie sie noch kürzer). Dann muß sich ein langweiliges Treffen wenigstens nicht unerträglich in die Länge ziehen.

Meine Ansprüche sind zu hoch. Ich fürchte, daß das, was ich will, unrealistisch ist, bin aber nicht bereit, Kompromisse einzugehen.

Lösung: Ihre hohen Ansprüche sind ein wichtiger Aktivposten. Klären Sie Ihre unerläßlichen Forderungen ab, und bleiben Sie dann dabei. Vertrauen Sie Ihrer Intuition. Möglicherweise müssen Sie sich *länger* und *gründlicher* umsehen als andere, aber dafür werden Sie dann auch entschädigt werden. Sie sind gewiß kein so ungewöhnlicher Mensch, daß es absolut niemanden gibt, der zu Ihnen paßt. Wenn Sie auf den/die Allerbeste(n) warten, werden Sie ihn/sie gewiß auch bekommen. Vor allem – begnügen Sie sich auf keinen Fall mit einem/einer, der/die nicht hundertprozentig der/die Richtige ist. Suchen Sie weiter!

(Frauen:) Die Männer, die ich kennenlerne, sind entweder verheiratet, homosexuell oder eingefleischte Junggesellen.

Lösung: Es stimmt – wir leben in einer Zeit, da Männer und Frauen sich in »unterschiedlichen Phasen« befinden. Es ist ein Problem, »gute Männer« zu finden. Das bedeutet jedoch lediglich, daß man gründlicher suchen muß. Denken Sie daran, daß immer wieder neue Männer auf der Szene auftauchen: Sie werden geschieden, kommen aus dem Ausland zurück, ziehen aus einer anderen Stadt zu oder beenden eine BAN-Beziehung. Sie müssen nur aktiv und zur Stelle sein, so daß Sie zur rechten Zeit da sind, wenn ein »guter Mann« auftaucht.

(Frauen:) Es gibt nicht genügend Männer. Es gibt eine Männerknappheit, und Männer, die sich wirklich eine dauerhafte Beziehung wünschen, sind noch knapper.

Lösung: Statistiken, die sich auf die »Gesamtbevölkerung« beziehen, sind völlig belanglos, wenn es um *Sie* geht. Selbst wenn es bei dieser überdimensionalen »Reise nach Jerusalem« einige Frauen geben sollte, die keinen Stuhl – respektive Mann – finden, gibt es absolut keinen Grund, warum Sie eine davon sein sollten. Sie können Ihre Chancen, einen Partner zu finden, drastisch erhöhen, indem Sie die Probleme lösen, die dieses Buch aufwirft: indem Sie Ihre Ambivalenz erkennen und bereit sind, trotzdem zu handeln; indem Sie sich Ihre hohen Ansprüche erhalten; indem Sie einen Plan erdenken, möglichst viele Männer unter die Lupe zu nehmen; indem Sie Beziehungsfeiglinge und BANs meiden; indem Sie lernen, zu den falschen Männern nein zu sagen; indem Sie gegen Ihre Ängste anarbeiten, so daß Sie im richtigen Moment zum Richtigen ja sagen können; und indem Sie sich selbst besser kennenlernen.

Ich bin zu angespannt. Ich schrecke alle potentiellen Partner ab, die ich treffe. Ich schüchtere sie ein.

Lösung: Das, was Sie suchen, ist ein Mann/eine Frau, der/die Sie mag, *wie Sie sind*. Die Leute, die Sie einschüchtern, sind also ohnehin nicht interessant für Sie. Das kann einen gewiß entmutigen, aber es ist noch lange kein Grund, aufzugeben. Sich entmutigt zu fühlen ist nicht angenehm, doch es ist buchstäblich unvermeidlich. Das aber wird vorbeigehen.

Machen Sie nicht den Fehler, zu versuchen, den Mann/der Frau, mit dem/der Sie verabredet sind, dadurch imponieren zu wollen, daß Sie sich selbst einen Dämpfer aufsetzen. Seien Sie auf jeden Fall Sie selbst, so daß sich nur der/die zu Ihnen hingezogen fühlt, der/die Sie so mag, wie Sie wirklich sind. Allein die Tatsache, daß es nicht viele Leute gibt, die Ihnen »ebenbürtig« sind, bedeutet noch nicht, daß es niemanden gibt. Er/sie mag schwerer zu finden sein, aber es gibt ihn/sie bestimmt. Lassen Sie jeden/jede laufen, der/die sich von Ihnen einschüchtern läßt, und schauen Sie sich weiter um.

Im Augenblick finde ich mich nicht so großartig. Ich muß erst an mir arbeiten, bevor ich mich nach einem Partner/einer Partnerin umschaue.

Lösung: Wenn Sie die Methoden anwenden, die ich in diesem Buch dargelegt habe, wird Ihre *Selbstachtung, Ihr Selbstwertgefühl mit Sicherheit steigen*. Und wenn Sie dann noch einen Liebespartner/eine Liebespartnerin finden, wird es erst recht steigen. Die Tatsache, daß Sie allein sind, trägt gewiß zu Ihrem »Blues« bei, denn sie bedeutet, daß eine Quelle positiver Anstöße in Ihrem Leben fehlt. Also kann sowohl die Suche nach als auch das Finden einer Liebesbeziehung, Ihrem Selbstwertgefühl auf die Sprünge helfen. Zum Beispiel: Wenn Sie »abschreckende« Statistiken lesen, sollten Sie sich selbst sagen, daß Sie zu den angeblich wenigen gehören, die den Lebenspartner/die Lebenspartnerin finden werden. Wenn Sie diesen Glauben tatsächlich aufbringen können, werden Sie sich gleich besser fühlen.

Steigern Sie Ihre Ansprüche bei der Partnersuche, und handeln Sie so, als würden Sie bekommen, was Sie wollen – ob Sie nun tatsächlich daran glauben oder nicht. Dieses »so tun als ob« kann Ihre Laune unglaublich heben!

Achten Sie darauf, möglichst viele Leute kennenzulernen – *kurz*. Machen Sie sich klar, daß es Singles in Hülle und Fülle gibt und daß keine Knappheit herrscht. Selbst wenn die Menschen, die Sie kennenlernen, nicht ganz die richtigen sind, müssen Sie doch wissen, daß sie Sie der wahren Liebe näher bringen. Sie werden sich schon deshalb *wohl* fühlen, weil Sie wissen, daß Sie alles für sich tun, was Ihnen möglich ist. Das Richtige zu tun – selbst wenn es Ihnen im Augenblick noch »nichts bringt« – ist ein weit schöneres Gefühl, als gar nichts zu tun. Außerdem stehen Ihre Chancen gut, dabei Menschen kennenzulernen, die Ihr Selbstwertgefühl heben!

Wenn Sie in einer BAN-Beziehung stecken, sollten Sie in Erwägung ziehen, daraus auszusteigen. Sich selbst aus einer mittelmäßigen und festgefahrenen Lage zu befreien kann dem Selbstbewußtsein mächtigen Auftrieb geben.

Schauen Sie Ihren Ängsten ins Gesicht, und versuchen Sie etwas, was Sie wollen, trotz Ihrer Angst zu tun. Denken Sie daran, wie gut Bruce sich fühlte, nachdem er die Frau angerufen hatte, zu der er sich hingezogen fühlte! Er sagte, er fühle sich besser als jemals zuvor in seinem Leben.

Ich habe das Scheitern meiner letzten Beziehung noch nicht verkraftet, und deshalb kann ich mich an niemanden binden.

Lösung: Nur Zeit kann diese Wunden heilen – manchmal dauert es sogar zwei, vier Jahre. Es ist keineswegs so, daß etwas mit Ihnen »nicht stimmt«, wenn Sie dieser Beziehung noch nachtrauern oder wütend sind, weil Sie schlecht behandelt wurden. Es mag ja sein, daß Sie glauben, sich nicht neu binden zu können, weil Sie Ihre letzte Beziehung noch nicht verkraftet haben. Ebenso vernünftig wäre es jedoch, anzunehmen, daß Sie noch nicht über Ihre letzte Beziehung hinweg sind, weil Sie sich noch nicht neu gebunden haben! Versuchen Sie, sich an die 2. Theorie zu halten. Machen Sie es sich selbst leichter – das dürfte auch Ihren Schmerz lindern –, aber schauen Sie sich nach etwas Neuem um!

Ich gebe zu schnell und zu leicht auf. Vielleicht würde sich ja etwas tun, wenn ich mich entschließen könnte, mich häufiger zu verabreden.

Lösung: Lassen Sie einen neuen Bekannten/eine neue Bekannte nicht ziehen, bevor Sie sicher sind, daß er/sie nicht der/

die Richtige für Sie ist. Doch trauen Sie Ihrem eigenen Urteil. In der ersten halben Stunde können Sie nicht sicher sein, ob es der/die *Richtige* ist, aber oft wissen Sie genau, daß es der/die *Falsche* ist. Vertrauen Sie darauf.

Wenn Ihr Ziel eine dauerhafte, bindende Intimpartnerschaft ist, sollten Sie bewußt alle Beziehungen meiden, die ganz offensichtlich befristet sind. Fangen Sie nicht an, eine Legende aufzubauen und einem Menschen, der mit Sicherheit nach drei Monaten, einem halben Jahr oder zwei Jahren wieder verschwunden sein wird, alle Ihre Geheimnisse zu erzählen. Sobald Sie die ersten Anzeichen dafür spüren, daß eine Beziehung nicht von Dauer sein wird – egal, ob aus Ihrer Sicht oder der des/der anderen –, sollten Sie sich zurückziehen. Das kann nach einer Zwei-Stunden-Verabredung, nach einer Woche oder nach zwei Monaten sein.

Eine 40jährige Frau erzählte mir bei einem Interview: »Ich bin mehrere Jahre lang häufig ausgegangen und hatte mehrere kurze Beziehungen. Inzwischen bin ich vorsichtiger geworden. Ich vermeide die traurigen Szenen, die dem Schlußmachen vorausgehen, und bin gar nicht mehr tolerant, was qualitativ mäßige Begegnungen angeht. Heute weiß ich, daß ich nichts verpasse, wenn ich kurzfristige Affären meide.«

Ich will es zu sehr. Jedesmal, wenn ich ausgehe, habe ich Angst, daß mein(e) Partner(in) meine Verzweiflung spürt und sie abstoßend findet; daß dieses Verlangen ihn/sie abschrecken könnte.

Lösung: Wenn Sie das Alleinsein schmerzt, können Sie nicht so tun, als wäre das nicht so. Sie können es manchmal verbergen. Sie können es sogar durch »Beschäftigungstherapie« aus Ihrem eigenen Bewußtsein verdrängen, aber Sie können es nicht ganz verbannen. Wenn Sie sich zutiefst nach Intimität sehnen und sie Ihnen fehlt, dann ist es ganz *richtig*, wenn Sie ein tiefes Verlangen spüren.

Das Geheimnis ist, daß Sie zwischen dem *Wunsch* und der *Angst* unterscheiden müssen. Den Wunsch müssen Sie sich bewahren, die Angst jedoch sollten Sie ablegen. Das aber werden wir am Ende dieses Kapitels genauer besprechen.

Ich bin zu kritisch. Wenn ich mit jemandem eine Stunde zusammen war, fange ich an, Fehler zu finden.

Lösung: Sie müssen entscheiden, ob Sie an Ihren hohen Ansprüchen festhalten wollen, was eine positive Einstellung ist, oder ob Ihre Kritisiersucht ein Schutzmechanismus ist, den Sie einsetzen, um Ihre Ängste oder Ihre Ambivalenz zu verbergen. Wenn Sie glauben, daß es sich um einen Schutzmechanismus handelt, sollten Sie sich ab sofort aufmerksam beobachten, wenn Sie wieder einmal anfangen, kritisch zu werden. Was empfinden Sie dabei? Versuchen Sie doch einmal, sich vorzumachen, daß die Eigenschaft, die Sie kritisch sehen, Sie *nicht* ärgert. Was empfinden Sie jetzt? Wenn Sie auf Furcht oder Ambivalenz stoßen, müssen Sie sich fragen, ob Sie bereit sind, diese Beziehung trotzdem versuchsweise weiterzuführen. Möglicherweise entscheiden Sie sich, Ihrer Angst oder Ambivalenz nachzugeben – *auch das ist eine ausgesprochen passende Wahl.* Damit fahren Sie immer noch gut, weil Sie sich der Wahl bewußt sind, die Sie getroffen haben, und nicht einfach in eine alte Angewohnheit verfallen, ohne das zu überprüfen.

Ich fühle mich immer zu dem/der Falschen hingezogen – oder zum/zur Richtigen, aber zur falschen Zeit. (Variation: *Ich liebe ihn, aber er will sich nicht binden. Sie ist eine wundervolle Frau, aber sie macht mich manchmal fertig.)*

Lösung: Die Welt ist voller wundervoller »falscher« Menschen! Es ist völlig okay, wenn Sie sich in sie verlieben. Wenn Sie aber – aus welchem Grund auch immer – wissen, daß er/sie der/die »Falsche« für Sie ist oder daß er/sie mit Sicherheit nicht zu haben ist, *sagen Sie nein*, selbst wenn es Ihnen äußerst schwerfällt oder es Ihnen leid tut. Sie wollen ja schließlich für den/die *Richtige(n)* bereit sein. Sie verdienen den perfekten Lebensgefährten/die perfekte Lebensgefährtin. Und wenn Sie bereit sind, sich weiter – aktiv – umzuschauen, dann werden Sie ihn/sie schon finden!

Denken Sie daran, den Richtigen/die Richtige zur falschen Zeit zu finden ist genau dasselbe, wie dem/der Falschen zu begegnen. Das ist traurig. Doch was Sie suchen, ist der/die Richtige zur richtigen Zeit! Geben Sie nicht auf!

Ich habe Angst vor einer Beziehung. Diese Ausrede gibt es in vielen Variationen. Einige davon sind:

- Ich fürchte, zurückgewiesen zu werden.
- Ich fürchte, mich selbst zu verlieren.
- Ich fürchte, verletzt zu werden.
- Ich fürchte, zu abhängig zu werden.
- Ich fürchte, daß mein(e) Partner(in) zu abhängig von mir wird.
- Ich fürchte, meine Freiheit zu verlieren.
- Ich fürchte mich vor einer Bindung, weil vielleicht ein Besserer/eine Bessere auftaucht.

Lösung: Einige dieser Ängste mögen Ihnen sehr real erscheinen. Ich will sie durchaus nicht verharmlosen, indem ich sie Ausreden nenne. Doch wenn Ihre Ängste – egal, wie groß sie auch sein mögen – Sie davon abhalten, einen Partner/eine Partnerin zu suchen, müssen Sie einen Weg finden, sie zu überwinden. Wenn Sie das wirklich wollen, werden Sie es auch schaffen.

Fangen Sie damit an, sich selbst genau zu beobachten, wenn diese Ängste von Ihnen Besitz ergreifen. Sprechen Sie mit Freunden über Ihre Furcht. Beginnen Sie mit Ihren Ängsten zu experimentieren, gehen Sie Risiken ein, und beobachten Sie, wie Sie sich dann fühlen. Seien Sie sich der Tatsache bewußt, daß Ihre Angst nicht völlig verschwinden wird, doch wenn Sie wollen, werden Sie trotz Ihrer Furcht das unternehmen können, was Sie wollen. Lassen Sie sich nicht von Ihren Ängsten beherrschen!

Ich bin mir nicht sicher, was ich will. Ich schiebe die Partnersuche immer wieder auf.

Diese Ausrede gibt es ebenfalls in den verschiedensten Formen:

- Ich mag mein Leben so, wie es ist.
- Ich bin auf meine Karriere konzentriert, und das macht mir Spaß. Ich weiß gar nicht, wie ich da noch eine Beziehung unterbringen sollte.
- Ich genieße meine Privatsphäre und meine Freiheit zu sehr.
- Ich habe sechs Jahre gebraucht, mich selbst zu überzeugen, daß es völlig in Ordnung ist, ein Single zu sein.

- Ich bin zu festgefahren. Ich liebe meine Wohnung, das tägliche Einerlei.
- Ich bin nicht sicher, ob das, was ich bekomme, das wert ist, was ich aufgeben müßte.
- Ich glaube, ich bin nicht sicher, ob es wirklich gute Beziehungen gibt. Ich habe niemals eine kennengelernt. Ich bin allein sicher besser dran als mit jemandem, der meine Kräfte aufzehren könnte.

Lösung: Solange Sie sich von diesen Zweifeln beherrschen lassen, werden Sie Single bleiben. Möglicherweise wollen Sie es so, und wenn das so sein sollte, ist es in Ordnung. Zumindest kennen Sie nun die Antwort auf die Frage: »Wenn ich so wundervoll bin, warum bin ich dann noch Single?«

Aber seien Sie sich darüber klar, daß Ihre Ambivalenz nicht von allein verschwindet. Wenn Sie also doch dazu tendieren, sich ernsthaft Liebe zu wünschen, werden Sie bereit sein müssen, sich bewußt daran zu machen, eine Menge Leute unter die Lupe zu nehmen und dann zu sehen, was passiert – trotz Ihrer Ambivalenz. Natürlich können Sie es auch dem Schicksal überlassen; entscheiden Sie, was Sie tun wollen, *nachdem* Sie in eine phantastische Beziehung gestolpert sind. Wenn nicht, müssen Sie allein glücklich werden. Wenn Sie jedoch nichts tun, um Ihren Fall voranzutreiben, sind Ihre Chancen, den richtigen Lebensgefährten/die richtige Lebensgefährtin zu finden, wahrscheinlich nicht so gut wie die der Menschen, die wissen, was sie wollen, und sich bewußt und systematisch an die Suche machen.

Ich will die Liebe nicht zu sehr wollen – denn was passiert, wenn ich sie niemals finde? Ich muß mich doch auf diese Möglichkeit vorbereiten.

Lösung: Wenn Sie wirklich Liebe wollen und bereit sind, sich bei der Suche Mühe zu geben, *werden Sie sie auch finden*. Alleinsein ist ein anderes Problem als Unfruchtbarkeit, bei dem man sich schließlich mit der Tatsache abfinden muß, *niemals* ein eigenes Kind *zu haben*. In dem Ausmaß, in dem Sie sich darauf vorbereiten, ein Single bleiben zu müssen, sabotieren Sie auch Ihre eigenen

Chancen auf Liebe! Wie ich bereits dargelegt habe, ist in den meisten Fällen der Entschluß, etwas zu wollen, eine der Grundvoraussetzungen, es auch zu finden! Wenn Sie sich darauf vorbereiten, eventuell keinen Partner/keine Partnerin zu finden, trägt das nur zur Erfüllung Ihrer eigenen Prophezeiung bei.

Ich habe den Richtigen/die Richtige noch nicht gefunden.
Lösung: keine Lösung.

Diese »Ausrede« ist wahrscheinlich die einzig legitime Begründung und keine Entschuldigung. Wenn Sie die Irrtümer ausgeräumt haben, die wir in diesem Buch diskutierten, und alles »richtig« machen, ist es wirklich möglich, daß Sie den Richtigen/die Richtige noch nicht getroffen haben. Machen Sie sich keine Sorgen deshalb. Tun Sie einfach weiterhin das »Richtige«, und Sie werden den Richtigen/die Richtige finden!

Ich bin Single, weil ich Single sein will!
Lösung: wieder keine Lösung.

Wenn Sie Single sein wollen, großartig! Sie sind ein »freiwilliger Single«, und damit dürfte alles das, was ich in diesem Buch über »unfreiwillige Singles« gesagt habe, auf Sie nicht zutreffen.

Einige der Vorschläge, die ich hier gemacht habe, erfordern Zeit und Mühe. Mit meinem lakonischen »Lösung« wollte ich nicht andeuten, daß diese (Auf-)Lösungen rasch und leicht erfolgen können – nur, daß es auf jede Ausrede, die man sich ausdenkt, eine Antwort *gibt* – wenn man wirklich entschlossen ist, einen Partner/eine Partnerin zu finden.

Haben Sie vielleicht eine Ausrede, die ich *nicht* aufgelistet habe? Wenn das so sein sollte, schlüsseln Sie sie selbst auf. Machen Sie sich klar, wie Ihre eigene Ausrede zu »lösen« ist. Es gibt keinen Grund, ein Single zu bleiben, wenn Sie es nicht wollen. Denken Sie daran: Das Geheimnis des Erfolgs ist ein einziges Wort – Ausdauer.

TEST 26

Damit Sie feststellen können, ob dieses Buch für Sie die Fragen beantwortet hat, die es aufwarf, sollen Sie jetzt den folgenden Satz in so vielen Varianten beenden, wie Sie für nötig halten:

»Ich bin noch Single, weil ______________________«

Vergleichen Sie Ihre Antworten nun mit der Liste, die Sie für Test 1 gemacht haben, bevor Sie das Buch lasen. Es ist durchaus möglich, daß Sie damals bereits wußten, warum Sie noch Single sind, dieser Tatsache aber keine Beachtung schenkten.

... und was haben Sie vor, dagegen zu tun?

Nachdem Sie jetzt eine Ahnung haben, *warum* Sie noch Single sind – und wie Sie sich mit Ihren Ausreden selbst belügen –, wollen wir uns mit der 2. Hälfte des Kapiteltitels beschäftigen: Was haben Sie vor, dagegen zu tun?

Tatsächlich können eigentlich *nur Sie* diesen Abschnitt schreiben. Nur Sie wissen, welchen Irrtümern Sie unterlagen und was Sie tun müssen, um den richtigen Weg einschlagen zu können. Was wollen Sie tun, um Ihr Liebesleben zu aktivieren? Im folgenden Test werden Sie einige Anstöße finden, die Ihnen helfen können, einen ganz auf Sie selbst zugeschnittenen Plan zu entwerfen.

TEST 27

Unten habe ich die gebräuchlichsten Methoden aufgeführt, mit denen Singles sich bei Ihrer Suche nach einem Partner/einer Partnerin am meisten schaden. Wie Sie feststellen werden, ist jeder »Irrtum« einfach ein Versagen, wenn es um die Anwendung der ausführlich besprochenen Strategien geht.

Geben Sie sich jetzt zweimal Punkte, was die Anwendung der zehn Strategien angeht, die wir besprochen haben. Kreisen Sie jeweils die passende Punktzahl ein – am besten benutzen Sie dazu zwei verschiedene Farben, die eine für Ihr Verhalten in der Vergangenheit und die andere für Ihr geplantes, zukünftiges und wünschenswertes Verhalten.

Fehlurteile oder sinnloses Verhalten	äußerst 5	sehr 4	irgendwie 3	ein wenig 2	nicht sehr 1	überhaupt nicht 0
1. Ich glaube, daß es *zu wenig* Männer/Frauen gibt, die an einer dauerhaften Beziehung interessiert sind, *und* daß sich das auf meine eigenen Chancen auswirkt, zu bekommen, was ich mir wünsche.	5	4	3	2	1	0
2. a) Ich bin ambivalent, weiß nicht genau, was ich will.	5	4	3	2	1	0

b) Ich will Liebe, aber ich will auch.	5	4	3	2	1	0
c) Ich habe mich dem Single-Sein überangepaßt. Meine Gewohnheiten sind so festgefahren, daß ich mich wahrscheinlich nicht mehr ändern kann.	5	4	3	2	1	0
d) Ich habe die Partnersuche auf Eis gelegt, will vorher noch gewisse andere Ziele erreichen.	5	4	3	2	1	0
3. Ich schraube meine Ansprüche herunter. Ich glaube, daß ich nehmen muß, was ich bekommen kann, statt auf das zu warten, was ich möchte.	5	4	3	2	1	0
4. a) Ich glaube, daß es keine guten Wege gibt, Leute kennenzulernen.	5	4	3	2	1	0
b) Ich unternehme niemals irgend etwas, was geeignet ist, neue Leute kennenzulernen.	5	4	3	2	1	0
c) Ich verhalte mich, als gäbe es zu wenig Männer/Frauen. Ich lerne nicht genügend						

neue Leute kennen.	5	4	3	2	1	0
d) Ich glaube, daß es immer Spaß machen muß, neue Leute kennenzulernen.	5	4	3	2	1	0
e) Ich vergesse immer, mich frühzeitig nach den Beziehungspräferenzen eines potentiellen Lebenspartners/einer Lebenspartnerin zu erkundigen.	5	4	3	2	1	0
5. Ich falle immer wieder auf Pseudo-Intimität – durch Sex, Schwärmerei oder das »Nähe«-Spiel – herein. Ich verbringe mehr Zeit mit »Spielereien« als damit, mich um wahre Intimität zu bemühen.	5	4	3	2	1	0
6. Ich lasse mich mit Bindungs-Angsthasen ein, gehe ihnen einfach in die Falle.	5	4	3	2	1	0
7. Ich versuche, Liebe zu »erzwingen«, benutze eine oder mehrere der Methoden, die dann niemals funktionieren.	5	4	3	2	1	0

8. Ich bleibe länger in BAN-Beziehungen, als ich sollte. Ich sage nicht früh genug nein. Ich fordere nie das, was ich will, und wenn ich es dann nicht bekomme, mache ich Schluß.	5	4	3	2	1	0
9. Ich lasse mich von meinen Ängsten von dem abhalten, was ich will.	5	4	3	2	1	0
10. Ich könnte mehr für meine Selbstachtung (mein Selbstwertgefühl) und meine Selbstakzeptanz tun.	5	4	3	2	1	0

Ich werde Ihnen später erklären, wie Sie das Ergebnis dieser Tests für sich nutzen können.

Wie man seine Ziele erreicht

Wir haben zwei zentrale Grundsätze für die Partnersuche herausgearbeitet:

- Werden Sie sich darüber klar, was Sie wollen.
- Arbeiten Sie ausdauernd auf Ihre Ziele hin.

Nun möchte ich präziser darauf eingehen, wie man sein Ziel ausdauernd und effizient anpeilt, wie man in einer Art darauf hinarbeitet, die die eigenen Chancen erhöht, es zu erreichen.

Warum fällt es uns so schwer, die gewünschten Änderungen vorzunehmen? Um ein einfaches Beispiel zu benutzen: Angenommen, Sie haben beschlossen, mit Jogging anzufangen. Doch Monate, nachdem Sie den Entschluß gefaßt haben, joggen Sie immer noch nicht. Warum?

Viele Menschen machen den Fehler, sich nur ihr Endziel zu vergegenwärtigen. Sie nehmen sich beispielsweise vor, jeden Tag fünf Kilometer zu joggen. Über den Prozeß, den sie durchlaufen müssen, um ihren Vorsatz verwirklichen zu können, denken sie jedoch nicht nach. Für sie ist das Ziel in Wirklichkeit nichts anderes als eine gute Absicht. Und es liegt nun einmal in der menschlichen Natur, daß gute Absichten häufig zu nichts führen. Sich allein auf seine guten Absichten zu verlassen ist einer der häufigsten Gründe, wenn man ein angestrebtes Ziel nicht erreicht.

Der 2. Grund, so legt es wenigstens einer meiner Kollegen dar, ist der, daß das Eilige immer den Vorrang vor dem Nötigen hat. Mit anderen Worten: Man muß zur Arbeit gehen, die Kinder müssen ihr Essen bekommen, die Rechnungen müssen bezahlt, die Gäste unterhalten werden – es gibt immer etwas Dringendes, Eiliges, um das man sich kümmern muß. Wenn man da noch etwas Notwendiges, Wünschenswertes – jedoch Neues – unterbringen will, muß man irgendwo eine Lücke dafür finden. Und dies mit dem ersten Problem unter einen Hut zu bringen bedeutet wahrscheinlich eine so große Änderung der Lebensweise, daß man niemals eine Lücke findet, die groß genug wäre.

Der 3. Grund ist der, daß wir irrtümlich annehmen, daß wir unser Verhalten ganz allein grundlegend ändern können. Denn in Wirklichkeit ist es außerordentlich schwer, sich ohne die Unterstützung wenigstens eines anderen Menschen grundlegend zu ändern. Die Ausbreitung von Selbsthilfegruppen, die nach dem Modell der Anonymen Alkoholiker arbeiten, ist ein Beweis dafür, daß Menschen ihr Leben grundlegend ändern *können*, wenn sie Unterstützung haben. Wenn man aber nur sich selbst ein Versprechen gibt, und wenn man dieses Versprechen ohne irgendwelche Konsequenzen wieder brechen kann, wird das Eilige, das Dringende im Leben jahrlang den Vorrang haben.

Erkennen Sie sich in dem folgenden Szenario auch nur entfernt wieder?

Sie hoffen, eines Tages eine dauerhafte, stabile Intimpartnerschaft zu finden. Allerdings sind Sie von den Alltagspflichten zu sehr in Anspruch genommen und haben deshalb kaum Zeit, sich zu überlegen, wie Sie Ihre Hoffnung in die Tat umsetzen sollen. Sie nehmen an, daß es eines Tages einfach geschehen wird. Außerdem ist Ihnen niemals in den Sinn gekommen, daß Sie einen Freund/eine Freundin bitten könnten, Sie bei der Erreichung Ihres Zieles zu unterstützen.

Falls Sie sich in diesem Bild wiedererkennen, habe ich einige Vorschläge für Sie, die Ihr Leben ändern könnten. Das Programm, das ich Ihnen empfehlen möchte, ist *einfach*, und doch sind Sie damit in der Lage, die drei häufigsten Gründe für ein Scheitern auszuschalten. Wenn Sie Schritt für Schritt vorgehen, werden Sie am Ende einen präzisen, realistischen, auf Ihre Bedürfnisse zugeschnittenen Plan haben, der Ihnen hilft, eine Liebesbeziehung einzugehen. Holen Sie sich Ihr Notizbuch und lassen Sie uns anfangen.

Schritt 1

Was ist Ihr »Lebensziel«, Ihre Absicht, Ihre langfristige Hoffnung? Schreiben Sie auf eine neue Seite: »Gesamtziel...«

Beispiele dafür könnten sein:

Gesamtziel: zu heiraten.

Gesamtziel: einen Menschen zu finden, den ich wirklich ohne Vorbehalte lieben – und mögen – kann und der mich ebenfalls liebt. Und dann möchte ich mit diesem Menschen eine lebenslange Bindung eingehen.

Gesamtziel: einen Menschen zu finden, den ich liebe, der mich auch liebt und der eine Beziehung mit mir eingehen, aber nicht mit mir zusammenleben oder heiraten will.

Finden Sie heraus, warum Sie diesen Test überhaupt machen, was Sie erreichen wollen – was auch immer das im Augenblick ist –, und schreiben Sie es in einem einfachen Satz nieder.

Schritt 2
Kehren Sie jetzt noch einmal zum Test 27 zurück. Kreisen Sie jeden Punkt ein, bei dem Sie einen Unterschied bemerken zwischen dem, was Sie in der Vergangenheit getan haben, und dem, was Sie in Zukunft tun wollen. Schreiben Sie dann für jeden eingekreisten Punkt in einem oder mehreren Sätzen das Ziel nieder, das Sie bezüglich dieses »Fehlers« haben. Es könnte in diesem Zusammenhang durchaus nützlich sein, die Zusammenfassungen an den Kapitelenden noch einmal zu lesen. Denn dort haben wir jeweils besprochen, wie man die in den Kapiteln diskutierten Strategien anwendet. Listen Sie nun Ihre Ziele auf. Sie können so viele Statements machen, wie Sie wollen – und wie nötig sind –, um jeden Fehler zu korrigieren, den Sie gemacht haben. Einige Beispiele:

Ziel: den Irrglauben aufzugeben, daß eine eingebildete Männer/Frauen-Knappheit meine persönlichen Chancen mindert.
Ziel: meine eigenen Chancen bei der Partnersuche zu steigern.
Ziel: meine Ambivalenz aufmerksam zu beobachten und festzustellen, wie sie sich auf mein Handeln auswirkt.
Ziel: ständig mehr neue Leute kennenzulernen.
Ziel: neue Leute kennenzulernen, obwohl ich ambivalent bin und nicht genau weiß, was ich will.
Ziel: einfach anzufangen, mich nach einem Partner/einer Partnerin umzusehen, und nicht abzuwarten, bis ich glaube, in einer besseren Ausgangsposition zu sein.
Ziel: meine Ansprüche aufrechtzuerhalten.
Ziel: den Irrglauben aufzugeben, daß es zu wenig Männer/Frauen gibt, und zu glauben, daß es den Richtigen/die Richtige für mich gibt.
Ziel: damit aufzuhören, mein Leben von meinen Ängsten kontrollieren zu lassen.
Ziel: aktiv an der Hebung meiner Selbstachtung, meines Selbstwertgefühls zu arbeiten.

Schritt 3
Ordnen Sie nun Ihre Ziele in der Reihenfolge, die Sie zur Erreichung Ihres Gesamtziels für hilfreich halten. Sie werden feststellen, daß Sie gewisse Ziele erst erreichen müssen, bevor Sie an andere auch nur herangehen. Streichen Sie keines Ihrer Ziele; sie sind alle wichtig.

Schreiben Sie jetzt Ihre ersten drei Ziele auf jeweils eine neue Seite.

Schritt 4
Seine Ziele erreicht man, indem man sie in präzise, mittelfristige Aufgaben gliedert. Damit das funktionieren kann, das heißt, damit man seine angestrebten Ziele erreicht, müssen sie gewisse Kriterien erfüllen: Jede Aufgabe muß machbar, bedeutungsvoll und meßbar sein – und man muß darauf achten, daß ihre Ausführung überprüfbar ist.

a) *Machbar* – Ihre Aufgabe muß *Ihnen* realistisch erscheinen. Wählen Sie zunächst eine kleine aus, bei der Sie sicher sind, daß Sie sie bewältigen können; etwas, das Sie gern tun und von dem Sie – schließlich kennen Sie sich ja am besten – wissen, daß Sie es mit hoher Wahrscheinlichkeit tatsächlich schaffen können.
b) *Bedeutungsvoll* – andererseits muß Ihre Aufgabe so wesentlich sein, daß die Tatsache, sie zu bewältigen, Ihnen das Gefühl gibt, einen Fortschritt erzielt zu haben. Erlegen Sie sich keine Aufgabe auf, die so unwesentlich ist, daß es bedeutungslos ist, ob Sie Erfolg haben.
c) *Meßbar* – die Erreichung Ihres Zieles muß sowohl präzise definiert wie auch zeitlich befristet sein, so daß Sie mit Sicherheit wissen, ob Sie es tatsächlich geschafft haben oder nicht.
d) *Überprüfbar* – Sie müssen sich der Unterstützung eines/einer anderen versichern, der/die damit einverstanden ist, Ihnen als »Monitor« zu dienen. Dieser Mensch wird die Frist bis zur Erreichung Ihrer Ziele in seinen Kalender eintragen und zu gegebener Zeit prüfen, ob Sie es geschafft haben. Außerdem wird Ihr Monitor mit Ihnen an der Bewertung Ihrer Fortschritte arbeiten und Sie ermutigen, Ihre Bemühungen fortzusetzen. Dieser Monitor oder Helfer kann ein Freund/eine Freundin oder aber auch ein Mitglied einer Selbsthilfegruppe sein, der Sie sich angeschlossen haben. Da werden zwei Menschen häufig als gegenseitige Monitoren eingeteilt.

Am Ende dieses Kapitels werde ich die Wichtigkeit einer Hilfsperson ausführlich darlegen. Zuerst aber wollen wir Schritt 4 komplettieren: Zeichnen Sie vier Kolumnen unter die Ziele, die Sie auf je eine Einzelseite geschrieben haben – drei breite und eine etwas schmalere wie im folgenden Beispiel.

Ziel: ____

____

Aufgabe	Wie: damit verbundene Pflichten	Bis wann	Mit Monitor besprochen

Suchen Sie sich jetzt einige machbare, aber dennoch bedeutungsvolle Aufgaben, die Sie der Erreichung Ihres Zieles näher bringen werden. Wenn es beispielsweise Ihr Ziel ist, »neue Leute kennenzulernen, obwohl ich ambivalent bin«, könnte Ihre Seite etwa so aussehen wie die beiden Beispiele auf Seite 312 und 313.

Schritt 5
Vereinbaren Sie einen Tag mit Ihrem Monitor, an dem die Aufgaben bewertet werden sollen. Er sollte Ihrem »Zieldatum« möglichst bald folgen.

Diskutieren Sie folgende Fragen miteinander:

1. Haben Sie Ihre Aufgabe im Rahmen der selbstgestellten Frist erfüllt?
2. Wenn nicht, warum nicht?
3. Glauben Sie rückblickend, daß die gestellte Aufgabe sowohl machbar als auch bedeutungsvoll war? Inwieweit würden Sie die Aufgabe heute abändern wollen?
4. Haben Sie Fortschritte gemacht? Sind Sie Ihrem Ziel näher gekommen?

Ziel: Ich möchte neue Leute kennenlernen, obwohl ich ambivalent bin.

Aufgabe (einschließlich Ziel-Datum)	Wie: damit verbundene Pflichten	Bis wann	Mit Monitor besprochen
1. Ich will 2 Monate lang jede Woche einen Menschen kennenlernen, der für mich in Frage kommt. Bis zum 1. Dezember sind das 8 neue Leute (übrigens eine eher konservative Aufgabe)	1. Einem Heiratsinstitut beitreten.	4. Okt.	ja – Joan
	2. 5 Bekanntschaftsanzeigen beantworten.	8. Okt.	ja – Joan
	3. Selbst eine Bekanntschaftsanzeige in der __________ __________ Zeitung/Zeitschrift aufgeben.	12. Okt.	ja – Joan
	4. 5 Leute bitten, ernsthaft darüber nachzudenken, wem sie mich vorstellen könnten.	12. Okt.	ja – Joan
	5. Eine Spieleparty für meine Arbeitskollegen geben.	8. Nov.	ja – Joan

*Vergessen Sie nicht, diese Daten und Vorhaben in Ihren Kalender einzutragen.

Ziel: Meine BAN-Beziehung zu J. lösen und in Zukunft BANs meiden.

Aufgabe (einschließlich Ziel-Datum)	Wie: damit verbundene Pflichten	Bis wann	Mit Monitor besprochen
1. Meine Beziehung zu J. in ein rein freundschaftliches Verhältnis ändern – bis zum 1. Dez.	J. sagen, daß ich eine Zwei-Wochen-Frist brauche und daß ich möchte, daß wir uns danach wesentlich weniger sehen.	noch diesen Sonntag	ja – Bill
2. Mein Bewußtsein schärfen und meine Fähigkeit steigern, zum richtigen Zeitpunkt nein zu sagen. In den nächsten 3 Wochen jeden Abend den hinter mir liegenden Tag durchdenken und jeden Vorfall auflisten, bei dem ich hätte nein sagen müssen, aber nicht nein gesagt habe, sowie jeden, bei dem ich nein sagte, obwohl es mir schwergefallen ist.	Mir jeden Abend wirklich 10 Minuten Zeit nehmen, um etwas niederzuschreiben.	25. Okt.	ja – Bill

Gemeinsam können Sie sich nun eine neue Aufgabe ausdenken/sich neue Aufgaben stellen und ein neues »Zieldatum« festsetzen.

Sich zu ändern ist nicht leicht. Es scheint in der menschlichen Natur zu liegen, daß eine starke Tendenz besteht, immer wieder zum Status quo zurückzukehren. Ganz besonders dann, wenn Sie an der Änderung lange bestehender Gewohnheiten arbeiten, sollten Sie also damit rechnen, lange Zeit auf der Stelle zu treten, und sich mit dem Gefühl vertraut machen, daß Sie nicht so recht weiterkommen, ja sogar manchmal rückfällig werden können. Doch gerade dann, wenn Sie sich entmutigt fühlen, sollten Sie ausdauernd bleiben, geduldig und hartnäckig weitermachen – und die Unterstützung Ihres Helfers, Ihres Monitors in Anspruch nehmen. Manche Menschen sind zu geradezu wundersamen Wandlungen fähig. Und Menschen, die jahrelang Singles gewesen sind, verlieben sich und heiraten. Wenn Sie wollen, können Sie dazugehören.

Falls Sie über die letzten Absätze hinweggelesen und sich gesagt haben: »Das brauche ich alles überhaupt nicht; ich weiß längst, worum es geht«, lassen Sie mich bemerken, daß Sie sich vielleicht doch ein paar Minuten, einen Stift und Papier nehmen und sich einige Notizen machen sollten. Denn was ich auszudrücken versuche, ist, daß nichts passiert, nur weil es passieren sollte, und daß nichts passiert, weil Sie es wollen. *Es passiert nur, wenn Sie etwas dafür tun.*

Wenn Sie Ihr persönliches Programm für die Partnersuche aufstellen, werden Sie – davon bin ich überzeugt – einige sehr ermutigende Entdeckungen machen:

- Sich bewußt um die Art von Beziehungen zu bemühen, die Sie sich wirklich wünschen, *erfordert kein Übermaß an Zeit.*
- Ein erfülltes, zufriedenstellendes Leben als Single zu führen *schließt nicht aus*, daß man sich *gleichzeitig* auf die Suche nach einem Liebespartner/einer Liebespartnerin machen kann.
- Buchstäblich alles, was Sie unternehmen, um Ihrem Ziel näher zu kommen, einen Lebenspartner/eine Lebenspartnerin finden, steigert auch Ihre Selbstachtung, Ihr Selbstwertgefühl.

Ausdauer und Geduld sind eine erfolgreiche Kombination.

Wie Sie Ihren Plan anwenden: der Wert der Unterstützung

Sie können nicht wissen, welchen Wert Unterstützung von außen hat, solange Sie es nicht selbst ausprobiert haben.

Die Anonymen Alkoholiker sind heute die bekannteste Selbsthilfegruppe. Sie sind so erfolgreich gewesen, daß Menschen mit anderen Problemen Selbsthilfegruppen nach ihrem Modell gegründet haben. Heute gibt es Selbsthilfegruppen für Übergewichtige, für Menschen, die trauern, für Erwachsene, die als Kinder geschlagen wurden, für Raucher, die aufhören wollen, für erwachsene Kinder von Alkoholikern, für ehemals psychisch Kranke, für Exsträflinge, für Verbrechensopfer, für Eltern von Drogensüchtigen, für Eltern von Sträflingen – ich könnte die Liste endlos weiterführen. Wann immer Menschen ihr Leben ändern wollen, stellen sie fest, daß es ihnen leichterfällt, wenn sie sich mit anderen zusammenschließen, die eine ähnliche Änderung anstreben.

Ende der 60er und Anfang der 70er Jahre gründeten Frauen Selbsthilfegruppen in nie dagewesener Zahl, die ihnen soviel Kraft gaben – und zwar nur dadurch, daß sie Erfahrungen austauschten und sich *gegenseitig unterstützten* –, daß sie damit eine Revolution auslösten. Einer der Gründe, aus denen die Frauenbewegung schnellere Fortschritte machte als die Männerbewegung (wenn es überhaupt eine Männerbewegung gibt), ist die Tatsache, daß die Frauen herausfanden, welche Kräfte es in ihnen weckte, sich in kleinen Gruppen zusammenzuschließen und über ihre Probleme zu reden. Zum ersten Mal in der Geschichte sprachen viele Frauen nicht mehr über das, was *angeblich* für sie richtig war. Aber in Wirklichkeit war die Frauenbewegung eine Reihe von kleinen persönlichen »Bewegungen«. Überall im Land saßen Frauen in ihren Wohnzimmern zusammen, begannen kollektiv an ihrem Selbstbewußtsein zu arbeiten und Strategien für nötige Änderungen zu entwickeln.

Was ist es, was Selbsthilfegruppen eine solche Macht verleiht? Wie kommt es, daß es Menschen in solchen Gruppen gelingt, ihr Leben zu ändern, während sie sich allein oft vergeblich um eine Änderung bemüht haben? Warum aber haben Selbsthilfegruppen auf allen Gebieten so einen fast wundersamen Effekt?

Tatsächlich ist das alles andere als geheimnisvoll. Lassen Sie uns betrachten, was eine Selbsthilfegruppe – jedoch niemand allein – vollbringen kann.

1. Das erste, was man feststellt, wenn man sich einer Selbsthilfegrupe anschließt, ist, daß man nicht allein ist. Selbst wenn man sich dessen intellektuell bewußt ist, kann die Tatsache, andere sagen zu hören, was man selbst empfindet, eine enorme Erleichterung sein. Man stellt fest, daß man seine Gefühle nicht erklären muß; die anderen verstehen auch so, was man meint. Viele Teilnehmer berichten, daß sie nach dem Treffen einer Selbsthilfegruppe ein Gefühl der Zusammengehörigkeit hatten, das sie jahrelang nicht gehabt hatten – nicht einmal, wenn Sie unter Freunden waren.

2. Außerdem stellt man fest, daß die Erfahrungen jedes einzelnen – auf das gemeinsame Problem bezogen – ganz unterschiedlich sind. Man findet heraus, daß es so etwas wie *einen richtigen Weg*, ein Problem zu sehen oder zu lösen, nicht gibt, sondern – um es mit anderen Worten zu sagen –, daß das eigene Problem – egal, wie man es auch sieht – *wichtig ist*.

Abby war 28, als sie einer Selbsthilfegruppe beitrat, bei der die Teilnehmer einander bei ihren Partnerschaftsproblemen helfen wollten. Nach dem ersten Zusammentreffen erzählte sie mir:

> »Ich glaubte, mit mir stimme etwas nicht, weil ich meine Traumpartnerschaft mit jemandem sehe, der *verheiratet* sein will – damit meine ich eine bindende und monogame Beziehung –, der aber, genau wie ich, weiterhin allein leben will. Ich nahm an, ich sei einfach ›verrückt‹. Sie können sich nicht vorstellen, wie wohl ich mich fühlte, nachdem ich gehört hatte, wie andere sich ihre Idealbeziehung vorstellen! Einer wünschte sich eine Bindung auf drei Jahre; ein anderer wollte eine ›Primärpartnerin‹, wollte jedoch nicht *monogam* sein; eine Frau wollte *nicht* mit jemandem zusammenleben, *es sei denn*, sie wäre verheiratet; eine andere sagte, sie wollte niemals heiraten, aber in Erwägung ziehen, mit jemandem zusammenzuziehen. Nur dadurch, daß ich all diese verschiedenen Anschauungen hörte, wurde mir klar, daß es so etwas wie einen richtigen Weg nicht gibt. Mir wurde plötzlich klar, daß meine Vorstellungen kein bißchen dümmer oder verrückter waren als die anderer Leute. Das half mir, mich selbst nicht mehr für dämlich zu halten, weil

ich wollte, was ich wollte. Das war eine enorme Erleichterung.«

3. Vermutlich ist der wichtigste Vorteil von Selbsthilfegruppen der, daß es den Menschen leichterfällt, dort ehrlich zu sein, ihre Masken fallen zu lassen und die Wahrheit zu sagen. Für viele Menschen ist die Selbsthilfegruppe der einzige Platz, an dem sie nicht vortäuschen müssen, »ganz ausgeglichen zu sein«, und an dem sie ehrlich miteinander umgehen können.

In unserem Alltag sind wir häufig durch Konventionen eingeschränkt – und haben einfach zu viel zu tun, um miteinander über unsere Gefühle zu reden. Und genau das ist es, was in Selbsthilfegruppen geschieht. Es erfordert zwar für viele Menschen Zeit und Übung, doch in Selbsthilfegruppen lernen sie zu erkennen, was richtig für sie ist – und es auch auszusprechen. Und man lernt es auf die beste Art: dadurch, daß man anderen zuhört, wenn sie erzählen, welche Erfahrungen sie mit sich selbst gemacht haben.

Natürlich muß man niemals mehr sagen, als man sagen kann oder mag. Viele Menschen lernen fast ausschließlich dadurch, daß sie zuhören – anderen Menschen zuhören, Menschen wie sie selbst zuhören, die aufrichtig über ihre größten Probleme sprechen.

Kurz gesagt: Selbsthilfegruppen helfen dem einzelnen, sein Bewußtsein zu erweitern, was sein eigenes Leben angeht. Man bekommt Daten über sich selbst und erhält die Gelegenheit, sich daraufhin aufmerksam zu beobachten.

Man kann seine eigene »Maske« nicht sehen, wenn man sie trägt. Ein anderer muß sie von außen sehen und einem sagen, wie sie aussieht. Das gilt auch für symbolische »Masken« – für Verkleidungen –, wie man sie im Karneval in großer Vielfalt trägt. Die meisten von uns sind sich nicht einmal bewußt, daß sie eine Maske tragen; noch weniger können wir sehen, wie sie aussieht. Deshalb können uns nur Außenstehende helfen, diese Probleme zu lösen.

Auch wie andere einen selbst finden, ist eine Information, an die man niemals allein herankommt. Man selbst kann nie wissen, was sie sehen, und wie sie empfinden, was sie sehen. Schließlich wollen Sie zukünftig besser mit anderen zurechtkommen – und dies sind ungeheuer wichtige Informationen. Menschen, die ständig mit Ihnen zusammen sind, sehen vermutlich weit mehr, als

Sie Ihnen jemals sagen werden. Allerdings sind diese Menschen nur unter gewissen Umständen bereit, das auszusprechen – das heißt, wenn es bestimmte Grundregeln gibt und wenn man sie eigens danach fragt – und die Beobachtungen weiterzugeben, die für Sie so außerordentlich wertvoll sein können.

4. Wenn Sie daran arbeiten, Ihr Leben zu ändern, kann Ihre Selbsthilfegruppe Ihnen jemanden zur Seite stellen, der eine Mitverantwortung übernimmt. Denn falls Sie sich allein vornehmen, sich beispielsweise für ein Single-Wochenende einzuschreiben, können Sie sich leicht einreden, daß Sie gar keine Lust dazu haben. Wenn Sie jedoch Ihrer Gruppe versprechen, es zu tun, wird es Ihnen schwererfallen, sich da wieder rauszuwinden. Selbsthilfegruppen sind dazu da, Menschen zu helfen, schwierige Änderungen durchzuziehen.

5. Wenn Sie an einer Selbsterforschung und Änderung arbeiten, brauchen Sie die richtigen Freunde. Ernsthafte Selbsterforschung ist immer ein qualvoller Prozeß. Wenn man Dinge über sich erfährt, die man nicht mag, wenn man versucht, sich zu ändern, aber feststellt, daß man immer wieder in alte Fehler verfällt, wenn man die erschreckende Leere spürt, die auftritt, wenn man das »alte Selbst« aufgeben muß, das »neue« aber noch nicht entdeckt hat, wird man um sich herum Menschen brauchen, die verstehen, was man erlebt, *und die zulassen, daß man es erlebt*. Wohlmeinende Freunde, die diesen Prozeß nicht verstehen, versuchen meist Fehler zu bemänteln und einen aufzuheitern – das aber hilft nicht. Eine Selbsthilfegruppe wird einem genau die *Art* Hilfe geben, die man braucht.

6. Die Selbsthilfegruppe ist also so etwas wie ein »Labor«, in dem menschliche Interaktionen praktiziert werden. Die Gruppe ist ein Mikrokosmos der realen Welt, wo man wie unter einem Mikroskop sehen kann, wie man sich verhält. Alles, was in einer Selbsthilfegruppe vor sich geht, ist »Wasser auf Ihre Mühlen«. Wenn Sie ärgerlich werden oder sich verletzt fühlen, wird die Selbsthilfegruppe Ihnen helfen, zu erkennen, wie das geschehen konnte. Sie wird Ihnen helfen, indem sie Sie in Ihren Gefühlen bestätigt und Sie dabei unterstützt, sich damit auseinanderzusetzen, welche Verhaltensweisen Ihnen helfen und welche genau das Gegenteil bewirken.

7. In einer Selbsthilfegruppe kann man Menschen kennenlernen und neue Freunde finden. Sie kann uns in dieser fragmentari-

schen Welt ein Gefühl der Kontinuität und Zusammengehörigkeit geben und uns helfen, das Gefühl der Isolation zu überwinden, das in unserem hektischen Großstadtleben so weit verbreitet ist.

Unterstützung zu erfahren ist ein buchstäblich unvergleichliches Erlebnis. Eine ernsthafte Selbsterforschung oder Änderung ist ohne Hilfe vermutlich unmöglich.

An wen wollen Sie sich also wenden, falls Sie sich entschlossen haben, einige der Strategien anzuwenden, die wir in diesem Buch erklärt haben?

Ein enger Freund/eine enge Freundin, dem/der Sie vertrauen, ist für den Anfang ganz gut. Wenn Sie sich darauf einigen, sich gegenseitig in der Art zu »unterstützen«, die wir besprochen haben, ist es durchaus möglich. Experiment 16 (Seite 232) wäre dafür ein guter Beginn.

Eine Selbsthilfe*gruppe* wäre einer solchen »Zweierpartnerschaft« jedoch aus folgenden Gründen vorzuziehen:

1. Da man sich dort regelmäßig trifft, werden Sie vermutlich disziplinierter an die Sache herangehen, mehr »Daten« bekommen und sich selbst aufmerksamer beobachten. Unter Freunden läßt man solche Dinge leicht einmal schleifen.
2. Teil Ihres Lernprozesses ist es, sich die persönlichen Erfahrungen anderer anzuhören. Das ist eine wichtige Erfahrung, die zwei Menschen einander nur sehr begrenzt vermitteln können.
3. Eine Gruppe, die sich zusammenschließt, beschwört eine bestimmte Atmosphäre oder »Energie« herauf, die zwei Menschen sich nicht gegenseitig vermitteln können. In einer Gruppe gibt es mehr kreative Spannung, mehr Vitalität, einen größeren Erfahrungsschatz und mehr Wissen, mit dem man sich eines bestimmten Problems annehmen kann. Eine Gruppe hat das Potential, zu einer Gemeinschaft zusammenzuwachsen, zu einem sicheren Hort in unserer fragmentarischen Welt mit ihrem krassen Individualismus zu werden.
4. Die Gruppe gibt Ihnen die Möglichkeit, Ihren Freundeskreis zu erweitern und zu lernen, zu mehr Menschen aufrichtig zu sein – mehr Menschen Ihr wahres Ich zu zeigen.

Nun, und was tut man, um eine Selbsthilfegruppe zu gründen? Im Anhang finden Sie Richtlinien darüber, wie man eine »Damit-es-klappt«-Selbsthilfegruppe auf die Beine stellt. Sie sind umfassend

– schließen ein, wie man Mitglieder findet, wie man die Zusammenkünfte gestaltet, und erklären auch die Grundregeln der Gruppenarbeit. Während Sie sie lesen, werden Sie feststellen, daß es gar nicht schwer ist, eine Selbsthilfegruppe zu gründen, und daß es ungeheuer lohnend sein wird. Eine Selbsthilfegruppe – sogar eine sehr kleine – könnte von großer Bedeutung für Sie sein: Sie könnte die Frage entscheiden, ob Sie die Vorschläge dieses Buches effizient nutzen oder sich *nur vornehmen*, etwas zu tun, die Dinge aber dann schleifen lassen.

Ein Schlußwort: Das Geheimnis des Loslassens

Wendy, die mit ihren 34 Jahren einen bemerkenswerten Erfolg als Malerin hat, ist eine ausgesprochen schöne Frau. Beim Interview erzählte sie mir folgendes:

> »Ich wünsche mir Liebe. Ich wünsche sie mir sehr. Doch bislang hat mir jeder gesagt, daß man erst dann einen Partner findet, wenn man den Gedanken aufgegeben hat, ihn zu brauchen. Sobald man die Suche aufgegeben hat, kommt die Liebe ganz von allein, heißt es. Also versuche ich, den Wunsch nach einer Partnerschaft fallenzulassen – damit ich eine finden kann.«

Wendys Äußerung hat einen ziemlichen Wahrheitsgehalt. Denn dieses Loslassen *»funktioniert«* tatsächlich. Aber – so werden Sie sich fragen – was soll dieser Widerspruch am Ende eines Buches, in dem Sie Kapitel für Kapitel gemahnt wurden, sich anzustrengen und *etwas zu tun*?

Loszulassen bedeutet noch nicht, aufzugeben oder sich ans Single-Dasein zu gewöhnen. Es bedeutet nicht, daß Sie tatsächlich nicht länger nach einem Partner/einer Partnerin suchen oder sich keine Beziehung mehr wünschen dürfen. *Es bedeutet einfach, daß Sie nicht länger voller Nervosität nach einer Partnerschaft Ausschau halten.* Das ist ein wichtiger Unterschied.

Loslassenkönnen ist ein Gemütszustand – und ein körperlicher. Es vermittelt einem das Gefühl, frei zu sein, eine Last losgeworden zu sein. Dabei überkommt einen eine Ruhe, als hätte man ein starkes Beruhigungsmittel bekommen. Es vermittelt einem das *Gefühl*, den richtigen Partner/die richtige Partnerin zu finden, sobald die Zeit reif ist. Es gibt einem das Gefühl inneren Friedens, ein Gefühl, das Leben endlich so nehmen zu können, wie es sich entwickelt. Das, was man losläßt, ist der Krampf, die Panik, das Verlangen, daß die Dinge anders sein sollten, als sie sind.

Loszulassen bedeutet, daß Ihre Sorgen, Ihre Enttäuschungen und Ihre Befürchtungen für den Augenblick verschwunden sind. Sie sind, wer Sie sind, Ihr Leben ist, wie es ist, und irgendwie ist alles in Ordnung. Loszulassen ist eine Art tiefen Vertrauens, daß alles so werden wird, wie es werden sollte. Es ist so, als würde man die Segel raffen oder die Ruder einziehen und sich einfach auf der See treiben lassen, statt angestrengt in eine Richtung zu segeln oder zu rudern.

Loszulassen bedeutet, die Anstrengung aufzugeben, das Boot in eine bestimmte Richtung zu steuern, indem man seine Situation und die Leute um sich herum manipuliert. Es bedeutet, sein Boot der Vorsehung zu überantworten, zu erkennen, daß das Schicksal niemals in der Form daherkommt, in der man es erwartet. Loszulassen bedeutet, auf den natürlichen Gang der Dinge zu vertrauen. Loszulassen bedeutet, sich eine Einstellung geduldigen Optimismus zuzulegen, zwar nicht sicher zu sein, wohin das Boot treibt oder wann es irgendwo ankommt, aber dennoch sicher zu sein, daß man sich in eine positive Richtung bewegt und daß man einen besonders schönen Strand entdecken wird, wenn die Zeit erst einmal reif ist.

Loszulassen heißt, sich darüber klarzuwerden, daß man nicht alle Antworten kennt. Niemand weiß genug, um in der Lage zu sein, alles zu beherrschen. Man kann *mit* den Kräften des Universums arbeiten, die das Geschehen bestimmten, aber man muß nicht *alles* selbst in die Hand nehmen. Vertrauen Sie einfach darauf, daß sich für Sie alles zum Besten wenden wird. Seien Sie sich dessen gewiß – egal, was passiert. Glauben Sie daran, daß, was auch immer Ihnen bevorsteht, richtig und gut ist und daß es genauso ist, wie es sein sollte.

Doch es hat auch einen Haken: Loslassen zu können, kann man nicht erzwingen, indem man es sich einfach vornimmt, wie Wendy es versucht. Es ist etwas, was von selbst kommen muß. Wie Grazie hat man es nicht einfach, weil man es sich verdient hat oder weil man etwas getan hat, um es zu »bekommen«. Es kommt eher unbemerkt, bis man eines Tages aufblickt und feststellt, daß man – manchmal kann man nicht einmal sicher sein, wann das passiert ist – losgelassen hat. Man hat aufgegeben. Man hat sich ergeben. Man hat aufgehört zu kämpfen. Oder etwas hat einen losgelassen.

Es hilft, sich dieses »Loslassenkönnen« als Zukunftsvision vor Augen zu halten. Es hilft, sich seiner Ängste, seiner Einsamkeit bewußt zu werden, und beides wirklich zu »erleben«. Einigen Menschen hilft es, zu beten, zu meditieren oder sich sportlich zu betätigen. Das hilft, leichter loszulassen. Aber man kann es nicht erzwingen. Das Gegenteil wäre der Fall: Je mehr man sich ums Loslassen bemüht, desto mehr würde man sich selbst täuschen. »Tun Sie nichts, sitzen Sie einfach da!« hörte ich einmal einen Therapeuten zu einem solcherart gepeinigten Mann sagen.

Es ist durchaus möglich, daß die Liebe eher zu Ihnen kommt, wenn Sie sie gelöst fühlen. Doch das ist ein Nebenaspekt. Das Wichtigste ist, *daß Sie sich wirklich wohler fühlen*. Wenn Sie feststellen, daß Ihre Ängste, Ihre Sorgen, Ihre Depressionen Sie nicht weiterbringen, können Sie sie auch aufgeben.

Also fahren Sie ruhig in Ihrem entschlossenen Bemühen fort, einen Partner/eine Partnerin zu finden, lassen Sie aber das verzweifelte Bemühen fort, das dem Ganzen einen so unangenehmen Beigeschmack verleiht. Führen Sie Ihren Plan fort, lassen Sie jedoch Ihre Ängste fahren, und genießen Sie Ihr Leben an jedem einzelnen Tag.

Opfern Sie Ihr gegenwärtiges Leben niemals Ihren Zukunftsträumen. Erinnern Sie sich des äußerst wichtigen Gleichgewichts zwischen einem erfüllten und befriedigenden Single-Leben und der gleichzeitigen geduldigen, ausdauernden Suche nach einem Lebenspartner/einer Lebenspartnerin. Das Leben geht weiter. Lassen Sie es nicht an sich vorbeilaufen! Ihr Motto sollte sein: »Entschlossenheit ohne Depressionen!«

Viel Glück!

ANHANG

Richtlinien zur Gründung einer »Damit-es-klappt«-Selbsthilfegruppe

Die folgenden Richtlinien werden Ihnen zeigen, wie man an die Gründung einer Selbsthilfegruppe herangeht, die einen bei den beabsichtigten Änderungen unterstützt, und wie man sich an einer solchen Gruppe beteiligen sollte. Diese Gruppen bieten ihren Teilnehmern eine ausgezeichnete Möglichkeit, ihr »Selbstbewußtsein«, ihre Selbsterkenntnis auszubauen und ihre Fähigkeit zur »Intimität« zu entwickeln sowie zu verbessern.

1. *Wie man anfängt.* Ein oder zwei Menschen sollten über Ziel, Zusammenstellung, Größe und Gestaltung der Gruppe entscheiden. Dann sollten sie andere einladen, sich der Gruppe – mit ihren festgesetzten Zielen und in der festgesetzten Größe – anzuschließen.

Weniger erfolgversprechend ist es, erst eine Versammlung einzuberufen und sich dann im größeren Kreis bei verschiedenen Treffen auf Ziele und Struktur der Gruppe zu einigen. Denn zehn Menschen werden zehn verschiedene Vorstellungen darüber einbringen wollen, und dann fallen Entscheidungen schwer. Außerdem werden einige Teilnehmer schon bald frustriert aufgeben, wenn nicht einmal die Grundlagen stimmen.

Den Zweck oder das Ziel der Gruppe könnte man folgendermaßen formulieren:

»Unsere Gruppe verfolgt den Zweck/hat das Ziel,

- einander dabei zu unterstützen, ehrlich über die Wünsche und Ängste jedes einzelnen zu sprechen;
- einander beim Aufstellen und Erreichen unserer Lebensziele zu unterstützen;
- einander zuzuhören, ohne zu werten;

- Einsichten und Gefühle auszutauschen, uns aber gegenseitig möglichst wenige Ratschläge zu erteilen.«

2. *Zusammenstellung*. Entscheiden Sie, ob Sie eine Frauen-, eine Männer- oder eine gemischte Gruppe gründen wollen. Eine Form, die die Vorzüge aller dieser Gruppen kombiniert, ist die, daß sich Männer und Frauen in den ersten beiden Wochen eines Monats getrennt treffen und sich in den letzten beiden Wochen alle gemeinsam zusammensetzen.

3. *Wie man Teilnehmer findet*. Ein erfolgversprechender Weg ist es, mit zwei Leuten anzufangen. Diese beiden laden dann jeweils einen Freund/eine Freundin ein, die ebenfalls je einen Freund/eine Freundin mitbringen können. Auf diese Art vermeidet man eine Cliquenbildung von Menschen, die einander bereits gut kennen. Dazu kommt, daß einige Leute die Anonymität einer Gruppe vorziehen, in der niemand allzu eng mit einem oder mehreren anderen befreundet ist. Diese Menschen werden gewiß auch eher einen entfernten Bekannten/eine entfernte Bekannte mitbringen als einen engen Freund/eine enge Freundin.

4. *Größe und neue Teilnehmer*. Keine Selbsthilfegruppe sollte mehr als zwölf Mitglieder haben. Auch vier oder fünf Menschen können schon gut zusammenarbeiten. Bei der oben erwähnten Form sollten nicht mehr als sechs Männer oder Frauen den Einzelgruppen angehören, wenn gemeinsame Treffen geplant sind. Jede Gruppe sollte ihre Größe präzise festlegen – egal, ob sie nun klein oder größer ist. Wenn dann jemand neu dazukommen will, muß er oder sie warten, bis ein Platz frei wird.

5. *Häufigkeit der Zusammenkünfte*. Bei wöchentlichen Zusammenkünften sind Gruppen am effektivsten. Wöchentliche Zusammenkünfte vermitteln ein Gefühl der Kontinuität und der Zusammengehörigkeit, das bei selteneren Treffen weit schwerer zu erzielen ist. Außerdem sind Menschen, die bereit sind, sich wöchentlich zu treffen, vermutlich auch eher bereit, ernsthaft in der Gruppe zu arbeiten.

6. *Länge der Zusammenkünfte*. Die Zusammenkünfte sollten zu einer bestimmten Zeit beginnen und zu einer festgesetzten Zeit

enden. Zwei Stunden reichen meist für kleinere Gruppen, bei größeren können es auch zweieinhalb sein. Ein Treffen, das sich einen ganzen Abend lang hinzieht, könnte leicht undiszipliniert verlaufen. Wenn man die Zeit limitiert, wird man feststellen, daß man alles, was man sich vorgenommen hat, in kürzerer Zeit schaffen kann, und daß dann außerdem kaum jemand fehlt. Denn diese beiden Stunden können leicht in jedermanns Tagesplan untergebracht werden. Man kann beispielsweise schon um 17 Uhr beginnen, so daß der Abend frei ist. Aber auch 7 bis 9 Uhr morgens dürfte für viele machbar sein.

Zeitlich begrenzte Zusammenkünfte erlauben es den Gruppenmitgliedern, nach den Treffen noch zusammenzusitzen oder sich in kleineren Grüppchen informell weiter zu unterhalten.

7. *Örtlichkeit und Erfrischungen.* Die Gruppe kann sich natürlich im Haus oder der Wohnung eines Gruppenmitglieds treffen, obwohl eine neutrale Umgebung eigentlich vorzuziehen wäre, damit niemand die Gastgeberpflichten übernehmen muß. Das Versammlungszimmer einer Kirche, eines Gemeindehauses oder auch ein Raum in einem Veranstaltungscenter wären gut.

Auf Erfrischungen – Essen oder Trinken jeder Art – sollte man verzichten. Bei besonderen Gelegenheiten kann die Gruppe jedoch nach einer Zusammenkunft durchaus miteinander essen gehen. Aber jede Woche miteinander zu essen könnte zur Last werden. Noch wichtiger: Das Essen könnte eine Ablenkung bedeuten, unter Umständen sogar einen »Schutzmechanismus«, hinter dem sich jemand verstecken könnte. Das Essen könnte nämlich den tiefen, aufrichtigen Gedankenaustausch verhindern, der Zweck des Gruppentreffens ist.

8. *Leitung.* Die beiden, die die Gruppe ins Leben gerufen haben, sollten während der ersten drei oder vier Zusammenkünfte ein wenig die Führungsfunktion übernehmen, so daß der Start positiv und gut organisiert über die Bühne geht. Denn nichts kann eine Gruppe schneller auseinanderfallen lassen als Zusammentreffen, bei denen zunächst nur Organisatorisches besprochen wird. Sätze wie: »Nun, jetzt sind wir hier. Was sollen wir tun?« sind tödlich.

Wenn die Gruppe jedoch erst einmal läuft, sollte die Leitung turnusmäßig wechseln. Falls die Gruppe grundlegend führungslos sein soll, kann jede(r), der/die ein Thema ansprechen will, das die

Gruppe weiterbringt, das tun. In einem solchen Fall kann die Gruppe eine(n) »Koordinator(in)« bestimmen – eine Funktion, die ebenfalls turnusmäßig wechseln sollte.

Viele Selbsthilfegruppen haben Leiter(innen), die sich einer Ausbildung in besonderen Fähigkeiten unterzogen haben – sie können den Teilnehmern/Teilnehmerinnen helfen, einander zu verstehen und die Grundregeln einzuhalten, sie können die Diskussionen produktiv halten, darauf achten, daß alle Teilnehmer gleichermaßen zu Wort kommen, und sie können bestimmte Aktivitäten vorschlagen usw. Eine Gruppe könnte sich nach einem solchen Leiter/einer solchen Leiterin umsehen oder dafür sorgen, daß einer der Teilnehmer/eine der Teilnehmerinnen eine solche Ausbildung erhält. Aber auch führungslose Gruppen können gut funktionieren.

9. *Erste Zusammenkünfte.* Die beiden Gruppengründer(innen) sollten entscheiden, wie sie sich den Start vorstellen. Sie können sich aus der untenstehenden Gestaltungsliste jede Form aussuchen, die ihnen gefällt. Formen, die sich in der Vergangenheit bewährt haben:

a) Die Teilnehmer stellen sich selbst vor, indem sie von zurückliegenden Beziehungen erzählen und erklären, was sie sich von der Mitgliedschaft in der Gruppe versprechen.

b) Jedes Mitglied erhält die Gelegenheit, seine/ihre Lebensgeschichte zu erzählen. Das sollte jedoch eher in der kleineren Männer- oder Frauengruppe geschehen, weil eventuell mehrere Zusammenkünfte nötig sind, um jedermanns Geschichte zu bewältigen. Mit diesen Biographien zu beginnen, kann nützlich sein, weil es den Teilnehmern/Teilnehmerinnen die Möglichkeit gibt, über sich selbst zu reden – und zwar auch über das, worüber sie nicht gern sprechen. Außerdem erhalten die anderen Teilnehmer so die Chance, die aktuelle Thematik des/der Betreffenden im richtigen Zusammenhang zu sehen, die später diskutiert wird.

10. *Gestaltung:* Eine Gruppe kann auf die verschiedensten Arten miteinander arbeiten. Viele Gruppen kombinieren die untenstehenden Vorschläge miteinander. Alles ist möglich, solange die Mitglieder über ihre persönlichen Gefühle sprechen und keine Gemeinplätze austauschen. Hier sind einige Vorschläge, unter denen Sie auswählen können:

a) Eine(r) erhält das Wort für eine halbe bis dreiviertel Stunde. Die ganze Gruppe konzentriert sich in dieser Zeit auf das Problem dieses Menschen, hilft ihm/ihr, offen zu sprechen, hört zu, äußert Einsichten, gibt aber sowenig Ratschläge wie möglich. Der/die, der/die sich ausspricht, könnte möglicherweise um Hilfe beim Festsetzen oder Bewerten von Zielen und Aufgaben bitten. Wenn er oder sie geendet hat, sollten die anderen Gruppenmitglieder die Chance haben zu sagen, welche Auswirkungen das Gesagte auf sie hatte, besonders dann, wenn jemand sich persönlich angerührt fühlt. Natürlich kann nicht jeder jedesmal das Wort erhalten. Über einen Zeitraum von mehreren Wochen sollte jedoch jede(r) einzelne ungefähr dieselbe Redezeit haben.

b) Die Gruppe wählt ein Thema wie Sex, Geld, Wettbewerb, Intimität, Angst, Neinsagen, BAN-Beziehungen, Selbstachtung oder... Das ist dann *das* Thema des Abends. Dazu können sich alle Teilnehmer äußern. Sie müssen das Thema jedoch *aus persönlicher Sicht* ansprechen, *nicht* allgemein.

c) Die Gruppe kann sich natürlich auch auf einen Artikel oder ein Buch einigen, der/das gemeinsam gelesen und diskutiert werden soll. Auch hier gilt: Die Äußerungen müssen persönlicher Art, dürfen nicht philosophisch sein.

d) Die Tests dieses Buches sind hervorragend geeignet, einer »Damit's-klappt«-Selbsthilfegruppe auf die Sprünge zu helfen. Wenn man ein oder zwei Tests pro Abend ansetzt, können die Teilnehmer 15 bis 30 Minuten – wieviel Zeit auch immer benötigt wird – damit verbringen, sie einzeln zu machen. Danach sollten sich die Teilnehmer – besonders dann, wenn es zehn oder mehr sind – paarweise zusammentun und einige Minuten die Ergebnisse besprechen und einander anvertrauen, wie sie den Test gefühlsmäßig verarbeitet haben. Danach kann die ganze Gruppe Erfahrungen austauschen.

e) Zu Beginn kann jeder Teilnehmer/jede Teilnehmerin kurz sagen, wie er oder sie sich fühlt, und berichten, was er/sie in der vergangenen Woche erlebt hat. Man sollte allerdings darauf achten, diese »Check-ins« kurz zu halten, damit man nicht kostbare Zeit vergeudet, die einem wichtigen Thema vorbehalten ist. Einige Gruppen machen nicht bei jedem Zusammentreffen ein solches »Check-in«, sondern widmen ihm *gelegentlich* ein ganzes Treffen.

Es ist wichtig, daß die Teilnehmer auf dem laufenden bleiben, was das Leben der anderen angeht. Andererseits ist es nicht gerade nützlich, dem Geschichtenerzählen und den persönlichen Neuigkeiten wertvolle Gruppenzeit zu opfern. Deshalb müssen die »Check-ins« unbedingt kurz gehalten werden.

11. *Grundregeln.* Es gibt produktive und unproduktive Arten, sich an einer Selbsthilfegruppe zu beteiligen. Die Mitglieder sollten sich deshalb mit den Grundregeln für eine nutzbringende Beteiligung vertraut machen und darauf achten, daß alle sich daran halten. Jede(r) wird feststellen, daß jede(r) von Zeit zu Zeit mal einen Fehler macht, und dann sollte man sich gegenseitig freundlich dazu auffordern, zum Thema zurückzukehren.

a) Der Therapeut Fritz Perls wies auf drei Konversationsformen hin, die allesamt zu Unaufrichtigkeit führen, und die aus diesem Grund in einer Selbsthilfegruppe nichts zu suchen haben (Fritz Perls war – wie Sie sehen werden – nicht gerade ein »zartfühlender« Mann, brachte die Dinge aber auf den Punkt):

- Hühnerdreck – das sind belangloses Gerede, Bagatellen, Klatsch und dumme Bemerkungen.
- Kuhscheiße – das sind Lügen, gewöhnlich selbstverherrlichende Rationalisierungen und Übertreibungen.
- Elefantenscheiße – das sind grobe Verallgemeinerungen wie: »Alle Männer...« oder »Die meisten Leute...« Das heißt, eine Theorie zu diskutieren statt persönlicher Erfahrungen.

Wann immer Gruppenteilnehmer einander bei einer dieser »Unarten« erwischen, sollten sie sich nett daran erinnern, über *persönliche Erfahrungen* zu berichten und *aufrichtig* zu bleiben.

b) Mit dem Erteilen von Ratschlägen sollte man sich ungeheuer zurückhalten. Wenn überhaupt, dann sollte man über seine eigenen Erfahrungen berichten und erklären, *womit man selbst Erfolg hat.* Gute Ratschläge können allzu leicht herablassend wirken; und davon abgesehen muß das, was bei dem/der einen funktioniert, bei dem/der anderen keineswegs funktionieren. Wenn man versucht ist, jemandem einen Rat zu erteilen, sollte man sich darüber klarwerden, daß es weit hilfreicher sein dürfte, wenn man den Freund/die Freundin dabei unterstützt, selbst eine Lösung zu finden.

c) Man sollte niemals ein Gruppenmitglied kritisieren. Genausowenig sollte man auf seine/ihre Äußerungen emotional reagieren oder ihm/ihr Informationen geben – es sei denn, er/sie hat darum gebeten.

d) Man sollte es vermeiden, Geschichten zu erzählen oder einfach etwas zu berichten. Zusammenkünfte von Selbsthilfegruppen sind keine gesellschaftlichen Zusammentreffen.

e) Wenn ein Gruppenmitglied Emotionen zeigt – Wut oder Tränen beispielsweise –, sollte man das zulassen. Man sollte keineswegs versuchen, ihm/ihr zu »helfen« oder ihn/sie zu »trösten«. Statt dessen sollte man ruhig und aufmerksam zuhören. Das wird ihm/ihr zeigen, daß man für ihn/sie da ist, auch wenn er/sie schreit, weint, Angst hat usw. Manchmal kann es jedoch hilfreich sein, den/die Betreffende(n) in den Arm zu nehmen oder zu streicheln.

f) Wann immer möglich, sollte man sich in der »Ich«-Form äußern. Man sagt ohnehin viel zu häufig »man«, wenn man »ich« meint. Beispielsweise: »Manchmal, wenn man traurig ist, möchte man weinen, kann es aber einfach nicht.« Was der/die Sprecher(in) meint, ist: »Manchmal, wenn ich traurig bin, möchte ich weinen, aber ich kann es einfach nicht.« In der ersten Person zu sprechen hilft einem, sich auf das zu konzentrieren, was man meint, und es präzise ausdrücken.

Hin und wieder neigen wir auch dazu, »ich« durch »es« zu ersetzen. Man könnte sagen: »Es ist ein wundervolles Gefühl«, wenn man meint: »Ich fühle mich wundervoll!« Erinnern Sie einander daran, »ich« zu sagen, wenn Sie »ich« meinen.

g) Die Teilnehmer sollten ermutigt werden, über ihre *Gefühle* zu sprechen. Und noch einmal: Wir alle sind nicht gerade daran gewöhnt, uns »gefühlsbetont« zu äußern. Der leichteste Weg ist zu sagen: »Ich fühle mich...« und dann eins oder mehrere Adjektive zuzufügen. Zum Beispiel: »Ich fühle mich erregt, traurig, angespannt usw.«

Wenn ein Gruppenmitglied aufgefordert wurde, über seine Gefühle zu reden, sollten zwei Dinge ausgeschlossen werden: (1) die Wörter »gut« und »schlecht«. Sie sind einfach nicht präzise genug. Was *ist* ein gutes oder ein schlechtes Gefühl? Und (2) »Ich habe das Gefühl, daß...« weil das, was folgt, vermutlich kein Gefühl ist. »Ich habe das Gefühl, daß ich unterbrochen wurde und daß John mir nicht zugehört hat« – und das ist ein *Gedanke*, kein Gefühl. »Ich fühle mich verletzt und gestört« – das ist ein Gefühl. »Gedanken« beziehen sich häufig auf andere. Gefühle aber betreffen immer einen selbst. Ein Gefühlsstatement ist meist der direkteste Weg, das auszudrücken, was man empfindet.

h) Absolute Vertraulichkeit muß gewährleistet sein. Nichts, was während einer Zusammenkunft gesagt wird, sollte durch *irgend jemanden irgendwo* wiederholt werden.

Sobald man sich mit diesen Grundregeln vertraut gemacht hat, werden sie für die Gruppe zur Gewohnheit werden. Man sollte jedoch nicht allzu »verbissen« herangehen; manchmal ist es weit wichtiger, jemanden nicht zu unterbrechen, statt auf den Grundregeln zu beharren. Im allgemeinen aber sollte man sich gegenseitig nett darauf hinweisen, wenn man einen solchen Fehler bemerkt.

Und noch einmal – die Grundregeln sind:

- Vermeiden Sie »Hühnerdreck«, »Kuh-« und »Elefantenscheiße«.
- Vermeiden Sie es, gute Ratschläge zu geben, zu kritisieren und Geschichten zu erzählen.
- Lassen Sie es zu, daß jeder seine Emotionen auslebt.
- Benutzen Sie »ich« statt »man« oder »es«.
- Sprechen Sie über Ihre Gefühle.
- Wahren Sie strengste Vertraulichkeit.

12. *Lebensdauer der Gruppe.* Zu Anfang sollte jeder Teilnehmer sich verpflichten, acht Wochen lang zu den Zusammenkünften zu kommen. Die Gruppe selbst kann beschließen, sich nach einer gewissen Zeit – sagen wir nach 16 Wochen – selbst aufzulösen. Es gibt jedoch Gruppen, die sich über viele Jahre Woche für Woche treffen. Je länger Menschen regelmäßig zusammenkommen, desto besser lernen sie einander kennen und desto nützlicher können sie füreinander sein. Außerdem vertiefen sich Vertrauen und Intimität im Laufe der Zeit. Sehr häufig erreichen Menschen einen persönlichen Durchbruch, was ihr Bewußtsein oder ihre Selbsterfahrung angeht, nachdem sie einer Selbsthilfegruppe drei, fünf oder sieben Jahre angehört haben. Und häufig bleiben die Mitglieder auch zusammen, ob nun eine(r) heiratet, ein Baby bekommt, oder jemand aus jemandes Familie stirbt, eine(r) sich scheiden läßt, eine(r) eine neue Beziehung eingeht. Sie sind nun einmal dazu da, einander zu unterstützen. Manche Menschen schließen sich einer Gruppe als Single an und bleiben auch als Paare in der Gruppe. Sein »Selbstbewußtsein« auszubauen ist ein Prozeß, der niemals aufhört. Auch der 2. Zweck, das 2. Ziel einer Selbsthilfegruppe bleibt über die Jahre bestehen: Sie vermittelt ein

Gefühl der Kontinuität und Zusammengehörigkeit und trägt – wie eine Teilnehmerin es einmal ausdrückte – »zur Aufrechterhaltung der geistigen Gesundheit« bei.

»Wann immer ich bei der Arbeit, mit meinen Kindern oder in der Partnerschaft in eine schwierige Situation gerate«, erklärte sie, »habe ich Menschen, zu denen ich gehen kann, Menschen, die mir helfen, alles in die richtige Perspektive zu rücken, und die mich unterstützen.«

Der Begriff der »Aufrechterhaltung der geistigen Gesundheit« ist sehr hilfreich, weil er einem klarmacht, daß man nicht »krank« sein muß, wenn man eine Selbsthilfegruppe braucht. Selbsthilfegruppen sind gut für Menschen, die die normale Vielfalt an Hochs und Tiefs haben – wie die meisten von uns –, jedoch feststellen, daß sie sich wohler fühlen, wenn sie verläßliche, vertrauenswürdige Freunde haben, mit denen sie darüber reden können.

13. *Probleme innerhalb der Gruppe.* Erstaunlicherweise kommt es in Selbsthilfegruppen gelegentlich – wenn auch nur selten – zu internen Konflikten. Möglicherweise ist ein Mitglied unsensibel, was die Probleme eines anderen angeht oder in irgendeiner anderen Art nicht in der Lage, sich der Gruppe anzupassen. Diese Konflikte können häufig gelöst werden, indem man sich zusammensetzt, das Problem ausführlich behandelt und daran arbeitet.

Falls die Gruppe jedoch feststellt, daß sie ein bestimmtes Problem nicht allein lösen kann, sollte sie einen Therapeuten einladen, an einigen Zusammenkünften teilzunehmen. Wenn man die Kosten dafür auf alle Teilnehmer umlegt, ist das machbar.

14. *Wann man die Gruppe verlassen kann.* Alle Teilnehmer sollten damit einverstanden sein, der Gruppe zumindest drei Wochen vorher Bescheid zu geben, wenn sie vorhaben, sie zu verlassen. Das gibt den anderen Gelegenheit, alles »noch nicht Erledigte« mit dem scheidenden Mitglied zu besprechen und sich von jemandem zu verabschieden, mit dem einen mit Sicherheit eine intensive Beziehung verband. Die meisten Gruppen haben ein kleines Ritual entwickelt, um dem scheidenden Mitglied Lebewohl zu sagen. Beispielsweise kann man sich von jedem/jeder einzeln verabschieden, wobei man ihm/ihr sagen kann, was man an ihm/ihr schätzte und – wenn es nicht unpassend ist – auch, was man dem/der anderen nicht schätzte.

DANK DER AUTORIN

Schon im Frühstadium dieses Buchprojekts habe ich von Carolyn Newman, Roseann Packard, Jean Keeshin und Susana Valadez unerschütterliche Ermunterung empfangen. Nancy Peterson zeigte mir, wie man anfängt; Roland Tapp war der erste, der mir grünes Licht gab, und Sybil Baker war in einem sehr schwierigen Moment mit gutem Rat zur Stelle.

Malcolm Lubliner zeigte ein so großes persönliches Interesse an diesem Buch, daß ich ihn bald als Berater betrachtete. Sein Scharfblick half, viele Passagen zu verbessern.

Diane Blacker mußte sich als meine Laufpartnerin zwangsläufig das tägliche Auf und Ab beim Kampf mit dem Manuskript anhören. Ihre Vorschläge und ihre Ermunterung waren für mich von unschätzbarem Wert.

Lorraine Bahrick, Loren Cole, Bonnie Davis, Lucy Fine, Paul Hammock, Carol Hyland, Dorothy Kruse, Paul Ramshaw, Janet Roach, Peter Schattner und Dorothy Wall haben während der verschiedensten Stadien zumindest einen Teil des Manuskriptes gelesen und wertvolle Vorschläge gemacht, die ich in der Endfassung berücksichtigt habe.

Clive Cazes, Craig Comstock, Judy Hess, Coille Hooven, John McKenzie, Gertrude Schattner, Paul Schulze, Martin Schwartz, Diane Singer, Joyce Snapp und Bonnie Weiss haben ebenfalls bemerkenswerte Beiträge eingebracht.

Die Verlagswelt ist ein furchteinflößendes Labyrinth. Harriet Blacker, David Cole und Michael McTwigan haben mir geholfen, den richtigen Weg zu finden. Und Arthur Ollman werde ich ewig dankbar sein, denn er hat mich meiner Agentin vorgestellt.

Glenna Goulet tippte die ersten Manuskriptversionen – es war eine Freude, mit ihr zusammenzuarbeiten. Elizabeth Adjen widmete sich dem Manuskript während eines besonders kritischen Moments mit großer Hingabe. Ich bin ihr für ihre Loyalität und Zielstrebigkeit zutiefst dankbar. Und Mary Strads ist eine Schreibkraft, wie man sie sich als Schriftstellerin nur wünschen kann. Wie eine moderne Elfe verzauberte sie mein Gekrakel in eine Reinschrift.

Dieses Buch ist der Höhepunkt lebenslangen Lernens. Was ich meinen Lehrern schulde, habe ich auf jeder Seite gesehen. Diese Menschen erfüllen ihren Beruf mit Liebe und Fachwissen und verschwinden dann, jedoch nicht, ohne die Menschen grundlegend zu ändern, denen sie begegnen. Ich hatte das Glück, mit Michael Conant, Abe Levitsky, Jim Simkin, Mari Kreiger und Eliana Gil zu arbeiten.

Florence und David Shacter, meine Schwiegereltern, und Edwin und Helen Hammock, meine Eltern, gehören zu den Menschen, die mir niemals den Rat erteilten, den so viele meiner Freunde parat hatten: »Susan, meinst du nicht, du solltest lieber wieder arbeiten?« Doch nicht nur das – in den bittersten Momenten gaben sie mir die Unterstützung, mit der man die Miete bezahlen kann. Ohne ihre Hilfe hätte ich dieses Buch – im wahrsten Sinn des Wortes – niemals beenden können. Dafür bin ich ihnen zutiefst dankbar.

Jeder Schriftsteller sollte das Glück haben, eine Agentin wie Sandra Dijkstra zu haben. Sie brachte wichtige Vorschläge ein und versteht sich in jeder Beziehung auf ihr Fach. Wenn ich die Mutter dieses Buches bin, dann ist Sandra die liebevolle Kinderschwester! Außerdem ist es mir eine große Freude, mich bei Mindy Werner, meiner Lektorin bei Viking, zu bedanken, die bereit war, das Risiko einzugehen, das Manuskript einer Unbekannten anzunehmen. Ich bin dankbar für das Vertrauen, das sie in mich setzte, und für das überragende Talent, das sie bei der Bearbeitung des Buches bewies. Mit ihr zusammenzuarbeiten war sowohl ein erzieherisches Erlebnis wie auch ein Vergnügen.

Und schließlich bin ich Mayer, meinem außergewöhnlichen Ehemann und Gabe, meinem loyalen Sohn, zu größtem Dank verpflichtet. Mayer glaubte nicht nur an mich – auch dann, wenn ich selbst den Glauben zu verlieren drohte –, er war auch bereit, mir die schwierigste Art von Unterstützung zu geben: am Rande des Bankrotts zu leben. »Ist schon in Ordnung«, pflegte er zu sagen.

»Wir haben andere Reichtümer, und zwar welche von der Art, die wirklich zählt.« Gabe fand diese »Reichtümer« zwar wesentlich weniger reizvoll, hielt jedoch ebenfalls zu mir. Danke, Jungs, ich liebe euch.